蛾術叢書

四庫全書總目

〔清〕永瑢等撰　〔清〕紀昀等纂

經部　二

廣西師范大學出版社
GUANGXI NORMAL UNIVERSITY PRESS
·桂林·

Treasures for Scholars Worldwide

欽定四庫全書總目卷十五

經部十五

詩類一

詩有四家，毛氏獨傳，唐以前無異論，宋以後則衆説爭矣。然攻漢學者意不盡在於經義，務勝漢儒而已；伸漢學者意亦不盡在於經義，憤宋儒之詆漢儒而已。各挾一不相下之心，而又濟以不平之氣，激而過當，亦其勢然歟？夫解春秋者惟公羊多駁，其中高子、沈子之説，殆轉相附益。要其大義數十，傳自聖門者，不能廢也。詩序稱子夏，而所引高子、孟仲子乃戰國時人，固後來攙續之明證。即成伯璵等所指篇首一句，經師口授，亦未必不失其真。然去古未遠，必有所受，意其真贋相半，亦近似公羊。全信全疑，均爲偏見。今參稽衆説，務協其平。苟不至程大昌之妄改舊文，王柏之横删聖籍者，論有可採，竝録存之，以消融數百年之門户。至於鳥獸草木之名、訓詁聲音之學，皆事須考證，非可空談。今所採輯，則尊漢學者居多焉。

詩序二卷　内府藏本

案詩序之説，紛如聚訟。以爲大序子夏作，小序子夏、毛公合作者，鄭玄詩譜也。以爲子夏所序詩即今毛詩序者，王肅家語注也。以爲衛宏受學謝曼卿，作詩序者，後漢書儒林傳也。以爲子夏所創，毛公及衛宏又加潤益者，隋書經籍志也。以爲子夏不序詩者，韓愈也。以爲子夏惟裁初句，以下出於毛公者，成伯璵也。以爲詩人所自製者，王安石也。以小序爲國史之舊文，以大序爲孔子作者，明道程子也。以首句即爲孔子所題者，王得臣也。以爲毛傳初行尚未有序，其後門人互相傳授，各記其師説者，曹粹中也。以爲村野妄人所作，昌言排擊而不顧者，則倡之者鄭樵、王質，和之者朱子也。然樵所作詩辨妄一出，周孚即作非鄭樵詩辨妄一卷，摘其四十二事攻之。質所作詩總聞，亦不甚行於世。朱子同時如吕祖謙、陳傅良、葉適皆以同志之交，各持異議。黄震篤信朱學，而所作日鈔，亦申序説。馬端臨作經籍考，於他書無所考辨，惟詩序一事，反覆攻詰至數千言。自元、明以至今日，越數百年，儒者尚各分左右袒也。豈非説經之家第一爭詬之端乎？考鄭玄之釋南陔曰：「子夏序詩，篇義各編，遭戰國至秦而南陔六詩亡。毛公作傳，各引其序冠之篇首，故詩雖亡而義猶在也。」程大昌考古編亦曰：「今六序兩語之下，明言有義無辭，知其爲秦火之後見序而不見詩者所爲。」朱鶴齡毛詩通義序又舉宛丘篇序首句與毛傳異辭，其説皆足爲小序首句原在毛前之明證。丘光庭兼明書舉鄭風出其東門篇，謂毛傳與序不符。曹粹中放齋詩説亦舉召南羔羊、曹風鳲鳩、衛風君子偕老三篇，謂傳意、序意不相應。序若出於毛，安得自相違戾？其説尤足爲續申之語出於毛後之明證。觀蔡邕本治魯詩，而所作獨斷載周頌三十一篇之序，皆祇有首二句，與毛序文有詳略，而大旨略同。蓋子夏五傳至孫卿，孫卿授毛亨，毛亨授毛萇，是毛詩距孫卿再傳。申培師浮丘伯，浮丘伯師孫卿，是魯詩距孫卿亦再傳。故二家之序大同小異，其爲孫卿以來遞相授受者可知。其所授受祇首二句，而以下出於各家之演説，亦可知也。且唐書藝文志稱「韓詩，卜商序，韓嬰注，二十二卷」，是韓詩亦有序，其序亦稱出子夏矣。而韓詩遺説之傳於今者，往往與毛迥異，豈非傳其學者遞有增改之故哉？今參考諸説，定序首二語爲毛萇以前經師所傳，以下續申之詞爲毛萇以下弟子所附，仍録冠詩部之首，明淵源之有自。併録朱子之辨説，著門户所由分。蓋數百年朋黨之爭，兹其發端矣。隋志有顧歡毛詩集解敘義一卷，雷次宗毛詩序義二卷，劉炫毛詩集小序一卷，劉瓛毛詩序義疏一卷，案：「序」「敘」二字互見，蓋史之駁文，今仍其舊。唐志則作卜商詩序二卷。今以朱子所辨其文較繁，仍析爲二卷。若其得失，則諸家之論詳矣，各具本書，兹不復贅焉。

毛詩正義四十卷 内府藏本

漢毛亨傳，鄭玄箋，唐孔穎達疏。案漢書藝文志：「毛詩二十九卷，毛詩故訓傳三十卷。」然但稱毛公，不著其名。後漢書儒林傳始云趙人毛長傳詩，是爲毛詩。其「長」字不從「艸」。隋書經籍志載「毛詩二十卷，漢河間太守毛萇傳，鄭氏箋」，於是詩傳始稱毛萇。然鄭玄詩譜曰：「魯人大毛公爲訓詁，傳於其家。河間獻王得而獻之，以小毛公爲博士。」陸璣毛詩草木蟲魚疏亦云：「孔子删詩，授卜商，商爲之序，以授魯人曾申，申授魏人李克，克授魯人孟仲子，仲子授根牟子，根牟子授趙人荀卿，荀卿授魯國毛亨，毛亨作訓詁傳，以授趙國毛萇。時人謂亨爲大毛公，萇爲小毛公。」據是二書，則作傳者乃毛亨，非毛萇。故孔氏正義亦云：「大毛公爲其傳，由小毛公而題『毛』也。」隋志所云，殊爲舛誤，而流俗沿襲，莫之能更。朱彝尊經義考乃以毛詩二十九卷，題毛亨撰，注曰「佚」，毛詩訓故傳三十卷，題毛萇撰，注曰「存」。意主調停，尤爲於古無據。今參稽衆說，定作傳者爲毛亨。以鄭氏後漢人，陸氏三國吳人，併傳授毛詩，淵源有自，所言必不誣也。鄭氏發明毛義，自命曰「箋」。博物志曰：「毛公嘗爲北海郡守，康成是此郡人，故以爲敬。」推張華所言，蓋以爲「公府用記，郡將用箋」之意。然康成生於漢末，乃修敬於四百年前之太守，殊無所取。案說文曰：「箋，表識書也。」鄭氏六藝論云：「注詩宗毛爲主。毛義若隱略，則更表明。如有不同，即下己意，使可識別。」案：此論今佚，此據正義所引。然則康成特因毛傳而表識其傍，如今人之簽記，積而成帙，故謂之「箋」，無庸別曲說也。自鄭箋既行，齊、魯、韓三家遂廢。案：此陸德明經典釋文之說。然箋與傳義亦時有異同。魏王肅作毛詩注、毛詩義駁、毛詩奏事、毛詩問難諸書，以申毛難鄭。歐陽脩引其釋衛風擊鼓五章，謂鄭不如王。見詩本義。王基又作毛詩駁，以申鄭難王。王應麟引其駁芣苢一條，謂王不及鄭。見困學紀聞，亦載經典釋文。晉孫毓作毛詩異同評，復申王說。陳統作難孫氏毛詩評，又明鄭義。竝見經典釋文。袒分左右，垂數百年。至唐貞觀十六年，命孔穎達等因鄭箋爲正義，乃論歸一定，無復歧塗。毛傳二十九卷，隋志附以鄭箋作二十卷，疑爲康成所併。穎達等以疏文繁重，又析爲四十卷。其書以劉焯毛詩義疏、劉炫毛詩述義爲稾本，故能融貫羣言，包羅古義。終唐之世，人無異詞。惟王讜唐語林記劉禹錫聽施士匄講毛詩所說「維鵜在梁」「陟彼岵兮」「勿翦勿拜」

「維北有斗」四義，稱毛未注，然未嘗有所詆排也。至宋鄭樵，恃其才辨，無故而發難端，南渡諸儒始以掊擊毛、鄭爲能事。元延祐科舉條制，詩雖兼用古注疏，其時門户已成，講學者迄不遵用。沿及明代，胡廣等竊劉瑾之書作詩經大全，著爲令典，於是專宗朱傳，漢學遂亡。然朱子從鄭樵之説，不過攻小序耳。至於詩中訓詁，用毛、鄭者居多。後儒不考古書，不知小序自小序，傳箋自傳箋，鬨然佐鬬，遂併毛、鄭而棄之。是非惟不知毛、鄭爲何語，殆併朱子之傳亦不辨爲何語矣。我國家經學昌明，一洗前明之固陋。乾隆四年，皇上特命校刊十三經注疏，頒布學宮。鼓篋之儒，皆駸駸乎研求古學。今特録其書，與小序同冠詩類之首，以昭六義淵源，其來有自，孔門師授，端緒炳然，終不能以他説掩也。

毛詩草木鳥獸蟲魚疏二卷 通行本

吴陸璣撰。明北監本詩正義全部所引，皆作陸機。考隋書經籍志「毛詩草木蟲魚疏二卷」，注云「烏程令吴郡陸璣撰」。陸德明經典釋文序録「陸璣毛詩草木鳥獸蟲魚疏二卷」，注云：「字元恪，吴郡人，吴太子中庶子，烏程令。」資暇集亦辯「璣」字从「玉」。則監本爲誤。又毛晉津逮祕書所刻，援陳振孫之言，謂其書引爾雅郭璞注，當在郭後，未必吴人，因而題曰唐陸璣。夫唐代之書，隋志烏能著録？且書中所引爾雅注，僅及漢犍爲文學、樊光，實無一字涉郭璞，不知陳氏何以云然。姚士粦跋已辨之，或晉未見士粦跋歟？原本久佚。此本不知何人所輯，大抵從詩正義中録出。然正義衛風淇澳篇引陸璣疏：「淇、澳，二水名。」今本乃無此條，知由採摭未周，故有所漏，非璣之舊帙矣。又衛風「椅桐梓漆」一條稱：「今雲南牂牱人績以爲布。」考漢書地理志益州郡有雲南縣，後漢書郡國志永昌郡有雲南縣，皆一邑之名。唐書地理志：「姚州雲南郡，武德四年以漢雲南縣地置。」蓋至是始升爲大郡，而袁滋雲南記、竇滂雲南別録諸書作焉。璣在三國，即以雲南配牂牁，似乎諸家傳寫，又有所竄亂，非盡原文。然勘驗諸書所引，一一符合，要非依託之本也。末附四家詩源流四篇，而毛詩特詳。考王柏詩疑已詆璣所敘與經典釋文不合，王應麟困學紀聞亦議其誤以曾申爲申公，則宋本已有之，非後人所附益矣。蟲魚草木，今昔異名，年代迢遥，傳疑彌甚。璣去古未遠，所言猶不甚失真。詩正義全用其說，陳啓源作毛詩稽古編，其駁正諸家，亦多以璣說爲據。講多識之學者，固當以此爲最古焉。

毛詩陸疏廣要二卷　內府藏本

吴陸璣撰，明毛晉注。晉原名鳳苞，字子晉，常熟人。家富圖籍，世所傳影宋精本，多所藏收，又喜傳刻古書，汲古閣版至今流布天下。故在明季，以博雅好事名一時。嘗刻津逮祕書十五集，皆宋、元以前舊帙，惟此書爲晉所自編。陸璣原書二卷，每卷又分二子卷。蓋儲藏本富，故徵引易繁；採摭既多，故異同滋甚；辨難考訂，其說不能不長也。其中如「南山有臺」一條，則引韻書證其佚脱；「有集維鷮」一條，則引詩緝證其同異。其考訂亦頗不苟。至於嗜異貪多，每傷支蔓。如「鶴嗚于九皐」一條，後附焦山瘞鶴銘考一篇，蔓延及於石刻，於經義渺無所關。核以詁經之古法，殊乖體例。然雖傷冗碎，究勝空疎。明季説詩之家，往往簸弄聰明，變聖經爲小品。晉獨言言徵實，固宜過而存之，是亦所謂論其世矣。

毛詩指説一卷　兩江總督採進本

唐成伯璵撰。伯璵爵里無考。書凡四篇：一曰興述，明先王陳詩觀風之旨，孔子删詩正雅之由。二曰解説，先釋詩義，而風、雅、頌次之，周南又次之，詁、傳、序又次之，篇章又次之，后妃又次之，終以鵲巢、騶虞。大略即舉周南一篇，隱括論列，引申以及其餘。三曰傳受，備詳齊、魯、毛、韓四家授受世次及後儒訓釋源流。四曰文體，凡三百篇中句法之長短、篇章之多寡、措辭之異同、用字之體例，皆臚舉而詳之，頗似劉氏文心雕龍之體，蓋説經之餘論也。然定詩序首句爲子夏所傳，其下爲毛萇所續，實伯璵此書發其端。則決别疑似，於説詩亦深有功矣。伯璵尚有毛詩斷章二卷，見崇文總目，稱其「取春秋『斷章』之義，鈔取詩語，彙而出之」，蓋即李石詩如例之類。宋熊克嘗與毘陵沈必豫欲合二書刻之，而斷章一書竟求之不獲，乃先刻指説。此本末有克跋，蓋即從宋本傳刻也。克嘗著中興小曆，别見史部編年類中。其刻此書時，方分教於京口，故跋稱「刻之泮林」云。

毛詩本義十六卷

兩江總督採進本

宋歐陽脩撰。是書凡爲説一百十有四篇，統解十篇，時世、本末二論，豳、魯、序三問，而補亡鄭譜及詩圖總序附於卷末。脩文章名一世，而經術亦復湛深。王弘撰山志記嘉靖時欲以脩從祀孔子廟，衆論靡定。世宗諭大學士楊一清曰：「朕閲書武成篇，有引用歐陽脩語，豈得謂脩於六經無羽翼，於聖門無功乎？」一清對以「脩之論説見於武成，蓋僅有者耳。其從祀一節，未敢輕議」云云。蓋均不知脩有此書也。自唐以來，説詩者莫敢議毛、鄭。雖老師宿儒，亦謹守小序。至宋而新義日增，舊説幾廢。推原所始，實發於脩。然脩之言曰：「後之學者，因迹先世之所傳而較得失，或有之矣。使徒抱焚餘殘脱之經，倀倀於去聖人千百年後，不見先儒中間之説，而欲特立一家之學者，果有能哉？吾未之信也。」又曰：「先儒於經不能無失，而所得固已多矣。盡其説而理有不通，然後以論正之。」是脩作是書，本出於和氣平心，以意逆志。故其立論未嘗輕議二家，而亦不曲徇二家。其所訓釋，往往得詩人之本志。後之學者，或務立新奇，自矜神解。至於王柏之流，乃併疑及聖經，使周南、召南俱遭删竄。則變本加厲之過，固不得以濫觴之始歸咎於脩矣。林光朝艾軒集有與趙子直書曰：「詩本義初得之如洗腸，讀之三歲，覺有未穩處。大率歐陽、二蘇及劉貢父談經多如此。」又一書駁本義關雎、樛木、兔罝、麟趾諸解，辨難甚力。蓋文士之説詩，多求其意；講學者之説詩，則務繩以理。互相掊擊，其勢則然，然不必盡爲定論也。

詩集傳二十卷　内府藏本

宋蘇轍撰。其説以詩之小序反復繁重，類非一人之詞，疑爲毛公之學，衛宏之所集録。因惟存其發端一言，而以下餘文悉從删汰。案禮記曰：「騶虞者，樂官備也；貍首者，樂會時也；采蘋者，樂循法也。」是足見古人言詩，率以一語括其旨。小序之體，實肇於斯。王應麟韓詩考所載，如「關雎，刺時也；芣苢，傷夫有惡疾也；漢廣，悦人也；汝墳，辭家也；蝃蝀，刺奔女也；黍離，伯封作也；賓之初筵，衛武公飲酒悔過也。」劉安世元城語録亦曰「少年嘗記讀韓詩，案：崇文總目，韓詩北宋尚存。范處義逸齋詩補傳謂韓詩世罕有之，此語不可信，蓋偶未考。有雨無極篇，序云：『正大夫刺幽王也。』首云：『雨無其極，傷我稼穡。』」云云，是韓詩序亦括以一語也。又蔡邕書石經，悉本魯詩。所作獨斷，載周頌序三十一章，大致皆與毛詩同，而但有其首句。是魯詩序亦括以一語也。轍取小序首句爲毛公之學，不爲無見。史傳言詩序者以後漢書爲近古，而儒林傳稱謝曼卿善毛詩，乃爲其訓。衛宏從曼卿受學，因作毛詩序。轍以爲衛宏所集録，亦不爲無徵。唐成伯璵作毛詩指説，雖亦以小序爲出子夏，然其言曰「衆篇之小序，子夏惟裁初句耳。葛覃，后妃之本也；鴻鴈，美宣王也。如此之類是也。其下皆大毛公自以詩中之意而繫其詞」云云。然則惟取序首，伯璵已先言之，不自轍創矣。厥後王得臣、程大昌、李樗皆以轍説爲祖，良有由也。轍自序又曰：「獨採其可者見於今傳，其尤不可者皆明著其失。」則轍於毛氏之學亦不激不隨，務持其平者。而朱翌猗覺寮雜記乃曰「蘇子由解詩不用詩序」，亦未識轍之本志矣。

毛詩名物解二十卷　兩江總督採進本

宋蔡卞撰。卞字元度，興化仙遊人。熙寧三年與兄京同舉進士第，官至觀文殿學士，事蹟具宋史本傳。自王安石新義及字説行，而宋之士風一變。其爲名物訓詁之學者，僅卞與陸佃二家。佃，安石客，卞，安石壻也。故佃作埤雅，卞作此書，大旨皆以字説爲宗。陳振孫稱卞書「議論穿鑿，徵引瑣碎，無裨於經義」，詆之甚力。蓋佃雖學術本安石，而力沮新法，齗齗異議，君子猶或取之。卞則傾邪姦憸，犯天下之公惡，因其人以及其書，羣相排斥，亦自取也。然其書雖王氏之學，而徵引發明，亦有出於孔穎達正義、陸璣草木蟲魚疏外者。寸有所長，不以人廢言也。且以邢昺之僉邪，而爾雅疏列在學官，則卞書亦安得竟棄乎？書凡十一類，曰釋天、釋百穀、釋草、釋木、釋鳥、釋獸、釋蟲、釋魚、釋馬、雜釋、雜解。陳氏書録解題稱分十類，蓋傳寫誤脱「一」字也。

毛詩集解四十二卷　内府藏本

不著編録人名氏。集宋李樗、黄櫄兩家詩解爲一編，而附以李泳所訂吕祖謙釋音。樗字若林，閩縣人，嘗領鄉貢，著毛詩詳解三十六卷。櫄字實夫，龍溪人，淳熙中以舍選入對，升進士兩科，調南劍州教授，終宣教郎，著詩解二十卷，總論一卷。泳字深卿，始末未詳，與樗、櫄皆閩人。疑是書爲建陽書肆所合編也。樗爲林之奇外兄，見書録解題。又爲吕本中門人，見何喬遠閩書。其學問具有淵源。

書録解題稱其書「博取諸家訓釋名物文義，末用己意爲論斷」。今觀櫄解，體例亦同。似乎相繼而作，而稍稍補苴其罅漏，不相攻擊，亦不相附合。如論詩序，樗取蘇轍之説，以爲毛公作而衛宏續；櫄則用王安石、程子之説，以爲非聖人不能作。所見迥爲不同。其學雖似少亞於樗，而其説實足以相輔。編是書者，惟音釋取吕祖謙，而訓釋之文則置讀詩記而取樗、櫄，殆亦以二書相續，如驂有靳，故不欲參以他説歟？

詩補傳三十卷　浙江范懋柱家天一閣藏本

舊本題曰逸齋撰，不著名氏。朱彝尊經義考云「宋史藝文志有范處義詩補傳三十卷，卷數與逸齋本相符。明朱睦㮮聚樂堂書目直書處義名，當有證據。處義，金華人，紹興中登張孝祥榜進士」云云。則此書爲處義所作，逸齋蓋其自號也。大旨病諸儒説詩好廢序以就己説，故自序稱：「以序爲據，兼取諸家之長，揆之性情，參之物理，以平易求古詩人之意。」又稱：「文義有闕，補以六經、史傳；詁訓有闕，補以説文、篇、韻。」蓋南宋之初，最攻序者鄭樵，最尊序者則處義矣。考先儒學問大抵淳實謹嚴，不敢放言高論。宋人學不逮古，而欲以識勝之，遂各以新意説詩。其間剔抉疏通，亦未嘗無所闡發。而末流所極，至於王柏詩疑，乃併舉二南而刪改之。儒者不肯信傳，其弊至於誣經，其究乃至於非聖，所由來者漸矣。處義篤信舊文，務求實證，可不謂古之學者歟？至詩序本經師之傳，而學者又有所附益，中間得失，蓋亦相參。處義必以爲尼山之筆，引據孔叢子，既屬僞書；牽合春秋，尤爲旁義。矯枉過直，是亦一瑕，取其補偏救弊之心可也。

詩總聞二十卷　內府藏本

宋王質撰。質字景文，興國人。紹興三十年進士，官至樞密院編修，出通判荆南府，改吉州。周亮工書影以爲宋末人，蓋考之未審也。亮工又稱是書世久無傳，謝肇淛始録本於祕府。後肇淛諸子盡賣藏書，爲陳開仲購得，乃歸諸亮工。則其不佚者僅矣。其書取詩三百篇，每篇説其大義。復有聞音、聞訓、聞章、聞句、聞字、聞物、聞用、聞跡、聞事、聞人，凡十門。每篇爲總聞，又有聞風、聞雅、聞頌冠於四始之首。南宋之初，廢詩序者三家，鄭樵、朱子及質也。鄭、朱之説最著，亦最與當代相辨難。質説不字字詆小序，故攻之者亦稀。然其毅然自用，别出新裁，堅鋭之氣，乃視二家爲加倍。自稱覃精研思幾三十年，始成是書。淳祐癸卯，吴興陳日强始爲鋟版於富川。日强跋稱其「以意逆志，自成一家」，其品題最允。又稱其「删除小序，實與文公朱先生合」，則不盡然。質廢序與朱子同，而其爲説則各異。黄震日鈔曰「雪山王質、夾漈鄭樵始皆去序言詩，與諸家之説不同。晦庵先生因鄭公之説，盡去美刺，探求古始，其説頗驚俗。雖東萊先生不能無疑」云云，言因鄭而不言因王，知其趣有不同矣。然其冥思研索，務造幽深，穿鑿者固多，懸解者亦復不少。故雖不可訓，而終不可廢焉。

詩集傳八卷　通行本

宋朱子撰。宋志作二十卷。今本八卷，蓋坊刻所併。朱子注易，凡兩易稾。其初著之易傳，宋志著録。今已散佚，不知其説之同異。注詩，亦兩易稾。凡吕祖謙讀詩記所稱「朱氏曰」者，皆其初稾，其説全宗小序。後乃改從鄭樵之説，案：朱子攻序用鄭樵説見於語録。朱升以爲用歐陽脩之説，殆誤也。是爲今本。卷首自序作於淳熙四年，中無一語斥小序，蓋猶初稾。序末稱時方輯詩傳，是其證也。其注孟子，以柏舟爲仁人不遇；作白鹿洞賦，以子衿爲刺學校之廢；周頌豐年篇小序，辨説極言其誤，而集傳乃仍用小序説，前後不符。亦舊稾之删改未盡者也。楊慎丹鉛録謂：「文公因吕成公太尊小序，遂盡變其説。」雖意度之詞，或亦不無所因歟？自是以後，説詩者遂分攻序、宗序兩家，角立相爭，而終不能以偏廢。欽定詩經彙纂雖以集傳居先，而序説則亦皆附録，允爲持千古之平矣。舊本附詩序辨説於後，近時刊本皆删去。鄭玄稱毛公以序分冠諸篇，則毛公以前，序本自爲一卷，隋志、唐志亦與毛詩各見。今已與辨説别著於録，兹不重載。其間經文譌異，馮嗣京所校正者，如鄘風「終然允臧」，「然」誤「焉」；王風「牛羊下括」，「括」誤「栝」；齊風「不能辰夜」，「辰」誤「晨」；小雅「求爾新特」，「爾」誤「我」；「胡然厲矣」，「然」誤「爲」；「朔月辛卯」，「月」誤「日」；「家伯維宰」，「維」誤「冢」；「如彼泉流」，「泉流」誤「流泉」；「爰其適歸」，「爰」誤「奚」；大雅「天降滔德」，「滔」誤「慆」；「如彼泉流」，亦誤「流泉」；

商頌「降予卿士」，「予」誤「于」。凡十二條。陳啓源所校正者，召南「無使尨也吠」，「尨」誤「厖」；「何彼襛矣」，「襛」誤「穠」；衛風「遠兄弟父母」誤「遠父母兄弟」；小雅「言歸斯復」，「斯」誤「思」；「昊天大憮」，「大」誤「泰」；楚茨「以享以祀」，「享」誤「饗」；「福禄膍之」，「膍」誤「媲」；「畏不能趨」，「趨」誤「趍」；「不皇朝矣」，「皇」誤「遑」；下二章同。大雅「淠彼涇舟」，「淠」誤「渒」；「以篤于周祜」，脱「于」字；周頌「既右饗之」，「饗」誤「享」；魯頌「其旂茷茷」，誤「茷茷」；商頌「來格祁祁」，誤「祈祈」。凡十四條。又傳文譌異，陳啓源所校正者，召南騶虞篇「豝，牝豕也」，「牝」誤「牡」；終南篇「黻之狀𢎘，象兩弓相背」，「𢎘」誤「亞」、「弓」誤「已」；南有嘉魚篇「鯉質鱒鱗」，「鱗」誤「鯽」，又衍「肌」字；甫田篇「或耘或耔」，引漢書「苗生葉以上」，脱「生」字；「隤其土」誤「壝其上」；頍弁篇「賦而比也」，誤增「興又」二字；案：此輔廣詩童子問所增。小宛篇「俗呼青雀」，「雀」誤「觜」；文王有聲篇「減成溝也」，「成」譌「城」；召旻篇「池之竭矣」章「比也」，誤作「賦」；閔予小子篇引大招「三公穆穆」，誤「三公揖讓」；賚篇「此頌文王之功」，「王」誤「武」；駉篇「此言魯侯牧馬之盛」，「魯侯」誤「僖公」。凡十一條。史榮所校正者，衛風伯兮篇，傳曰「女爲悦己者容」，「己」下脱「者」字；王風采葛篇「蕭，萩也」，「萩」誤「荻」；唐風葛生篇「域，營域也」，「營」誤「塋」；秦風蒹葭篇「小渚曰沚」，「小」誤「水」；小雅四牡篇「今鵓鳩也」，

「鶃」誤「鶂」；蓼蕭篇「在衡曰鸞」，「衡」誤「鑣」；采芑篇「即今苦蕒菜」，「蕒」誤「藚」；正月篇「申包胥曰：『人定則勝天。』」「定」誤「衆」；小弁篇「江東呼爲鵯鳥」，「鵯」誤「鴨」；巧言篇「君子不能堲讒」，「堲」誤「塈」。凡十條。蓋五經之中，惟詩易讀，習者十恒七八。故書坊刊版亦最夥，其輾轉傳譌亦爲最甚。今悉釐正，俾不失真。至其音叶，朱子初用吴棫詩補音，案：棫詩補音與所作韻補爲兩書，書録解題所載甚明。經義考合爲一書，誤也。其孫鑑又意爲增損，頗多舛迕。史榮作風雅遺音已詳辨之，茲不具論焉。

慈湖詩傳二十卷 永樂大典本

宋楊簡撰。簡有慈湖易傳，已著録。是書原本二十卷。焦竑國史經籍志及黄虞稷千頃堂書目尚載其名，而朱彝尊經義考注曰「已佚」。今海内藏書咸集祕府，而是書之目闕焉，則彝尊所説爲可信。蓋竑之所録，皆據史志所載，類多虚列。虞稷徵刻書目，亦多未見原書，固不足盡據耳。今從永樂大典所載裒輯成編，仍勒爲二十卷。又從慈湖遺書内補録自序一篇、總論四條，而以攻媿集所載樓鑰與簡論詩解書一通附於卷首。其他論辨若干條，各附本解之下，以資考證。至其總論列國、雅、頌之篇，永樂大典此卷適闕，無從採録。其公劉以下詩十六篇，則永樂大典不載其傳。豈亦如吕祖謙之讀詩記獨闕公劉以下諸篇，抑在明初即已殘闕耶？是書大要，本孔子「無邪」之旨，反覆發明。而據後漢書之説，以小序爲出自衛宏，不足深信。篇中所論，如謂左傳不可據，謂爾雅亦多誤，謂陸德明多好異音，謂鄭康成不善屬文甚至自序之中，以大學之釋淇澳爲多牽合，而詆子夏爲小人儒。蓋簡之學出陸九淵，故高明之過，至於放言自恣，無所畏避。其他箋釋文義，如以「聊樂我員」之「員」爲姓，以「六駁」爲「赤駁」之譌，以「天子葵之」之「葵」有向日之義，間有附會穿鑿。然其於一名一物、一字一句，必斟酌去取，旁徵遠引，曲暢其説。其考核六書，則自説文、爾雅、釋文以及史傳之音注，無不悉蒐；其訂正訓詁，則自齊、魯、毛、韓以下以至方言、雜説，無不博引。可謂折衷同異，自成一家之言，非其所作易傳以禪詁經者比也。昔吴棫作詩補音十卷，又別爲韻補五卷。韻補明人有刻本，其書採摭詩、騷以下及歐陽脩、蘇軾、蘇轍之作，頗爲雜濫。補音久佚，惟此書所引尚存十之六七，然往往以漢、魏以下之韻牽合古音，其病與韻補相等。朱子語類謂「才老補音亦有推不去者」，蓋即指此類。顧炎武亦嘗作韻補正一書，以糾其失。考古音者，固未可全以爲準焉。

呂氏家塾讀詩記三十二卷　浙江汪汝瑮家藏本

宋呂祖謙撰。祖謙有古周易，已著録。此其説詩之作也。朱子與祖謙交最契，其初論詩亦最合。此書中所謂「朱氏曰」者，即所採朱子説也。後朱子改從鄭樵之論，自變前説，而祖謙仍堅守毛、鄭。故祖謙没後，朱子作是書序，稱「少時淺陋之説，伯恭父誤有取焉。既久，自知其説有所未安，或不免有所更定。伯恭父反不能不置疑於其間，熹竊惑之。方將相與反覆其説，以求真是之歸，而伯恭父已下世」云云，蓋雖應其弟祖約之請，而夙見深有所不平。然迄今兩説相持，嗜呂氏書者終不絶也。陳振孫書録解題稱：「自『篤公劉』以下編纂已備，而條例未竟，學者惜之。」此本爲陸釴所重刊。釴序稱得宋本於友人豐存叔，呂氏書凡二十二卷，公劉以後，其門人續成之。與陳氏所説小異，亦不言門人爲誰。然書録解題及宋史藝文志均著録三十二卷，則當時之本已如此。釴所云云，或因戴溪有續讀詩記三卷，遂誤以後十卷當之歟？陳振孫稱其「博採諸家，存其名氏。先列訓詁，後陳文義，翦截貫穿，如出一手。有所發明，則别出之。詩學之詳正，未有逾於此書者」。魏了翁作後序，則稱其能發明詩人躬自厚而薄責於人之旨。二人各舉一義，已略盡是書所長矣。了翁後序乃爲眉山賀春卿重刻是書而作，時去祖謙没未遠，而版已再新，知宋人絶重是書也。

續呂氏家塾讀詩記三卷 永樂大典本

宋戴溪所續呂祖謙之書也。溪，永嘉人，淳熙五年爲别頭省試第一，歷官工部尚書，文華閣學士，卒贈端明殿學士，理宗紹定間賜謚文端。事蹟具宋史儒林傳。傳稱溪字肖望，黄震日鈔亦同。而沈光作溪春秋講義序，稱字少望。震爲溪同時人，不應有誤；溪子㮚刊父遺書，乞光作序，亦不應有誤。或溪有二字歟？溪以呂氏家塾讀詩記取毛傳爲宗，折衷衆説，於名物訓詁最爲詳悉。而篇内微旨，詞外寄託，或有未貫，乃作此書以補之，故以「續記」爲名。實則自述己意，非盡墨守祖謙之説也。其中如謂摽梅爲父母之擇壻，有狐爲國人之憫鰥，甘棠非受民訟，行露非爲侵陵，故書録解題謂其大旨不甚主小序。然皆平心靜氣，玩索詩人之旨，與預存成見，必欲攻毛、鄭而去之者，固自有殊。温州志稱溪「平實簡易，求聖賢用心，不爲新奇可喜之説，而識者服其理到」，於此書可見一斑矣。原本三卷，久佚不傳。散見於永樂大典中者，尚得十之七八。謹綴緝成帙，仍釐爲三卷。永樂大典「詩」字一韻，闕卷獨多。其原序、總綱無從補録，則亦姑闕焉。

絜齋毛詩經筵講義四卷　永樂大典本

宋袁燮撰。燮有絜齋家塾書鈔，已著録。此書乃其爲崇政殿説書時撰進之本。宋史藝文志、直齋書録解題皆不著録，朱彝尊經義考亦不列其名，惟永樂大典頗載其文，蓋其失傳亦已久矣。宋代經筵講章，如朱震、范沖左氏講義，戴溪春秋講義，類多編輯别行，燮此書亦同其例。其中議論和平，頗得風人本旨。於振興恢復之事，尤再三致意。如論式微篇，則極稱太王、句踐轉弱爲强，而貶黎侯無奮發之心；論揚之水篇，則謂平王柔弱爲可憐；論黍離篇，則直以汴京宗廟宫闕爲言，皆深有合於獻納之義。胡安國作春秋傳，意主復讎，往往牽經以從己。而燮則因經文所有而推闡之，故理明詞達，無所矯揉，可謂能以古義資啓沃矣。謹以次編定，釐爲四卷，皆國風也。其雅、頌諸篇，則永樂大典闕載。或輪番進講，燮偶未嘗直歟？

毛詩講義十二卷　永樂大典本

宋林岊撰。岊字仲山，古田人，紹熙元年特奏名，嘉定間嘗守全州。宋史不爲立傳。而福建通志稱其「在郡九年，頗多惠政。重建清湘書院，與諸生講學，勉敦實行，郡人祀之柳宗元廟」，則亦循吏也。是編皆其講論毛詩之語。觀其體例，蓋在郡時所講授，而門人録之成帙者。大都簡括箋疏，依文訓釋，取裁毛、鄭而折衷其異同。雖範圍不出古人，然融會貫通，要無枝言曲説之病。當光、寧之際，廢序之説方盛。岊獨力闡古義，以詔後生，亦可謂篤信謹守者矣。宋史藝文志、馬端臨經籍考及文淵閣書目，此書皆作五卷。自明初以來，久無傳本，故朱彝尊經義考以爲已佚。今從永樂大典各韻所載，次第彙輯，用存其概。永樂大典所原軼者，則亦闕焉。因篇帙稍繁，謹釐爲一十二卷，不復如其舊目云。

詩童子問十卷

浙江吴玉墀家藏本

宋輔廣撰。廣字漢卿，號潛齋。其父本河朔人，南渡居秀州之崇德縣。初從吕祖謙遊，後復從朱子講學，即世所稱「慶源輔氏」也。是編大旨主於羽翼詩集傳，以述平日聞於朱子之説，故曰「童子問」。卷首載大序、小序，採録尚書、周禮、論語説詩之言，各爲注釋。又備録諸儒辨説，以明讀詩之法。書中不載經文，惟録其篇目，分章訓詁。末一卷則惟論叶韻。朱彝尊經義考載是書二十卷，有胡一中序，言：「閱建陽書市購得而鋟諸梓。且載文公傳於上，童子問於下。」此本僅十卷，不載朱子集傳，亦無一中序。蓋一中與集傳合編，故卷帙加倍，此則汲古閣所刊廣原本，故卷數減半，非有所闕佚也。其説多掊擊詩序，頗爲過當。張端義貴耳集載陳善送廣往考亭詩曰「見説平生輔漢卿，武彝山下吃殘羹」，似頗病其暖暖姝姝，奉一先生。然各尊其所聞，各行其所知，謹守師傳，分門別户，南宋以後亦不僅廣一人，不足深異。陳啓源毛詩稽古編糾其注周頌潛篇不知「季春薦鮪」爲月令之文，誤以爲序説而辨之，則誠爲疎舛。蓋義理之學與考證之學分途久矣。廣作是書，意自有在，固不以引經據古爲長也。

毛詩集解二十五卷　兩江總督採進本

宋段昌武撰。昌武字子武，廬陵人。焦竑國史經籍志作段文昌，蓋因唐段文昌而誤。朱睦㮮授經圖作段武昌，則傳寫倒其文也。其始末無考，惟書首載其從子維清請給據狀，稱「先叔朝奉昌武以詩經而兩魁秋貢，以累舉而擢第春官」而已。其書舊本題叢桂毛詩集解，蓋以所居之堂名之。其書首爲學詩總説，分作詩之理、寓詩之樂、讀詩之法三則。次爲論詩總説，分詩之世、詩之次、詩之序、詩之體、詩之派五則。餘皆依章疏解。大致仿吕祖謙讀詩記而詞義較爲淺顯。原書三十卷，明代惟朱睦㮮萬卷堂有宋槧完本，後没於汴梁之水。此本爲孫承澤家所鈔，僅存二十五卷。其周頌清廟之什以下，竝已脱佚。朱彝尊經義考載是書三十卷，注曰「闕」，又別載讀詩總説一卷，注曰「存」。讀詩總説今未見傳本，而卷首學詩總説、論詩總説今在原目三十卷之外，疑即所謂讀詩總説者。或一書而彝尊誤分之，或兩書而傳寫誤合之，則莫可考矣。

詩緝三十六卷　直隸總督採進本

宋嚴粲撰。粲字坦叔，邵武人，官清湘令。是書以呂祖謙讀詩記爲主，而雜採諸説以發明之。舊説有未安者，則斷以己意。如論大、小雅之別，特以其體不同，較詩序「政有大小」之説，於理爲近。又如邶之柏舟，舊謂賢人自比，粲則以「柏舟」爲喻國，以「汎汎」爲喻無維持之人。干旄之「良馬四之」「良馬五之」，舊以爲良馬之數，粲則以爲乘良馬者四五輩，見好善者之多。中谷有蓷，舊以蓷之「暵乾」喻夫婦相棄，粲則以歲旱草枯，由此而致離散。凡若此類，皆深得詩人本意。至於音訓疑似，名物異同，考證尤爲精核。宋代説詩之家，與呂祖謙書竝稱善本，其餘莫得而鼎立，良不誣矣。

詩傳遺説六卷　兩江總督採進本

宋朱鑑編。鑑有朱文公易説，已著録。是編乃理宗端平乙未，鑑以承議郎權知興國軍事時所成。蓋因重槧朱子集傳，而取文集、語録所載論詩之語足與集傳相發明者，彙而編之，故曰「遺説」。其書首綱領，次序辨，次六義，繼之以風、雅、頌之論斷，終之以逸詩、詩譜、叶韻之義。以朱子之説，明朱子未竟之義，猶所編易傳例也。鑑自序有曰「先文公詩集傳，豫章、長沙、後山皆有本，而後山校讎最精。第初脱槀時，音訓間有未備，刻版已竟，不容增益，欲著補脱，終弗克就，仍用舊版，葺爲全書。補綴躦那，久將漫漶。竭來富川，郡事餘暇，輒取家本，新加是正，刻寘學宫」

云云。國朝寧波史榮撰風雅遺音，據鑑此序，謂今本集傳音叶多鑑補苴，非朱子所手定。其説似非無因。然則以音叶之誤議朱子，與以朱子之故而委曲回護吴棫書者，殆均失之矣。

詩考一卷　直隸總督採進本

宋王應麟撰。應麟有周易鄭康成注，已著録。此編則考三家之詩説者也。隋書經籍志云：「齊詩魏代已亡，魯詩亡於西晉。韓詩雖存，無傳之者。」今三家詩惟韓詩外傳僅存，所謂韓故、韓内傳、韓説者亦竝佚矣。應麟檢諸書所引，集以成帙，以存三家逸文。又旁搜廣討，曰詩異字異義，曰逸詩，以附綴其後，每條各著其所出。所引韓詩較夥，齊、魯二家僅寥寥數條。蓋韓詩最後亡，唐以來注書之家引其説者多也。卷末别爲補遺，以掇拾所闕。其蒐輯頗爲勤摯。明董斯張嘗摘其遺漏十九條。其中子華子「清風婉兮」一條，本北宋僞書，不得謂之疎略。近時會稽范家相因應麟之書，撰三家詩拾遺十卷。其所條録，又多斯張之所未蒐。併摘應麟所録逸詩，如楚辭之駕辨、夏侯玄辨樂論之網罟、豐年，穆天子傳之黄竹，吕氏春秋之燕燕、破斧、葛天八闋，尚書大傳之皙陽、南陽、初慮、朱于、苓落、歸來、縵縵，皆子書雜説，且不當録及殷以前所言，亦不爲無理。然古書散佚，蒐採爲難。後人踵事增修，較創始易於爲力。篳路襤褸，終當以應麟爲首庸也。

詩地理攷六卷　通行本

宋王應麟撰。其書全録鄭氏詩譜，又旁採爾雅、説文、地志、水經以及先儒之言，凡涉於詩中地名者，薈萃成編。然皆採録遺文，案而不斷，故得失往往竝存。如小雅六月之四章「玁狁匪茹，整居焦穫。侵鎬及方，至于涇陽」，其五章曰「薄伐玁狁，至于太原」。其地於周爲西北，鎬、方在涇陽外，焦穫又在其外，而太原更在焦穫之外。故劉向疏稱「千里之鎬，猶以爲遠」。孔穎達乃引郭璞爾雅注「池陽之瓠中」以釋焦穫。考漢書，池陽屬左馮翊，而涇陽屬安定，不應先至焦穫，乃至涇陽。又以太原爲晉陽，是玁狁西來，周師東出，尤乖地理之實，殊失訂正。又大雅韓奕首章曰「奕奕梁山」，其六章曰「溥彼韓城，燕師所完」。應麟引漢志「夏陽之梁山」，通典「同州韓城縣，古韓國」，以存舊說。引王肅「燕，北燕國」及「涿郡方城縣有韓侯城」，以備參考。不知漢王符潛夫論曰：「昔周宣王時有韓，其國近燕，後遷居海中。」水經注亦曰：「高梁水首受灅水于戾陵堰，水北有梁山。」是王肅之説確有明證。應麟兼持兩端，亦失斷制。然如騶虞，毛傳云「仁獸」，賈誼新書則曰「騶者，天子之囿」；「俟我于著」，毛傳云「門屏之間曰著」，漢志則以爲濟南著縣；「滮池北流」，毛傳云「滮，流貌」，水經注則有滮池水，十道志亦名聖女泉。兼採異聞，亦資考證。他如「二子乘舟」，引左傳「盜待于莘」之説；秦穆「三良」，引括地志「冢在雍縣」之文。皆經無明文，而因事以存其人，亦徵引該洽，固説詩者所宜考也。

欽定四庫全書總目卷十六

經部十六

詩類二

詩集傳名物鈔八卷 内府藏本

元許謙撰。謙有讀書叢説，已著録。謙雖受學於王柏，而醇正則遠過其師。研究諸經，亦多明古義。故是書所考名物音訓，頗有根據，足以補集傳之闕遺。惟王柏作二南相配圖，移甘棠、何彼襛矣於王風，而去野有死麕，使召南亦十有一篇，適如周南之數。師心自用，竄亂聖經，殊不可訓。而謙篤守師説，列之卷中，猶未免門户之見。至柏所删國風三十二篇，謙疑而未敢遽信，正足見其是非之公。吴師道作是書序，乃反謂「已放之鄭聲，何爲尚存而不削」，於謙深致不滿，是則以不狂爲狂，非謙之失矣。卷末譜作詩時世，其例本之康成，其説則改從集傳，蓋淵源授受，各尊所聞。然書中實多採用陸德明釋文及孔穎達正義，亦未嘗株守一家。名之曰「鈔」，蓋以此云。

詩傳通釋二十卷 内府藏本

元劉瑾撰。瑾字公瑾，安福人。其學問淵源出於朱子。故是書大旨在於發明集傳，與輔廣詩童子問相同。陳啓源作毛詩稽古編，於二家多所駁詰。然廣書皆循文演義，故所駁惟訓解之辭。瑾書兼辨訂故實，故所駁多考證之語。如注何彼襛矣，以齊桓公爲襄公之子；注魏風，以「魏」爲七國之魏；

注陟岵，謂毛傳先出，爾雅後出；注綢繆，謂心宿之象，三星鼎立；注鹿鳴之什，謂上下通用止小雅、二南，其大雅獨爲天子之樂；注節南山，以家父即春秋之家父，師尹即春秋之尹氏；案：此項安世之說，見朱善詩解頤，瑾襲之而隱其名也。注楚茨，誤讀鄭康成玉藻注，以「楚茨」爲即「采齊」；注甫田，誤讀毛傳「車梁」，以爲即小戎之「梁輈」；注殷武，杜撰殷廟之昭穆及祧廟世次。皆一經指摘，無可置辭。故啓源譏胡廣修詩經大全，收瑾說太濫。案：大全即用瑾此書爲藍本，故全用其說。啓源未以二書相較，故有此語。謹附訂於此。然徵實之學不足，而研究義理究有淵源，議論亦頗篤實，於詩人美刺之旨尚有所發明，未可徑廢。至周頌豐年篇，朱子詩辨說既駁其誤，而集傳乃用序說，自相矛盾。又「三夏」見於周禮，呂叔玉注以時邁、執競、思文當之。朱子既用其說，乃又謂「成」「康」是二王謚，執競是昭王後詩，則不應篇名先見周禮。瑾一一回護，亦爲啓源所糾。然漢儒務守師傳，唐疏皆遵注義。此書既專爲朱傳而作，其委曲遷就，固勢所必然，亦無庸過爲責備也。

詩傳旁通十五卷　山東巡撫採進本

元梁益撰。益字友直，號庸齋，江陰人。自署三山者，以其先福州人也。嘗舉江浙鄉試，不及仕宦，教授鄉里以終。事蹟附載元史儒學傳陸文圭傳內。朱子詩傳詳於作詩之意，而名物訓詁僅舉大凡。益是書仿孔、賈諸疏證明注文之例，凡集傳所引故實，一一引據出處，辨析源委。因杜文瑛先有語孟旁通，體例相似，故亦以「旁通」爲名。其中如「聖人之耦」，則引西漢書劉歆論董仲舒語；「見堯於羹，見舜於牆」，則引後漢書李固傳以明出典。或朱子所未詳者，亦旁引諸説以補之。如「五緎」「五總」，引陸佃之語；「三單」，引鄭箋「羨卒」、孔疏「副丁」之類。亦間有與朱子之説稍異者。如「頃筐塈之」集傳音「許器切」、大雅「民之攸塈」集傳音「許既切」者，從陸德明經典釋文。益則引禮部韻，謂「『許既切』者，在未韻，音餼，注云『取也』；『許器切』者，在至韻，音洎，作『巨至切』」。朱子之音與禮部韻不同」云云。是是非非，絕不堅持門户。視胡炳文等之攀附高名，言言附合，相去遠矣。卷首爲類目，末一卷則其敘説。内一條論秦造父封趙，因録羅泌國姓紀原之文，自謂：「此於詩傳雖無所繫，而宋氏有國，其姓亦當知，故通之。」則宂贅之文，汗漫無理，可已而不已者也。前有至正四年太平路總管府推官濱州翟思忠序，明朱睦㮮授經圖遂以詩傳旁通爲思忠作，殊爲疏舛。今從朱彝尊經義考所辨，案：彝尊所引乃陸元輔之言。附訂正焉。

詩經疏義二十卷 浙江吴玉墀家藏本

元朱公遷撰。公遷字克升，樂平人。江西通志載其至正間爲處州學正，何英後序則稱以特恩授校官，得主金華郡庠。二説互異。考樂平縣志載公遷「以至正辛巳領浙江鄉試，教婺州，改處州」，然則英序舉其始，通志要其終耳。是書爲發明朱子集傳而作，如注有疏，故曰「疏義」。其後同里王逢及逢之門人何英，又采衆説以補之。逢所補題曰「輯録」，英所補題曰「增釋」。雖遞相附益，其宗旨一也。其説墨守朱子，不踰尺寸，而亦間有所辨證。如卷耳篇内，朱子誤用毛傳舊説，以「崔嵬」

爲土山戴石，公遷則引爾雅、説文，明其當爲石戴土。又七月之詩，朱子本月令以流火在六月，公遷推驗歲差，謂公劉時當五、六月之交。皆足以補集傳之闕。又集傳所引典故，一一詳其出處。即所引舊説，原本不著其名者，如衛風之「趙子」注爲趙伯循，小雅斯干篇之「或曰」注爲曾氏之類，皆一一考訂。雖於宏旨無關，亦足見其用心不苟也。書成於至正丁亥，正統甲子，英始取逢所授遺稾重加增訂，題曰詩傳義，詳釋發明，以授書林葉氏刊行之，而版心又標詩傳會通，未喻其故。今仍從公遷舊名，題曰詩經疏義，以不没其始焉。

詩疑問七卷附詩辨説一卷　内府藏本

元朱倬撰。倬字孟章，建昌新城人。至正二年進士，官遂安縣尹。壬辰秋，寇至，吏卒逃散，倬獨坐公所以待盡。及寇焚廨舍，乃赴水死，蓋亦忠節之士。元史遺漏未載。國朝納喇性德作是書序，始據新安文獻志汪叡所作哀辭，爲表章其始末。其書略舉詩篇大旨發問，而各以所注列於下，亦有闕而不注者。劉錦文序稱：「其間有問無答者，豈真以爲疑哉？在乎學者深思而自得之耳。」又稱：「舊本先後無緒，今爲之論定，使語同而旨小異者因得以互觀焉。」是此本乃錦文所重編，非倬之舊。其有問無答者，或亦傳寫佚脱，而錦文曲爲之辭歟？末有趙悳詩辨説一卷。悳，宋宗室，舉進士，入元隱居豫章東湖。其書與倬書略相類，殆後人以倬忠烈，悳高隱，其人足以相配，故合而編之歟？倬書七卷，附以悳書爲八卷。朱睦㮮授經圖、焦竑經籍志乃皆作六卷，疑爲傳寫之譌。

或倬原書六卷，劉錦文重編之時析爲七卷，亦未可定也。

詩纘緒十八卷 永樂大典本

元劉玉汝撰。玉汝始末未詳。惟以周霆震石初集考之，知其爲廬陵人，字成之，嘗舉鄉貢進士。所作石初集序，末題「洪武癸丑」，則明初尚存也。此書諸家書目皆未著録，獨永樂大典頗載其文。其大旨專以發明朱子集傳，故名曰「纘緒」。體例與輔廣童子問相近，凡集傳中一二字之斟酌，必求其命意所在。或存此説而遺彼説，或宗主此論而兼用彼論，無不尋繹其所以然。至論比興之例，謂有有取義之興，有無取義之興，有一句興通章，有數句興一句，有興兼比、賦兼比之類。明用韻之法，如曰隔句爲韻，連章爲韻，疊句爲韻，重韻爲韻之類。論風、雅之殊，如曰有腔調不同，有詞義不同之類。於朱子比興、叶韻之説，皆能反覆體究，縷析條分。雖未必盡合詩人之旨，而於集傳一家之學，則可謂有所闡明矣。明以來諸家詩解罕引其説，則亡佚已久。今就永樂大典所載，依經排纂，正其脱譌，定爲一十八卷。

詩演義十五卷 浙江范懋柱家天一閣藏本

元梁寅撰。寅有周易參義，已著録。是書推演朱子詩傳之義，故以「演義」爲名。前有自序云：「此書爲幼學而作，博稽訓詁以啓其塞，根之義理以達其機，隱也使之顯，略也使之詳。」今考其書，大抵淺顯易見，切近不支。元儒之學，主於篤實，猶勝虚談高論，横生臆解者也。朱彝尊經義考載此書作八卷，注曰「未見」。此本至小雅苕之華篇止，以下皆闕，而已有一十五卷。則八卷之説殊爲未確。蓋彝尊未覩此本，但據傳聞録之，卷數譌異，其亦有由矣。

詩解頤四卷　内府藏本

明朱善撰。善字備萬，號一齋，豐城人。洪武中官至文淵閣大學士。事蹟附見明史劉三吾傳。是編不載經文，但以詩之篇題標目。大抵推衍朱子集傳爲説，亦有闕而不説者，則併其篇目略之。其説不甚訓詁字句，惟意主借詩以立訓。故反覆發明，務在闡興觀羣怨之旨，温柔敦厚之意，而於興衰治亂，尤推求源本，剴切著明。在經解中爲别體，而實較諸儒之爭競異同者爲有裨於人事。其論何彼襛矣爲後人誤編於召南，蓋沿王柏之謬説，不足爲據。其論二子乘舟，謂「壽可謂之悌弟、伋不可謂之孝子」，律以「大杖則逃」之文，固責備賢者之意。實則申生自縊，春秋無貶。尚論古人，亦未可若是苛也。然論其大旨，要歸醇正，不失爲儒者之言。其於「太王翦商」一條，引金履祥之言，補集傳所未備。其據宣王在位四十六年，謂節彼南山之申伯、蹶父、皇父、尹氏，皆非當日之舊人，駁項安世之説，亦時有考據。明史載其引據往史，駁律禁姑舅、兩姨爲婚之説，極爲典核。知其研思典籍，具有發明。蓋元儒篤實之風，明初尤有存焉，非後來空談高論者比也。

詩經大全二十卷　通行本

明胡廣等奉敕撰。亦永樂中所修五經大全之一也。自北宋以前，説詩者無異學。歐陽脩、蘇轍以後，别解漸生。鄭樵、周孚以後，爭端大起。紹興、紹熙之間，左右佩劒，相笑不休。迄宋末年，乃古義黜而新學立。故有元一代之説詩者，無非朱傳之箋疏。至延祐行科舉法，遂定爲功令，而明制因之。廣等是書亦主於羽翼朱傳，遵憲典也。然元人篤守師傳，有所闡明，皆由心得。明則靖難以後，耆儒宿學，略已喪亡。廣等無可與謀，乃剽竊舊文以應詔。此書名爲官撰，實本元安城劉瑾所著詩傳通釋而稍損益之。今劉氏之書尚有傳本，取以參校，大約於其太冗蔓者略删數條，而餘文如故，惟改其中「瑾案」二字爲「劉氏曰」。又劉書以小序分隸各篇，是書則從朱子舊本合爲一篇，小變其例而已。顧炎武日知録、朱彝尊經義考竝抉摘其非。陳啓源毛詩稽古編但責廣等採劉瑾之説太濫，猶未究其源也。其書本不足存。惟是恭逢聖代，考定藝文，既括千古之全書，則當備歷朝之沿革，而後是非得失，釐然具明。此書爲前明取士之制，故仍録而存之，猶小學類中存洪武正韻之例云爾。

詩説解頤四十卷

兩淮鹽政採進本

明季本撰。本有易學四同，已著録。是書凡總論二卷，正釋三十卷，字義八卷。大抵多出新意，不肯剽襲前人，而徵引該洽，亦頗足以自申其説。凡書中改定舊説者，必反覆援據，明著其所以然。如以南山篇之「必告父母」句，爲魯桓告父母之廟；九罭篇之「公歸不復」句，謂以鴻北向，則不復爲興；下泉篇之「郇伯」，爲指郇之繼封者而言；「皇父卿士」章，謂以寵任爲先後，故崇卑不嫌雜陳；頍弁篇之「無幾相見」句，爲兄弟甥舅自相謂。如斯之類，皆足於舊説之外，備説詩之一解。雖間傷穿鑿，而語率有徵，尚非王學末流以狂禪解經者比也。存此一編，使知姚江立教之初，其高足弟子研求經傳、考究訓詁乃如此。亦何嘗執「六經注我」之説，不立語言文字哉！

讀詩私記二卷　浙江巡撫採進本

明李先芳撰。先芳字伯承，號北山，監利人，寄籍濮州。嘉靖丁未進士，官至尚寶司少卿。明史文苑傳載王世貞所定「廣五子」，先芳其一也。是書成於隆慶四年。所釋大抵多從毛、鄭，毛、鄭有所難通，則參之呂氏讀詩記、嚴氏詩緝諸書。其自序曰：「文公謂小序不得小雅之説，一舉而歸之刺；馬端臨謂文公不得鄭、衛之風，一舉而歸之淫。胥有然否。不自揣量，折衷其間。」云云。蓋不專主一家者，故其議論平和，絕無區分門户之見。如説鄭風子衿，仍從學校之義，則不取宋學；謂國風、小雅初無變、正之名，則不從漢説。至楚茨、南山等四篇，則小序與集傳之説竝存，不置可否。蓋小序皆以爲刺幽王，義有難通，而集傳所云，又於古無考，故闕所疑也。雖援據不廣，時有闕略，要其大綱，則與鑿空臆撰者殊矣。朱彝尊經義考載先芳有毛詩考正，不列卷數，注曰「未見」，而不載此書。其爲一書兩書，蓋不可考。然此書亦多辨定毛傳，或彝尊傳聞未審，誤記其名歟？

詩故十卷　浙江吴玉墀家藏本

明朱謀㙔撰。謀㙔有周易象通，已著録。是書以小序首句爲主，略同蘇轍詩傳之例，而參用舊説以考證之。其曰詩故者，考漢書藝文志「詩類」有魯故二十五卷，齊后氏故二十卷，齊孫氏故二十七卷，韓故三十六卷，毛詩故訓傳三十卷。顏師古注曰：「故者，道其旨意也。」謀瑋是編，蓋用漢儒之舊名。故其說詩，亦多以漢學爲主，與朱子集傳多所異同。其間自立新義者，如以小星爲暬御入直，以斯干爲成王營洛、周公所賦之類，未免失之穿鑿。然謀瑋博極羣書，學有根柢，要異乎剽竊陳言。蓋自胡廣等五經大全一出，應舉、窮經，久分兩事。謀瑋深居朱邸，不藉進取於名場，乃得以研究遺文，發揮古義也。經術盛衰之故，此亦可知其大凡矣。

六家詩名物疏五十四卷

內府藏本

明馮應京撰。應京字可大，號慕岡，盱眙人。萬曆壬辰進士，官至湖廣按察使僉事。事蹟具明史本傳。是書因宋蔡卞詩名物疏而廣之。江南通志稱其「少業詩，鉤貫箋疏，作詩六家名物疏」是也。其徵引頗爲賅博。每條之末，間附考證。如「被之僮僮」，鄭箋以「被」爲髮髢，集傳以爲編髮。應京則據周禮追師謂「編則列髮爲之，次則次第髮長短爲之，所謂髮髢」，定集傳之誤混爲編。又如鄭風緇衣，集傳以爲緇衣、羔裘，大夫燕居之服。應京則據賈公彥周禮疏，以爲卿士朝于天子，服皮弁服；其適治事之館，改服緇衣。鄭箋所謂「所居私朝」，即謂治事之館。凡此之類，其議論皆有根柢，猶爲徵實之學者。惟所稱「六家」，乃謂齊、魯、毛、韓、鄭箋、朱傳，則古無是目，而自應京臆創之。且毛、鄭本屬一家，析而爲二，亦乖於傳經之支派。以非宏旨所繫，亦姑仍其舊名焉。

詩經疑問十二卷　内府藏本

明姚舜牧撰。舜牧有易經疑問，已著録。是編釋詩，兼用毛傳、朱傳及嚴粲詩緝，時亦自出新論。如辨成王未嘗賜周公天子禮樂，其説頗爲有見。又論「三經三緯」之説，謂：「賦、比、興乃通融取義，非截然謂此爲賦，此爲比，此爲興也。惟截然分而爲三，於是求之不得其説，則將爲賦而興又比也，賦而比又興也，而寖失其義。」其説亦足解轇轕之談。舜牧於諸經皆有疑問，惟此編説詩爲差善。自序稱：「所疑凡經數十年，重加訂問，前此誤解，亟與辨正。」蓋其用力較深也。惟不信古人字少假借通用之説，於「龍光」「伴奐」之類，皆徑以本字解之，强生論辨。是則隆、萬以後儒者少見古書之故。亦足見詁訓不明而欲義理之不謬，無是事矣。

詩經世本古義二十八卷　浙江巡撫採進本

明何楷撰。楷有古周易訂詁，已著録。其論詩專主孟子「知人論世」之旨。依時代爲次，故名曰世本古義。始於夏少康之世，以公劉、七月、大田、甫田諸篇爲首。終於周敬王之世，以曹風下泉之詩殿焉。計三代有詩之世，凡二十八王，各爲序目於前。又於卷末仿序卦傳例，作屬引一篇，用韻語排比成文，著所以論列之意。考詩序之傳最古，已不能盡得作者名氏。故鄭氏詩譜，闕有間焉。三家所述，如關雎出畢公，黍離出伯封之類，茫昧無據，儒者猶疑之弗傳。楷乃於三千年後，鉤棘字句，牽合史傳，以定其名姓時代。如月出篇有「舒窈窕兮」「舒懮受兮」之文，即指以爲夏徵舒。此猶有一字之近也。碩鼠一詩，茫無指實，而指以爲左傳之魏壽餘，此孰見之而孰傳之？以大田爲豳雅，豐年、良耜爲豳頌，即屬之於公劉之世。此猶有先儒之舊説也。以草蟲爲南陔，以菁菁者莪爲由儀，以緡蠻爲崇丘，又孰傳之而孰受之？大惑不解，楷之謂乎？然楷學問博通，引援賅洽。凡名物訓詁，一一考證詳明，典據精確，實非宋以來諸儒所可及。譬諸蒐羅七寶，造一不中規矩之巨器，雖百無所用，而毁以取材，則火齊、木難，片片皆爲珍物。百餘年來，人人嗤點其書，而究不能廢其書，職是故矣。

待軒詩記八卷

浙江巡撫採進本

明張次仲撰。次仲有周易玩辭困學記，已著録。是書前載總論二篇，其餘國風以一國爲一篇，二雅、周頌以一什爲一篇，魯頌、商頌亦各爲一篇。大抵用蘇轍之例，以小序首句爲據，而兼採諸家以會通之。其於集傳，不似毛奇齡之字字譏彈，以朱子爲敵國；亦不似孫承澤之字字阿附，併以毛氏爲罪人。案：承澤詩經朱傳翼自序稱：「王弼亂易，罪深桀、紂。毛氏之罪，亦不在王弼之下。」故持論和平，能消融門户之見。雖憑心揣度，或不免臆斷之私，而大致援引詳明，詞多有據。在近代經解之中，猶爲典實。卷末别有述遺一卷，有録無書，目下注「嗣刻」字，蓋欲爲之而未成也。今併削其目，不復虚列焉。

讀詩略記六卷　浙江巡撫採進本

明朱朝瑛撰。朝瑛有讀易略記，已著録。是書朱彝尊經義考作二卷。此本六册，不分卷數。核其篇頁，不止二卷。疑原書本十二卷，刊本誤脱一「十」字，傳寫者病其繁瑣，併爲六册也。朝瑛論詩，以小序首句爲主。其説謂：「亡詩六篇，僅存首句。則首句作於未亡之前，其下作於既亡之後明矣。」所見與程大昌同，而所辨較大昌尤明白，足決千古之疑。然其訓釋不甚與朱子立異。自鄭、衛淫奔不從集傳以外，其他説有乖迕者，多斟酌以折其中。如論楚茨爲刺幽王之詩，則據荀子以爲「恰在鼓鍾之後。或幽王尚好古樂，故賢士大夫稱述舊德，擬雅、南而奏之，以感導王志」。論抑爲刺厲王之詩，則據詩文「其在於今」一語，以爲當爲衛武公少時所作。大抵皆參稽融貫，務取持平。其以生民篇姜嫄巨跡爲必不可信，亦先儒舊義。至於求棄之之由而不得，乃援後世「緑綈方底」之事以證之，則未免反失之附會。又頗信竹書紀年，屢引爲證，亦乖説經之體。然綜其大旨，不合者十之二三，合者十之五六也。

欽定詩經傳説彙纂二十卷序二卷

康熙末聖祖仁皇帝御定。刻成於雍正五年，世宗憲皇帝製序頒行。詩序自古無異説，王肅、王基、孫毓、陳統爭毛、鄭之得失而已。其舍序言詩者，萌於歐陽脩，成於鄭樵，而定於朱子之集傳。輔廣童子問以下，遞相羽翼，猶未列學官也。元延祐中行科舉法，始定詩義用朱子，猶參用古注疏也。

明永樂中修詩經大全，以劉瑾詩集傳通釋爲藍本，始獨以集傳試士。然數百年來，諸儒多引據古義，竊相辨詰，亦如當日之攻毛、鄭。蓋集傳廢序，成於吕祖謙之相激，非朱子之初心。故其間負氣求勝之處，在所不免。原不能如四書集注，句銖字兩，竭終身之力，研辨至精。特明代纂修諸臣，於革除之際，老師宿儒，誅鋤略盡。不能如劉三吾等輯書傳會選，於蔡氏多所補正。又成祖雖戰伐之餘，欲興文治，而實未能究心經義，定衆説之是非。循聲附和，亦其勢然歟？是編之作，恭逢聖祖仁皇帝天亶聰明，道光經籍，研思六義，綜貫四家。於衆説之異同，既別白瑕瑜，獨操衡鑒，而編校諸臣亦克承訓示，考證詳明，一字一句，務深溯詩人之本旨。故雖以集傳爲綱，而古義之不可磨滅者，必一一附録以補闕遺。於學術持其至平，於經義乃協其至當。風、雅運昌，千載一遇，豈前代官書任儒臣拘守門户者所可比擬萬一乎！

欽定詩義折中二十卷

乾隆二十年皇上御纂。鎔鑄衆説，演闡經義，體例與周易述義同。訓釋多參稽古義，大旨亦同。蓋我聖祖仁皇帝欽定詩經彙纂於集傳之外，多附録舊説，實昭千古之至公。我皇上幾暇研經，洞周窔奥，於漢以來諸儒之論，無不衡量得失，鏡別異同。伏讀御製七十二候詩中虹始見一篇，有「晦翁舊解我疑生」句，句下御注於詩集傳所釋「蝃蝀」之義，詳爲辨證，併於所釋鄭風諸篇概作淫詩者，亦根據毛、鄭，訂正其譌，反覆一二百言。益足見聖聖相承，心源如一。是以諸臣恭承彝訓，編校是書，分章多準康成，徵事率從小序。使孔門大義，上溯淵源；卜氏舊傳，遠承端緒。因欽定詩經以樹義，即因御纂周易以立名。作述之隆，後先輝耀。經術昌明，洵無過於昭代者矣。

田間詩學十二卷　左都御史張若溎家藏本

國朝錢澄之撰。澄之有田間易學，已著録。是書成於康熙己巳，大旨以小序首句爲主。所採諸儒論說，自注疏、集傳以外，凡二程子、張子、歐陽脩、蘇轍、王安石、楊時、范祖禹、吕祖謙、陸佃、羅願、謝枋得、嚴粲、輔廣、真德秀、邵忠胤、季本、郝敬、黄道周、何楷二十家。其中王、楊、范、謝四家今無傳本，蓋採於他書；陸、羅二家本無詩注，蓋草木鳥獸之名，引其埤雅、爾雅翼也。自稱：「毛、鄭、孔三家之書，録者十之二，集傳録者十之三，諸家各本録者十之四。」持論頗爲精核，而於名物訓詁、山川地理言之尤詳。徐元文序稱其「非有意於攻集傳，於漢、唐以來之説亦不主於一人。無所攻，故無所主。無所攻，無所主，而後可以有所攻，有所主」云云，深得澄之著書之意。張英序又稱其「嘗與英書，謂詩與尚書、春秋相表裏。必考之三禮以詳其制作，徵諸三傳以審其本末，稽之五雅以核其名物，博之竹書紀年、皇王大紀以辨其時代之異同案：二書所序時代，多不可據。此語殊爲失考。謹附訂於此。與情事之疑信。即今輿記，以考古之圖經，而參以平生所親歷」云云，則其考證之切實，尤可見矣。

詩經稗疏四卷

湖南巡撫採進本

國朝王夫之撰。夫之有周易稗疏，已著録。是書皆辨正名物訓詁，以補傳、箋諸説之遺。如詩譜謂：「得聖人之化者謂之周南，得賢人之化者謂之召南。」此則據史記謂「雒陽爲周、召」之語，以陝州爲中線而兩分之，則周南者周公所治之南國也。證之地理，亦可以備一解。至於鳥則辨「雎鳩」之爲山禽而非水鳥；「雀角」之角爲味，詩意言雀實有角，鼠實有牙。於獸則辨「九十其犉」之語，當引爾雅「七尺曰犉」之文釋之，不當以「黄牛黑脣」釋之；「騂剛」之剛爲犅，則以牛脊言之。於草則辨「蔞」爲蘆葦之屬，而非蔞蒿；「薇」自爲可食之菜，而非不可食之蕨。於木則辨詩言「樸」者，實今之柞，言「柞」者，實今之櫟；「榛楛」之榛，即詩之所謂「栵」，而非榛栗之榛。於蟲則辨斯螽、莎鷄、蟋蟀之各類，而非隨時異名之物；果蠃負螟蛉以食其子，而非取以爲子。於魚則辨「鱣」之即鯉，而集傳誤以爲黄魚；「鮪」之似鯉，而集傳誤以爲鱘魚。於器用則辨集傳訓「重較」爲「兩輢上出軾者」之未諳車制；及毛傳訓「檿」爲歷録，歷録爲紡車交縈之名，而集傳增一「然」字之差。於禮制則辨公堂稱觥爲飲酒於序，而非如集傳所云豳公之堂；「裸將」之訓爲灌，與「莫」一義，而歷詆白虎通灌地降神之謬。皆確有依據，不爲臆斷。其謂猗嗟爲作於魯莊如齊觀社之時，指莊娶哀姜而言，則據爾雅「姊妹之夫曰甥」以釋「甥」字；謂無衣爲作於秦哀公，則指楚之僭號以釋「王」字，義亦可通。惟以葛屨「五兩」之「五」通爲行列之義；木瓜、木桃、木李爲刻木之物；

「堇荼」之「荼」如「塗」，爲穰草和泥；「奉璋」之「璋」爲牙璋，連下文「六師」以爲言，未免近鑿。至於生民一篇，謂姜嫄爲帝摯妃，后稷爲帝摯子，平林爲帝摯時諸侯之國。推至見棄之由，則疑爲諸侯廢摯立堯之故，即以「不康不寧」爲當日情事。無論史册無明文，抑與祭法「禘嚳郊稷」之説異矣。四卷之末附以考異一篇，雖未賅備，亦足資考證。又叶韻辨一篇，持論明通，足解諸家之轇轕。惟贅以詩譯數條，體近詩話，殆猶竟陵鍾惺批評國風之餘習。未免自穢其書，雖不作可矣。

詩經通義十二卷　浙江汪啓淑家藏本

國朝朱鶴齡撰。鶴齡有尚書埤傳，已著録。是書專主小序，而力駁廢序之非。所採諸家，於漢用毛、鄭，唐用孔穎達，宋用歐陽脩、蘇轍、吕祖謙、嚴粲，國朝用陳啓源。其釋音，明用陳第，國朝用顧炎武。其凡例九條及考定鄭氏詩譜，皆具有條理。惟鶴齡學問淹洽，往往嗜博好奇，愛不能割，故引據繁富而傷於蕪雜者有之，亦所謂武庫之兵，利鈍互陳者也。要其大致，則彬彬矣。鶴齡與陳啓源同里。據其自序，此書蓋與啓源商榷而成。又稱啓源毛詩稽古編專崇古義，此書則參停於今古之間，稍稍不同。然稽古編中，屢稱「已見通義，兹不具論」，則二書固相足而成也。

毛詩稽古編三十卷　江西按察使王昶家藏本

國朝陳啓源撰。啓源字長發，吴江人。是書成於康熙丁卯，卷末自記謂：「閲十有四載，凡三易稾乃定。」前有朱鶴齡序，又有康熙辛巳其門人趙嘉稷序。鶴齡作毛詩通義，啓源實與之參正。然通義兼權衆説。啓源此編，則訓詁一準諸爾雅，篇義一準諸小序，而詮釋經旨，則一準諸毛傳，而鄭箋佐之。其名物則多以陸璣疏爲主。題曰毛詩，明所宗也；曰稽古編，明爲唐以前專門之學也。所辨正者惟朱子集傳爲多，歐陽脩詩本義、吕祖謙讀詩記次之，嚴粲詩緝又次之。所掊擊者惟劉瑾詩集傳通釋爲甚，輔廣詩童子問次之。其餘偶然一及，率從略焉。前二十四卷依次解經而不載經文，但標篇目。其無所論説者，則併篇目亦不載。其前人論説已明，無庸複述者，亦置不道。次爲總詁五卷，分六子目，曰舉要、曰考異、曰正字、曰辨物、曰數典、曰稽疑。末爲附録一卷，則統論風、雅、頌之旨。其間堅持漢學，不容一語之出入，雖未免或有所偏。然引據賅博，疏正詳明，一一皆有本之談。蓋明代説經，喜騁虛辨。國初諸家，始變爲徵實之學，以挽頽波。古義彬彬，於斯爲盛，此編尤其最著也。至於附録中「西方美人」一條，牽及雜説，盛稱佛教東流始於周代，至謂孔子「抑三王、卑五帝、藐三皇，獨歸聖於西方」；「捕魚諸器」一條，稱「廣殺物命，恬不知怪，非大覺緣果之文，莫能救之」，至謂庖犧必不作網罟。是則於經義之外，横滋異學，非惟宋儒無此説，即漢儒亦豈有是論哉？白璧之瑕，固不必爲之曲諱矣。

詩所八卷 福建巡撫採進本

國朝李光地撰。光地有周易觀象，已著録。是編大旨不主於訓詁名物，而主於推求詩意。其推求詩意又主於涵泳文句，得其美刺之旨而止，亦不旁徵事跡，必求其人以實之。又以爲西周篇什，不應寥寥。二南之中，亦有文、武以後詩；風、雅之中，亦多東遷以前詩。故於小序所述姓名，多廢不用，併其爲朱子所取者亦或斥之。其間意測者多，考證者少。如謂「有女懷春」爲祀高禖，則附會古義。謂「『有扁斯石』，『扁』字從户從册，古者額書於户曰扁，以石爲之」，亦近於穿鑿字説。案：户册爲扁，義本説文，以石爲之，則光地之新解。在光地所注諸經之中，較爲次乘。然光地邃於經術，見理終深。其所詮釋，多能得興觀羣怨之旨。他如鄭、衛之録淫詩，引春秋之書亂臣賊子爲之證；楚茨以下爲豳雅、載芟以下爲豳頌，引豳風之後附鴟鴞諸篇，以釋豳雅後有瞻洛諸詩，豳頌後有酌、桓諸詩之疑，其言皆明白切實，足闡朱子未盡之義，亦非近代講章揣骨聽聲者所可及也。

毛詩寫官記四卷　浙江巡撫採進本

國朝毛奇齡撰。奇齡有仲氏易，已著録。是書皆自記其説詩之語，凡一百八十八條。取漢書藝文志「武帝置寫書之官」語爲名。自序謂依汝南太守聽寫官言詩，憶而録之。蓋寓名以爲問答，猶之或問焉耳。案奇齡自述，早年著毛詩續傳三十八卷，其稾已失。後乃就所記憶者作國風省篇、詩札及此書。其門人所述經例，則云早刻詩説於淮安，未能刊正。又李塨所作序目云：「嘗以詩義質之先生。先生曰：予所傳諸詩，有未能改者數端。如以十畝之間爲淫奔，以鴟鴞爲避居於東，以封康叔爲武王，以『有邰家室』爲太姜琅琊之駘。凡此皆惑也。」據此則此中之誤，奇齡固自知之，但所自知者猶未盡耳。然其書雖好爲異説，而徵引詳博，亦不無補於考證。瑕瑜竝見，在讀者擇之而已。

詩札二卷　浙江巡撫採進本

國朝毛奇齡撰。奇齡既作毛詩寫官記，復託與寫官以札問訊而寫官答之之詞，以成此書，凡八十四條。第二卷首有其門人所記云「此西河少時所作，故其立説有暮年論辨所不合者。其間校韻數則，尤所矛盾。行世既久，不便更易」云云。據此則其中多非定論，其門人亦不諱之。然奇齡學本淵博，名物詁訓，頗有所長。必盡廢之，亦非平允之道。毛、韓異義，齊、魯殊文，漢代耑門，已不限以一説。兼收竝蓄，固亦説經家所旁採矣。

詩傳詩説駁義五卷　浙江巡撫採進本

國朝毛奇齡撰。明嘉靖中鄞人豐坊作魯詩世學一書，往往自出新義，得解於舊注之外。恐其説之不信，遂託言家有魯詩，爲其遠祖稷所傳，一爲子貢詩傳，一爲申培詩説，竝列所作世學中。厥後郭子章傳刻二書，自稱得黄佐所藏祕閣石本，於是二書乃單行。明代説詩諸家，以其言往往近理，多採用之，遂盛傳於時。奇齡因其託名於古，乃引證諸書以糾之。夫易傳託之子夏，書傳託之孔安國，其説之可取者皆行於世。至其源流授受，則説經之家務核其真。奇齡是書不以其説爲可廢，而於依託之處則一一辨之，亦可謂持平之論矣。

續詩傳鳥名三卷　浙江巡撫採進本

國朝毛奇齡撰。奇齡作毛詩續傳，以遭亂避仇佚之。後從鄰人吴氏子得卷末鳥名一卷，與其門人莫春園、張文蘵共緝綴之，衍爲三卷。大意在續毛詩而正朱傳。每條皆先列集傳之文於前，而一一辨其得失。考訓釋毛詩草木蟲魚者，自吴陸璣以後，作者實繁。朱子作詩集傳，大旨在發明美刺之旨，而名物訓詁則其所略。奇齡此書則惟以考證爲主，故其説較詳。惟恃其博辨，往往於朱傳多所吹求，而所言亦不免於疎舛。如奇齡所作毛詩省篇既以齊風雞鳴爲讒人，此書又用舊説爲賢妃之告旦，前後時相矛盾。鷦鷯之名桃蟲，猶竊脂之名桑扈，原不因木而名。乃謂所棲所食，俱不在桃，以喙鋭如錐，專剖葦中蟲食之，謂之掏蟲，掏、桃字通。尤杜撰無理。至於解「睍睆黄鳥」，用毛萇舊訓，於義本長。乃謂「鸎」字從二目一八，其二目，離之二目，一八者，艮八之喙。又謂「鶯」字從二火，離爲目，目本離火。尚書洪範伏傳以五事之目屬五行之火，鶯首之戴兩火，即鸎之戴兩目。此雖王安石之字説不穿鑿至此矣。然大致引證賅洽，頗多有據。録而存之，以廣考訂，固不害于「多識」之義爾。

詩識名解十五卷　浙江巡撫採進本

國朝姚炳撰。炳字彦暉，錢塘人。自「多識」之訓，傳自孔門，爾雅一書，訓詁名物略備。厥後諸儒纂述，日久多佚。惟陸璣之疏尚有裒輯重編之本。自宋蔡卞以來，皆因璣書而輾轉增損者也。此書亦以鳥、獸、草、木分列四門，故以「多識」爲名。其稍異諸家者，兼以推尋文義，頗及作詩之意爾。然孔子言鳥獸草木，本括舉大凡，譬如史備四時，不妨以春秋互見。炳乃因此一語，遂不載蟲魚，未免近高叟之固。其中考證辨駁，往往失之蔓衍。如辨麟、麐二物，義本說文，尚有關於訓詁。至於鳳凰神物，世所罕睹，而連篇累牘，辨其形狀之異同，則與經義無關矣。又詩中八鸞、和鸞之類，本爲鈴屬，非鸞鳥之鸞，而列之鳥部。然則車之伏兔，將入獸部乎？是皆愛奇嗜博，故有此弊。然核其大致，可取者多，固宜略其蕪雜，採其菁英焉。

詩傳名物集覽十二卷

湖北巡撫採進本

國朝陳大章撰。大章字仲夔，號雨山，黄岡人。康熙戊辰進士，改庶吉士，以母老乞歸。其於毛詩用功頗深，所作集覽本百卷，凡三易稾而後成。此乃其摘録付梓之本，凡鳥二卷、獸二卷、蟲豸一卷、鱗介一卷、草四卷、木二卷。蓋尤其生平精力所注也。毛詩自陸璣以下，詮釋名物者毋慮數十家。此書成之最後，故於諸家之說採輯尤夥。其中體例未合者，如釋「鶉之奔奔」，則莊子之「鶉居」、列子之「性變」，以及「朱鳥爲鶉首」「子夏衣若懸鶉」之類，無所不引；釋「雞棲于塒」，則列子之「木雞」、吕氏春秋之「雞跖」、漢官儀之「長鳴雞」，亦無不備載。皆體近類書，深乖說經之旨。又每條首録集傳大意，以紫陽爲主。故如「鄂不韡」，「韡」則取「豈不光明」之義，而駁「鄂」作「萼」不作「跗」之說爲不煩改字，亦過於偏執。至如載宋太宗賜耶律休哥旗鼓杓窊印，則以遼事誤作宋事，尤爲乖舛。然其徵引既衆，可資博覽，雖精核不足，而繁富有餘。固未始非讀詩者多識之一助也。

詩説三卷

江蘇巡撫採進本

國朝惠周惕撰。周惕字元龍，長洲人，康熙辛未進士，由庶吉士改密雲縣知縣。惠氏三世以經學著，周惕其剏始者也。是書於毛傳、鄭箋、朱傳無所專主，多自以己意考證。其大旨謂大、小雅以音別，不以政別；謂正雅、變雅，美刺錯陳，不必分六月以上爲正，六月以下爲變，文王以下爲正，民勞以下爲變；謂二南二十六篇皆疑爲房中之樂，不必泥其所指何人；謂周、召之分，鄭箋誤以爲文王；謂天子諸侯均得有頌，魯頌非僭。其言皆有依據。至謂頌兼美刺，義通於誦，則其説未安。考鄭康成注儀禮「正歌備」句曰：「正歌者，升歌及笙各三終，間歌三終，合樂三終，爲一備。」核以經文，無歌後更誦及一歌一誦之節。其周禮瞽矇職曰「諷誦詩」，鄭注謂：「闇讀之，不依永也。」則歌、誦是兩事。知頌、誦亦爲兩事，周惕合之，非矣。又謂證以國策，禮無「歸寧」之文，訓「歸寧父母」爲「無父母遺罹」之義。考「歸寧」文見左傳，於禮經必有所承。何休注公羊傳，稱：「諸侯夫人尊重，既嫁，非有大故不得反。惟士大夫妻，雖無事，歲一歸寧。」此文當必有所受。曲禮曰：「女子許嫁，纓，非有大故，不入其門。姑姊妹女子子，已嫁而反，兄弟弗與同席而坐，弗與同器而食。」其文承上許嫁而言，則已嫁而反是即歸寧之明證，不得曰禮無文矣。然其餘類皆引據確實，樹義深切，與枵腹説經，徒以臆見決是非者，固有殊焉。

詩經劄記一卷

兩江總督採進本

國朝楊名時撰。名時有周易劄記，已著録。是編乃其讀詩所記，大抵以李光地詩所爲宗，而斟酌於小序、朱傳之間。其論關雎，從小序求賢之説，最爲明允。其論鄭風不盡淫詩，而聖人亦兼存淫詩以示戒，論亦持平。而謂「鄭聲」即鄭詩，力駁鄭樵之説，則殊不然。淫詩可存以示戒，未有以當放之淫聲被之管弦可以示戒者也。至詩所論季札觀樂，所陳皆西周之詩，非東遷以後之詩。名時據變風終於陳靈，在宣公十年，至襄公二十九年吴子使札來聘，已越五十五年；又引左傳卿大夫所賦，以見東遷以後之詩，列國具備其文。絶不回護其師説，可謂破除講學家門户之見。又十月之交一篇，謂辛卯日食，則云應問於知曆者；殷武一章於朱子「始祔而祭」之説，則云更宜考定，亦不强不知以爲知。惟二雅諸篇，頗有臆斷。然如論國語「弔二叔之不咸」，引富辰所云封建親戚以藩屏周者，首舉管、蔡、郕、霍，知二叔不爲管、蔡；引禮記「月三五而盈」，證「三五在東」；引周禮祭天地三辰皆有奉璋之禮，辨朱傳之專指宗廟；引月令「節嗜欲」及集韻「嗜」字注，解「上帝耆之」；引大司樂「享先妣」之文在「享先祖」之上，證大雅、魯頌所以止稱姜嫄；引儀禮「下管新宮」在宣王之前，證新宮非斯干，亦皆具有考據。於其師説，可謂有所發明矣。

讀詩質疑三十一卷附録十五卷

江蘇巡撫採進本

國朝嚴虞惇撰。虞惇字寶成，常熟人。康熙丁丑進士，官至太僕寺少卿。是編乃其孫湖南驛鹽道有禧所刊，乾隆十二年經進御覽。首爲列國世譜、次國風世表、次詩指舉要、次讀詩綱領、次刪次、次六義、次大小序、次詩樂、次章句音韻、次訓詁傳授、次經傳逸詩、次三家遺説、次經傳雜説、次詩韻正音、次經文考異。每一類爲一卷，皆附録篇首，不入卷數。其正經則國風爲十五卷，小雅爲八卷，大雅爲三卷，頌爲五卷。大旨以小序爲宗，而參以集傳。其從序者十之七八，從集傳者十之二三。亦有二家皆不從，而虞惇自爲説者。每篇之首，冠以序文及諸家論序之説。每章之下，各疏字義。篇末乃總論其大旨與去取諸説之故。皆以推求詩意爲主，頗略於名物訓詁，亦不甚引據考證。如墨子稱：「文王舉閎夭、太顛於罝網中，授之政，西土服。」墨子在春秋、戰國之間，當及聞古義。而虞惇以爲附會兔罝之詩。至左傳稱祭仲有寵於莊公，所謂「寵」者，信任顯榮之意，故楚靈王對申無宇自稱「盜有寵」也。虞惇因此一字，指祭仲爲安陵、龍陽之流，以山有扶蘇之「狡童」當之，謂仲雖爲卿，詩人醜其進身之始。此不更附會乎？又申培詩説，出自豐坊，其中多剽朱傳之義。而虞惇反謂朱傳多引申培，亦殊失考。然大致皆平心靜氣，玩味研求於毛、朱兩家，擇長棄短。非惟不存門户之心，亦併不涉調停之見。核其所得，乃較諸家爲多焉。

毛詩類釋二十一卷續編三卷　江蘇巡撫採進本

國朝顧棟高撰。棟高有尚書質疑，已著録。是編成於乾隆壬申。序文、案語皆稱臣，蓋擬進之本。凡分二十一類。其序中抒所自得者：如於釋地理，知邶、鄘、衛乃三地名，非三國名；於釋山，知

「崧高維岳」乃吴岳，非中岳；於釋水，知吉日之漆、沮非豳詩、潛頌之漆、沮；於釋時令，知公劉已先以建子爲正；於釋祭祀，知禘饗明堂俱周公刱舉；於釋官職，知司徒、司空、司馬皆在周官以前；於釋兵器，知古甲皆用革；於釋宫室，知「君子陽陽」乃伶官之詩，非婦人所作；於釋草，知麻有二種；於釋鳥，知桑扈亦有二種；於釋馬，知衛風「騋牝」、魯頌「牡馬」，皆以備兵事，司馬法「馬、牛車乘俱出於民」乃王莽僞託之文。今考其書，禘及大享明堂一條，司徒、司空、司馬一條，皆與序文不相應，未喻何故。其「邶、鄘、衛」一條爲顧炎武説，「崧高」一條爲閻若璩説，「漆、沮」一條爲許謙説，「公劉用子正」一條爲毛亨説，「古甲用革」一條爲陳祥道説，「麻有二種」一條爲蔡卞説，「桑扈二種」一條爲陸佃説，「丘甸不出車馬」一條爲李廉説。惟「君子陽陽」一條以楚茨之文證小序，自出新意耳。然諸家説詩中名物，多泛濫以炫博。此書則採録舊説，頗爲謹嚴，又往往因以發明經義。與但徵故實，體同類書者有殊，於説詩亦不爲無裨也。其續編三卷，則成於乾隆癸酉。取爾雅釋詁、釋言、釋訓之文有關於詩者，摘而録之，亦略爲疏解。蓋訓詁名物相輔而行之義。以爾雅校之，尚闕「之，匹也」「言，戒也」二條。或繕稾時偶誤脱歟？

詩疑辨證六卷 江蘇巡撫採進本

國朝黄中松撰。中松字仲嚴，上海人。是書主於考訂名物，折衷諸説之是非，故以「辨證」爲名。其中亦瑕瑜互見。如古説雎鳩爲雕類，鄭樵及朱子則以爲鳧類。左傳云：「鴡鳩，司馬也。」馮復京引朱傳云：「江淮所有，當年恐未入詩人之目。」已爲定論。至爾雅云：「鵙鳩，王鵙。」郭注：「雕類，今江東呼之爲鶚，好在江渚山邊食魚。」爾雅又云：「楊鳥、白鷢」，郭注：「似鷹，尾上白。」是則二鳥明矣。乃揚雄、許慎皆以白鷢釋雎鳩，是偵也。中松竝存其說，未免兩岐。「黍稷」一條，獨載雷禮「黍貴稷賤、黍早稷晚」之說。案后稷以官名，社稷以壇名，稷爲五穀之長，諸書皆然，稷未嘗賤也。月令以稷爲首種，尚書緯云：「春，鳥星昏中以種稷；夏，火星昏中以種黍。」是稷亦非晚也。中松乃取其說。又引家語之文以廢羣議，不知家語王肅僞撰，不足據也。韓奕之「梁山」「韓城」，王應麟兩存舊說，而其意以在晉爲主。中松本王肅之說，謂皆在燕地，持論自確。而又疑梁山在晉地，且不明乾州之梁山與在夏陽者本一山綿亘，孔疏最明。乃用胡渭「雍州有二梁山」之說，竝疑梁山宮爲三梁山，則支離繳繞，弊亦與應麟等矣。「應田」不取鄭箋「田當作𨌺，聲轉字誤」之說。案「陳」之爲「田」，此聲轉也，「𨌺」之變「陳」，此字誤也。中松徒疑「𨌺非引而曰讀爲引」，以爲費力。不知「𨌺」與「軸」同，說文解字曰：「軸，擊小鼓引樂聲也。」其文甚明，何足爲疑乎？至全書之中，考正譌謬，校定異同，其言多有依據。在近人中，猶可謂留心考證者焉。

三家詩拾遺十卷　浙江巡撫採進本

國朝范家相撰。家相字蘅洲，會稽人。乾隆甲戌進士，官至柳州府知府。漢代傳詩者四家。隋書經籍志稱齊詩亡於魏，魯詩亡於西晉，惟韓詩存。宋修太平御覽，多引韓詩，崇文總目亦著録，劉安世，晁説之尚時時述其遺説。而南渡儒者，不復論及。知亡於政和、建炎間也。自鄭樵以後，説詩者務立新義，以掊擊漢儒爲能。三家之遺文，遂散佚而不可復問。王應麟於咸淳之末始掇拾殘賸，輯爲詩考三卷。然掤始難工，多所挂漏。又增綴逸詩篇目，雜採諸子依託之説，亦頗少持擇。家相是編因王氏之書重加裒益，而少變其體例。首爲古文考異，次爲古逸詩，次以「三百篇」爲綱，而三家佚説一一併見。較王氏所録，以三家各自爲篇者，亦較易循覽。惟其以三家詩拾遺爲名，則古文考異不盡三家之文者，自宜附録；其逸詩不繫於三家者，自宜芟除。乃一例收入，未免失於貪多。且冠於篇端，使開卷即名實相乖，尤非體例。其中如張超稱關雎爲畢公作一條，説見超所作誚蔡邕青衣賦，非超别有解經之説，而但據詩補傳所載泛稱張超云云，竝不録其賦語，蒐採亦間有未周。然較王氏之書，則詳贍遠矣。近時嚴虞惇作詩經質疑，内有三家遺説一篇。又惠棟九經古義、余蕭客古經解鉤沈，於三家亦均有採掇。論其賅備，亦尚不及是編也。

詩瀋二十卷

浙江巡撫採進本

國朝范家相撰。是編乃其釋詩之説。家相之學，源出蕭山毛奇齡。奇齡之説經，引證浩博，善於詰駁，其攻擊先儒最甚。而盛氣所激，出爾反爾，其受攻擊亦最甚。家相有戒於斯，故持論一出於和平，不敢放言高論。其作是書，大旨斟酌於小序、朱傳之間，而斷以己意。首爲總論三十篇。以下依次詮説，皆不載經文，但著篇目。其先儒舊説無可置辨者，則併篇目亦不著之。今核其所言，短長互見。如謂卷耳爲文王在羑里，后妃遣使臣之作；謂中谷有蓷爲憐申后；謂褰裳爲在晉、楚爭鄭之時；謂丰爲男親迎而女不從；謂敝笱爲歎王綱廢弛；謂采苓爲申生而作；謂采薇爲文王伐玁狁；謂沔水爲宣王信讒，皆以意揣度，絶無確證。然如總論第十四條力破黍離降爲國風之説，謂：「太史不采風，王朝無掌故，諸侯之國史亦不紀録以進。蓋四詩俱亡，非獨雅也。詩亡而諷諭彰癉之道廢，是以春秋作焉。」此與孟子「迹熄」之説深有發明。第十五條謂：「三百五篇之韻叶之而不諧者，其故有三。列國之方音不同，一也。古人一字每兼數音，而字音傳譌已久，非可執一以諧聲，二也。詩必歌而後出，每以餘音相諧，自歌詩之法不傳而餘音莫辨，三也。」此亦足解顧炎武、毛奇齡二家之鬭。其解采蘩篇，謂「被之僮僮」爲夫人齋居之首服，而歷引周禮内司服、玉藻及聶氏三禮圖以證之。蓋被者所以配褖衣，今據聶氏謂婦人之褖衣因男子之玄端，又玉藻云「玄冠丹組纓，諸侯之齋冠也」，則知夫人服被爲齋。夫人齋於正寢，既不可如祭之服副褘，又不可服告桑之編，故服燕寢朝君之被。此説爲前人所未及。其解楚茨、信南山諸篇，尤爲詳晰。如「南東其畝」及「中田有廬」之類，於溝洫田制咸依據確鑿，不同附會。在近代説詩之家，猶可謂瑜不掩瑕、瑕不掩瑜者也。

詩序補義二十四卷　浙江巡撫採進本

國朝姜炳璋撰。炳璋字石貞，號白巖，象山人。乾隆甲戌進士，官石泉縣知縣。是編以詩序首句爲國史所傳，如蘇轍之例。但轍於首句下申明之語竟删除不論，炳璋則存其原文，與首句中離一字書之，而一一訂其疎舛，例又小殊。蓋參用朱子詩序辨説之義，以貫通兩家也。其論「江有汜」，謂古者嫡、媵竝行，無待年于國之禮。論魯頌，謂用天子禮樂自吉禘莊公始見於經，斷以爲僭自僖公。然呂覽史角之事雖出雜説，而「考仲子之宫，初獻六羽」注謂：「前此用八，故曰初獻。」是已在隱公先矣。是過於考證，轉失之眉睫之前。他如論野有死麕，以尨吠爲喻人之類，亦失經旨。要其恪守先儒，語必有據，而於廢序諸家亦置而不爭，不可不謂篤實近裏之學也。其綱領有云：「有詩人之意，有編詩之意。如雄雉爲婦人思君子，凱風爲七子自責，是詩人之意也；雄雉爲刺宣公，凱風爲美孝子，是編詩之意也。朱子順文立義，大抵以詩人之意爲是詩之旨。國史明乎得失之迹，則以編詩之意爲一篇之要。」尤可謂解結之論矣。

虞東學詩十二卷 安徽巡撫採進本

國朝顧鎮撰。鎮字備九，號古湫，常熟人。常熟，古海虞地。鎮居城東，故又號曰虞東。乾隆甲戌進士，官至宗人府主事。是書大旨以講學諸家尊集傳而抑小序，博古諸家又申小序而疑集傳，構釁者四五百年，迄無定論。故作是編，調停兩家之説，以解其紛。所徵引凡數十家，而歐陽脩、蘇轍、呂祖謙、嚴粲四家所取爲多。雖鎔鑄羣言，自爲疏解，而某義本之某人，必於句下注其所出。又集傳多闡明義理，於名物訓詁聲音之學皆在所略。鎮於是數端亦一一考證，具有根柢。蓋於漢學、宋學之間，能斟酌以得其平。書雖晚出，於讀詩者不爲無裨也。

案諸經之中，惟詩文義易明，亦惟詩辨爭最甚。蓋「詩無達詁」，各隨所主之門户，均有一説之可通也。今核定諸家，始於詩序辨説，以著起釁之由；終於是編，以破除朋黨之見。凡以俾説是經者，化其邀名求勝之私而已矣。是編録此門之大旨也。

附録

韓詩外傳十卷　通行本

漢韓嬰撰。嬰，燕人。文帝時爲博士，景帝時至常山太傅。漢書藝文志有韓故三十六卷，韓内傳四卷，韓外傳六卷，韓説四十一卷，歲久散佚。惟韓故二十二卷，新唐書尚著録，故劉安世稱嘗讀韓詩雨無正篇。然歐陽脩已稱今但存其外傳，則北宋之時，士大夫已有見有不見。范處義作詩補傳在紹興中，已不信劉安世得見韓詩，則亡在南、北宋間矣。惟此外傳，至今尚存。然自隋志以後，即較漢志多四卷，蓋後人所分也。其書雜引古事古語，證以詩詞，與經義不相比附，故曰「外傳」。所采多與周、秦諸子相出入。班固論三家之詩，稱其「或取春秋，采雜説，咸非其本義」，殆即指此類歟？中間「阿谷處女」一事，洪邁容齋隨筆已議之。他如稱彭祖名並堯、禹，稱長生久視，稱天變不足畏，稱韶用干戚，稱舜兼二女爲非，稱荆蒯芮僕不恒其德，語皆有疵。謂柳下惠殺身以成信，謂孔子稱御説恤民，謂「舜生於鳴條」一章爲孔子語，謂輪扁對楚成王，謂冉有稱吴、楚、燕、代伐秦王，皆非事實。顏淵、子貢、子路言志事與申鳴死白公之難事，皆一條而先後重見，亦失簡汰。然其中引荀卿非十二子一篇，删去子思、孟子二條，惟存十子，其去取特爲有識。又繭絲、卵雛之喻，董仲舒取之爲繁露；君羣、王往之訓，班固取之爲白虎通。精理名言，往往而有，不必盡以訓詁繩也。是書之例，每條必引詩詞，而未引詩者二十八條；又「吾語汝」一條，起無所因，均疑有闕文。李善注文選，引其孔子升泰山觀易姓而王者七十餘家事及漢皋二女事，今本皆無之，疑亦有脱簡。至藝文類聚引「雪花六出」之類，多涉訓詁，則疑爲内傳之文，傳寫偶誤。董斯張以爲外傳所佚，又似不然矣。

案漢志以韓外傳入詩類，蓋與内傳連類及之。王世貞稱「外傳引詩以證事，非引事以明詩」，其説至確。今内傳解詩之説已亡，則外傳已無關於詩義。徒以時代在毛萇以前，遂列爲古來説詩之冠。使讀詩者開卷之初，即不見本旨，於理殊爲未協。以其舍詩類以外無可附麗，今從易緯、尚書大傳之例，亦别綴於末簡。

右詩類。六十二部，九百四十一卷。附録一部，十卷。皆文淵閣著録。

欽定四庫全書總目卷十七

經部十七

詩類存目一

詩説一卷 内府藏本

宋張耒撰。耒字文潛，楚州淮陰人。登進士第，元祐中官至起居舍人。紹聖中謫監黄州酒税。徽宗召爲太常寺卿，坐元祐黨，復貶房州别駕，黄州安置。尋得自便，居於陳州，主管崇福宫，卒。事蹟具宋史文苑傳。是書載柯山集中。納喇性德以其集不甚傳，因刻之通志堂經解中，凡十二條。如抑篇「慎爾出話」一條，蓋爲蘇軾烏臺詩案而發；卷阿篇「爾土宇昄章」一條，蓋爲熙河之役而發。餘亦多借抒熙寧時事，不必盡與經義比附也。

詩論一卷 編修程晉芳家藏本

宋程大昌撰。大昌有易原，已著録。是書本載大昌考古編中，故宋志不列其名。朱彝尊經義考始别立標題，謂之詩議，曹溶學海類編則作詩論，江南通志則作毛詩辨正考。原本實作詩論，則曹溶本是也。又曹溶本作十八篇，而彝尊引陸元輔之言謂程氏詩議十七篇：「一論古有二南而無國風之名。二論南、雅、頌爲樂詩，諸國爲徒歌。三論南、雅、頌之爲樂無疑。四論四始品目。五論國風之名出於左、荀。六論左、荀創標風名之誤。七論逸詩有豳雅、豳頌而無豳風，以證風不得抗雅。八論豳詩非七月。九辨詩序不出於子夏。十辨小序綴詩出於衛宏。十一辨詩序不可廢。十二據季札序詩篇次，知無風名。案：此篇爲改定毛詩標題，元輔此語未明。十三論毛詩有古序，所以勝於三家。十四論採詩、序詩因乎其地。十五論南爲樂名。十六論關雎爲文王詩。案：此解「周道闕而關雎作」一語，非論文王。元輔此語亦未明。十七論詩樂及商、魯二頌」，乃併末兩篇爲一考。原本亦作十七篇，元輔之言不爲無據。然詳其文意，論詩樂與論商、魯頌了不相屬，似考古編刻本誤合。曹本分之，亦非無見也。其大旨謂國風之名出漢儒之附會，其說甚辯。惟左傳「風有采蘩、采蘋」語，荀子「風之所以爲風」語，不出漢儒，無可指駁，則以左氏爲秦人，風字出於臆說；謂荀子之學出於仲弓，仲弓非商、賜「可與言詩」之比，故荀子所傳亦爲臆說。近時蕭山毛奇齡據樂記「正直而靜、廉而謙者宜歌風」，表記引詩「我躬不閱，遑恤我後」，又引詩「心之憂矣，於我歸說」，皆稱國風，以駁詰大昌。不知大昌之意惟在求勝於漢儒，原不計經義之合否。即引樂記、表記以詰之，亦不難以戴記四十九篇指爲漢儒附會也。觀其於左氏所言季札觀樂，合於己說者，則以傳文爲可信；所言「風有采蘩、采蘋」，不合己說者，則又以傳文爲不可信。顛倒任意，務便己私，是尚可與口舌爭乎？且即所謂可據者言之，十五國風同謂之周樂，南、雅、頌亦同謂之歌，不云南、雅、頌奏樂，國風徒歌也，豈此傳又半可據半不可據乎？傳又稱「金奏肆夏之三」「工歌鹿鳴之三」，亦將謂頌入樂，雅徒歌乎？是與所引孔子正樂但言雅、頌不言風，而忘其亦不言南者，同一不充其類而已矣。

詩疑二卷　内府藏本

宋王柏撰。柏有書疑，已著録。書疑雖頗有竄亂，尚未敢刪削經文。此書則攻駁毛、鄭不已，併本經而攻駁之，攻駁本經不已，又併本經而刪削之。其以行露首章爲亂入，據列女傳爲説，猶有所本也。以小弁「無逝我梁」四句爲漢儒所妄補，猶曰其詞與谷風相同，似乎移綴也。以下泉末章爲錯簡，謂與上三章不類，猶著其疑也。至於召南刪野有死麕，邶風刪靜女，鄘風刪桑中，衛風刪氓、有狐，王風刪大車、丘中有麻，鄭風刪將仲子、遵大路、有女同車、山有扶蘇、籜兮、狡童、褰裳、丰、東門之墠、風雨、子衿、野有蔓草、溱洧，秦風刪晨風，齊風刪東方之日，唐風刪綢繆、葛生，陳風刪東門之池、東門之枌、東門之楊、防有鵲巢、月出、株林、澤陂，凡三十二篇。案：書中所列之目實止三十一篇，疑傳刻者脱其一篇。又曰：「小雅中凡雜以怨誹之語，可謂不雅，予今歸之王風，且使小雅粲然整潔。」其所移之篇目，雖未具列，其降雅爲風，已明言之矣。又曰：「桑中當曰采唐，權輿當曰夏屋，大東當曰小東。」則併篇名改之矣。此自有六籍以來第一怪變之事也。柏亦自知詆斥聖經爲公論所不許，乃託詞於漢儒之竄入。夫漢儒各尊師説，字句或有異同，至篇數則傳授昭然，其增減一一可考。如易雜卦傳爲河内女子壞老屋所得，書出伏生者二十九篇，孔安國以孔壁古文增十六篇，而泰誓三篇亦爲河内女子所續得，舜典首二十八字爲姚方興所上，周禮考工記爲河間獻王所補，具有明文。下至左傳增「其處者爲劉氏」一句、「秦穆姬登臺履薪」一段，先儒亦具有記載。惟詩不言有所增加，安得指國風三十二篇爲漢儒竄入也？王弼之易、杜預之左傳，以傳附經，離其章句；鄭玄禮記目録與劉向别録不同，亦咸有舊説。惟詩不言有所更易，安得謂王風之詩竟移入小雅也？且春秋有三家，可以互考，故公羊經文增「孔子生」一條，而左傳無。詩有四家，亦可以互考，故三家般詩多「於繹思」一句，毛詩無之，見經典釋文；毛詩都人士有首章，而三家無之，見禮記緇衣注；即韓詩雨無正多「雨無其極」二句，宋人亦尚能道之，見元城語録。一句一字之損益，即彼此參差，昭昭乎不能掩也。此三十二篇之竄入，如在四家既分以後，則齊增者魯未必增，魯增者韓未必增，韓增者毛未必增，斷不能如是之畫一；如在四家未分以前，則爲孔門之舊本確矣。柏何人斯，敢奮筆而進退孔子哉？至於謂碩人第二章形容莊姜之色太褻，秦風黄鳥乃淺識之人所作，則更直排删定之失，不復託詞於漢儒，尤爲恣肆。陳振孫書録解題載陳鵬飛作詩解二十卷，不解商頌、魯頌，以爲商頌當闕，魯頌當廢，其説已妄，猶未如柏之竟删也。後人乃以柏嘗師何基，基師黄榦，榦師朱子，相距不過三傳，遂併此書亦莫敢異議。是門户之見，非天下之公義也。

毛詩正變指南圖六卷　兩淮鹽政採進本

是書爲明末陳重光所刻。前有李雯序，謂其書爲宋人未竟之本，故詳於大而略於小。今考卷首列漢迄宋諸儒訓故、圖譜、音訓之目，頗叢雜無次第。一卷全録小序首句，二卷作詩次序，皆本鄭氏詩譜，三卷世次，四卷族譜，五、六卷雜釋名物，俱爲簡略，惟五卷釋刻漏稍詳。其義例淺陋，不似古人著作，且亦別無佐證。疑即重光自輯，而託之舊本也。重光字端羲，華亭人。

詩義斷法五卷　浙江范懋柱家天一閣藏本

不著撰人名氏。卷首有「建安日新書堂刊行」字，又有「至正丙戌」字，蓋元時所刻。朱彝尊經義考載宋謝叔孫詩義斷法，不列卷數，注引江西通志曰：「叔孫，南城人，舉進士，官翰林編修。」又載詩義斷法一卷，不著名氏，注曰「見菉竹堂書目」，竝云「已佚」。此本五卷，與後一部一卷之數不符，其叔孫之書歟？首有自序，詞極鄙俚，殆不成文。卷前冠以作義之法，分總論、冒題、原題、講題、結題五則。次爲學詩入門須知，次爲先儒格言，次爲總論六義。皆剽竊陳言，不出兔園册子。又書中但列擬題，於經文刊削十七。始於鄘風之干旄，不知何取。蓋揣摩弋取之書，本不爲解經而作也。

國風尊經一卷　編修朱筠家藏本

舊本題明陶宗儀撰。宗儀字九成，黄巖人。元末舉進士不中，即棄去，累辭辟舉。洪武中乃出爲教官。事蹟具明史文苑傳。是書前有宗儀自序。案孫作滄螺集有陶九成小傳，備列其生平著述，無此書名。明史藝文志及朱彝尊經義考皆不著録。其書多用字説，如序中解大、小雅云：「雅，知風者也，故名相風。」解「君子好逑」云：「逑從求從辵，謂行而求之也。」解「參差荇菜」云：「荇從草從行，謂草生水中而東西行者也。」解「左右芼之」云：「芼從草從毛，言以菜加於食物之上，如毛之附麗於外。」解「螽斯羽」云：「螽從冬從虫，蓋子產於冬而生於春也。」解「招招舟子」云：「招從手從召，謂舉手召也。」解「簡兮」云：「竹間爲簡，言衆工來會，如竹之稠密也。」解「隰有苓」云：「未知何草，然從草從令，草之善者。」解「終窶且貧」之「窶」，「從穴從婁，謂上下皆空也」；「貧」，「從分從貝，謂所有輒散也」。解「靜女其姝」云：「姝，女顔之若朱者。」解「中冓之言」云：「冓之爲文，有材木從横，層累增高之義。中冓當國之中，而構者則君之居也。」其穿鑿不通，不可枚舉。其最謬者，如謂桑中爲關雎之遺，是以淫女擬聖后也；謂「『人之無良，我以爲兄』，兄者長也，居上爲民長也。毛氏以爲君之兄者，非也。」自古以來，有稱君爲兄者乎？宗儀亦何至於此。核其詞氣，似明萬曆以後人，蓋贋託也。惟卷耳、葛覃二詩，其説似近情理。然以國策觸讋之語證古者諸侯之女無歸寧之禮，則又不然。息嬀歸寧而過蔡獻舞，止享而召兵，其事具載左傳，安得謂其必無？以觸讋之言疑古禮，是猶以華督目逆一事，疑古婦人無出必蔽面之禮；以崔杼見棠姜一事，疑古婦人無幃哭之禮；以陶嬰「中夜悲鳴」一語，疑古寡婦無不夜哭之禮也，豈通論乎？原目自周南至曹風，惟無豳風。此本僅至衛風而止，蓋佚其半。然如此妄謬之書，佚亦正不足惜耳。

毛詩説序六卷　浙江朱彝尊家曝書亭藏本

明呂柟撰。柟有周易説翼，已著録。是書以小序爲主，而設爲門人問答以明之。每章標舉大意，主於疏通毛義而止。其諸説之異同，皆不置辯，其名物訓詁亦皆弗詳。猶説詩家之簡嚴者，但疏解未免太略。此本傳寫譌脱，不可解處尤多。

毛詩或問一卷 通行本

明袁仁撰。仁有砭蔡編，已著録。是編大旨主於伸小序抑集傳，設爲問答以明之。所説止於魯頌，疑佚其末數頁也。其自序詆徐禎卿、孫鍾元於毛詩訓詁之外不能措一詞，而謂：「他經可理測，而詩則不落理路；他經可意會，而詩則不涉意想。三千在門，獨許商、賜可與言詩，以其各有悟門。」又詆朱子解詩如盲人捫象，而自謂其説「言思莫及，理解俱融，不知我之爲古人，古人之爲我」，其言甚誕。今觀其書，一知半解，時亦有之。然所執者乃嚴羽詩話不涉理路，不落言詮，純取妙悟之説。以是説漢、魏之詩尚且不可，況於持以解經乎？

魯詩世學三十二卷 兩淮馬裕家藏本

明豐坊撰。坊有古易世學，已著録。是編首列子貢詩傳，詭云「石本」。次列詩序，而以「正音」託之宋豐稷，以「續音」託之豐慶，以「補音」託之豐耘，以「正説」託之豐熙。譎稱祖父所傳，而自爲之考補，故曰「世學」。又附以門人何昆之「續考」，共爲一書。實則坊一人所撰也。其書變亂經文，詆排舊説，極爲妄誕。朱彝尊經義考辯之甚詳。而康熙中禮部侍郎平湖陸棻乃尊信其中「三年之喪必三十六月」之説，遭憂家居已閲二十七月，猶不出補官。其門人丘嘉穗載之東山草堂邇言中，以爲美談。不知此唐王玄感之論，當時已爲議者所駁，載於舊唐書中，非古義也。則僞書之貽害於經術者甚矣。

詩傳一卷 内府藏本

舊本題曰子貢撰。實明豐坊所作。明史坊本傳稱「坊爲十三經訓詁，類多穿鑿。世所傳子貢詩傳即坊編本」者是也。其説升魯於邶、鄘之前，降鄭於鄶、曹之後，大雅、小雅各分爲三，曰續、曰傳，皆與所作申培詩説同。二書皆以古篆刻之。不知漢代傳經，悉用隸書，故孔壁科斗，世不能辨，謂之「古文」。安得獨此二書參用籀體？郭子章、李維楨皆爲傳刻釋文，何鏜收入漢魏叢書，毛晉收入津逮祕書，并以爲曾見宋搨，皆謬妄也。

詩説一卷 江蘇巡撫採進本

舊本題曰申培撰，亦明豐坊僞作也。何楷詩世本古義、黄虞稷千頃堂書目、毛奇齡詩傳詩説駁義皆力斥之。今考漢書杜欽傳稱「佩玉晏鳴，關雎歎之」，後漢書楊賜傳稱「康王一朝晏起，關雎見幾而作」，注皆稱魯詩，而此傳仍訓爲太姒思淑女。又坊記注引「先君之思，以畜寡人」爲衛定姜之作，釋文曰：「此是魯詩。」而此仍爲莊姜送戴嬀。培傳魯詩，乃用毛傳乎？其僞妄不待問矣。

詩傳纂義無卷數 浙江巡撫採進本

明倪復撰。復字汝新，鄞縣人。兹編不載經文，惟於有所發明者標其篇名。所説多襲前人，或全録之而不言所本。其自出新意者，如謂皇華、四牡通爲射饗樂歌之類，於古皆無所考證。

張氏說詩一卷 江蘇周厚堉家藏本

明張廷臣撰。廷臣字元忠，崑山人，嘉靖戊子舉人。是編題「婁上編甲之己」，蓋其全集之一種也。大旨謂詩序有所傳授，不應盡廢，持論甚正。而其所推闡，則以意斷制者多。

讀風臆評無卷數 江蘇巡撫採進本

明戴君恩撰。君恩字仲甫，長沙人，嘉靖癸丑進士，官巴縣知縣。是書取詩經國風加以評語，又節録朱傳於每篇之後，烏程閔齊伋以朱墨版印行之。纖巧佻仄，已漸開竟陵之門。其於經義，固了不相關也。

詩經正義二十七卷 安徽巡撫採進本

明許天贈撰。天贈字德天，黟縣人，嘉靖乙丑進士，官至山東布政使參政。是書不載經文，但標章名節目，附以己說，頗爲弇陋。如於采蘋章云：「大夫妻講中不可說出，此就説詩者言，非詩人口氣。」書中大率如此，蓋全爲時文言之也。經學至是而弊極矣。

詩經存固八卷 福建巡撫採進本

明葉朝榮撰。朝榮字良時，福清人，大學士向高之父也。隆慶元年恩貢，授九江府通判，官至養利州知州。是編乃其教授生徒時，酌取詩經大全，參以己意而成。後官九江，復加改定，更作義略一卷，總論十五國及雅、頌諸篇大義。萬曆四十四年向高致仕歸，復整齊而重刻之。前有朝榮自序，序末附以向高跋語。

詩序解頤一卷　浙江巡撫採進本

明邵弁撰。弁字元偉，太倉州人。隆慶中貢生。此書申朱子詩序辨説之義，而又以己意更正之，中多臆論。所定小雅世次諸條，尤無確據。卷末附洛書辨一篇，無所闡發，徒事空言。又三江既入震澤底定辨一篇，主中江、北江、南江之説，寥寥數語，亦未暢明也。

毛詩多識編七卷　浙閩總督採進本

明林兆珂撰。兆珂字孟鳴，莆田人。萬曆甲戌進士，官至安慶府知府。是編本陸璣疏而衍之，凡草部二卷，木部、鳥部、獸部、蟲部、鱗介部各一卷。多引鄭樵、陸佃、羅願之語，又兼取豐坊之僞子貢傳、僞申培説。貪多務博，頗乏持擇。其凡例稱：「鳥獸、昆蟲、草木非三百篇所有不載。」然如「龍旂」之龍非真龍，「鸞鑣」之鸞非真鸞，而徵引故實，累牘連篇。此自類書，何關經義？又如因爾雅「荇，接余」之文，遂謂漢之婕妤取義於荇菜，其穿鑿抑又甚焉。據其凡例，尚有外編、雜編二書，此本無之，未知其爲未刻，抑爲偶佚也。

毛詩原解三十六卷　浙江巡撫採進本

明郝敬撰。敬有周易正解，已著録。是書前有讀法一卷，大指在駁朱傳改序之非。於小序又惟以卷首一句爲據，每篇首句增「古序曰」三字，餘文則以「毛公曰」別之。序或有所難通者，輒爲委曲生解，未免以經就傳之弊。而又立意與集傳相反，亦多過當。夫小序確有所受，而不能全謂之無所附益；集傳亦確有所偏，而不能全謂之無所發明。敬徒以朱子務勝漢儒，深文鍛鍊，有以激後世之不平，遂即用朱子吹求小序之法以吹求朱子。是直以出爾反爾示報復之道耳，非解經之正軌也。

詩經類考三十卷 浙江巡撫採進本

明沈萬鈳撰。萬鈳字玉臺，嘉善人。萬曆丁酉舉人，官知縣。茲編於「三百篇」所載名物典故，分門編録。前有古今論詩考、逸詩考、音韻考，後有風雅頌異同考、羣書字異考。凡所援據，不能盡本經傳，故往往不精不詳。如「天文類」釋「三五小星」，引釋名曰「星，散也」，說文曰「萬物之精，上爲列宿」。如此之類，與經義無涉，實爲泛濫。又如朝制，有大朝覲之朝，若韓侯入覲是也；又有常朝之朝，若雞鳴之詩是也。而此書「禮制類」乃止引曲禮天子「當扆而立」「當宁而立」，及周禮太宰大朝覲會同數則，而玉藻「朝辨色始入」諸條乃竟遺之。如此之類，亦多失於考核。蓋此書本詩名物疏而作，而實不及原書也。

毛詩微言二十卷 内府藏本

明張以誠撰。以誠字君一，華亭人。萬曆辛丑進士第一，官翰林院修撰。是書雜採舊說，無所發明。如豐坊僞詩傳之類，皆不辨而濫收之，亦嗜博而失於别擇。

詩經説通十三卷

兩淮鹽政採進本

明沈守正撰。守正字允中，號無回，錢塘人。萬曆癸卯舉人，官國子監博士。是編成於萬曆乙卯。其説頗以朱傳廢序爲非，然又不甚用古義。其所列引用諸書，不過三十六種，而以豐坊僞魯詩爲冠。又謂隋志稱韓詩雖存，乃其外傳，竟不知崇文總目尚有韓詩。持論多茫無考證，故所引皆明人影響之談。雖大旨欲以意逆志，以破拘牽，而純以公安、竟陵之詩派竄入經義，遂往往恍惚而無著。如解關雎云：「所謂憂之、喜之者，不必泥定文王，亦不必泥定宮人。」然則究何指也？至於以行露、野有死麕爲貞女設言自誓，不必定有强娶私誘之事。然則女子待年於室，無故而作一誓詞，傳播於衆，天下有此情事乎？又謂：「文王之化，必無强暴之男子。」然則堯舜之世，亦不當有四凶矣。其膠固不解，更甚於訓詁之家，烏在其能得言外意也？

詩經六帖重訂十四卷

兩江總督採進本

明徐光啓撰，國朝范方重訂。光啓字子先，上海人。萬曆甲辰進士，官至東閣大學士。謚文定。事蹟具明史本傳。方字令則，如皐人。前有方自序，謂：「徐光啓六帖後先錯互，爲未定之書。爰爲重訂，而去其『博物』一帖。其餘五帖，皆移定其次，而無所增改。五帖者，一翼傳，二存古，三廣義，四攟藻、六正叶也。」卷首有光啓韻譜説竝例，於諸詩皆不載其詞，但於有韻之句以白圈爲識，無韻之句以黑圈爲識，體例殊爲未善。且既以古音無叶爲全書注意之處，乃於圈識之外絶不言其所以然。題曰韻譜，名實亦復相乖。又「六帖」名始於帖經，程大昌演繁露疏解頗明。白居易以名類書，殊無所取義。光啓以名經解，爲轉不失其初。然考明史藝文志載徐光啓毛詩六帖六卷，是每帖爲一卷也。方既刪「博物」一門，則六帖僅存其五，與光啓作書之意全不相合，安得復以六帖稱乎？

毛詩説四卷 浙江巡撫採進本

明陳以蘊撰。以蘊字仲宣，南昌人。萬曆己酉舉人。是書成於崇禎癸酉。前有以蘊自序，大旨謂小序固陋淺拙，詞必徵之事，事必實之人，往往不得其義。則概謂之刺君，非得卜子夏之傳者。又以朱子集傳祖夾漈而詆毛傳，亦未盡孟子説詩之法。然觀編中所言，乃似坊選詩集之批語。即朱子集傳亦尚非以蘊所可議，無論小序矣。

詩經圖史合考二十卷 浙江巡撫採進本

明鍾惺撰。惺字伯敬，竟陵人。萬曆庚戌進士，官至福建提學僉事。明史文苑傳附載袁宏道傳中。是書雜考詩之名物典故，亦間繪圖，故稱「圖史合考」。然名雖釋經，實則隸事。如周南桃夭篇首引本草綱目載「桃仁去淤血，桃梟療中惡腹痛」一條，次引家語「六果桃爲下」一條，次引管子「五沃之土宜桃」一條，次引鹽鐵論「桃實多則歲穰」一條，次引江淹桃頌一條，次引「崑崙山玉桃」一條，次引「唐明皇目桃爲消恨花」一條，次引酉陽雜俎「王母桃」一條，次引列仙傳「綏山桃」

一條，其文遂畢，於經義一字無關。全書所載皆類於此，不知其何所取也？

毛詩解無卷數　江蘇周厚堉家藏本

明鍾惺撰。是編取古人説詩之書卷帙簡少者合爲一編。曰詩序，曰詩説，曰詩外傳，曰讀詩一得，曰山堂詩考，曰困學紀詩，曰詩地理考，曰詩考，曰逸詩，曰文獻詩考，曰詩傳綱領，曰詩識，曰讀詩録，曰印古詩語。其中讀詩一得即黄氏日鈔之一門；山堂詩考即山堂考索之一門；困學紀詩即困學紀聞中論詩之語；逸詩即王氏詩考中之逸詩篇名；讀詩録即讀書録中論詩數條；詩傳綱領即詩經大全之綱領，謬陋殆難言狀。至申培詩説本僞魯詩，韓詩外傳明標「韓」字，乃題曰毛詩解，是尤不足深責者矣。

詩通四卷　浙江巡撫採進本

明陸化熙撰。化熙字羽明，常熟人。萬曆癸丑進士，官至廣西提學僉事。是編不載經文，止標篇什名目，而發揮其意旨。大都依文詮釋，尋味於詞氣之間。其自序云朱注所不滿人意者，「止因忽於所謂微言、託言，致變風刺淫之語概認爲淫，變雅近美之刺即判爲美耳」。故書中於鄭、衛之詩多存小序，即二雅、三頌亦多引序説，而又間引鄭箋、孔疏以證之，頗異乎株守門户者，但所得不深耳。

詩傳闡二十三卷闡餘二卷　浙江吴玉墀家藏本

明鄒忠胤撰。忠胤字肇敏，無錫人。萬曆癸丑進士，官至江西按察司副使。是書即豐坊僞詩傳每章推演其義，而於坊僞詩説則深斥其妄。一手所造之書，而目爲一真一贋，此真不可理解之事矣。

詩經脈八卷　江蘇周厚堉家藏本

明魏浣初撰。其標題又曰「閔非臺先生增補」。浣初字仲雪，常熟人。萬曆丙辰進士，官至布政司參政。閔非臺則不知何許人也。其書分上、下二格，如高頭講章之式。下格爲浣初原書，前列正文，後有附考，頗知原本注疏，旁及諸家。如君子偕老章「副笄六珈」，毛傳云「笄，衡」，蓋述追師「追，衡、笄」之文。衡垂於耳，笄貫於髮，見於追師注疏甚詳。浣初引以證朱傳「衡、笄一物」之誤，尚小有考證。惟大致拘文牽義，鉤剔字句，摹仿語氣，不脱時文之習。上格爲閔氏補義，則純乎鄉塾之説矣。

毛詩發微三十卷　副都御史黄登賢家藏本

明宋景雲撰。景雲字祥禎，博興人。萬曆己未進士，官至監察御史，巡案湖廣。其説詩以朱子集傳爲主，亦間採毛傳及他説以參之。爲例有三：標「正」字者，衍集傳者也；標「附」字者，採他説者也；標「考」字者，釋名物者也。然大抵以批點時文之法推求經義耳。

聖門傳詩嫡冢十六卷附録一卷　浙江巡撫採進本

明淩濛初撰。濛初字稚成，烏程人。是書輯詩序及毛傳、鄭箋，又以豐坊詩傳冠各篇之首，而互考其異同。以詩序舊稱出子夏，詩傳亦稱子貢，故以聖門傳詩嫡冢爲名。其末附録一卷，則豐坊所作申培詩説也。

言詩翼六卷　兩江總督採進本

明凌濛初撰。此編仍列詩傳、詩序於每篇之前。又以詩傳、詩序次序不同，復篆書詩傳冠於篇端。而雜採徐光啓、陸化熙、魏浣初、沈守正、鍾惺、唐汝諤六家之評，直以選詞遣調、造語鍊字諸法論三百篇。每篇又從鍾惺之本加以圈點。明人經解，真可謂無所不有矣。

詩逆四卷　浙江吴玉墀家藏本

明凌濛初撰。卷首有七月表一篇。以其中獨闕三月，乃摘「春日載陽」至「公子同歸」、「蠶月條桑」至「猗彼女桑」諸事，布於二月、四月之間，標爲「蠶月」，殊屬穿鑿。又詩考一篇，獨載一御車圖，尤爲挂漏。其所詮釋，亦罕逢奧義。

毛詩鳥獸草木考二十卷　兩淮馬裕家藏本

明吴雨撰。雨自題但稱閩郡人，不知隸籍何縣也。是書爲其同郡徐𤊹所編次。鳥考三卷，獸考三卷，蟲考二卷，鱗考一卷，草考四卷，穀考一卷，木考三卷，而以天文考二卷終焉。惟不考地理，或無以加於王應麟書，故置之歟？曹學佺序稱其體本吴仁傑離騷草木疏，又以配陳第毛詩古音考。然如雞本家禽，而繁文旁衍；鼠原常物，而異種横增。駢拇枝指，殊爲可已不已。視吴、陳兩書之精核，相去遠矣。

詩經備考二十四卷　兩江總督採進本

明章調鼎撰。調鼎字玉鉉，富順人。是編因鍾惺未成之本增損成書，以攻擊朱子集傳。夫集傳排斥毛、鄭，固未必盡無遺議，先儒亦互有異同。然非鍾惺等所可置議也，況又拾惺之餘緒乎？

詩牖十五卷　浙江巡撫採進本

明錢天錫撰。天錫字公永，竟陵人。天啓壬戌進士，官至僉都御史。是編大抵推敲字義，尋求語脈，爲程式制藝之計。首載馮元飈序，謂其書「不但存朱子，存毛詩，並可以存齊、存魯、存韓，祧衛宏而禰子夏，其功不在鄭、孔下」。亦夸之甚矣。

詩經考十八卷　江西巡撫採進本

明黃文煥撰。文煥字維章，永福人。天啓乙丑進士，崇禎中由山陽縣知縣擢翰林院編修。坐鉤黨，與黃道周同下詔獄。後獲釋，流寓南都以終。是書專考三百篇中名物典故。其凡例有六：一曰世系，二曰畿甸，三曰人物，四曰天時地利，五曰兵農禮樂，六曰動植。仍以經文篇第爲序，各標其目而解之，徵引頗爲繁富。惟愛博嗜奇，頗傷冗雜。其於人物，皆詳其始末，成一列傳，而又不著其所本，尤爲曼衍。窺其用意，似欲與何楷世本古義抗行一時。然不似楷之穿鑿，亦不及楷之博洽也。

詩經微言合參八卷　江蘇巡撫採進本

明唐汝諤撰。汝諤字士雅，華亭人。天啓中以歲貢生官常熟縣教諭。汝諤初著毛詩微言二十卷，繼復删汰贅詞，標以今名。自序謂：「溯源毛、鄭，參以讀詩記及嚴氏詩緝，而折衷於朱子。」今核其書，實不過科舉之學也。

惢泉手學二卷　浙江巡撫採進本

不著撰人名氏。惟卷首自序有二私印，一曰「聞性道字大直」，一曰「明山鑑西薛蘿香弄隱人」，知爲聞性道所作。序稱「吾鄉豐氏」，則鄞人也。序中所稱壬辰，蓋萬曆二十年。又稱「歲在丁卯」，則天啓七年。其册末云「已巳手補朱字」者，則崇禎二年也。是書取豐坊所作子貢詩傳、申培詩説二書合爲一編，以篆文與釋文皆出手鈔，故謂之「手學」。案古文自許慎所存二百餘字外，鍾鼎款識，隨人音釋，已均在疑似之間。況此二書又出豐坊妄造，性道乃珍重鉤摹之，亦好古而不知考古者歟？

桂林詩正八卷　兩江總督採進本

明顧懋樊撰。懋樊有點易丹，已著録。是編成於崇禎庚辰。博採衆説，參以己見，然多不根之創解。如謂鄭之丰及風雨篇皆齊詩，而誤入於鄭。丰詩爲小白適莒，國人有悔不送而望其歸之詞，風雨詩以雞鳴失時，比齊之昏亂。桓公興，仲父相，乃晦明之大際。孔子删詩録風雨，亦猶「微管仲」之意也。如斯之類，不知何據而云然。至於笙詩六篇，竟以束皙補亡列入，溷亂經文，尤爲乖剌矣。

詩經注疏大全合纂三十四卷　江蘇巡撫採進本

明張溥撰。溥字天如，太倉人。崇禎辛未進士，改庶吉士。事蹟具明史文苑傳。自宋儒説詩廢序，毛、鄭之學遂微。明永樂中修五經大全，詩則取鄱陽朱克升疏義，增損劉瑾之書，懸爲令甲。經學於是益荒。溥是書雜取注疏及大全，合纂成書，差愈於科舉之士株守殘匱者。然亦鈔撮之學，無所考證也。

詩經偶箋十三卷

江西巡撫採進本

明萬時華撰。時華字茂先，南昌人。是編成於崇禎癸酉。大旨宗孟子「以意逆志」之説，而掃除訓詁之膠固，頗足破腐儒之陋。然詩道至大而至深，未可以才士聰明測其涯際，況於以竟陵之門徑掉弄筆墨，以一知半解訓詁古經？其自序有曰「今之君子知詩之爲經，不知詩之爲詩，一蔽也。謝太傅嘗問諸從毛詩何句最佳，遏以『楊柳依依』對，公所賞乃在『吁謨定命，遠猶辰告』。譚友夏亦言讀詩不能使國風與雅、頌同趣，且覺雅、頌更於國風有味。易入處便入，終是讀書者之病。今之君子少此玄致，二蔽也。」云云。蓋鍾惺、譚元春詩派盛於明末，流弊所極，乃至以其法解經。詩歸之貽害於學者，可謂酷矣。

詩經副墨八卷

江蘇周厚堉家藏本

明陳組綬纂。組綬字伯玉，武進人。崇禎甲戌進士，官兵部主事。是書前列讀書二十四觀，次爲通考、次爲總論。每篇之前，皆竝列集傳、小序之文，而以集傳居小序前。其每章詮解，則循文敷衍而已。卷首凡例有曰：「諸説雖精，或於制義未當者，吾從宋。」是其著書之大旨矣。

詩志二十六卷　兩江總督採進本

明范王孫撰。王孫字士文，休寧人，寄籍錢塘。是書乃館於金聲家時所著，聲爲序而梓之。皆雜採諸説而成，於同時人中多取沈守正説通及陳際泰五經讀、顧夢麟説約，不甚研求古義也。

詩問略一卷　編修程晉芳家藏本

明陳子龍撰。子龍字人中，一字臥子，華亭人。崇禎丁丑進士，官紹興府推官。後魯王以爲兵科給事中。事敗被執，乘間投水死。事蹟具明史本傳。乾隆四十一年賜謚忠裕。此編乃其讀詩劄記之文。曰「詩問」者，取「問諸有道」之意。又所解皆偶標己意，隨拈各條，非説全經，故謂之「略」。明史藝文志不著録，見於曹溶學海類編中。其説不主朱子集傳，亦不甚主毛詩、鄭箋，大抵因小序而變其説。如有女同車，序以爲刺忽，子龍則以爲美忽；以籜兮、狡童爲刺祭仲。率以意爲解，不必有據。觀其自序，知其學從郝敬入也，宜其臆斷矣。

詩觸四卷　江西巡撫採進本

明賀貽孫撰。貽孫字子翼，禾川人。是書前後無序跋，不著作書年月。考陳士業筠莊初集有賀子翼制藝序，而凡例中引梅膺祚字彙，書中多引鍾惺詩經評，亦皆明末之書，當即其人也。是書以小序首句爲主，而删其以下之文，以爲毛萇、衛宏之附益，蓋宗蘇轍之例。大旨調停於小序、朱傳之間，作詩之旨多從序，詩中文句則多從傳；國風多從序，雅、頌則多從傳。每篇先列小序，次釋名物，次發揮詩意。主孟子「以意逆志」之説，每曲求言外之旨，故頗勝諸儒之拘腐。而其所從入，乃在鍾惺詩評，故亦往往以後人詩法詁先聖之經，不免失之佻巧。所謂楚既失之，齊亦未爲得也。卷首冠以四論。其第三篇論淫詩，第四篇論風刺，皆爲有見。第二篇論以意逆志，是以全書之根本而涉於掉弄聰明。全書之病，即坐於是。第一篇論詩與歌、謡、謳、誦、諺、語不同，三百篇皆樂章，其説甚是。而謂漢魏之樂府，宋之詞，元之南、北曲，皆用此例，則不盡然。無論宋詞、元曲各有宫調，其句法之長短、音律之平仄、字數之多少，具有定譜，不可增減，與「三百篇」迥殊。即漢魏樂府有倚聲製詞者，亦有採詩入樂者。觀郭茂倩樂府所載，孰爲本調，孰爲魏樂所奏，孰爲晉樂所奏，其增減字句以就聲律者，班班可考，何嘗有一定之調，亦何嘗田夫販婦一一解音律哉！故三頌者，郊祀歌之類也，自諧管弦者也；二雅、十五國風者，相和歌之類也，採以被之管弦者也。貽孫所説，似是而非。蓋迂儒解詩，患其視與後世之詩太遠；貽孫解詩，又患其視與後世之詩太近耳。

鑑湖詩説四卷 江蘇周厚堉家藏本

明陳元亮撰。元亮字寅倩，山陰人。是書乃鄉塾講章。其凡例有十：曰尊經、曰從注、曰存序、曰辨俗、曰標新、曰考古、曰博物、曰章旨、曰節解、曰集説。其所取裁，不出永樂大全諸書。

詩經精意無卷數 江西巡撫採進本

明詹雲程撰。雲程字念庭，江西人。是編詮釋經文，皆敷衍語氣，爲時文之用，乃塾師訓蒙講章也。

詩意　無卷數　兩淮馬裕家藏本

明劉敬純撰。敬純，武進人。是書大旨宗朱子集傳。雖間採諸家，然其發明集傳者，亦科舉揣摹之本也。

欽定四庫全書總目卷十八

經部十八

詩類存目二

詩經朱傳翼三十卷 浙江吴玉墀家藏本

國朝孫承澤撰。承澤有尚書集解，已著録。承澤初附東林，繼降闖賊，終乃入於國朝。自知爲當代所輕，故末年講學，惟假借朱子以爲重。獨此編説詩，則以小序、集傳竝列，而又雜引諸説之異同。窺其大意，似以集傳爲未愜，而又不肯訟言。故顢頇模棱，不置論斷，紛紜糅亂，究莫名其指歸。首鼠兩端，斯之謂矣。

詩説簡正録十卷 直隷總督採進本

國朝提橋撰。橋字景如，號澹如居士，河間人。前明天啓壬戌進士，入國朝官至刑部侍郎。是編以詩經大全諸書卷帙浩博，難以披尋，因採擇諸説，輯爲一編，名曰簡正録，言其説簡而義正也。每篇首列經文，次摘採諸家之説，融會訓釋，又次附以己見。皆以通俗之語講解文義，蓋取便於初學而已。

詩問一卷 浙江朱彝尊家曝書亭藏本

國朝吴肅公撰。肅公字雨若，號街南，宣城人。是書大旨攻朱子詩集傳，然亦不甚從小序，往往皆臆揣武斷之説。其中引世歴紀一條證出車爲文王詩，又引竹書紀年一條證菀柳爲諸侯盟太室詩，皆牽引雜説，不足據以解經也。

詩經傳説取裁十二卷 兩淮馬裕家藏本

國朝張能鱗撰。能鱗字西山，順天人。順治丁亥進士，官至四川按察司副使。其書以豐坊僞詩傳爲主，而旁採申培詩説及詩六帖以發明之。宗旨先謬，其餘亦不足深詰矣。

毛詩日箋六卷 兩江總督採進本

國朝秦松齡撰。松齡字留仙，號對巖，無錫人。順治乙未進士，改庶吉士。以江南奏銷案罷歸。康熙己未舉博學鴻儒，官至左春坊左諭德。是編以紫陽集傳宗孟子「以意逆志」之旨，多不依小序，因取歐、蘇、王、吕、程、李、輔、嚴諸家，以及明郝敬、何楷、近時顧炎武之言，互相参核，而以己意斷之。不專主小序，亦不專主集傳。凡有疑義，乃爲疏解，亦不盡解全詩，故曰日箋。王士禛居易録云：「秦宫諭所輯毛詩日箋，所論與余夙昔之見頗同。其所採取亦甚簡當。」然大旨多以意揣之，不盡有所考證也。

詩經疏略八卷 河南巡撫採進本

國朝張沐撰。沐有周易疏略，已著録。其説以小序爲主而亦時有異同。大抵調停前人之説，而參以臆斷。如「平王之孫，齊侯之子」，既不用舊説，又不用春秋王姬之説，乃訓「平」爲「等」，謂唐棣本不同於桃李，而華如桃李；王之孫本不齊於侯之子，今觀其車服則等王之孫，以齊於侯之子。以附會序中「不繫其夫，下王后一等」之說，於經義殊爲乖剌，亦何取乎宗小序也？

詩經比興全義一卷 江蘇巡撫採進本

國朝王鍾毅撰。鍾毅字遠生，華亭人。順治中松江府學歲貢生。是書據朱子詩傳，發明比興之義，每詩各標篇名，而推求託物抒懷之意。前有大意一篇，篇末有云：「關雎之爲求賢，菁莪、棫樸之爲養士，此等義非不佳。然與集注全異，功令所格，不敢濫收。」云云。蓋專爲科舉作也。

詩經惜陰録二十卷 兩江總督採進本

國朝徐世沐撰。世沐有周易惜陰録，已著録。是書前有自記，又有小引，謂曾請正於李光地、陸隴其。每卷皆記其起草繕真之年月，蓋亦苦志著述者。然循文衍説，於詩教未得其要領也。

白鷺洲主客説詩一卷 浙江巡撫採進本

國朝毛奇齡撰。奇齡有仲氏易，已著録。初，施閏章爲江西參議，延湖廣楊洪才講學於吉安之白鷺洲書院，併續招奇齡往。奇齡與洪才論詩不合。及與閏章同官翰林，重録其向時所講毛詩諸條，皆設爲甲乙問答，故以「主客」爲名。大旨洪才主朱子淫詩之説，而奇齡則謂鄭風無淫詩；洪才主朱子笙詩無詞之説，而奇齡則謂笙詩之詞亡。故是書所論，惟此二事。夫先王陳詩以觀民風，本美刺兼舉以爲法戒，既他事有刺，何爲獨不刺淫？必以爲鄭風語語皆淫，固非事理；必以爲鄭風篇篇皆不淫，亦豈事理哉？且人心之所趨向，形於詠歌，不必實有其人其事。六朝子夜、讀曲諸歌，唐人香匳諸集，豈果淫者自述其醜？亦豈果實見其男女會合，代寫其狀？不過人心佚蕩，相率摹擬形容，視爲佳話，而讀者因知爲衰世之音。推之古人，諒亦如是。此正采風之微旨，亦安得概以「淫者必不自作」一語，遂謂三百篇内無一淫詩也。至於笙詩之説，未爲無理，然併儀禮而詆爲僞，抑又横矣。

國風省篇一卷　浙江巡撫採進本

國朝毛奇齡撰。皆其避讐出亡之時以意説詩之語，後追憶而録之。其初設爲問答，故名問答。後去其問而存其答，以其出於追憶，故以「省篇」爲名。凡二十六章，所論多與傳義不同。或據他説，或自爲斷制，雖間有考證，要於詩義未能盡合。如以黍離爲念亂，以雞鳴爲讒人，皆憑臆見而失之者也；以式微爲黎侯夫人作，以衛武公爲殺兄，皆據舊説而失之者也。至於十畝之間諸篇，李塨所作序目已記奇齡自悔之言矣。

詩藴四卷　浙江巡撫採進本

國朝姜兆錫撰。兆錫有周易本義述藴，已著録。是書一以朱子集傳爲宗，力攻小序。至以僞子貢詩傳、僞申培詩説同類而議，未免失於鑒别。於近代諸家之説，頗取李光地詩所。然惟合集傳者始采之，稍有異同，即爲所汰。至於木瓜諸篇，知不能全泯舊説，則依違兩可於其間，尤不免門户之見矣。

詩經集成三十卷 江蘇周厚堉家藏本

國朝趙燦英撰。燦英字殿颺，武進人。是書成於康熙庚午。大旨爲揣摩場屋之用，故首列朱子集傳，次敷衍語氣爲串講，串講之後爲總解，全如坊本高頭講章。至總解之後益以近科鄉、會試墨卷，則益非説經之體矣。

詩經詳説無卷數 河南巡撫採進本

國朝冉覲祖撰。覲祖有易經詳説，已著録。是書以朱子集傳爲主，仍採毛、鄭、孔及宋、元以下諸儒之説附録於下。每章小序與集傳竝列，蓋欲尊集傳而又不能盡棄序説，欲從小序而又不敢顯悖傳文。故其案語率依文講解，往往模棱。間有自出新義者，如鄭風有女同車，謂男女同車爲必無之事，改爲「二女同車」；改溱洧爲夫婦偕游之作；又以豳風伐柯爲東人得遂室家之願，歸美周公之詞。考之古説，皆無所依據也。

詩統説三十二卷 左都御史黄登賢家藏本

國朝黄叔琳撰。叔琳有研北易鈔，已著録。是編雜採諸家詩説，分類鈔録，所摭頗爲繁富。而朱墨縱横，塗乙未定，蓋猶草創之本也。前後無序跋，亦無目録。以其排纂之例推之，十四卷以前皆總論詩之綱領，十五卷以後乃依經文次第而論之。不列經文，惟集衆説，故以「統説」爲名云。

毛詩通義十四卷　浙江巡撫採進本

國朝方苿如撰。苿如有周易通義，已著録。是書但列經文，别無訓釋，各章之下必引四書一兩句以證之。如關雎章即引「君子之道，造端乎夫婦」，葛覃章即引「夫人蠶繅，以爲衣服」之類。至於牆有茨篇無可附會，則謂宣姜所生如壽，如文公，如宋桓及許穆夫人，皆有賢德，引「犁牛之子騂且角」一句。殆於以經爲戲矣。

詩經測義四卷　浙江巡撫採進本

國朝李鍾僑撰。鍾僑字世邠，安溪人。康熙壬辰進士，官翰林院編修，降補國子監丞。是編不載正文，隨其所見，各爲評論。大旨以夫子未嘗删詩，特據所得編之而已。若謂三千删爲三百，則春秋時君卿大夫所賦多三百篇中所有，且其人皆在夫子之前，豈能預合聖人之意而去取之？風、雅正變之説亦難據，楚茨以下瞻洛諸篇皆承平之作，而列之於變，「平王之孫」列在二南，編詩不必以正變爲低昂，正變不必以世代爲前後。其持論類皆如此。至如釋關雎首章非宫人作，乃世臣承命襄事而賦之，其次章蓋博求四國，未得其人，故憂至於反側；釋「雖則如燬」句，謂：「役於王室而歸者，其室家勞之如此」，亦多前人未有之説也。

詩經旁參二卷　江西巡撫採進本

國朝應麟撰。麟有易經粹言，已著録。是編於「三百篇」中摘篇標目，略爲之説。大抵因朱傳而敷衍其餘意。

陸堂詩學十二卷

浙江巡撫採進本

國朝陸奎勳撰。奎勳有陸堂易學，已著録。是編雖託名闡發朱子集傳，而實則務逞其博辨。大抵自行己意，近王柏詩疑；牽合古事，近何楷詩世本古義。如以節南山之「尹氏」即春秋隱公三年所稱「尹氏卒」者；「家父作誦」即隱公八年「天王使來求車」者，此類核以時代，已無以決其必然。其最新奇者，謂詩三百篇爲史克所定，非孔子所删；謂燕燕爲衛君悼亡之作，其夫人爲薛女，故曰「仲氏任只」；謂柏舟之「共伯」即公子伋；謂君子偕老爲哀挽夫人之詩，「之子不淑」乃禮家之弔詞；謂淇澳兼詠康叔、武公；謂葛藟爲周鄭交質之詩；謂丘中有麻之「子國」爲鄭武公字，其「子嗟」當作「子多」，爲鄭桓公字；謂著爲刺魯莊公娶哀姜；謂園有桃爲劉向説苑所載邯鄲子陽亡桃事；謂防有鵲巢爲陳宣公殺太子禦寇事；謂澤陂爲鄧元所作；謂黄鳥爲共伯歸國；謂行野爲幽王廢后；謂何人斯「居河之麋」爲虢石父；謂大東「西人之子」爲褒姒；謂小明之「共人」爲二相共和；謂鼓鐘爲穆王作，而「淑人」爲盛姬；謂青蠅之「構我二人」爲申后、宜臼；謂敬之、小毖爲成王作，乃雅混於頌；謂駉爲頌魯莊公；謂泮宫爲魯惠公頌孝公，皆隨意配隸，於古無徵。他如既指竹書爲僞託，而揚之水、鼓鐘諸篇又援以爲詞；既以鄭譜爲妄作，而有杕之杜諸篇又據以爲證。家語贋作，孔叢晚出，乃動輒引爲確典，亦不可爲訓。雖間有辨正精核之處，而以愛奇嗜博，反掩其所長。較毛奇齡之說經，又變本加厲者矣。

詩經廣大全二十卷　浙江吴玉墀家藏本

國朝王夢白、陳曾同撰。夢白字金孺，曾字衣聖，皆無錫人。夢白謂明初詩經大全有裨朱傳，但所採羣經典故，未備本末，所引諸儒論說，未有折衷，因與曾推廣之。大略以集傳爲主，而間存諸說。前有韓菼序，引顧炎武言「自五經有大全而經學衰」，「兹編雖爲廣大全而作，然其採擇精詳，詮釋簡當，或有功於朱傳」。今考是書，雖溯源注、疏，然未能深研古義。其訓釋名義，亦惟以蔡卞、馮復京二書爲藍本，罕所考正。宜菼之有微詞也。

復菴詩說六卷　陝西巡撫採進本

國朝王承烈撰。承烈字復菴，涇陽人。康熙己丑進士，官翰林院檢討。是書奉朱子詩集傳爲主，以攻擊毛、鄭。其菲薄漢儒無所不至，惟淫詩數篇稍與朱子爲異耳。蓋揚輔廣諸人之餘波，而又加甚焉者也。其中間有不從序亦不從傳者，如謂關雎爲周公擬作之類，皆懸空無據。至於注釋之中，附以評語，如論周南云：「周南十一篇祇就文字而論，其安章、頓句、運調、鍊字、設想，無一不千古傾絶。」論女曰雞鳴云：「弋禽飲酒，武夫之興何其豪；琴瑟靜好，文人之態又何其雅。」如是之類，觸目皆是。是又岐入鍾、譚論詩之門徑矣。

毛朱詩説一卷 通行本

國朝閻若璩撰。若璩有古文尚書疏證，已著録。是書論小序爲不可盡信，而朱子以詩説詩爲矯枉過正，皆泛論兩家得失，非章句訓詁也。所引尚書、左傳以爲詩之本序，誠爲確鑿。其餘則多懸揣臆斷之詞，不類若璩他著作。未喻其故也。

詩經序傳合參無卷數 江蘇巡撫採進本

國朝顧昺撰。昺有周易摘鈔，已著録。是編爲其三經解之三。大旨從蘇轍之説，以小序第一句爲國史之舊文，次句以下爲後儒之附益。因以朱子集傳互核其異同，而斷以己見，故曰「合參」。多採李光地詩所之説，持論頗平允。然推究文義，以意斷制者多，未能元元本本，合衆説以斷兩家之是非也。

毛詩説二卷 浙江巡撫採進本

國朝諸錦撰。錦字襄七，號草廬，秀水人。雍正甲辰進士，改庶吉士。散館外補知縣，改補教授。乾隆丙辰召試博學鴻詞，授翰林院檢討，官至右春坊右贊善。是篇以小序爲主，故題曰毛詩。序文惟存首句，用蘇轍之例；不釋全經，惟有所心得則説之，用劉敞七經小傳例也。首爲通論九篇。上卷周南至曹風，所説凡五十八篇，下卷豳風至商頌，所説凡二十七篇。疏證旁通，時有新意，而亦不免於附會古義。如以死麕、死鹿爲古儷皮之禮；以「仲氏任只，其心塞淵」爲陳執州吁，由戴嫣内援之證；以「西方之人兮」即方言之「凡相哀憐，湘潭之間謂之人兮」；以木瓜爲刺衛于齊桓没後同宋人伐齊；以水經注段干冢證十畝之間；以春秋時秦境東至於河證「所謂伊人」爲思周；以僖負羈之妻證「季女斯飢」，皆有强經從我之失。其長發篇後附禘説三篇，謂孔穎達春秋疏以祫爲禘，其説固是。而謂穎達之誤在以王制、祭統、郊特牲有「春禘」「夏禘」之文，遂誤混大祭於時祫，則失之誣。考王制曰：「春曰礿，夏曰禘。」祭統曰：「春祭曰礿，夏祭曰禘。」郊特牲曰：「春禘而秋嘗。」祭義曰：「春禘秋嘗。」俱據時禘而言，與祫祭略不相涉，經文最爲明晰。孔尚不能混時禘於時祫，又何至混大禘於時祫？是無故而罹之咎也。推錦之意，不過以王制又有祫禘、祫嘗、祫烝之文，因祫、禘二字相連，遂以爲時禘亦兼祫，而疑孔疏緣此而誤。不知王制注曰：「天子先祫而後時祭。」蓋三時各先爲祫祭，而後更舉禘、嘗、烝。是時祭之禘，本不兼祫。孔即略不曉事，何至以大禘混時禘，又混時祫耶？然則孔疏之誤，在於信春秋不書祫祭而竟廢禮記，不在附會禮記以解春秋也。錦又謂：「漢儒據春秋書禘，一春一夏，因以附會禮記，遂有春禘、夏禘時祭之名。」今考昭公十五年「二月癸酉，有事于武宫」，則所謂一春也；閔公二年「夏五月乙酉，吉禘於莊公」，則所謂一夏也。然春秋僖公八年又有「秋七月，禘於太廟」之文，漢儒果因春秋書禘一春一夏，遂附會春禘、夏禘爲時祭之名，何以秋禘獨不附會乎？至於三代之禮，制同名異者多，如夏世室、殷重屋、周明堂，周弁、殷冔、夏收之類，不一而足。今錦必斥春礿、夏禘、秋嘗、冬烝，夏、殷之制爲非，持論殊偏。若謂鄭玄以三年一祫、五年一禘爲據春秋非禮之制，則又聚訟之緒餘，無庸辨矣。

學詩闕疑二卷 河南巡撫採進本

國朝劉青芝撰。青芝字芳草，襄陽人。雍正丁未進士，改庶吉士，未散館，卒。是編皆引舊說以駁朱子詩集傳。從毛傳、鄭箋者十之三四，從蘇轍潁濱詩傳者十之六七，其偶涉他家者不過數條耳。詩序之見廢，始於鄭樵，而成於朱子。諸儒之論，自宋代即有異同。青芝是編，大抵前人所已辨。其中自爲說者，往往推求於字句之間。如行露以爲實未成訟，不過設言以拒之，此泥經文二「雖」字也，然與經文二「何以」字義又不協矣。

詩貫十八卷 浙江吴玉墀家藏本

國朝張敘撰。敘有易貫，已著録。是書首載詩說一卷、詩本旨一卷、詩音表二卷。後案經文次序爲之注釋，凡十四卷，頗多與朱子異同。如以關雎爲后妃求賢之詩，義本小序，而遂謂此篇竝下二篇皆后妃自作。又以駉篇爲美伯禽而非頌僖公，引書經費誓「竊馬牛有常刑」之語，謂出師時丁寧馬牛如此，則平日之留心牧事可知。夫伯禽固勤牧事，又何以知僖公之獨不然乎？其說皆不免於牽合。且各章訓釋已詳經文之下，而又仿小序之體，別爲本旨一卷冠之於前，於體例亦傷繁贅也。

毛詩訂韻五卷　浙江巡撫採進本

國朝謝起龍撰。起龍字天愚，餘姚人。是書成於雍正癸丑。其自序詆吴棫韻補之謬，而發明陸德明「古人韻緩，不煩改字」之説，持論最確。乃核其所注，則仍謂古音之外有所謂叶韻，但以音屬讀，取其順吻而止，絶不究音韻之本原與古人之舊法。則與吴棫之書均爲臆定，未可同浴而譏裸裎也。觀其於漢廣末章云「蔞有閭、樓二音，駒亦有居、鉤二音，只從傳讀閭、讀居可也。如桃夭首章，華、家古讀敷、姑，今入麻韻，不妨依今韻讀之。韻者，使之叶於音而適於口也。叶且適於吟詠矣，何必斤斤古之是泥」云云，是於此事茫然未解，殆無從與之詰難矣。

詩義記講四卷　江蘇巡撫採進本

國朝夏宗瀾撰。宗瀾有周易劄記，已著録。是編卷首標題「江陰楊名時講授」。然觀名時之序，則名時以李光地詩所授宗瀾，宗瀾讀而自記所見，非名時書也。鄭風之首有「名時批」二段，其不出名時審矣。

詩經提要録三十一卷　兩江總督採進本

國朝徐鐸撰。鐸有易經提要録，已著録。是書以朱子集傳爲宗，而亦參取小序。大旨多本李光地詩所、楊名時詩經劄記二書。蓋鐸爲名時之門人，名時則光地之門人也。

豐川詩説二十卷　陝西巡撫採進本

國朝王心敬撰。心敬有豐川易説，已著録。是編大旨謂自宋至今，毛氏之傳廢於朱傳之盛行。郝敬云：「序近古而朱在後，不合以後説而反廢前説。固爲得之。然使後説而合經，安在不可舍前而遵後？且齊、魯、韓三家盡在毛詩之前，而皆以毛傳盡廢，安在後之更合者不可獨行？又將謂毛序必承傳有自，不可改。不思三家之傳亦必承傳有自，而一廢盡廢，何也？」其持論頗近和平。故其書從毛傳及郝敬解者居其大半。然自二家以外，諸儒之書無一字引及，則亦抱殘守匱之學耳。其每節必效鄉塾講章，敷衍語氣，尤可以無庸也。

詩經拾遺十三卷　安徽巡撫採進本

國朝葉酉撰。酉字書山，桐城人。乾隆己未進士，官至左春坊左庶子，降補翰林院編修。是書專以詩之次第立説，分正編、附編、餘編，不取小序，併不取左傳。以季札觀樂所列諸國不足信，而斷以「左氏失之誣」一語；以木瓜美齊桓爲穿鑿悖謬，而斷以「五尺童子羞稱五霸」一語。又以雅、頌分什爲毛、鄭之可笑，而分合其篇數，别爲編次。蓋漢以來相傳之古經，自酉而一變其例矣。

風雅遺音四卷　兩江總督採進本

國朝史榮撰。榮自號雪汀老人，鄞縣人。其書據朱子孫鑑所作詩傳補遺後序，定朱子集傳原本有音未備，其音多後人所妄加。因以集傳與音互相考證，得其矛盾之處，條分縷析以辨之。一曰集傳用舊訓義而無音，二曰集傳有異義而不别爲之音，三曰音與傳義背，四曰古今未有之音，五曰聲誤，六曰韻誤，七曰音誤，八曰誤音爲叶，九曰誤叶爲音，十曰四聲誤讀，十一曰泛云四聲之誤，十二曰邶風注與某同之誤，十三曰補音，十四曰叶音闕誤，十五曰叶音誌略。又附録經文誤字、經文疑義、京本音切考異、釋文叶韻紀原、吴棫韻補考異、集傳相沿之譌、俗書相沿之譌、集傳偶考、俗音訂誤九門，共二十四類。其「音與義背」「用舊義而無音」「異義而不别音」三門，辨論頗爲精確。「誤音」「誤叶」「補音」及「俗音訂誤」四門，亦多可取。惟「未有之音」與「四聲誤讀」二門，所言即是音誤，分目未免太繁。至「泛云四聲」及「邶風音與某同」二門，則有意吹求，未爲平允。又榮考今音頗詳，而古音則茫無所解，故「叶音闕誤」「叶音誌略」二門所言，往往大謬。吴棫韻補見行於世，榮自言未見其書，摭諸書所引爲考異，尤爲贅疣。至於舊音舛謬之處，動輒漫罵，一字之失，至詆爲全無心肝，亦殊乖著書之體。蓋考證頗有所長，而蕪雜亦所未免焉。

詩深二十六卷　浙江吴玉墀家藏本

國朝許伯政撰，伯政有易深，已著録。是書用蘇轍之説，以小序首句爲古序，而以其餘爲續序。次列集傳。次列辨義，於集傳多所攻難，而所立異義不能皆有根據。

毛詩廣義無卷數　編修曹錫齡家藏本

國朝紀昭撰。昭字懋園，獻縣人。乾隆丁丑進士，官内閣中書舍人。是編全載毛萇之傳。其以小序冠各篇之首，亦從毛氏，故題曰毛詩傳。及小序之下，雜引鄭箋、孔疏及諸儒之説以發明之。大旨以毛傳與朱子集傳互相勘正，以己意斷其短長。其間不盡用毛説，故名曰廣義云。

詩經彙詁二十四卷 兩江總督採進本

國朝范芳撰。芳字令則，如皋人。其書大旨以朱子集傳爲主，而衷諸常熟楊彝、太倉顧夢麟之説。蓋彝與夢麟同輯詩經説約者也。全書共一千二百五十餘番，約六十萬言。採摭非不詳贍，而本意爲科舉而設，於經義究鮮發明。

詩經正解三十卷 江蘇周厚堉家藏本

國朝姜文燦撰。文燦字我英，丹陽人。是書首爲詩經字畫辨疑，次爲天文、輿地、服飾、禮樂器具、車馬兵制圖考，次爲姓氏、草木、禽獸、鱗介諸考。大抵襲六經圖及名物疏諸書而爲之。其訓釋亦頗淺易。

右詩類。八十四部，九百一十三卷。内八部無卷數。**皆附存目。**

欽定四庫全書總目卷十九

經部十九

禮類一

古稱議禮如聚訟。然儀禮難讀，儒者罕通，不能聚訟。禮記輯自漢儒，某增某減，具有主名，亦無庸聚訟。所辨論求勝者，周禮一書而已。考大司樂章先見於魏文侯時，理不容僞。河間獻王但言闕冬官一篇，不言簡編失次，則竄亂移補者亦妄。三禮竝立，一從古本，無可疑也。鄭康成注，賈公彦、孔穎達疏，於名物度數特詳。宋儒攻擊，僅摭其好引讖緯一失，至其訓詁則弗能踰越。蓋得其節文，乃可推制作之精意，不比孝經、論語可推尋文句而談。本漢、唐之注疏，而佐以宋儒之義理，亦無可疑也。謹以類區分，定爲六目：曰周禮、曰儀禮、曰禮記、曰三禮總義、曰通禮、曰雜禮書。六目之中，各以時代爲先後，庶源流同異可比而考焉。

周禮注疏四十二卷

内府藏本

漢鄭玄注，唐賈公彦疏。玄有易注，已著録。公彦，洺州永年人。永徽中，官至太學博士。事蹟具舊唐書儒學傳。周禮一書，上自河間獻王，於諸經之中，其出最晚。其真僞亦紛如聚訟，不可縷舉。惟横渠語録曰：「周禮是的當之書，然其間必有末世增入者。」鄭樵通志引孫處之言曰：「周公居攝六年之後，書成歸豐，而實未嘗行。蓋周公之爲周禮，亦猶唐之顯慶、開元禮，預爲之以待他日之用，其實未嘗行也。惟其未經行，故僅述大略，俟其臨事而損益之。故建都之制，不與召誥、洛誥合；封國之制，不與武成、孟子合；設官之制，不與周官合；九畿之制，不與禹貢合。」云云。案：此條所云，惟召誥、洛誥、孟子顯相舛異。至禹貢乃唐、虞之制，武成、周官乃梅賾古文尚書，王制乃漢文帝博士所追述，皆不足以爲難。其説蓋離合參半。其説差爲近之，然亦未盡也。夫周禮作於周初，而周事之可考者，不過春秋以後。其東遷以前三百餘年，官制之沿革，政典之損益，除舊布新，不知凡幾。其初去成、康未遠，不過因其舊章，稍爲改易。而改易之人，不皆周公也。於是以後世之法竄入之，其書遂雜。其後去之愈遠，時移勢變，不可行者漸多，其書遂廢。此亦如後世律令條格，率數十年而一脩，脩則必有所附益。特世近者可考，年遠者無徵，其增删之迹遂靡所稽，統以爲周公之舊耳。迨乎法制既更，簡編猶在，好古者留爲文獻，故其書閲久而仍存。此又如開元六典、政和五禮，在當代已不行用，而今日尚有傳本，不足異也。使其作僞，何不全僞六官，而必闕其一，至以千金購之不得哉？且作僞者必剽取舊文，借真者以實其贋，古文尚書是也。劉歆宗左傳，而左傳所云「禮經」，皆不見於周禮。儀禮十七篇，皆在七略所載古經七十篇中；禮記四十九篇，亦在劉向所録二百十四篇中。而儀禮聘禮賓行饔餼之物、禾米芻薪之數、籩豆簠簋之實、鉶壺鼎甕之列，與掌客之文不同；又大射禮天子、諸侯侯數、侯制，與司射之文不同；禮記雜記載子、男執圭，與典瑞之文不同；禮器天子、諸侯席數，與司几筵之文不同。如斯之類，與二禮多相矛盾。歆果贋託周公爲此書，又何難牽就其文，使與經傳相合，以相證驗，而必留此異同，以啓後人之攻擊？然則周禮一書，不盡原文，而非出依託，可概睹矣。考工記稱「鄭之刀」，又稱「秦無廬」。鄭封於宣王時，秦封於孝王時，其非周公之舊典，已無疑義。南齊書稱：「文惠太子鎮雍州，有盜發楚王冢，獲竹簡書，青絲編，簡廣數分，長二尺有奇。得十餘簡，以示王僧虔。僧虔曰：『是科斗書考工記。』」則其爲秦以前書亦灼然可知。雖不足以當冬官，然百工爲九經之一，其工爲九官之一，先王原以制器爲大事，存之尚稍見古制。俞庭椿以下，紛紛割裂五官，均無知妄作耳。鄭注，隋志作十二卷，賈疏文繁，乃析爲五十卷，新、舊唐志竝同。今本四十二卷，不知何人所併。玄於三禮之學，本爲專門，故所釋特精。惟好引緯書，是其一短。歐陽脩集有請校正五經劄子，欲删削其書。然緯書不盡可據，亦非盡不可據，在審别其是非而已，不必竄易古書也。又好改經字，亦其一失。然所注但曰「當作某」耳，尚不似北宋以後連篇累牘，動稱錯簡，則亦不必苛責於玄矣。公彦之疏亦極博核，足以發揮鄭學。朱子語録稱：「五經疏中，周禮疏最好。」蓋宋儒惟朱子深於禮，故能知鄭、賈之善云。

周官新義十六卷附考工記解二卷

永樂大典本

宋王安石撰。安石事蹟詳宋史本傳。晁公武讀書志曰：「熙寧中，置經義局，撰三經義，皆本王安石經説。」「三經」，書、詩、周禮也。新經毛詩義凡二十卷，尚書義凡十三卷，今竝佚。周禮新義本二十二卷，明萬曆中重編内閣書目，尚載其名，故朱彝尊經義考不敢著其已佚，但注曰

「未見」，然外間實無傳本。即明以來内閣舊籍，亦實無此書。惟永樂大典中所載最夥。蓋内閣書目據文淵閣書目，文淵閣書目即脩永樂大典所徵之書，其時尚有完帙，故采之最詳也。考蔡絛鐵圍山叢談曰：「王元澤奉詔爲三經義，時王丞相介甫爲之提舉。詩、書蓋多出元澤及諸門弟子手，周禮新義實丞相親爲之筆削者。政和中，有司上言，天府所籍吳氏資多有王丞相文書。於是朝廷悉藏諸祕閣，用是吾得見之。周禮新義，筆蹟如斜風細雨，誠介甫親書。」云云。然則三經義中惟周禮爲安石手著矣。安石以周禮亂宋，學者類能言之。然周禮之不可行於後世，微特人人知之，安石亦未嘗不知也。安石之意，本以宋當積弱之後，而欲濟之以富强。又懼富强之説必爲儒者所排擊，於是附會經義以鉗儒者之口，實非真信周禮爲可行。迨其後用之不得其人，行之不得其道，百弊叢生，而宋以大壞。其弊亦非真緣周禮以致誤。羅大經鶴林玉露詠安石放魚詩曰：「錯認蒼姬六典書，中原從此變蕭疎。」是猶爲安石所給，未究其假借六藝之本懷也。因是而攻周禮，因是而攻安石所注之周禮，是寬其影附之巧謀，而科以迂腐之薄譴矣。故安石怙權植黨之罪，萬萬無可辭。安石解經之説，則與所立新法各爲一事。程子取其易解，朱子、王應麟均取其尚書義，所謂言各有當也。今觀此書，惟訓詁多用字説，病其牽合。其餘依經詮義，如所解「八則」之「治都鄙」、「八統」之「馭萬民」、「九兩」之「繫邦國」者，皆具有發明，無所謂舞文害道之處。故王昭禹、林之奇、王與之、陳友仁等注周禮，頗據其説，欽定周官義疏亦不廢采用。又安可盡以人廢耶？安石神宗時所上五事劄子及神宗日録，載安石所引周官及楊時龜山集中所駁「平頒興積」一條，其文皆在地官中。今永樂大典闕地官、夏官二卷，其説遂不可考。然所佚適屬其瑕纇，則所存者益不必苛詆矣。安石本未解考工記，而永樂大典乃備載其説。據晁公武讀書志，蓋鄭宗顔輯安石字説爲之，以補其闕。今亦竝録其解，備一家之書焉。

周禮詳解四十卷

浙江巡撫採進本

宋王昭禹撰。陳振孫書録解題曰：「昭禹，未詳何人。近世爲舉子業者多用之，其學皆宗王氏新説。」王與之作周禮訂義，類編姓氏世次列於龜山楊時之後，曰字光遠，亦不詳其爵里，當爲徽、欽時人。今案其書，解「惟王建國」云：「業格於上下謂之王，或而圍之謂之國。」解「匪頒之式」云：「散其所藏曰匪，以等級之曰頒。故匪從匸從非，言其分而非藏也。頒從分從頁，言自上而頒之下。」解「圃」曰：「園有衆甫謂之圃。」解「鮑魚」曰：「魚之鮮者包以致之。」解「鱐」曰：「魚之乾者肅以致之。」解「司徒」云：「於文反后爲司，蓋『后』從一從厂從口，則所以出命，司反之，則守令而已。從一則所以一衆，司反之，則分衆以治之而已。從厂則承上世之庇，覆以君天下，司反之，則以君之爵爲執事之法而已。」其附會穿鑿，皆遵王氏字説。蓋當時三經新義列在學官，功令所懸，故昭禹因之不改。然其發明義旨，則有不盡同於王氏之學者。如解泉府「以國服爲之息」云：「各以其所服國事賈物爲息。若農以粟米，工以器械，皆以其所有也。周之衰，不能爲民正田制地，税斂無度，又從而貸之，則凶年饑歲無以爲償矣。下無以償，上之人又必責之，則稱貸之法，豈特無補於民哉？求以國服爲之息，恐收還其母而不得。」蓋已目睹「青苗」之弊，而陰破其説矣。至其闡發經義，有足訂注疏之誤者。如解載師「里布屋粟」，謂：「國宅無征，民居有征無布。以其不毛，使之有里布。民出耕在田廬，入居在里，其屋有田以出粟。今不耕田，則計屋而斂之，謂之屋粟。」不從先儒以里布爲二十五家之泉，屋粟爲三夫之粟。又解「近郊十一，遠郊二十而三，甸、稍、縣、都皆無過十二」，「固當時正役，後因遠近劇易而制」云云，皆爲先儒所未發。故宋人釋周禮者，如王與之訂義、林之奇講義多引其説，固不得以遵用新説而盡廢之也。五官皆不載敘官。宋末朱申作句解，蓋從其例，究爲一失。今姑仍舊本録之。内附載陸德明釋文，而卷首以德明之名冠昭禹前。今考昭禹自序末云：「因釋文而作」，或後人所增入。以德明時代在前，遂題諸昭禹上歟？今仍録其音釋，而德明之名則附著於此，不復竝列簡端焉。

周禮復古編一卷　山東巡撫採進本

宋俞庭椿撰。庭椿字壽翁，臨川人。乾道八年進士，官古田令。是書宋志作三卷。今本作一卷，標曰「陳友仁編」。蓋友仁訂正周禮集説，而以此書附其後也。庭椿之説，謂五官所屬皆六十，不得有羨，其羨者皆取以補冬官。鑿空臆斷，其謬妄殆不足辯。又謂天官世婦與春官世婦、夏官環人與秋官環人，爲一官複出，當省并之。其説似巧而其謬尤甚。二世婦與二環人無論職掌各殊，即以序官考之，天官世婦爲王之後宮，故與九嬪、八十一御女皆無官屬。至於春官世婦爲王之宮官，故每宮卿一人，下大夫四人，中士八人，女府二人，女史二人，奚十六人，與天官世婦顯異。鄭注以漢之大長秋、詹事、中少府、太僕爲證，其説本確。庭椿乃合而一之，是誤以春官之世婦爲婦人也。至於司馬環人之屬下士六人，史二人，徒十有二人，秋官環人之屬中士四人，史四人，胥四人，徒四十人。若二環人是一官，何所屬之中、下士及史、胥、徒乃各不同如此耶？此好立異説者之適以自蔽也。然復古之説始於庭椿，厥後丘葵、吴澄皆襲其謬，説周禮者遂有冬官不亡之一派。分門别户，輾轉蔓延，其弊至明末而未已。故特存其書，著竄亂聖經之始，爲學者之炯戒焉。

禮經會元四卷　内府藏本

宋葉時撰。時字秀發，自號竹埜愚叟，錢塘人。淳熙十一年進士及第，授奉國軍節度推官，歷官吏部尚書。理宗初以顯謨閣學士出知建寧府，後以寶文閣學士提舉崇福宫。卒謚文康。其立朝無大功過，惟函韓侂冑首以乞和，出時之謀。是書前有竹埜先生傳，不著撰人名氏，稱時「奏侂冑『專政無君，罔上不道，乞梟首置之淮甸，積屍叢冢之間以謝天下』。上納之」云云。案：此傳稱寧宗爲上，當出宋人之筆。曲諱其事，非實録也。其書括周禮以立論，凡一百篇。第一篇泛論禮經，乃其總序。第二篇駁漢儒之失，第一百篇補冬官之亡。其發揮經義者實九十七篇，内朝儀、宫衛、王畿、祭樂、明堂、分星六篇各系以圖。其祭樂後所附之圖，實樂舞之圖，蓋刊本舛譌，移於前幅。其説與鄭伯謙太平經國之書體例略同，議論亦多相出入。時於伯謙爲前輩，然竹埜先生傳中稱其「晚居嘉興，乃著此書，以授門人三山翁合」，則二書之作，相去不遠。或伯謙取時書而約之，或時因伯謙書而廣之，均未可定。然伯謙所論或有駁雜，時則大體無疵。惟必欲復封建、井田、肉刑之類，頗迂闊爾。其注疏一篇謂劉歆誣周禮，猶先儒舊論。至謂河間獻王以考工記補冬官爲累周禮，且謂漢武帝不信周禮由此一篇。其說鑿空無據。又謂鄭康成注深害周禮，詆其不當用緯書注「耀魄寶」等帝名，及用國語注分野，用司馬法注丘乘，用左傳注「冕服九章」，用禮記注「褘衣」「副編」。夫康成引緯，歐陽脩乞校正五經劄子已專論之，無煩時之剿說。至於國語、司馬法、左傳、禮記皆古書也，時乃謂不當引以證經，然則注周禮者當引何等書耶？其補亡一篇，謂冬官散見五官，亦俞庭椿之瑣說。時不咎其亂經，陰相襲用，案：補亡用庭椿之說，而不言說出於庭椿。反以讀鄭注者爲叛經，傎又甚矣！傳稱其與紫陽朱文公相友善。然朱子於詩攻康成，於禮不攻康成，此足知朱子之得於禮者深，時之得於禮者淺也。以其大旨醇正，多能闡發「體國經野」之深意，故數百年來，講禮者猶有取焉。

太平經國之書十一卷　內府藏本

宋鄭伯謙撰。伯謙字節卿，永嘉人。官脩職郎、衢州府學教授。王與之周禮訂義首列宋代說周禮者四十五家，伯謙爲第三十一，居黄度、項安世之間。蓋寧宗、理宗時人。是書發揮周禮之義。其曰太平經國書者，取劉歆「周公致太平之迹」語也。首列四圖：一曰成周官制，一曰秦漢官制，一曰漢官制，一曰漢南北軍。所圖僅三朝之職掌宿衛，蓋其大意欲以宫中、府中，文事、武事一統於太宰，故惟冠此四圖，明古制也。其書爲目三十：曰教化、奉天、省官、内治、官吏、宰相、官民、官刑、攬權、養民、税賦、節財、保治、考課、賓祭、相體、内外、官制、臣職、官民、宫衛、奉養、祭享、愛物、醫官、鹽酒、理財、内帑、會計、内治。其中内外一門、會計一門，又各分爲上、下篇，凡論三十二篇。皆以周官制度類聚貫通，設爲問答，推明建官之所以然。多參證後代史事，以明古法之善。其論天官玉府諸職一條，車若水脚氣集頗稱之。然其間命意，間有不可解者。如齊東野語記韓侂胄之敗，殿司夏震尚聲喏於道旁。梅磵詩話記紹定辛卯臨安大火，九廟俱燬，獨丞相史彌遠賜第以殿司軍救撲而存。故洪咨夔詩有「殿前將軍猛如虎，救得汾陽令公府。祖宗神靈飛上天，痛哉九廟成焦土」之句。其時武統於文，相權可謂重極，而此書宰相一篇，尚欲更重其權。又宋人南渡之餘，湖山歌舞，不復措意中原，正宜進臥薪嘗膽之戒。而此書奉養一篇乃深斥漢文帝之節儉爲非。所論皆不可爲訓。毋乃當理宗信任賈似道時，曲學阿世以干進歟？以他篇貫通經義，尚頗有發明，舊本流傳，久行於世，姑節取焉而已。

周官總義三十卷　永樂大典本

宋易祓撰。祓有周易總義，已著録。是書陳振孫書録解題不載，惟趙希弁讀書附志著録，稱：「許儀爲之序，刻於衡陽。」今衡陽本世已無傳，惟永樂大典尚載其天官、春官、秋官、考工記，而地官、夏官亦佚。謹裒合四官之文，編次成帙，以存其舊。其地官、夏官，則采王與之周禮訂義所引以補其亡。仍依讀書附志所列，勒爲三十卷。雖非完帙，然十已得其八九矣。其書研索經文，斷以己意，與先儒頗有異同。如論大宰「九賦」，則援載師之任地及司市、司關、丱人、角人、職幣等職，以駁「口率出泉」之説；論宗廟「九獻」，則合籩人、醢人、内宰、司尊彝及行人「王禮再祼」之文，以駁列祼事於九獻之説；論肆師之「祈珥」，則引羊人、小子及山虞諸條，以糾改「祈」爲「刉」、改「珥」爲「衈」之説；論輈人之「四旗」，則歷辯巾車、司常、大司馬、大行人與考工記不合，以明曲禮「車騎」爲戰國之制。諸如此類，雖持論互有短長，要皆以經釋經，非鑿空杜撰。至於内宰「二事」，則改爲「副貳」之「貳」；於酒正「式灋」，則指爲「九式」之灋；於「園廛」「漆林」諸賦，則謂以什一取民，又於一分中分十一、十二、二十而三數等而輸之於王；於凌人「斬冰」，則謂十二月爲建亥之月，先令之於亥月，而後三爲凌室，以待亥、子、丑三月之藏。亦皆自出新義。而於職方氏之地理山川，尤爲詳悉。蓋祓雖人品卑污，而於經義則頗有考據，不以韓侂胄、蘇師旦故，掩其著書之功也。

周禮訂義八十卷　内府藏本

宋王與之撰。與之字次點，樂清人。淳祐二年六月，行在祕書省准敕訪求書籍，牒温州宣取是編。知温州趙汝騰奏進，特補一官，授賓州文學。後終於通判泗州。此本省牒、州狀、都司看詳及敕旨均録載卷首，蓋猶宋本之舊。前有真德秀序，作於紹定五年壬辰，下距進書時十年。又有趙汝騰後序，作於嘉熙元年丁酉，下距進書時六年。故汝騰奏稱「素識其人」，又稱：「德秀殁後，與之益删繁取要，由博得約，其書益精粹無疵也。」所采舊説凡五十一家。然唐以前僅杜子春、鄭興、鄭衆、鄭玄、崔靈恩、賈公彦等六家，其餘四十五家則皆宋人，凡文集、語録無不搜采。蓋以當代諸儒爲主，古義特附存而已。德秀稱：「鄭、賈諸儒析名物，辯制度，不爲無功，而聖人微旨終莫之睹。惟洛之程氏、關中之張氏獨得聖經精微之藴。永嘉王君，其學本於程、張。」云云。蓋以義理爲本，典制爲末，故所取宋人獨多矣。其注考工記，據古文尚書、周官司空之職，謂冬官未嘗亡，實沿俞庭椿之謬説。汝騰後序亦稱之，殊爲舛誤。然庭椿淆亂五官，臆爲點竄，與之則僅持是論而不敢移掇經文，視庭椿固爲有間。至其以序官散附諸官，考陸德明經典釋文、晉干寶注周禮，雖先有此例，究事由意剏，先儒之所不遵，不得援以爲據也。惟是四十五家之書，今佚其十之八九，僅賴是編以傳。雖貴近賤遠，不及李鼎祚周易集解能存古義，而蒐羅宏富，固亦房審權周易義海之亞矣。又案丘葵周禮補亡序稱：「嘉熙間東嘉王次點作周官補遺，由是周禮之六官始得爲全書。」今本實無補遺，未審别爲一書，或附此書内而佚之。然憑臆改經之説，正以不存爲最善，固無庸深考也。

鬳齋考工記解二卷　江蘇巡撫採進本

宋林希逸撰。希逸字肅翁，福清人。端平二年進士，景定間官司農少卿，終中書舍人。自漢河間獻王取考工記補周官，於是經與記合爲一書。然後儒亦往往别釋之。唐有杜牧注，宋有陳祥道、林亦之、王炎諸家解，今竝不傳，獨希逸此注僅存。宋儒務攻漢儒，故其書多與鄭康成注相剌謬。然以「綆參分寸之二」爲輪外兩邊有護牙者，以較爲車箱前横在式之上，則不合於輪輿之制；於「倨句一矩有半」，解仍鄭氏注，其圖乃以鼓爲倨，股爲句，則不合於磬折之度；於戈之「長内則折前」，謂「援與胡句相竝，如磬之折」，於臯鼓之「倨句磬折」，謂「鼓爲圓物，何緣有『倨句磬折』之形？恐有脱文」，皆於古器制度未之詳核。特以經文古奥，猝不易明，希逸注明白淺顯，初學易以尋求。且諸工之事非圖不顯，希逸以三禮圖之有關於記者，采摭附入，亦頗便於省覽。故讀周禮者，至今猶傳其書焉。

周禮句解十二卷　浙江范懋柱家天一閣藏本

宋朱申撰。申事蹟無考，里貫亦未詳。案江西通志有朱申字繼宣，宋太學生。又李心傳道命録有淳祐十一年新安朱申序，其結銜題「朝散大夫知江州軍州兼管内勸農營田事」，似爲二人，不知此書誰所著也。逐句詮釋，大略根據注疏，義取簡約。其中所見有與注疏異者。若太宰之職「五曰貢賦」，鄭注曰：「賦，口率出泉也。貢，功也，九職之功所稅也。」是書則易之曰：「賦，稅也。

貢，獻也。」有力主注疏而曲爲引證者。若大司徒「諸公之地，封疆方五百里」以下，則堅守注中「半爲附庸」之説，而不執孟子、王制以疑周禮。至於注疏之疑不能决者，若小司徒「四丘爲甸」以下，注謂旁加之數乃治洫澮之數；大司樂「圜鍾爲宮」以下，注謂天宮夾鍾不用中吕等律，以其與地宮同位之類，則皆闕而不載。雖循文詁義，無大發明，而較之竄亂古經，横生新義者，猶不失謹嚴之義。惟序官乃經文之綱領，申以其無假詮釋，遂削而不載，頗乖體要。是則因陋就簡之失矣。

周禮集説十卷

編脩汪如藻家藏本

不著撰人名氏。前有元初陳友仁序，稱其友「雲山沈則正近得此書於霅，編節條理與東萊讀詩記、東齋書傳相類，名氏則未聞也。癸未攜以歸。訓詁未詳者，益以賈氏、王氏之疏説；辨析未明者，附以前輩諸老之議論」云云，蓋友仁因宋人舊本重輯也。友仁字君復，湖州人。序題「丙子後九歲」。丙子爲宋亡之歲，友仁不題至元年號而上溯丙子以系年，蓋亦宋之遺民。故仿陶潛不書年號，但稱甲子之例。然陶潛在晉諸詩亦但題甲子，非以入宋之故。原集具存，友仁未之詳考耳。卷首有總綱領一篇、官制總論一篇、又凡例一篇，分條闡説，極爲賅洽。每官之前，又各爲總論一篇。所引注疏及諸儒之説，俱能擷其精粹，而於王安石新經義采摘尤多。蓋安石三經新義雖爲宋人所攻，而周官新義則王昭禹述之於前，見所作周禮詳解。林之奇述之於後，案：之奇學出吕本中，本元祐一派，而作周禮全解亦用安石之説，見王與之周禮訂義。故此書亦相承援引，不廢其文也。考工記後附俞庭椿周禮復古編一卷，殊爲疣贅，有失別裁。然不肯變易古經而兼存其說，以待後人之論定，較庭椿之妄誕則略有間矣。原佚地官二卷，其春官總論亦佚，黄虞稷千頃堂書目云關中劉儲秀嘗補注以行。今未之見，亦姑仍其舊闕之焉。

周官集傳十六卷　永樂大典本

元毛應龍撰。案張萱内閣書目稱：「應龍字介石，豫章人。大德間嘗官澧州教授」，而江西志乘俱軼其名，始末已不可詳考矣。是書於諸家訓釋引據頗博，而於鄭鍔之解義、徐氏之音辨及歐陽謙之之說，所采尤多。其自出己意者，則題「應龍曰」以別之。其中有沿襲誤說，未考古義者。如鍾師「掌金奏，以鍾鼓奏九夏」，杜子春、鄭康成皆以九夏爲樂曲，而應龍獨引歐陽謙之說，謂：「左傳襄四年曰：『金奏肆夏之三，工歌文王之三。』文王而曰『工歌』，是有詩而可歌者也。肆夏而曰『金奏』，是徒有其聲，可以金奏而無詩可歌明矣。」今考孔穎達左傳疏云：「作樂先擊鍾，故稱『金奏』。此晉人作樂先歌肆夏，肆夏是作樂之初，故於肆夏言『金奏』也。次工歌文王，樂已先作，非復以金爲始，故言『工歌』也。」其說足與鄭注相發明。如以九夏之文統「金奏」之下，即以爲非樂曲，則鍾師又有「凡射，王奏騶虞，諸侯奏貍首，卿大夫奏采蘋，士奏采蘩」之文貫於「金奏」下，豈亦均非樂曲乎？又甸祝「禂牲、禂馬」，鄭注：「『禂』讀如『伏誅』之『誅』，今『侏大』字也。爲牲祭求肥充，爲馬祭求肥健也。」應龍亦主謙之說，謂：「禂，稠也，禱牲稠盛也。」以康成改讀爲非。考裯、侏二字古音本通，非康成改讀。揚雄國三老箴「負乘覆餗，姦寇侏張」，晉書慕容垂載記苻堅報書曰「侏張幽顯」，魏書恩倖傳「侏張不已」，北齊源彪傳「吴賊侏張」，「侏張」即「譸張」。侏與譸，猶侏與裯，音同故義借，安得指爲康成改讀乎？又㮚氏「爲鬴」，應龍引鄭鍔之説曰：「晏子謂六斗四升爲鬴，管子謂百升而成釜。康成則謂四升曰豆，四豆曰區，四區曰釜，爲六斗四升。以下文觀之：『其臀一寸，其實一豆。』豆當爲斗釜之臀，一寸而容一斗，則釜之内方一尺而容十斗，無可疑者。十斗則百升，正管仲所謂釜也。康成謂四升曰豆，每四而加，故區至釜而六斗四升，彼殊不考之於梓人也。『梓人爲飲器，爵一升，觚三升。獻以爵而酬以觚，一獻而三酬，則一豆矣』。夫一獻則一升矣，三酬則九升也。以一合九，非十升爲豆而何？而康成謂四升爲豆，失之矣。」今考康成謂「鬴六斗四升」，實據經文「方尺」「深尺」，以粟米法算之。蓋粟米法方一尺、深一尺六寸二分乃容一石。鍔以鬴容一石，則是鬴方尺深尺六寸二分矣，其何以解於經文「方尺」「深尺」耶？管子海王篇：「鹽百升而釜。」房玄齡注謂：「鹽十二兩七銖一黍十分之一爲升，當米六合四勺。百升之鹽，七十六斤十二兩十七銖二纍爲釜，當米六斗四升。」則是海王篇百升之釜，乃實百升之鹽，非實百升之粟也。今鍔以管子量鹽之鬴爲㮚氏量粟之鬴，比擬已爲不倫。至於康成注梓人，以豆爲斗，實以豆止四升，不及一獻三酬之數。鍔誤以豆爲飲器，遂牽合十升之文，反詆改豆爲斗之非。不知古以斗飲，不以豆飲。詩行葦篇毛傳曰：

「大斗，長三尺。」戰國策曰：「令工人作爲金斗，長其尾，與代王飲，即因反斗擊之。」此斗爲飲器之證也。越語曰：「觴酒豆肉。」韓子外儲篇曰：「取一豆肉。」是豆實食器而非飲器之證也。又安得引梓人之文爲管子之旁證乎？諸如此類，皆未免膠執舊文，疎於考核。至於冕服車旗之度，廟祧昭穆之制，司尊彝之「六尊六彝」，司几筵之「五几五席」，方弓、義弓之異名，正歲、正月之竝用，條例引證，頗爲明晰。宋以來諸家散佚之説，尚因是以存其崖略。則蒐輯之功，固亦非尠矣。其書諸家著録皆云二十四卷。今散見於永樂大典者，地官、夏官適當闕帙，其餘四官首尾頗爲完具。謹録爲十六卷。以一官四卷，共得二十四卷，計之仍其舊第也。應龍所著别有周官或問五卷，在集傳之外，永樂大典割附集傳之後。其存者僅天官十九條、春官十四條、秋官、冬官各一條，篇幅寥寥，不能别成一帙。今仍附於各傳下，既免以畸零散佚，且使一家之説互相參證，亦足以資發明焉。

周禮傳十卷圖説二卷翼傳二卷

浙江范懋柱家天一閣藏本

明王應電撰。應電字昭明，崑山人。嘉靖中遭倭亂，避居江西，遂終於泰和。受業魏校之門，其書中稱「師云」者，即述校語。故明史儒林傳即附之校傳後焉。史稱應電「篤好周禮，謂周禮自宋以後，胡宏、季本各著書，指摘其瑕釁至數十萬言。俞壽翁、吴澄則以爲冬官不亡，雜見於五官中，而更次之。近世何喬新、陳鳳梧、舒芬亦各以己意更定。然此皆諸儒之周禮也。乃覃研十數載，先求聖人之心，溯斯禮之源；次考天象之文，原設官之意，推五官離合之故，見綱維統體之極。因顯以探微，因細以繹大，成周禮傳詁數十卷」云云。蓋應電於周禮之學用力頗深。此三書雖各爲卷帙，實相輔而行。核其大致，亦瑕瑜互見。其傳十卷，黜考工記不録，猶曰專解古經。至割裂序官之文，凡同職相統者，使區分部居，各以類從，則頗嫌竄亂。然論説頗爲醇正，雖略於考證，而義理多所發明。其圖説二卷，用以稽考傳義。中如職方氏九州之類，有圖無説；又有如女官、女奚、女奴諸辨，有説無圖；上卷明堂表一篇，亦有録無書，蓋原本所闕。下卷闕井邑、丘甸諸圖，則別見翼傳，故不複載也。所説間有舛誤者。如謂社即地祇，夏至有事於方澤，乃祭大社。考春官司服「希冕以祀社稷、五祀」，序於「毳冕以祀四望、山川」之下，故鄭康成酒正注列社稷於小祭，其説本明。應電以當地祇大祭，殊於經義有乖。至謂明堂即王之六寢，宗祀文王以配上帝，不得於王之寢地，當在南郊，與郊天同。迎尸則於明堂。又謂郊天迎尸，亦當於明堂。考通典載南郊去國五十里，明堂在國三里之外、七里之内。則相距凡四十餘里，安有祭時迎尸，遠在四十里外者？周禮掌次：「凡祭祀，張尸次。」蓋尸幄切近壝宫，迎尸即於此幄。應電未核注疏，故有此謬。他如圖南郊於朝日之前，既從其序，而圖祈穀於迎暑之後，又頗顛舛。然其自序謂：「舊周禮圖冕服則類爲男女之形，而章服仍不明；井邑則類爲大方隔，而溝洫仍不分」，則亦頗有所訂正。今姑與其傳竝存，以備一家之説。其翼傳二卷，凡分七篇。上卷曰冬官補義，曰天王會通，曰學周禮法，曰治地事宜。下卷曰握奇經傳，曰非周禮辨，曰經傳正謬。其冬官補義擬補土司空、工師、梓人、器府、四瀆、匠人、壘壁氏、巡方、考工、準人、嗇夫、柱下史、左史、右史、水泉、魚政、鹽法、冢人十八官，未免意爲揣測。其天王會通以天官書所列諸星分配諸官，以爲王者憲天而出治，亦多涉附會。其學周禮法論周禮有必不可復者，及後人假仿之妄，舊注解釋之謬，改聲、改字之非，與細物爲自古相傳之遺，官事有兼涉不擾之法，皆爲有見。餘則多録舊文。其治地事宜直欲復井田之制，殊失之迂。其握奇經傳雜參以後世之法，亦失之駁。其非周禮辨駁正諸家，尚爲明析。其經傳正譌則於周禮以外兼涉羣經。非惟以篆改隸，併欲以籀改篆，則拾其師魏校六書精蘊之説，而不知其流於詭誕矣。大抵三書之中，多參臆説，不盡可從。以周禮、儀禮至明幾爲絶學，故取長棄短，略採數家，以姑備一朝之經術。所謂不得已而思其次也。三書凡十四卷，明史作數十卷，蓋約舉之詞。朱彝尊經義考惟載傳十卷，圖説二卷，學周禮法一卷，非周禮辨一卷，而不載翼傳之名，頗爲疎漏。又所引黄虞稷語，乃翼傳之解題，而繫之周禮傳下，亦爲舛誤。豈偶然疎略，未及檢其全書歟？

周禮全經釋原十四卷　安徽巡撫採進本

明柯尚遷撰。尚遷字喬可，長樂人，自號陽石山人。嘉靖中由貢生官邢臺縣縣丞。其書自天官至冬官凡十二卷，又附以周禮通論、周禮通今續論各一卷。前列序二篇，源流序論一篇，六官目問四篇，全經綱領十二條，釋原凡例七條。書中訓解，其稱「釋」者，皆采輯古注，其曰「原」者，則尚遷推闡作經本意也。周禮本闕冬官，尚遷宗俞庭椿之説，稍爲變易，取遂人以下地官之事分爲冬官，自遂人至旅下士正六十人，以符六官各六十之數，故曰「全經」。較庭椿之紛更割裂，差爲稍勝，故唐順之、姜寶皆深是之。然仍不出宋人錯簡之曲説。且改經文「安擾邦國」爲「富邦國」，又以吴澄所補「惟王建國」以下四十字冠於冬官之首，則猶之乎竄亂古經矣。以其訓詁經義尚條暢分明，有所闡發，故與王應電書皆節取以備一家，朱彝尊經義考所載與此本卷數相同，而注云：「内源流敘論一卷，通論一卷。」今此本通論之外，尚有續論，而源流敘論乃在卷首，不列十四卷之中，與彝尊所注不合。或彝尊未及細檢，亦如王應電書歟？

周禮注疏刪翼三十卷

直隸總督採進本

明王志長撰。志長字平仲，崑山人。萬曆中舉人。明史文苑傳附見其兄志堅傳中，稱其亦深於經學。是書於鄭注、賈疏多刊削其繁文，故謂之「刪」，又雜引諸家之説以發明其義，故謂之「翼」。周禮一書，得鄭注而訓詁明，得賈疏而名物制度考究大備。後有作者，弗能越也。周、張、程、朱諸儒，自度徵實之學必不能出漢、唐上，故雖盛稱周禮，而皆無箋注之專書。其傳於今者，王安石、王昭禹始推尋於文句之間；王與之始脱略舊文，多輯新説；葉時、鄭伯謙始別立標題，借經以抒議。其於經義，蓋在離合之間。於是考證之學漸變爲論辯之學，而鄭、賈幾乎從祧矣。志長此書亦多采宋以後説，浮文妨要，蓋所不免。而能以注疏爲根柢，尚變而不離其宗。且自朱申以後，苟趨簡易，以敘官爲無用而刪之，經遂有目無綱；俞庭椿、丘葵以後，又多騁臆見，竄亂五官，以補冬官之亡，經遂更無完簡。沿及明代，彌逐頹波，破碎支離，益非其舊。志長能恪遵古本，亦爲力遏横流。在經學荒蕪之日，臨深爲高，亦可謂研心古義者矣。惠棟作精華録訓纂，因金榮誤引其文，遂併以村書詆志長，乃相輕已甚之詞，不必盡允也。

欽定周官義疏四十八卷

乾隆十三年御定三禮義疏之第一部也。考漢志載周官經六篇，傳四篇，故杜子春、鄭興、鄭衆、賈逵、衛宏、張衡所注，皆稱周官。馬融、鄭玄所注，猶稱周官禮。迨唐賈公彦作疏，始沿用省文，稱爲周禮，實非本名。今仍題曰周官，從其朔也。首冠以御製日知薈説論周官者十則，以昭千古之權衡。其采掇羣言，則分爲七例：一曰正義，直詁經義，確然無疑者也。二曰辨正，後儒駁正，至當不易者也。三曰通論，或以本節本句參證他篇，比類以測義，或引他經與此互相發明者也。四曰餘論，雖非正解而依附經義，於事物之理有所推闡者也。五曰存疑，各持一説，義亦可通，又或已經駁論，而持此者多，未敢偏廢者也。六曰存異，名物象數，久遠無傳，難得其真，或創立一説，雖未即愜人心，而不得不存之以資考辨者也。七曰總論，本節之義已經訓解，又合數節而論之，合一職而論之者也。大抵周官六典，其源確出周公，而流傳既久，不免有所竄亂。不必以爲疑，亦不必以爲諱。説周官者以鄭氏爲專門，而訓詁既繁，不免有所出入，不可護其短，亦不可没其長。是書博徵約取，持論至平。於考工記注奥澀不可解者不强爲之詞，尤合聖人闕疑之義也。

周禮述注二十四卷　福建巡撫採進本

國朝李光坡撰。光坡字耜卿，號茂夫，安溪人。大學士光地之弟也。杭世駿榕城詩話稱其家居不仕，潛心經學，著有三禮述注，此即其一也。其書取注疏之文，删繁舉要，以溯訓詁之源。又旁采諸家，參以己意，以闡制作之義。雖於鄭、賈名物度數之文多所刊削，而析理明通，措詞簡要，頗足爲初學之津梁。考其兄光地榕村集中有周官筆記一卷，皆標舉要義，不以考證辨難爲長。其姪鍾倫亦有周禮訓纂，與光坡此書體例相近。蓋其家學如是也。宋儒喜談三代，故講周禮者恒多。又鑒於熙寧之新法，故恒牽引末代弊政，支離詰駁，於注疏多所攻擊，議論盛而經義反淆。光坡此書不及漢學之博奥，亦不至如宋學之蔓衍，平心静氣，務求理明而詞達。於説經之家，亦可謂適中之道矣。

周禮訓纂二十一卷　福建巡撫採進本

國朝李鍾倫撰。鍾倫字世得，安溪人。康熙癸酉舉人，未仕而卒。此書自天官至秋官，詳纂注疏，加以訓義。惟闕考工記不釋。蓋以河間獻王所補，非周公之古經也。書後有乾隆丁丑其子廣平府知府清馥跋，稱鍾倫初受三禮於其叔光坡。康熙癸酉鄉薦公車後，日侍其父光地於京邸。及光地出督順天學政，復遷直隸巡撫，十餘年中，鍾倫皆隨行，得其指授。又多與宣城梅文鼎、長洲何焯、宿遷徐用錫、河間王之鋭，同里陳萬策等互相討論。故其學具有本源。凡所詮釋，頗得周官大義。惟於名物度數，不甚加意，故往往考之弗詳。如巾車「重翟，錫面朱總；厭翟，勒面繢總；

安車，彫面鷖總，皆有容蓋。」注：「總以繒爲之，著馬勒直兩耳與兩鑣。車衡輨亦宜有焉。容爲幨車，山東謂之裳幃。蓋，如今小車蓋也。皆有容有蓋，則重翟、厭翟謂蔽也。安車無蔽，謂去飾也。」鍾倫謂：「總惟當施馬，於車義無所取。」考蔡邕獨斷曰：「飛軨以緹油，廣八寸，長注地。左畫蒼龍，右畫白虎，繫軸頭。」續漢輿服志曰：「乘輿重牙斑輪，升龍飛軨。」注引薛綜東京賦注：「飛軨以緹油，廣八寸，長注地，繫軸頭。」所云「緹油」，即注所云「總」以繒爲之。所云「軸頭」，即注所云「輨」。然則飛軨即總之在車者，而鍾倫謂總惟飾馬，誤矣。鍾倫又謂：「容以繒結四旁之上際，其四旁之下際則以翟爲蔽。」考經文「皆有容蓋」實兼承上重翟、厭翟、安車而言。但重翟、厭翟二車既有容蓋，又有翟蔽兩旁以畫飾，安車則惟有容蓋，而無翟飾耳。既無翟飾，即惟藉裳幃爲障蔽。裳幃之制，當四面圍合，上下通徹。故詩曰：「漸車帷裳」，箋云：「帷裳，童容也。」方言：「襜褕，江淮、南楚謂之襢裕。」「童容」與「襢裕」義同。蓋襢裕長襦，上下相連以覆體，車之帷裳垂覆上下，形相似也。又士昏禮：「婦車亦如之，有裧。」注「裧，車裳幃。」續漢輿服志注：「舊典傳車驂駕乘赤帷裳，惟郭賀爲冀州，敕去襜帷。」釋名：「衽，襜也。在旁襜襜然。」云「襜帷」，蓋如裳衽下垂也。凡此皆同於巾車之安車，但有帷裳，無重翟、厭翟者也。如鍾倫所云：「帷裳但結四旁之上際，其四旁下際以翟爲蔽。」則安車但蔽上際，不復蔽下際矣。釋名曰：「容車，婦人所載小車也。其蓋施帷，以隱蔽其形容也。」若容但蔽上際，不及下際，豈能隱蔽形容乎？如此之類，頗爲疎舛。然如辨禘祫、社稷、學校諸篇，皆考證詳核。又如司馬法謂：「革車一乘，甲士三人、步卒七十二人。」鍾倫據蔡氏說，謂：「一乘不止甲士三人，步卒七十二人。此是輕車用馬馳者，更有二十五人，將重車在後。」今考新書：「攻車七十五人，前拒一隊，左右角二隊。守車一隊，炊子十人，守裝五人，廄養五人，樵汲五人，共二十五人。攻守二乘，共百人。」又尉繚子伍制：「令軍中之制，五人爲伍，伍相保也；十人爲什，什相保也；五十人爲屬，屬相保也；百人爲閭，閭相保也。」起於五人，訖於百人。蓋軍中之制，自一乘起。此皆一乘百人之明驗，足證其說之精核。又明於推步之術，訓大司徒土圭之法，謂：「百六十餘里，景已差一寸。」亦得諸實測，非同講學家之空言也。

周官集注十二卷　安徽巡撫採進本

國朝方苞撰。苞字鳳九，號靈皋，亦號望溪，桐城人。康熙丙戌會試中式舉人，官至内閣學士，兼禮部侍郎。後落職僃書，特賜侍講銜致仕。是編集諸家之說詮釋周禮，謂：「其書皆六官程式，非記禮之文。後儒因漢志周官六篇列於禮家，相沿誤稱周禮。故改題本號，以復其初。」其注仿朱子之例，采合衆說者，不復標目；全引一家之說者，乃著其名。凡其顯然舛誤之說，皆置不論，惟似是而非者，乃略爲考正。有推極義類，旁見側出者，亦仿朱子之例，以圈外別之。訓詁簡明，持論醇正，於初學頗爲有裨。其書成於康熙庚子。後苞別著周官辨十篇，指周官之文爲劉歆竄改以媚王莽，證以漢書莽傳事蹟，歷指某節、某句爲歆所增，言之鑿鑿，如目睹其筆削者。自以爲學力既深，鑑别真僞，發千古之所未言。然明代金瑶先有是論，特苞更援引史事耳。持論太高，頗難依據，轉不及此書之謹嚴矣。

禮說十四卷　副都御史黄登賢家藏本

國朝惠士奇撰。士奇有半農易説，已著録。是編不載周禮經文，惟標舉其有所考證辨駁者，各爲之説，依經文次序編之。凡天官二卷，計六十一條。地官三卷，計六十三條。春官四卷，計九十五條。夏官二卷，計六十一條。秋官二卷，亦六十一條。考工記一卷，計四十條。古聖王經世之道，莫切於禮。然必悉其名物而後可求其制度，得其制度而後可語其精微，猶之治春秋者不核當日之事實，即不能明聖人之褒貶。故説禮則必以鄭氏爲宗，亦猶説春秋者必以左氏爲本。鄭氏之時，去周已遠。故所注周禮，多比擬漢制以明之。今去漢末復閱千六百年，鄭氏所謂猶今某物、某事、某官者，又多不解爲何語。而當日經師訓詁，輾轉流傳，亦往往形聲竝異，不可以今音、今字推求。士奇此書於古音、古字皆爲之分别疏通，使無疑似。復援引諸史百家之文，或以證明周制，或以參考鄭氏所引之漢制，以遞求周制，而各闡其制作之深意。在近時説禮之家，持論最有根柢。其中如因巫降之禮，遂謂漢師丹之使巫下神爲非惑左道；因貍首之射，遂謂周萇弘之射諸侯爲非依物怪；因庶氏攻説，翦氏攻禜，遂謂段成式所記西域木天壇法禳蟲爲周之遺術。皆不免拘泥古義，曲爲之詞。又如因含玉而引及餐玉之法，則失之蔓衍；因左傳稱仍叔之子爲弱，遂據以斷犁牛之子爲犢，亦失之附會。至於引墨子以證司盟之詛，併以證春秋之觀社，取其去古未遠，可資旁證可也，遂謂不讀非聖之書者非善讀書，則詞不達意，欲矯空談之弊，乃激而涉於偏矣。然統觀全書，徵引博而皆有本原，辨論繁而悉有條理。百瑜一瑕，終不能廢其所長也。

周官禄田考三卷

浙江巡撫採進本

國朝沈彤撰。彤有尚書小疏，已著録。自歐陽脩有周禮「官多田少，禄且不給」之疑，後人多從其説。即有辨者，不過以攝官爲詞。彤獨詳究周制，以與之辨。因撰是書，分官爵數、公田數、禄田數三篇。凡田、爵、禄之數不見於經者，或求諸注；不見於注者，則據經起例，推闡旁通，補經所無，乃適如經之所有。其説精密淹通，於鄭、賈注疏以後，可云特出。其中稍有牴牾者，如謂子、男之國不得有中士。考孟子稱「小國地方五十里」，有「中士倍下士」之文。趙岐注曰：「子、男爲小國。」王制曰：「王者之制禄爵，公、侯、伯、子、男，凡五等。諸侯之上大夫卿、下大夫、上士、中士、下士，凡五等。」孔穎達疏謂：「諸侯統公、侯、伯、子、男。」則子、男有中士矣。王制又曰：「其有中士、下士，數各居其上之三分。」鄭注謂：「上、中、下士二十七人，各三分之。」周禮太宰賈疏釋此文，謂：「朝聘之位，次國之上士當大國之中士，中士當下士，下士當其空；小國之上士當次國之中士，中士當下士，下士當其空。故云各居其上之三分。」若子、男無中士，則小國之土不敷三分之數，與經文戾矣。彤又謂：「加田之制，國八十里者，其加田極於百里；四十里者，極於五十里；二十里者，極於二十五里。」考司勳文曰：「凡賞地無常，輕重視功。」又曰：「惟加田無征。」鄭注曰：「加田，既賞之又加賜以田。」夫賞田且無常數，況加田乎？春秋宣公十五年傳：「晉侯賞桓子狄臣千室，又賞士伯以瓜衍之縣。」襄公二十六年傳：「三月甲寅朔，享子展。賜之先輅、三命之服，先八邑。」襄公二十七年傳：「公與免餘邑六十。」襄公二十八年傳：「與晏子邶殿，其鄙六十。」此無論其爲賞爲加，率無常數，正可與司勳文相證。而彤定以二十里、十里、五里，稽諸經傳，略無明文。又彤算畿内百萬井，去山陵林麓等三十六萬井，存田六十四萬井，以爲「三分去一」，本於班固刑法志。今考百萬井而去三十六萬井，乃二十五分而去九。班志本不云「三分去一」，彤所引殊爲誤記。且班志非爲周官作注，故立算不必盡據經文。今彤既據經文，即當參校經義，求其脗合。考鄭載師注算近郊百里則用三分去一之法，算六遂以外則用十八分去五之法。蓋近郊以内，不易之地家百畝，一易之地家二百畝，再易之地家三百畝。相通三夫，而受六夫之地。至六遂以外，上地家百畝，萊五十畝；中地家百畝，萊百畝；下地家百畝，萊二百畝。相通六夫，而受十三夫之地。其所受之田，既較近郊爲加多，則所去之地，即當較近郊爲加少。故郊内三分去一，而遂外僅十八分去五也。夫以三分去一算遂外之地，且猶病其過多，而況於二十五分而去九乎？此不信鄭注之所以疎也。至謂遂人十夫亦爲井田，乃襲宋人緒論，尤疎於考校。然其百慮一失者僅此三四條耳，亦可云湛深經術者矣。

周禮疑義舉要七卷

安徽巡撫採進本

國朝江永撰。永字慎修，婺源人。是書融會鄭注，參以新説，於經義多所闡發。其解考工記二卷，尤爲精核。如經文：「六尺有六寸之輪，軹崇三尺有三寸也。加軫與轐焉，四尺也。」軫圍尺一寸，見於經文，而轐圍不著。并軫、轐以求七寸之崇，頗爲難合。鄭注亦未及詳解。永則謂：「軫方徑二寸七分有半，自軸心上至軫面，總高七寸。轂入輿下，左右軓在轂上，須稍高，容轂轉，故轂上必有轐庋之。轐之圍徑無正文。輈人當兔之圍，居輈長十之一，方徑三寸六分，輈亦在輿下庋輿者，則兔圍與當兔同可知。軸半徑二寸二分，加轐方徑三寸六分，共高五寸八分。以密率算，轂半徑五寸一分弱，中間距軓七分强，可容轂轉。以五寸八分，加後軫出轐上者，約一寸二分，總高七寸。輿版之厚上與軫平，亦以一寸二分爲率。後軫在輿下餘一寸五分，輈踵爲闕曲以承之。算加軫與轐之七寸，當從輈算起。蓋輈在軸上，必當輿底相切。而兩旁伏兔，亦必與輈齊平。故知輈之當兔圍，必與兔圍等大。後不言兔圍者，因輈以見。」云云。考釋名曰：「軫横在前，如臥牀之有枕也。枕，横也，横在下也。薦版在上，如薦席也。」似輿版在上而軫在下。永謂軫面與輿版相平，似乎不合。然輿版之下仍餘軫一寸五分，則其説仍不相悖。又考説文曰：「轐，車伏兔下革也。」則是伏兔鉗轂之處，尚有革承其間。永算伏兔距轂崇三寸六分，而伏兔下革厚尚未算入。要其增分甚微，固亦無妨於約算也。又經文曰：「參分其隧，一在前，二在後，以揉其式。」式之制具詳於曲禮孔疏。其説謂：「車箱長四尺四寸而三分，前一後二，横一木，下去車牀三尺三寸，謂之爲式。又於式上二尺二寸横一木，謂之爲較。」至宋林希逸，又謂：「揉者，揉其木使正直而爲之。」永則謂：「揉兩曲木，自兩旁合於前，通車前三分隧之一，皆可謂之式。式崇三尺三寸，并式深處言之。兩端與兩輢之植軹相接。軍中望遠，亦可一足履前式，一足履旁式。左傳長勺之戰『登軾而望』是也。若較在式上，如何能登軾而望？若較於隧三分之前横架一木，則在陰版之内，車外不見式矣。記如何云『苟有車，必見其式』？」云云。考鄭注曰：「兵車之式，深尺四寸三分寸之二。」則經所云「一在前者」皆爲式。凡一尺四寸有奇之地，注始得云「式深」。若僅於兩輢之中横架一木，名之曰式，則一木前後更不爲式，注又何得以深淺度式乎？孔疏謂横架一木於車箱内，蓋未會鄭注「式深」二字之義。又鄭注云：「較，兩輢上出式者。」兩輢則兩箱版也。上出式而度之以兩輢，則兩較各在兩箱之上明矣。故釋名曰「較在箱上」，不云「較在式上」，是其明證。孔疏之誤顯然。至於經文凡云「揉」者，皆揉之使曲，而希逸反謂「揉之使直」，尤屬不考。均不及永之所説確鑿有徵。其他援引典核，率皆類此。其於古制，亦可謂考之詳矣。

右禮類周禮之屬。二十二部，四百五十三卷。皆文淵閣著録。

案周禮古謂之周官，欽定三禮義疏已復其本名。以諸家注本題周禮者十之九，難於一一追改，故姑從鄭玄以來相沿之稱。

欽定四庫全書總目卷二十

經部二十

禮類二

儀禮注疏十七卷 内府藏本

漢鄭玄注，唐賈公彦疏。儀禮出殘闕之餘，漢代所傳，凡有三本。一曰戴德本，以冠禮第一，昏禮第二，相見第三，士喪第四，既夕第五，士虞第六，特牲第七，少牢第八，有司徹第九，鄉飲酒第十，鄉射第十一，燕禮第十二，大射第十三，聘禮第十四，公食第十五，覲禮第十六，喪服第十七。一曰戴聖本，亦以冠禮第一，昏禮第二，相見第三，其下則鄉飲第四，鄉射第五，燕禮第六，大射第七，士虞第八，喪服第九，特牲第十，少牢第十一，有司徹第十二，士喪第十三，既夕第十四，聘禮第十五，公食第十六，覲禮第十七。一曰劉向別録本，即鄭氏所注。賈公彦疏謂：「別録尊卑吉凶，次第倫序，故鄭用之。二戴尊卑吉凶雜亂，故鄭不從之也。」其經文亦有二本。高堂生所傳者，謂之今文。魯恭王壞孔子宅，得亡儀禮五十六篇，其字皆以篆書之，謂之古文。玄注參用二本。其從今文而不從古文者，則今文大書，古文附注，士冠禮「闑西閾外」句注「古文『闑』爲『槷』，『閾』爲『蹙』」是也；從古文而不從今文者，則古文大書，今文附注，士冠禮醴辭「孝友時格」句注「今文『格』爲『嘏』」是也。其書自玄以前，絶無注本。玄後有王肅注十七卷，見於隋志。然賈公彦序稱：「周禮注者則有多門，儀禮所注後鄭而已」，則唐初肅書已佚也。爲之義疏者有沈重，見於北史，又有無名氏二家，見於隋志，然皆不傳。故賈公彦僅據齊黄慶、隋李孟悊二家之疏，定爲今本。其書自明以來，刻本舛譌殊甚。顧炎武日知録曰：「萬曆北監本十三經中，儀禮脱誤尤多。士昏禮脱『壻授綏，姆辭曰：未教，不足與爲禮也』一節十四字。賴有長安石經，據以補此一節，而其注疏遂亡。鄉射禮脱『士，鹿中，翿旌以獲』七字，士虞禮脱『哭止，告事畢，賓出』七字。特牲饋食禮脱『舉觶者祭，卒觶，拜，長者答拜』十一字。少牢饋食禮脱『以授尸，坐取簞，興』七字。此則秦火之所未亡，而亡於監刻矣。」云云。蓋由儀禮文古義奥，傳習者少，注釋者亦代不數人，寫刻有譌，猝不能校，故紕漏至於如是也。今參考諸本，一一釐正，著於録焉。

儀禮識誤三卷　永樂大典本

宋張淳撰。淳字忠甫，永嘉人。是書乃乾道八年兩浙轉運判官直祕閣曾逮刊儀禮鄭氏注十七卷，陸氏釋文一卷，淳爲之校定，因舉所改字句，彙爲一編。其所引據，有周廣順三年及顯德六年刊行之監本，有汴京之巾箱本，有杭之細字本、嚴之重刊巾箱本，參以陸氏釋文、賈氏疏，覈訂異同，最爲詳審。近世久無傳本，故朱彝尊經義考以爲已佚。惟永樂大典所載諸條，猶散附經文之後，可以綴録成編。其鄉射、大射二篇適在永樂大典闕卷中，則不可復考矣。朱子語録有曰：「儀禮，人所罕讀，難得善本。而鄭注、賈疏之外，先儒舊説多不復見，陸氏釋文亦甚踈略。近世永嘉張淳忠甫校定印本，又爲一書以識其誤，號爲精密，然亦不能無舛謬。」又曰：「張忠甫所校儀禮甚仔細，較他本爲最勝。」今觀其書，株守釋文，往往以習俗相沿之字轉改六書正體。則朱子所謂不能無舛謬者，誠所未免。然是書存，而古經漢注之譌文脱句藉以考識，舊槧諸本之不傳於今者亦藉以得見崖略，其有功於儀禮，誠非淺小。今覆加檢勘，各疏明其得失，俾瑜瑕不揜。其原本殘闕數處，亦考訂補輯，附於下方。其書宋史藝文志作一卷，而陳振孫書録解題作三卷。考淳自序言：「裒所校之字，次爲二卷，以釋文誤字爲一卷，附其後，總爲三卷。」則宋志「一卷」爲傳寫之誤明矣。今仍釐爲三卷，存其舊焉。

儀禮集釋三十卷　永樂大典本

宋李如圭撰。如圭字寶之，廬陵人。官至福建路撫幹。案文獻通考引宋中興藝文志曰：「儀禮既廢，學者不復誦習。乾道間有張淳，始訂其譌，爲儀禮識誤。淳熙中，李如圭爲集釋，出入經傳，又爲綱目以別章句之旨，爲釋宫以論宫室之制。朱熹嘗與之校定禮書，蓋習於禮者。」云云。則如圭當與朱子同時。而陳振孫書録解題言如圭淳熙癸丑進士，文獻通考引振孫語，又作紹興癸丑進士。考淳熙紀元凡十六年，中間實無癸丑。紹興癸丑爲高宗改元之三年。朱子校正儀禮，乃在晚歲。疑當爲紹熙癸丑，陳氏、馬氏竝譌一字也。宋自熙寧中廢罷儀禮，學者鮮治是經。如圭乃全録鄭康成注，而旁徵博引以爲之釋，多發賈公彦疏所未備。又撰綱目、釋宫各一篇，世無傳本，故朱彝尊經義考云俱未見。今從永樂大典録出，排纂成書。十七篇中，首尾完具者尚十五篇。惟鄉射、大射二篇在永樂大典闕卷内，其綱目一篇亦闕，無從考補，姑仍其舊。然已得其十之九矣。儀禮一經，因治之者希，經文併注，往往譌脱。如圭生於南宋，尚見古本。今據以校正，補注疏本經文脱字二十四，改譌字十四，删衍字十，補注文脱字五百有三，改譌字一百三十二，删衍字一百六十九。竝參考唐石經及陸德明經典釋文、張淳儀禮識誤及各本文句字體之殊，應加辯證者，不勝指數，各附案語於下方。其鄉射、大射兩篇，如圭之釋雖佚，亦參取惠棟、沈大成二家所校宋本，證以唐石經本，補經文脱字七，改譌字四，删衍字二，補注文脱字四十一，改譌字三十九，删衍字十七，以成儀禮之完帙。如圭舊本本十七篇，篇自爲卷。其間文句稍繁者，篇頁太多，難於分帙，今析之得三十卷。其釋宫則仍自爲一書，别著於録焉。

儀禮釋宫一卷　永樂大典本

宋李如圭撰。如圭既爲儀禮集釋，又爲是書以考論古人宫室之制。仿爾雅釋宫，條分臚序，各引經記注疏，參考證明。如據顧命東西序、東西夾、東西房之文，證寢廟之制異於明堂，而不用鄭志「成王崩在鎬京，宫室因文、武不改作，故制同諸侯」之説。案鄭志此條見顧命孔疏。又如大夫、士東房西室之説，雖仍舊注，而據聘禮「賓館於大夫、士」證其亦有右房，據鄉飲酒及少牢饋食證大夫、士亦有左房、東房之稱，與天子諸侯言左對右、言東對西者同。其辨析詳明，深得經意，發先儒之所未發，大抵類此，非以空言説禮者所能也。考朱子大全集亦載其文，與此大略相同，惟無序引。宋中興藝文志稱朱子嘗與之較定禮書。疑朱子固嘗録如圭是篇，而集朱子之文者遂疑爲朱子所撰，取以入集。猶蘇軾書劉禹錫語題姜秀才課册，遂誤編入軾集耳。觀朱子儀禮經傳通解，於鄉飲酒「薦出自左房」、聘禮「負右房」，皆但存賈疏，與是篇所言不同。是亦不出朱子之一證矣。古者宫室皆有定制，歷代屢更，漸非其舊。如序、楹、楣、阿、箱、夾、牖、户、當榮、當碑之屬，讀儀禮者尚不能備知其處，則於陳設之地、進退之位俱不能知。甚或以後世之規模臆測先王之度數，殊失其真。是編之作，誠治儀禮者之圭臬也。宋陳汶嘗序集釋，刻之桂林郡學舍，兼刻是篇。今刻本不傳。惟永樂大典内全録其文，别爲一卷，題云李如圭儀禮釋宫。蓋其所據猶爲宋本。今據以録出，仍與集釋相附。其間字句與朱子本稍有異同，似彼爲初稾，此爲定本。今悉從永樂大典所載，以存如圭之舊焉。

儀禮圖十七卷儀禮旁通圖一卷 内府藏本

宋楊復撰。復字茂才，號信齋，福州人。鄭逢辰爲江西漕，以所撰儀禮經傳通解續獻於朝，贈文林郎。是書成於紹定元年戊子。書録解題謂成於淳祐中，蓋未核其自序也。序稱嚴陵趙彦肅作特牲、少牢二禮圖，質於朱子。朱子以爲更得冠昏圖及堂室制度并考之乃佳。復因原本師意，録十七篇經文，節取舊説，疏通其意，各詳其儀節陳設之方位，繫之以圖，凡二百有五。又分宫廟門、冕弁門、牲鼎禮器門，爲圖二十有五，名儀禮旁通圖，附於後。其於是經，可謂用心勤摯。惟是讀儀禮者必明於古人宮室之制，然後所位所陳，揖讓進退，不失其方。故李如圭儀禮通釋、朱子儀禮經傳通解皆特出釋宮一篇，以總挈大綱，使衆目皆有所麗。是書獨廢此一門，但隨事立圖，或縱或横，既無定向，或左或右，僅列一隅。遂似滿屋散錢，紛無條貫。其見於「宮廟門」僅止七圖，頗爲漏略。又遠近廣狹，全無分數。如序外兩夾，劉熙釋名所謂「在堂兩頭，故曰夾」是也。圖乃與房、室竝列，則公食大夫禮「宰東夾北西面」，疏云：「位在北堂之南」，特牲饋食禮「豆、籩、鉶在東堂」，注云：「房中之東當夾北者」，皆茫然失其處所矣。門與東、西塾同在一基，圖乃分在東隅、西隅，則士虞禮「匕俎在西塾之西」無其地，及士冠禮「擯者負東塾」之類，皆非其處所矣。如斯之類，殊未能條理分明。然其餘諸圖，尚皆依經繪象，約舉大端，可粗見古禮之梗概，於學者不爲無裨。一二舛漏，諒其刱始之難工可也。

儀禮要義五十卷　浙江吴玉墀家藏本

宋魏了翁所撰九經要義之一，於每篇各爲條目，而節取注疏，録於下方，與周易要義略同。蓋其著書本例如是也。儀禮一經，最爲難讀，諸儒訓詁亦稀。其著録於史者，自喪服諸傳外，隋志僅四家，舊唐志亦僅四家，新唐志僅三家。今惟鄭玄注、賈公彦疏存耳。鄭注古奥，既或猝不易通。賈疏文繁句複，雖詳贍而傷於蕪蔓，端緒亦不易明。朱子語録謂其不甚分明，蓋亦有故。了翁取而删剟之，分臚綱目，條理秩然，使品節度數之辨，展卷即知，不復以辭義轇轕爲病。其梳爬剔抉，於學者最爲有功。雖所採不及他家，而儀禮之訓詁備於鄭、賈之所説，鄭、賈之精華備於此書之所取。後來詮解雖多，大抵以注疏爲藍本，則此書亦可云提其要矣。

儀禮逸經傳二卷 兩江總督採進本

元吴澄撰。澄有易纂言，已著録。是篇掇拾逸經，以補儀禮之遺。凡經八篇，曰投壺禮，曰奔喪禮，取之禮記；曰公冠禮，曰諸侯遷廟禮，曰諸侯釁廟禮，取之大戴禮記，而以小戴禮記相參定；曰中霤禮、曰褅於太廟禮、曰王居明堂禮，取之鄭康成三禮注所引逸文。其編次先後，皆依行禮之節次，不盡從其原文，蓋倣朱子儀禮經傳通解之例。其引二戴記著所出，鄭注不著所出，則與王應麟鄭氏易同。由古人著書，不及後來體例之密，不足異也。其傳十篇，則皆取之二戴記，曰冠儀，曰昏儀，曰士相見儀，曰鄉飲酒儀，曰鄉射儀，曰燕儀，曰大射儀，曰聘儀，曰公食大夫儀，曰朝事儀。其鄉射儀、大射儀取禮記射義篇所陳天子、諸侯、卿、大夫之射，釐之爲二。其士相見、公食大夫二儀則取宋劉敞之所補。敞擬記而作者尚有投壺儀一篇，亦見公是集中，澄偶遺之。明何喬新嘗取以次朝事儀後，并爲之跋。通志堂刻九經解，復佚其文，蓋所據乃未補之舊本，非喬新本也。又閻若璩尚書古文疏證第二十一篇曰：「漢興，高堂生傳禮十七篇。孔壁出多三十九篇，謂之逸禮。平帝時，王莽立之，旋廢。猶相傳至東漢，鄭康成注三禮曾引之。天子巡狩禮云：『制幣丈八尺，純四矧。』中霤禮云：『以功布爲道布，屬於几。』烝嘗禮云：『射豕者。』軍禮云：『無干車，無自後射。』朝貢禮云：『純四矧，制丈八尺。』禘於太廟禮云：『日用丁亥，不得丁亥則己亥、辛亥亦用之，無則苟有亥焉可也。』又中霤禮云：『凡祭五祀於廟用特牲，有主有尸，皆先設席於奧。祀户之禮，南面設主於户内之西，乃制脾及腎爲俎，奠於主北。又設盛於俎西，祭黍稷、祭肉、祭醴，皆三。祭肉，脾一，腎再。既祭，徹之，更陳鼎俎設饌於筵前。迎尸略如祭宗廟之儀。』王居明堂禮云：『出十五里迎歲。』又云：『帶以弓韣，禮之禖下，其子必得天材。』又云：『季春出疫於郊，以攘春氣。』又中霤禮云：『祀竈之禮，先席於門之奧，東面設主於竈陘，乃制肺及心、肝爲俎，奠於主西。又設盛於俎南，亦祭黍三，祭肺、心、肝各一，祭醴三。亦既祭，徹之，更陳鼎俎設饌於筵前。迎尸如祀户之禮。』又王居明堂禮云：『毋宿於國。』又中霤禮云：『祀中霤之禮，設主於牖下，乃制心及肺、肝爲俎，其祭肉，心，肺、肝各一，他皆如祀户之禮。』又云：『祀門之禮，北面設主於門左樞，乃制肝及肺、心爲俎，奠於主南，又設盛於俎東。其他皆如祭竈之禮。』又王居明堂禮云：『仲秋九門磔攘，以發陳氣，禦止疾疫。』又云：『仲秋農隙，民畢入於室，曰時殺將至，毋罹其災。』又云：『季秋除道致梁，以利農也。』又中霤禮云：『祀行之禮，北面設主於軷上，乃制腎及脾爲俎，奠於主南，又設盛於俎東。祭肉，腎一，脾再。其他皆如祀門之禮。』又王居明堂禮云：『孟冬之月，命農畢積聚，繫牧牛馬。』又云：『季冬命國爲酒，以合三族。君子說，小人樂。』又云：『仲秋乃命國醵』。逸奔喪禮云：『不及殯日，於又哭，猶括髮即位，不袒。告事畢者，五哭而不復哭也。』又云：『哭父族與母黨於廟，妻之黨於寢，朋友於寢門外，壹哭而已，不踊。』又云：『凡拜吉喪，皆尚左手。』又云『無服袒免爲位者，唯嫂與叔。凡爲其男子服，其婦人降而無服者，麻。』『凡二十五條，爲篇名者八。吴草廬逸經八篇，僅及其三』。」云云。則亦不免有所疏漏。然較之汪克寬書，則條理精密多矣。明一統志：「沅州劉有年，洪武中爲監察御史，永樂中上儀禮逸經十有八篇。」楊慎求之内閣，不見其書。朱彝尊經義考謂有年所進即澄此本，逸經八篇，傳十篇，適符其數。其説似乎有據。今世傳内閣書目惟載澄書，不著有年姓名。蓋當時亦知出於澄矣。

儀禮集説十七卷　兩江總督採進本

元敖繼公撰。繼公字君善，長樂人，家於吴興。趙孟頫嘗從受業。後以江浙平章高彦敬薦，授信州教授。是書成於大德辛丑。前有自序，稱：「鄭康成注疵多而醇少，删其不合於經者，意義有未足，則取疏、記或先儒之説以補之。又未足，則附以一得之見。」又疑喪服傳違悖經義，非子夏作。皆未免南宋末年務詆漢儒之餘習。然於鄭注之中録其所取，而不攻駁所不取，無吹毛索垢、百計求勝之心。蓋繼公於禮所得頗深，其不合於舊説者，不過所見不同，各自抒其心得，初非矯激以爭名。故與目未睹注疏之面而隨聲佐鬭者，有不同也。且鄭注簡約，又多古語，賈公彦疏尚未能一一申明。繼公獨逐字研求，務暢厥旨，實能有所發揮。則亦不病其異同矣。卷末各附正誤，考辨字句頗詳，知非徒騁虚詞者。其喪服傳一篇，以其兼釋記文，知作於記後。又疑爲鄭康成散附經、記之下，而不敢移其舊第。又十三篇後之記，朱子經傳通解皆割裂其語，分屬經文各條之下。繼公則謂諸篇之記有特爲一條而發者，有兼爲兩條而發者，有兼爲數條而發者，亦有於經義之外别見他禮者，不敢移掇其文，失記者之意，自比於以魯男子之不可，學柳下惠之可。卷末特爲後序一篇記之。則繼公所學，猶有先儒謹嚴之遺，固異乎王柏、吴澄諸人奮筆而改經者也。

經禮補逸九卷　兩淮馬裕家藏本

元汪克寛撰。克寛字德輔，祁門人。泰定丙寅舉於鄉。元亡不仕。明初徵脩元史，以老疾辭歸。洪武五年卒於家。事蹟具明史儒林傳。是書取儀禮，周官，大、小戴記，春秋三傳，以及諸經之文有涉於禮者，以吉、凶、軍、賓、嘉五禮統之。吉禮之目六十有八，凶禮之目五十有七，軍禮之目二十有五，賓禮之目十有三，嘉禮之目二十有一，而以禮經附説終焉。克寛究心道學，於禮家度數，非所深求；於著書體例，亦不甚講。如每條必標出典，是矣；乃一類之中，條條連綴書之，合爲一篇，文相屬而語不屬，遂參差無緒。又此書實考典文，非考故事，乃多載春秋失禮之事，雜列古制之中。如祠禮之昭公十五年「有事於武宫」；嘗禮之桓公十四年「壬申御廩災，乙亥嘗」；烝禮之桓公八年正月、五月再烝；大閲禮之桓公六年秋八月大閲；朝禮，春秋之書「朝」三十六；遇禮，隱公四年「公及宋公遇于清」；會禮之春秋書「會」九十五；錫命禮之莊公元年「王使榮叔錫桓公命」；燕饗禮之莊公四年「夫人饗齊侯于祝丘」，尚略繫以論説，糾正其謬。至於祫嘗禮之文公二年「躋僖公」，又諸侯大祫禮亦引此條；賻賵禮之隱公元年「宰咺歸惠公仲子之賵」，三年「武氏子來求賻」；襚禮之襄公二十八年「楚人使公親襚」；會葬禮之襄公二年「諸姜宗婦來送葬」，皆失禮之尤。乃臚列其文，不置一語，不幾使讀者謂古禮當如是乎？至於祭寒暑禮下詆鄭康成徒見「木鐸徇令」一節與夏書孟春合，遂指正月爲夏正，似未見隋書經籍志載康成注書祇有二十九篇。又王居明堂禮謂月令漢儒所作，指爲吕不韋作者，不知何據，似未見吕氏春秋有十二月紀，亦殊疎漏。程敏政篁墩集有書是書後，曰：「環谷汪先生，著書凡十餘種。先生既殁，悉被一人竊去，攘爲己書。經禮補逸一編，尤號精確，乃百計購得之。其原本雖被改竄，然有附麗而無刓補。真贋之迹，皦然甚明。先生玄孫文彙等力圖刊布。因爲手校，且摹先生之像於編首，別爲附録一卷。」云云。此本有附録闕文、行狀之類，而無其像，亦無敏政此跋，或後人別得改竄之本刻之歟？以其元人舊帙，議論尚不失醇正，姑存以備一家焉。

欽定儀禮義疏四十八卷

乾隆十三年，御定三禮義疏之第二部也。其詮釋七例，與周官義疏同。分經文爲四十卷，冠以綱領一卷，釋宮一卷，不入卷數，殿以禮器圖四卷，禮節圖四卷。儀禮至爲難讀，鄭注文句古奥，亦不易解。又全爲名物度數之學，不可以空言騁辯。故宋儒多避之不講，即偶有論述，亦多不傳。惟元敖繼公儀禮集説疏通鄭注而糾正其失，號爲善本。故是編大旨以繼公所説爲宗，而參核諸家以補正其舛漏。至於今文、古文之同異，則全採鄭注，而移附音切之下。經文、記文之次第，則一從古本而不用割附之説。所分章段，則多從朱子儀禮經傳通解，而以楊復、敖繼公之説互相參校。釋宫則用朱子點定李如圭本，禮器則用聶崇義三禮圖本，禮節用楊復儀禮圖本，而一一刊其譌繆，拾其疎脱。舉數百年庋閣之塵編，搜剔疏爬，使疑義奥詞，涣然冰釋，先王舊典，可沿溯以得其津涯。考證之功，實較他經爲倍蓰。豈非遭遇聖朝表章古學，萬世一時之嘉會歟？

儀禮鄭注句讀十七卷附監本正誤石經正誤二卷

浙江鮑士恭家藏本

國朝張爾岐撰。爾岐有周易説略，已著録。是書全録儀禮鄭康成注，摘取賈公彦疏而略以己意斷之。因其文古奥難通，故竝爲之句讀。馬端臨文獻通考載其父廷鸞儀禮注疏序，稱其家有「景德中官本儀禮疏。正經、注語皆標起止，而疏文列其下。因以監本附益之，手自點校。并取朱子禮書與其門人高弟黄氏、楊氏續補之編，分章析條，題要其上。」今廷鸞之書不傳，爾岐是編體例略與相近。案禮記曰：「一年視離經辨志。」注曰：「離經，斷句絶也。」則句讀爲講經之先務。沈約宋書樂志於他樂歌皆連書，惟鐸舞曲聖人制禮樂篇有聲音而無文義，恐迷其句，遂每句空一字書之。則離句者爲之離析，亦古法也。至於字句同異，考證尤詳。所校除監本外，則有唐開成石經本、皆參考得實。又明西安王堯惠所刻石經補字，最爲舛錯，亦一一駁正。蓋儀禮一經，自韓愈已苦難讀，故習者愈少，傳刻之譌愈甚。爾岐茲編，於學者可謂有功矣。顧炎武少所推許，而其與汪琬書云：「濟陽張君稷若名爾岐者，作儀禮鄭注句讀一書，頗根本先儒，立言簡當。以其人不求聞達，故無當時之名，而其書實似可傳。使朱子見之，必不僅謝監嶽之稱許也。」又其廣師一篇曰：「獨精三禮，卓然經師，吾不如張稷若。」乃推挹之甚至，非徒然也。爾岐蒿菴集中有自序一篇，稱尚有吴氏儀禮考注訂誤一卷，今不在此編中。然此編乃新刊之本，無所佚脱。或是卷又自别行歟？

儀禮商二卷附録一卷

浙江巡撫採進本

國朝萬斯大撰。斯大字充宗，鄞縣人。是書取儀禮十七篇，篇爲之説，頗有新義，而亦勇於信心。前有應撝謙序，稱「喜其覃思，而嫌其自用」，亦篤論也。其聘禮解衣之裼襲謂：「裘外之衣謂之裼衣，裼衣即禮服。聘禮既聘而享，賓主皆裼以將事。推此則凡裘外之裼衣皆禮服矣。」考聘禮鄭注曰：「裼者，免上衣，見裼衣。」則裼衣之上更有衣明矣。賈疏曰：「假令冬有裘，襯身禪衫，又有襦袴，襦袴之上有裘，裘上有裼衣，裼衣之上又有上服、皮弁、祭服之等。」則禮服也。如斯大之説，則裼衣之上不得更有皮弁、祭服之等矣。至玉藻所謂「君衣狐白裘，錦衣以裼之。」蓋諸侯皮弁視朔，特以錦衣爲裼，未聞其不加皮弁服而專用錦衣也。玉藻又謂：「君子狐青裘，豹褎玄綃，衣以裼之。」大夫助祭，服爵弁純衣，亦特以玄綃衣爲裼，未聞其不用純衣而用玄綃衣也。然則謂裼衣之上無禮服，不特迕注，且悖經矣。斯大又謂：「襲衣乃於裼衣上加深衣。蓋裼衣直衿，故露美；深衣交衽，故不露美也。」今即以聘服皮弁考之，皮弁服之下爲朝服，朝服之下爲玄端，玄端之下爲深衣，深衣爲庶人之服。聘禮重聘而輕享。若享時皮弁而裼，聘時深衣而襲，則聘服反殺於享服三等矣，隆殺之義何在乎？且主國之君與使臣行聘於廟，而各服庶人之服以相見，以爲此其充美，無是理也。其廟寢圖列東西箱在東西堂之下，如今廊廡。考公食大夫禮云：「賓升，公揖，退於箱下。」又云：「公降，再拜。」若箱在堂下，則既退於箱，又何降乎？故鄭注以箱爲堂上東夾之前。漢書董賢傳：「太皇太后召大司馬賢，引見東箱。」則東箱非廊廡間明矣。王延壽魯靈光殿賦曰：「右个清晏。」李善注引杜預左傳注曰：「个，東西箱也。」東西个在堂上，則東西箱不在堂下明矣。斯大所圖，亦非經義也。然斯大學本淹通，用思尤鋭，其合處往往發明前人所未發。卷末附答應嗣寅書，辨治朝無堂，尤爲精核。棄所短而取所長，亦深有助於考證也。

儀禮述注十七卷　福建巡撫採進本

國朝李光坡撰。光坡有周禮述注，已著録。是書取鄭注、賈疏總撮大義，而節取其辭。亦間取諸家異同之説，附於後。其中注疏原文有可删削者。如士冠禮：「筮人執筴，抽上韇。」注曰：「今時藏弓矢者謂之韇丸也。」考左傳昭公二十五年：「公徒釋甲執冰而踞。」杜注：「冰，韇丸。

或云韇丸，箭箙。」方言曰：「弓藏謂之鞬，或謂之韇丸。」後漢書南匈奴傳曰：「今齎雜繒五百匹，弓鞬韇丸一，矢四發，遺遺單于。」廣雅作「皾𣫇」。此傍借「韇丸」以明「韇」字之訓，非經之正義，删之可也。至如士冠禮「贊者洗于房中，側酌醴」，注：「贊酌者，賓尊不入房。」光坡節此二句，則賓不自酌而用贊者，義遂不明，爲删所不應删矣。又注載古文、今文，最關經義。如士喪禮「設決，麗于掔」，注引古文「掔」作「捥」。考管子弟子職：「飯必捧掔，羹不以手。」呂覽本味篇「述蕩之掔」，高誘注曰：「掔，古手捥之字也。」據此，則以古文之「捥」證今文之「掔」，義更明晰。而光坡概節之，亦爲太簡。其旁採諸家之言，尤時有未審。如公食大夫禮曰：「飲酒、漿飲，俟於東房。」注：「飲酒先言飲，明非獻酬之酒也。」又曰：「宰夫右執觶，左執豐，進設於豆東。」注：「食有酒者，優賓也。」光坡引楊孚之説曰：「上『飲酒、漿飲，俟于東房』疏云酒、漿皆以酳口。此『進設于豆東』，疏又云：『漿以酳口，不用酒，主人猶設之。是以優賓。』兩説牴牾不同。下文：『祭飲酒于上豆之間，魚腊醬湆不祭。』夫魚腊醬湆不祭，而祭飲酒，則知酒以優賓，但賓不舉耳，豈酳口之物哉？當以優賓之義爲正。」云云。今考賈前疏云酒、漿皆以酳口，謂二飲本竝設以待賓用也。後疏云：「漿以酳口，不用酒。」謂二飲雖竝設，其實賓止用漿耳。前後一義相承，竝無牴牾。楊氏殊未解疏意。至於鄭注「優賓」之義，亦謂賓酳口止用漿，而主人仍特設酒，故曰「優賓」。下文之祭飲酒，乃賓加敬以報酳禮之優，與他篇獻酬之酒、祭酒不同。觀鄭上注明云飲酒非獻酬之酒，則爲飯後潔口之物可知。楊氏以設飲酒爲優賓，而謂飲酒非以酳口，於鄭注「優賓」之義亦爲未明。且考周禮酒人曰：「共賓客之禮酒、飲酒而奉之。」注：「禮酒，饗燕之酒。飲酒，食之酒。」賈疏：「『飲酒，食之酒』者，曲禮曰：『酒漿處右』。此非獻酬之酒，是酳口之酒。」則楊氏謂飲酒非酳口之物，與酒人經、注皆相矛盾矣。光坡取之，實未深考。然如士冠禮：「母拜受，子拜送。」光坡謂：「母拜受乃受脯而拜，非拜子也。」其義最允。蓋此「拜受」，如大射儀「主人盥，洗象觚，升酌膳，東北面獻於公。公拜受」，乃拜受觚，非公先拜其卿大夫也。又如特牲饋食禮：「主人洗角，升，酌，酳尸。尸拜受。」乃拜受角，非祖考先拜其子孫也。凡此之類，頗有可取。又如喪服記：「夫之所爲兄弟服，妻降一等。」萬斯同據以爲嫂叔有服之證，光坡不取其說，亦深有決擇。三禮之學，至宋而微，至明殆絶。儀禮尤世所罕習，幾以爲故紙而棄之。注其書者寥寥數家，即郝敬完解之類，稍著於世者，亦大抵影響揣摩，橫生臆見。蓋周禮猶可談王談霸，禮記猶可言誠言敬，儀禮則全爲度數節文，非空辭所可敷演，故講學家避而不道也。光坡此編雖瑕瑜互見，然疏解簡明，使學者不患於難讀，亦足爲説禮之初津矣。

儀禮析疑十七卷

江蘇巡撫採進本

國朝方苞撰。苞有周官集注，已著録。是書大旨在舉儀禮之可疑者而詳辨之，其無可疑者竝經文不録。苞於三禮之學，周禮差深。晚年自謂治儀禮十一次，用力良勤，然亦頗勇於自信。如士冠禮「緇布冠缺項」，鄭康成讀「缺」如「頍弁」之「頍」。敖繼公則謂：「以緇布一條圍冠爲缺項，別以一物貫之，其兩相又以纓屬。」自來講儀禮者多用其說。苞謂：「既有紒以束髮，何爲又以緇布圍冠？據經文乃以青組爲緇，後屬缺項，而前繫於兩相，以結於頤下。」不知鄭氏讀「缺」爲「頍」，固爲改字。而別注云「項中有緪」，疏謂：「兩頭皆爲緪，別繩穿緪中結之。」廣韻訓「緪」爲「缺」。類篇曰：「緪，結也。」則鄭之此注，大可依據。明是缺項有布爲之結，然後加繩。敖繼公說猶有未詳，苞則去敖氏更遠矣。士昏禮「納徵，玄纁束帛」，苞云：「致幣之儀不具，何也？士、庶人所通行，人皆知之。」夫經文「儷皮」以下既曰「如納吉禮」，則非以人所通行而略之也。且束帛爲十端，詳於周禮鄭注、禮記雜記注。十箇爲束，「二端相向卷之，共爲一兩」。苞第云「執一兩以致辭」，則「一兩」不知爲何語矣。有司徹「侑俎」二字，蓋總挈羊左肩、左肫以下，下節「阼俎」，則以起羊肺諸品。而苞以前文有侑有俎，謂此衍文。果如所說，則與下「阼俎」不配。皆不詳考之故也。然其用功既深，發明處亦復不少。於士相見禮辨注謂「賓反見即有燕禮」之非，辨「張侯下綱」之文所以見於鄉射而不載於大射儀之故，皆由周禮以通之。於聘禮「公答再拜，擯者出，立於門中以相拜」，以爲待公既拜，然後反還振幣；於覲禮「侯氏迎于帷門之外，再拜」，解「使者不答」，以王命未宣，不敢受拜禮。皆細心體認，合乎經義。其他稱是者尚夥。檢其全書，要爲瑜多於瑕也。

儀禮章句十七卷

浙江吴玉墀家藏本

國朝吴廷華撰。廷華字中林，初名蘭芳，仁和人。康熙甲午舉人，由中書舍人歷官福建海防同知。乾隆初，嘗薦修三禮。杭世駿榕城詩話稱：「廷華去官後，寄居蕭寺，穿穴賈、孔，著二禮疑義數十卷。」案廷華所著周禮疑義，今未之見。而此書則名章句，未審別有儀禮疑義，抑或改名章句也。其書以張爾岐儀禮句讀過於墨守鄭注，王文清儀禮分節句讀以句讀爲主，箋注失之太略，因折衷先儒，以補二書所未及。每篇之中，分其節次。每節之内，析其句讀。其訓釋多本鄭、賈箋疏，亦間採他説，附案以發明之，於喪禮尤爲詳審。如喪服「嫡孫」條，疏謂祖、孫本非一體，此謂祖爲適子服斬，故於孫不重服，特隆於大功，疏説非是。士喪禮「陳大斂具」條，「熬黍、稷各二筐」，敖繼公謂置此代奠，此獨從注説，謂：「設以聚蟻，去熬而蟻亦俱去，蓋善法也。」謂既夕禮「皆木桁久之」句，「久」當作「廬人灸諸牆」之「灸」，柱也，以辨注疏之非。又謂：「祖奠，主人當在柩東，奠在其南，則亦在柩東。注謂主人及奠俱在柩西，非是。」頗見精確。惟於「三年之喪」，過信毛奇齡三十六月之説。不知此説倡自唐王玄感，當時已爲禮官所駁，閻若璩潛丘劄記辨之尤悉。廷華蓋偶未考。又謂：「『袒免』之『免』，疑襯冠者。」案疏謂：「髽與括髮以麻布自項鄉前，交於額上，卻繞紒。免亦如之，但布廣一寸爲異。」未聞有襯冠。其説亦穿鑿。然其章分句釋，箋疏明簡，於經學固不爲無補也。

補饗禮一卷　浙江巡撫採進本

國朝諸錦撰。錦有毛詩説，已著録。是編以儀禮十七篇有燕禮，有公食大夫禮，而獨無饗禮。然其見於周官、春秋傳、禮記者，猶可得而考。元吴澄作纂言及考注，嘗有補經八篇、補傳十篇，獨於饗禮之文未有特著。蓋緣聘、覲篇中俱兼及饗食，謂其可以相通而略之。殊不知饗之爲禮也，大非一聘、覲所能該。有祭帝、祫祭之大饗，復有天子享元侯、兩君相見及凡饗賓客之不同。使不自爲一篇，則雖諸書可考，亦無自而察其全。因據周官賓客之禮，聯事而比次之。並取左傳、禮記中相發明者，條注於下，爲補饗禮一卷。考敖繼公儀禮集説序曰：「公食大夫禮云：『設洗如饗』，謂如其公饗大夫之禮也。而今之經乃無是禮，則是逸之也。」云云。據其所考，則儀禮本有饗禮一篇，經文可證。錦之所補，非屬鑿空。且是編以周官爲宗，周禮固儀禮綱領。以經補經，固無訾於不類。至於分注之傳、記，證佐天然，咸有條理，尤非牽强附會之比。至薦籩、不薦籩之異文，庭燎、門燎掌于閽人、甸人之殊説，並兩存其義，不生穿鑿，亦勝於空談臆斷之學。雖寥寥不滿二十葉，而古典所存，足資考證，不以其篇帙之少而廢也。

禮經本義十七卷　浙江巡撫採進本

國朝蔡德晉撰。德晉字仁錫，無錫人。雍正丙午舉人，乾隆初以楊名時薦官司務。是書前十六卷皆本經，第十七卷附吴澄所輯逸禮八篇。皆引宋、元、明以來諸家之説，與注疏互相參證，大旨皆不戾於古。

名物制度，考辨頗悉。亦間出新義。如士冠禮文：「白屨，以魁柎之。」鄭注：「魁，蜃蛤。柎，注也。」蓋以蛤灰柎注於屨，取其潔素。説文所云魁蛤，是其確證。乃引萬斯大之説，謂：「魁以木爲之。明時巾帽以木爲範，名曰魁頭，蓋本於此。」殊不免杜撰無稽。然如士冠禮經文曰：「即筵坐。櫛，設笄。」敖繼公以爲固冠之笄。德晉則謂：「笄有二種，一是髻内安髮之笄，一是弁冕固冠之笄。此未加冠，明是安髮之笄，繼公所説爲誤。」則亦頗辨析精密，爲前儒所未及也。

宮室考十三卷

江蘇巡撫採進本

國朝任啓運撰。啓運有周易洗心，已著録。是書於李如圭釋宫之外别爲類次，曰門、曰觀、曰朝、曰廟、曰寢、曰塾、曰宁、曰等威、曰名物、曰門大小廣狹、曰明堂、曰方明、曰辟雍，考據頗爲詳核。惟謂：「房東爲東廂，西爲西廂。北墉、東墉、西墉、南户屬諸堂，東爲東堂，西爲西堂。堂上東西牆曰序，序東爲東夾室，西爲西夾室。南墉、東墉、西墉北户偏諸東，東爲東堂，西爲西堂。」如其所説，則東西廂在房之東西，東西夾室在堂之東西。東西廂之南，東西夾室之北，則四東西堂矣。然考之經傳，實全無根據。儀禮覲禮篇注曰：「東箱，東夾之前，相翔待事之處。」特牲饋食禮注曰：「西堂，西夾之前，近南。」疏曰：「即西廂也。」爾雅釋宫曰：「室有東西廂曰廟。」郭璞注曰：「夾室前堂。」據此，則東西廂即東西堂，明在東西夾室之前，而啓運謂在東西夾室之後，誤矣。公食大夫禮曰：「公揖退於箱下。公受宰夫束帛以侑，西鄉立。」注云：「箱，東夾之前，俟事之處。受東帛於序端。」蓋東厢即接序端，公當於序端受束帛，故先立於東厢以俟之。地近則事便也。若東厢在東房之東、夾室之北，則南距序端，中間隔一正堂，使於此而俟事，則往來不便孰甚焉？是證以經文，無一相合。又漢書周昌傳：「吕后側耳於東箱聽。」顔師古注曰：「正寢之東西室皆曰箱。」若東箱僻在房東，遠在夾北，則又何從側耳聽乎？又金日磾傳：「莽何羅從外入，從東箱上，見日磾色變，走趨臥内。」蓋從東堂趨室内，故云從外入也。若東厢在房東夾北，則是從内出矣。後漢書周舉傳：「天子親自露坐德陽殿東厢請雨。」則東厢不應在房東夾北，明矣。是核以史事，亦無一相合。且儀禮燕禮：「小臣共槃匜在東堂下。」注曰：「爲公盥也。」下又云：「公降盥。」蓋降東階就槃匜，故共槃匜在東堂下，就近也。啓運謂東堂在東夾北，則是公降盥於東夾北之堂下，豈經義乎？又特牲饋食禮：「主婦視饎爨於西堂下。」注曰：「近西壁，南齊于坫。」如東堂在東夾北，則注於「堂下」當云「北齊于坫」矣。啓運不究儀禮全經，自立新説，故其失如此。又謂周之爲學者五：中曰成均，左之前曰東膠，左之後曰東序，右之前曰瞽宗，右之後曰虞庠。於四郊先爲四國學：南之東曰東膠，北之東曰東序，南之西爲瞽宗，北之西爲虞庠。今考周太學曰東膠，在公宫南之左，小學曰虞庠，在西郊。見於王制注。三代之學，所在無文。至劉敞始謂辟廱居中，其北爲虞學，其東爲夏學，其西爲殷學。至陸佃禮象始謂辟廱居中，其南爲成均，北爲上庠，東爲東序，西爲瞽宗。啓運蓋襲其説，遂謂四代之學皆在學中，而不考其無所出。又三禮義宗曰：

「凡立學之法，有四郊及國中。在東郊謂之東學，在南郊謂之南學，在西郊謂之西學，在北郊謂之北學。故鄭注祭義曰：『周有四郊之虞庠』。」據此，則周特爲虞庠於四郊，而啓運謂竝立東序、瞽宗于郊，尤爲特創，不足據也。他若謂宗廟在雉門内，引禮運「仲尼與于蜡賓，事畢，出遊于觀之上」、穀梁傳「禮，送女，母不出祭門，諸母兄弟，不出闕門」。如此之類，則頗爲精審，可以與鄭注相參矣。儀禮一經，久成絶學。啓運能研究鉤貫，使條理秩然。雖間有疵謬，而大致精核，要亦不愧窮經之目矣。

肆獻祼饋食禮三卷 兩江總督採進本

國朝任啓運撰。是編以儀禮特牲、少牢饋食禮皆士禮，因據三禮及他傳記之有關於王禮者推之。不得於經，則求諸注疏以補之。凡五篇，一曰祭統，二曰吉蠲，三曰朝踐，四曰正祭，五曰繹祭。其名則取周禮「以肆獻祼享先王，以饋食享先王」之文。每篇之内，又各爲節次。每節皆先撮己說，而自注其説之所出，其後竝附載經傳。較之黄榦所續祭禮，更爲精密。其中如吉蠲篇「省牲視濯」節曰：「饔人概鼎，廩人概甑甗，司宮概豆籩及勺爵。」今考周禮天官世婦曰：「掌祭祀之事，帥女官而濯概，爲齊盛。」賈疏謂：「少牢濯概以饔人、廩人、司宮者，彼大夫家無婦官，故并使男子官。此天子禮，有婦官，與彼異。」啓運此書既推天子之禮，而仍據少牢之文，則世婦「帥女官濯溉」之文遂無歸宿。又「列位」節，啓運謂：「同姓皆在阼階，自北而南，以序昭穆爵位。

則於一世中自西而東，以尊卑爲序。蓋世異則子不可先父，世同則弟不妨先兄。觀中庸於燕毛言序齒，則昭穆不序齒可知。」案同姓之位，舊說多岐。文王世子：「公族在宗廟之中，如外朝之位。宗人授事，以爵以官。」中庸：「宗廟之禮所以序昭穆也」，孔疏謂：「同姓無爵者從昭穆，有爵者則以官，與公侯列西階。」孔意蓋欲使中庸與文王世子二義并歸一義，其說尚爲意測。祭統曰：「凡賜爵，昭爲一，穆爲一。昭與昭齒，穆與穆齒，羣有司皆以齒，此之謂長幼之序。」注曰：「昭穆猶特牲、少牢饋食禮之衆兄弟。」則兄弟賜爵以齒，其位亦以齒，確有明文。啓運不用孔義，又不用鄭義，别剏昭穆不序齒之説，與經義殊爲不合。又正祭篇有「薦幣」節，自注云：「據薛氏禮圖，鄭氏、孔氏皆未及引大宰、小宰文及大戴禮諸侯遷廟禮爲據。」今考大宰曰：「及祀之日，贊玉幣爵之事。」上承祀五帝之文，不與宗廟相涉。小宰曰：「凡祭祀贊玉幣爵之事、祼將之事。」賈疏云：「贊玉幣爵，據祭天。而下云『祼將』，是據祭宗廟。」則贊幣非祭宗廟明矣。大宗伯以玉作六器，其幣各以其方之色，亦是據祀五帝也。惟諸侯遷廟禮有云：「祝聲三，曰：『孝嗣侯某，敢以嘉幣告於皇考』。」今考宗廟之禮，惟告奠有幣，而祭無幣。故曾子問曰：「凡告用牲幣。」注曰：「『牲』當爲『制』，字之誤也。制幣一丈八尺。」又大祝注云：「告用牲幣。」諸侯遷廟禮明云：「成廟將徙，敢告。」又云：「告事畢，乃曰擇日爲祭焉。」則告禮而非祭禮明甚。而啓運以之證宗廟正祭，亦爲牽附。又正祭篇曰：「後又羞籩二，糗餌粉餈，羞豆二，酏食糝食。内饔贊薦。」自注云：「孔疏但云内饔薦，兹據薛氏禮圖。」今考内饔職曰：「凡宗廟之祭祀，掌割亨之事。」無薦内羞明文，孔疏亦無所出。又春官内宗曰：「掌宗廟之祭祀，薦加豆籩。」夫加豆籩隆於内羞，王后已不親薦，況内羞乎？啓運沿薛圖之誤，亦爲失考。然大致綜核諸家，首尾融貫，極有倫要。如后薦朝事豆籩，啓運列在納牲之前，薛圖列在三獻之後。今考内宰疏曰：「王出迎牲時，祝延尸於户外之西，南面。后薦八豆籩，王牽牲入。」則啓運之説確有所本。又考明堂位：「君肉袒迎牲於門，夫人薦豆籩。」其下云：「君親牽牲，大夫贊幣而從。」據此，則朝事薦豆籩，賈疏列在納牲之前甚確。薛圖舛謬，亦復顯然。又后薦饋食之豆籩，啓運列在五獻之前，薛圖列在五獻之後。今考鄭司尊彝注曰：「饋獻薦孰時，后於是薦饋食之豆籩。」云「薦孰時」，則其時初薦孰而未及五獻甚明。故少牢禮主婦薦韭菹、醓醢、葵菹、蠃醢尚在尸未入以前，即知后於饋食薦豆籩必不在五獻以後。凡此之類，啓運考正薛圖之誤，俱精核分明。存而録之，與續儀禮通解亦可以詳略互考焉。

儀禮釋宫增注一卷　安徽巡撫採進本

國朝江永撰。永有周禮疑義舉要，已著録。是書取朱子儀禮釋宫一篇，案：釋宫本李如圭之書，誤編於朱子集中。永作此書之時，永樂大典尚未顯於世，故不知非朱子之筆。今仍其原書所稱，而附著其故於此。爲之詳注，多所發明補正。其稍有出入者僅一二條，而考證精密者居十之九。如鄭注謂大夫、士無左右房，朱子疑大夫、士亦有西房而未決。考詩正義曰：「鄉飲酒義：『尊于房户之間，賓主共之。』由無西房，故以房與室户之間爲中。又鄉飲酒禮：『席賓於户牖間』，鄉飲酒義曰：『坐賓于西北』。則大夫、士之户牖間在西，而房户間爲正中明矣。」此大夫、士無西房之顯證。永乃謂：「賓坐户牖間，主人自阼階上望之，若在西北，故云坐賓於西北。其實在北而正中。」不知鄉飲酒義又云：「坐介于西南，坐僎于東北。」若以永説推之，則鄉飲酒禮注所謂「主席阼階上，西面。介席西階上，東面」，其東西正相向者，自主人望介，乃在西而不在西南也。鄉飲酒禮所謂僎席在賓東者，自主人望僎，乃在北而不在東北也。其説殊有難通。且鄉飲酒義亦云：「主人坐于東南。」即知坐賓西北。自據堂之西北，非主人之西北明矣。又詩斯干云：「築室百堵，西南其户。」鄭箋謂：「天子之寢左右房，異于一房者之室户也。」永謂詩「南東其畝」，謂或南其畝，或東其畝，與此「西南其户」，語勢正同。此燕寢室内或開西户，以達于東房。考燕寢西户之制，不見於經。玉藻曰：「君子之居恒當户，寢恒東首。」則燕寢也。而注以當户爲嚮明，則燕寢之户南嚮也。即以漢制考之。漢書龔勝傳云：「勝爲牀室中户西南牖下。使者入户西行，南面立。」若爲西向之户，則入户即東行矣。然則燕寢户皆南嚮，同於正寢。西嚮之説，略無所據也。其他若謂東夾、西夾不當稱夾室，雜記、大戴禮「夾室」二字乃指夾與室言之，本各一處，注疏連讀之，故相沿而誤。又謂門屏之間曰「宁」，乃路門之外，屏樹之内。邢疏前説爲得，其後説又以爲路門之内，則誤。又謂李巡爾雅注「宁，正門内兩塾間」，乃與詩之「著」義同，非門屏間之「宁」也。如此之類，不可殫舉。

其辨訂俱有根據，足證前人之誤，知其非同影響剽掇之學矣。

儀禮小疏一卷 江蘇巡撫採進本

國朝沈彤撰。彤有尚書小疏，已著録。是書取儀禮士冠禮、士昏禮、公食大夫禮、喪服、士喪禮五篇，爲之疏箋，各數十條。每篇後又各爲監本刊誤。卷末附左右異尚考一篇，考證頗爲精核。如謂牲二十一體兼有髀，周禮内饔及士昏禮兩疏乃不數髀，陳祥道則去髀而用觳，殊爲舛誤；又謂祥道以骨折乃止折脊脅，不及肩臂臑之骨，不知士虞記云：「用專膚爲折俎，取諸脰膉。」折亦謂之折俎，則脊脅亦折可知；又辨萬斯大解緇布缺項及廟寢之誤；又辨士喪禮「衆主人在其後」鄭注所云「庶昆弟」于死者乃爲衆子，是斬衰之親，敖繼公謂齊衰、大功之親殊誤；又謂「婦人俠牀，東面」鄭注所云「妻妾子姓」乃謂死者之妻，萬斯大乃云凡儀禮喪祭稱主婦者皆宗子之妻，非宗子之母，殊失鄭義。凡斯之類，其説皆具有典據，足訂舊義之譌。其中過於推求，轉致疎舛者。如士冠禮注：「今時卒吏及假吏也。」彤謂後漢志司隸校尉、州刺史竝有假。劉昭注引漢官，雒陽令有假，皆不兼吏名。此云「假吏」者，疑「吏」字衍。考後漢書光武紀有「宜且罷輕車、騎士、材官、樓船士及軍假吏」，百官志謂太常卿有假佐十三人，太僕卿有假佐三十一人，廷尉卿有假佐一人，司隸校尉有假佐二十五人，每州刺史皆有從事假佐。佐即吏也，故志稱「佐吏以下」，則鄭注「假吏」之文灼然不誤。又士冠禮：「設洗直於東榮。」注云：「榮，屋翼也。」釋宮引説文：「屋梠之兩頭起者爲榮。」梠即檐也，檐之東西起者乃曰榮。彤據此，指郭璞上林賦注所云「南榮，屋南檐」者爲誤。考景福殿賦曰：「南距陽榮，北極幽崖。」是南檐通名「榮」之顯證，亦不得云郭注爲誤。又士喪禮：「牢中旁寸。」注云：「牢讀爲樓。」彤雖深信鄭注，而終以「牢」讀爲「樓」無他證。考焦延壽易林曰：「失志懷憂，如幽狴牢。」又曰「失羊補牢，無益於憂」爲韻。淮南子本經訓：「牢籠天地，彈壓山川。」高誘注曰：「牢讀如屋霤之霤，楚人謂牢爲霤。」蓋蕭、肴、豪、尤四韻，古音本通，鄭注即從當時之讀。又考水經注引釋氏西域記曰：「南河自于闐至鄯善，入牢蘭海。」「牢蘭」即「樓蘭」，尤與鄭注闇合。彤疑無證，是未深考。又喪服曰：「布總，箭笄，髽，衰，三年。」注曰：「髽，露紒也，猶男子之括髮。斬衰括髮以麻，則髽亦用麻。以麻者自項而前，交於額上，卻繞紒，如著幓頭焉。」彤不取此注，別用喪服小記疏所引皇侃之説，謂斬衰麻髽、齊衰布髽皆未成服之髽。其既成服，則髽不用麻、布，惟露紒耳。且引此條注中「髽，露紒」之文以證麻、布二髽外別爲一露髻之髽。不知鄭注雖云「髽，露紒」，而其下更有「髽亦用麻」之文。其注士喪禮亦同。蓋注中「露紒」二字，乃明髽之去纚，既去纚而露紒，又以麻自項卻交於額，則髽之制始全。皇侃乃止取喪服注「露紒」二字，而截去其下「髽亦用麻」等句，遂指鄭注以「髽服三年」之髽爲露紒之髽，不用麻、布，斯亦誣矣。彤安得據以攻鄭耶？然自此數條之外，則大抵援據淹通，無可訾議。蓋彤三禮之學亞於惠士奇，而醇於萬斯大。此書所論，亦亞於所作周官禄田考，而密於所作尚書小疏焉。

儀禮集編四十卷　浙江巡撫採進本

國朝盛世佐撰。世佐，秀水人。官龍里縣知縣。是書成於乾隆丁卯，裒輯古今説儀禮者一百九十七家，而斷以己意。浙江遺書總録作十七卷，且稱：「積帙共二千餘翻，爲卷僅十七者，案經篇數分之，不欲於一篇之中横隔也。」然此本目録列十七卷，書則實四十卷。蓋終以卷軸太重，不得已而分之。總録又稱末附勘正監本石經，補顧炎武、張爾岐之闕。此本亦有録而無書，豈總録但據目録載之歟？其謂朱子儀禮經傳通解析諸篇之記分屬經文，「蓋編纂之初，不得不權立此例，以便尋省。惜未卒業，而門人繼之，因仍不改，非朱子之本意。吴澄亦疑其經、傳混淆爲朱子未定之稾。」故是編經自爲經，記自爲記，一依鄭氏之舊。其士冠、士相見、喪服等篇，經、記、傳、注傳寫混淆者，則從蔡沈考定武成之例，别定次序於後，而不敢移易經文。其持論頗爲謹嚴，無淺學空腹高談，輕排鄭、賈之錮習。又楊復儀禮圖久行於世，然其説皆本注疏，而時有併注疏之意失之者，亦一一是正。至於諸家謬誤，辨證尤詳。雖持論時有出入，而可備參考者多。在近時説禮之家，固不失爲根據之學矣。

附録

内外服制通釋七卷

兩淮鹽政採進本

宋車垓撰。垓字經臣，天台人。咸淳中由特奏名授迪功郎、浦城縣尉，以年老不赴。德祐二年卒。垓及從兄若水皆受業於季父安行，安行受業於陳埴，埴受業於朱子。故垓是書一仿文公家禮而補其所未備。有圖，有說，有名義，有提要。凡正服、義服、加服、降服，皆推闡明晰，具有條理。牟楷序謂：「家禮著所當然，此釋其所以然。」蓋不誣也。朱彝尊經義考曰：「車氏書，余所儲者闕第八卷以後。卷八書目爲三殤以次降服、應服期而殤者降服大功小功、應服大功而殤者降服小功、應服小功而殤者降服緦麻。卷九爲深衣疑義。」其標題則仍稱九卷，注「存」而不注「闕」。蓋未敢斷後二卷之必佚。然今所傳寫，皆與彝尊本同，則此二卷已佚矣。據馬良驥所作垓行狀，其深衣疑義本別爲一書，特附録於此書之後。良驥所舉，用皇氏「廣頭在下」之注，以續衽爲裳之上、衣之旁者，說亦頗核。惜其全文不可睹也。

讀禮通考一百二十卷

江蘇巡撫採進本

國朝徐乾學撰。乾學字原一，號健菴，崑山人。康熙庚戌進士第三，官至刑部尚書。是編乃其家居讀禮時所輯。歸田以後，又加訂定，積十餘年，三易稾而後成。於儀禮喪服、士喪、既夕、士虞等篇及大、小戴記，則倣朱子經傳通解，兼采衆說，剖析其義。於歷代典制，則一本正史，參以通典及開元禮、政和五禮新儀諸書。立綱統目，其大端有八：一曰喪期，二曰喪服，三曰喪儀節，四曰葬考，五曰喪具，六曰變禮，七曰喪制，八曰廟制。喪期歷代異同則有表，喪服暨儀節、喪具則有圖。縷析條分，頗爲詳備。蓋乾學傳是樓藏書甲於當代，而一時通經學古之士，如閻若璩等亦多集其門，合衆力以爲之，故博而有要，獨過諸儒。乾學又欲并脩吉、軍、賓、嘉四禮，方事排纂而歿。然是書蒐羅富有，秦蕙田五禮通考即因其義例而成之。古今言喪禮者，蓋莫備於是焉。

右禮類儀禮之屬。二十二部，三百四十四卷。附録二部，一百二十七卷。皆文淵閣著録。

案儀禮不專言喪服，而古來喪服之書則例附於儀禮。蓋周官凶禮無專門，禮記又儀禮之義疏。言喪服者大抵以儀禮爲根柢，故從其本而類附也。

欽定四庫全書總目卷二十一

經部二十一

禮類三

禮記正義六十三卷　内府藏本

漢鄭玄注，唐孔穎達疏。隋書經籍志曰：「漢初，河間獻王得仲尼弟子及後學者所記一百三十一篇獻之，時無傳之者。至劉向考校經籍，檢得一百三十篇，第而敘之。又得明堂陰陽記三十三篇、孔子三朝記七篇、王史氏記二十一篇、樂記二十三篇，凡五種，合二百十四篇。戴德删其煩重，合而記之爲八十五篇，謂之大戴記。而戴聖又删大戴之書爲四十六篇，謂之小戴記。漢末，馬融遂傳小戴之學。融又益月令一篇、明堂位一篇、樂記一篇，合四十九篇。」云云。其説不知所本。今考後漢書橋玄傳云：「七世祖仁，著禮記章句四十九篇，號曰橋君學。」仁即班固所謂「小戴授梁人橋季卿」者，成帝時嘗官大鴻臚。其時已稱四十九篇，無四十六篇之説。又孔疏稱别録：禮記四十九篇，樂記第十九。四十九篇之首，疏皆引鄭目録。鄭目録之末必云：「此於劉向别録屬某門。」月令，目録云：「此於别録屬明堂陰陽記。」明堂位，目録云：「此於别録屬明堂陰陽記。」樂記，目録云：「此於别録屬樂記。蓋十一篇，今爲一篇。」則三篇皆劉向别録所有，安得以爲馬融所增？疏又引玄六藝論曰：「戴德傳記八十五篇，則大戴禮是也。戴聖傳禮四十九篇，則此禮記是也。」

玄爲馬融弟子，使三篇果融所增，玄不容不知，豈有以四十九篇屬於戴聖之理？況融所傳者，乃周禮。若小戴之學，一授橋仁，一授楊榮。後傳其學者有劉祐、高誘、鄭玄、盧植。融絕不預其授受，又何從而增三篇乎？知今四十九篇實戴聖之原書，隋志誤也。元延祐中，行科舉法，定禮記用鄭玄注。故元儒說禮，率有根據。自明永樂中敕修禮記大全，始廢鄭注，改用陳澔集說，禮學遂荒。然研思古義之士，好之者終不絕也。爲之疏義者，唐初尚存皇侃、熊安生二家。案：明北監本以「皇侃」爲「皇甫侃」，以「熊安生」爲「熊安」，二人姓名竝誤，足徵校刊之疎。謹附訂於此。貞觀中，敕孔穎達等修正義，乃以皇氏爲本，以熊氏補所未備。穎達序稱：「熊則違背本經，多引外義，猶之楚而北行，馬雖疾而去愈遠。又欲釋經文，惟聚難義，猶治絲而棼之，手雖繁而絲益亂也。皇氏雖章句詳正，微稍繁廣。又既遵鄭氏，乃時乖鄭義。此是木落不歸其本，狐死不首其丘。此皆二家之弊，未爲得也。」故其書務伸鄭注，未免有附會之處。然採摭舊文，詞富理博，說禮之家，鑽研莫盡，譬諸依山鑄銅，煮海爲鹽。即衛湜之書尚不能窺其涯涘，陳澔之流益如莛與楹矣。

月令解十二卷　永樂大典本

宋張虙撰。虙，慈溪人。慶元丙辰進士，官至國子祭酒。是編乃虙端平初入侍講幄時所纂。未及竟，以病歸。家居時乃續完之，表進於朝。十二月各自爲卷。奏稱：「每一月改，則令以此一月進於御前，可以裁成天地之道，輔相天地之宜。」雖未免過膠古義，不盡可見諸施行，然辭義曉暢，於順時出政之際，皆三致意焉，其用心有足取者。月令於劉向别録屬明堂陰陽記，當即漢書藝文志所云「古明堂之遺事」，在明堂陰陽三十三篇之内者。吕氏春秋録以分冠十二紀。馬融、賈逵、蔡邕、王肅、孔晁、張華皆以爲周公作，鄭康成、高誘以爲即不韋作。論者據漢百官表言「太尉」爲秦官，或又據國語晉有「元尉」「輿尉」之文，謂「尉」之名不必起於秦。然究不得因「元尉」「輿尉」遂斷三代必有「太尉」也。意不韋採集舊文，或傅益以秦制歟？今考其書，古帝王發政施令之大端，皆彰彰具存。得其意而變通之，未嘗非通經適用之一助。至其言誤某令則致某災，殆因洪範「庶徵」而推衍之，遂爲漢儒陰陽五行之濫觴，虙解皆未能駁正。然列在禮經，相沿已久，亦不能獨爲虙咎也。原書因隨月進御，故凡解見孟月者，仲月、季月皆重見。永樂大典所載，合爲一編，多删其複，於例爲協。間有删之不盡者，今併汰除，以歸畫一焉。

禮記集説一百六十卷 兩江總督採進本

宋衛湜撰。湜字正叔，吴郡人。其書始作於開禧、嘉定間。自序言「日編月削，幾二十余載而後成」。寶慶二年官武進令時，表上於朝，得擢直祕閣。後終於朝散大夫、直寶謨閣、知袁州。紹定辛卯，趙善湘爲鋟版於江東漕院。越九年，湜復加覈訂，定爲此本。自作前序、後序，又自作跋尾，述其始末甚詳。蓋首尾閲三十餘載，故採摭羣言，最爲賅博，去取亦最爲精審。自鄭注而下，所取凡一百四十四家。其他書之涉於禮記者，所採録不在此數焉。今自鄭注、孔疏而外，原書無一存者。朱彝尊經義考採摭最爲繁富，而不知其書與不知其人者，凡四十九家，皆賴此書以傳，亦可云禮家之淵海矣。明初定制，乃以陳澔注立於學官，而湜注在若隱若顯間。今聖朝欽定禮記義疏取於湜書者特多，豈非是非之公，久必論定乎？又湜後序有云：「他人著書，惟恐不出於己。予之此編，惟恐不出於人。後有達者，毋襲此編所已言，没前人之善也。」其後慈谿黄震讀禮記日鈔、新安陳櫟禮記集義詳解，皆取湜書删節，附以己見。黄氏融匯諸家，猶出姓名於下方。案：此見黄氏日鈔。陳氏則不復標出。案：櫟書今不傳，此見定宇集中櫟所作自敘。即此一節，非惟其書可貴，其用心之厚，亦非諸家所及矣。

禮記纂言三十六卷　兩淮馬裕家藏本

元吴澄撰。澄有易纂言，已著録。案危素作澄年譜，載至順三年澄年八十四，留撫州郡學，禮記纂言成。而虞集行狀則稱成於至順四年，即澄卒之歲。其言頗不相合。然要爲澄晚年手定之本也。其書每一卷爲一篇。大旨以戴記經文龐雜，疑多錯簡，故每一篇中，其文皆以類相從，俾上下意義聯屬貫通，而識其章句於左。其三十六篇次第，亦以類相從。凡通禮九篇，喪禮十一篇，祭禮四篇，通論十一篇，各爲標目。如通禮首曲禮，則以少儀、玉藻等篇附之，皆非小戴之舊。他如大學、中庸依程、朱别爲一書，投壺、奔喪歸於儀禮，冠義等六篇别輯爲儀禮傳，亦竝與古不同。虞集稱其「始終先後，最爲精密。先王之遺制，聖賢之格言，其僅存可考者，既表而存之，各有所附。而其糾紛固泥於專門名家之手者，一旦各有條理，無復餘藴」，其推重甚至。考漢書藝文志，禮記本一百三十一篇，戴德删爲八十五，戴聖删爲四十九，與易、書、詩、春秋經聖人手定者固殊。然舊唐書元行沖傳載行沖上類禮義疏，張説駁奏曰：「今之禮記，歷代傳習，著爲經教，不可刊削。魏孫炎始改舊本，先儒所非，竟不行用。貞觀中，魏徵因孫炎所修更加整比，兼爲之注，其書竟亦不行。今行沖等解徵所注，勒成一家。然與先儒第乖，章句隔絶。若欲行用，竊恐未可。」云云。則古人屢經修緝，迄不能變漢儒舊本。唐以前儒風淳實，不摇惑於新説，此亦一徵。澄復改併舊文，儼然删述，恐亦不免僭聖之議。以其排比貫串，頗有倫次，所解亦時有發明，較諸王柏删詩，尚爲有間。故録存之，而附論其失如右。

雲莊禮記集説十卷　通行本

元陳澔撰。澔字可大，都昌人，雲莊其號也。是書成於至治壬戌。朱彝尊經義考作三十卷，今本十卷，坊賈所合併也。初，延祐科舉之制，易、書、詩、春秋皆以宋儒新説與古注疏相參，惟禮記則專用古注疏。蓋其時老師宿儒猶有存者，知禮不可以空言解也。澔成是書又在延祐之後，亦未爲儒者所稱。明初，始定禮記用澔注。胡廣等修五經大全，禮記亦以澔注爲主，用以取士，遂誦習相沿。蓋説禮記者，漢、唐莫善於鄭、孔，而鄭注簡奥，孔疏典贍，皆不似澔注之淺顯。宋代莫善於衛湜，而卷帙繁富，亦不似澔注之簡便。又南宋寶慶以後，朱子之學大行。而澔父大猷師饒魯，魯師黄榦，榦爲朱子之壻。遂藉考亭之餘蔭，得獨列學官。其注學記「術有序」句，引周禮鄉大夫「春秋以禮會民而射於州序」，周禮鄉大夫實無此文；注檀弓「五十以伯仲」句，引賈公彦儀禮疏，乃孔穎達禮記疏文，正與賈説相反。頗爲論者所譏。然朱子注詩「騋牝三千」，引禮記「問國君之富，數馬以對」，禮記無此文；注孟子「神農之言」，引「史遷所謂農家者流」，史記無此文；蔡沈注書「釐降二女於嬀汭」，引爾雅「水北曰汭」，爾雅無此文；又注西伯戡黎，引史記「紂使膠鬲觀兵」，注「星有好雨」，引漢志「軫星好雨」，史記、漢書亦均無此文。是皆偶然筆誤，未足以累全書。且何休漢代通儒，號爲「學海」，而注公羊傳「舟中之指可掬」句，引「天子造舟，諸侯維舟，卿大夫方舟，士特舟」語，尚誤記爾雅爲禮文，又何有於澔？澔所短者，在不知禮制當有證據，禮意當有發明，而箋釋文句，一如注孝經、論語之法。故用爲蒙訓則有餘，求以經術則不足。朱彝尊經義考以「兔園册子」詆之，固爲已甚，要其説亦必有由矣。特禮文奥賾，驟讀爲難。因其疏解，得知門徑，以漸進而求於古，於初學之士固亦不爲無益。是以國朝定制，亦姑仍舊貫，以便童蒙。然復欽定禮記義疏，博採漢、唐遺文，以考證先王制作之旨，併退澔説於諸家之中，與易、詩、書三經異例。是則聖人御宇，經籍道昌，視明代大全抱殘守匱，執一鄉塾課册以錮天下之耳目者，盛衰之相去，蓋不可以道里計矣。

禮記大全三十卷　少詹事陸費墀家藏本

明胡廣等奉敕撰。以陳澔集説爲宗，所採掇諸儒之説，凡四十二家。朱彝尊經義考引陸元輔之言，謂：「當日諸經大全，皆攘竊成書以罔其上。此亦必元人之成書，非諸臣所排纂。」云云。雖頗涉鄰人竊鈇之疑，然空穴來風，桐乳來巢，以他經之蹈襲例之，或亦未必無因歟？諸經之作，皆以明理，非虛懸而無薄。故易之理麗於象數，書之理麗於政事，詩之理麗於美刺，春秋之理麗於褒貶，禮之理麗於節文，皆不可以空言説，而禮爲尤甚。陳澔集説略度數而推義理，疎於考證，舛誤相仍。納喇性德至專作一書以攻之，凡所駁詰，多中其失。廣等乃據以爲主，根柢先失。其所援引，亦不過箋釋文句，與澔説相發明。顧炎武日知録曰：「自八股行而古學棄，大全出而經説亡。洪武、永樂之間，亦世道升降之一會。」誠深見其陋也。特欲全録明代五經，以見一朝之制度，姑並存之云爾。

月令明義四卷　福建巡撫採進本

明黄道周撰。道周有易象正，已著録。崇禎十一年，道周官少詹事，注禮記五篇以進，此其一也。其説以二至、二分、四立皆歸於中央之土，爲取則於洛書之「中五」，而五氣於以分布。此歲功所由成，政事所從出，故作月令氣候生合總圖。又以月令載昏旦中星，故有十二月中星圖，併細載中星距極遠近度數，及寅泰、卯大壯等十二卦彖象，以爲此聖人敷治之原。每一月分爲一章，其日躔星度則各列原本於前，而別列授時曆新測於後。考堯典中星與月令不同，故大衍曆議曰：「顓頊曆即夏曆。湯作殷曆，更以十一月甲子合朔冬至爲上元。周人因之，距羲、和所記，昏明中星俱差半次。是不韋更考中星，斷取近距。」然先儒論說，大抵推求差分，而不追改經文。至唐明皇始黜月令舊文，更附益時事，名御删定月令，改置禮記第一。故開成石經於昏旦中星悉改從唐曆。宋景祐二年，仍復舊本月令，而唐月令別行。以其變亂古經，不足垂訓故也。道周乃別立經文曰：「孟春之月，日在危，昏昴中，旦房中。仲春之月，日在東壁，昏參中，旦箕中。」云云。是又道周自爲月令，蹈唐人之失，殊爲未協。特其所注雜採易象、夏小正、逸周書、管子、國語，參稽考證，於經義頗有闡發。其臚舉史傳，亦皆意存規戒，非漫爲推衍機祥。則改經雖謬，而其因事納誨之忱，則固無悖於經義也。

表記集傳二卷　福建巡撫採進本

明黄道周撰。是書爲所進禮記解五篇之二。自序以爲「古者窺測天地日月，皆先立表」，爲表記之所由名。考説文解字，表、裏字皆從衣。此篇名表記者，蓋謂人之言行，猶衣之章身，故鄭康成云：「以其記君子之德，見於儀表者也。」先儒舊義，本無可疑，道周乃謂取於八尺之表，殊爲附會。又是篇古注分九節，正義曰：「稱『子言之』，凡有八所。皇氏云皆是發端起義，記者詳之，故稱『子言之』。若於『子言之』下更廣開其事，或曲説其理，則直稱『子曰』。今檢上下體例，或如皇氏之言，今依用之。」云云。故疏文於諸節脈絡相承處，必詳記之。如云：「此經又廣明恭敬之事。」又云：「此一節總明仁義之事。」又云：「自此以下至某句更廣明仁義之道。」前儒説經，於章段離合之間，其慎如此。陳澔集説不用注疏次第，彊分四十餘章，已乖違古義。道周乃約爲三十六章，併彊立篇名，隨心標目，尤爲自我作古，無所師承。其説則全引春秋解之，謂：「坊、表二記不專爲春秋，而以春秋發其條理，則百世而下，有所稽測，得其晷影。」夫坊記一篇，如曰：「以此坊民，諸侯猶有畔者。」又云：「以此示民，民猶爭利而忘義。」又云：「以此坊民，諸侯猶有薨而不葬者。」其通於春秋，初無事彊合。至表記篇則多言君子恭敬仁義之德，而必以春秋證之，於經旨亦爲牽合。然其借春秋之義，互證旁通，頗有發明。猶之胡安國春秋傳，雖未必盡得經意，而議論正大，發揮深切，往往有關於世教，遂亦不可廢焉。

坊記集傳二卷附春秋問業一卷

福建巡撫採進本

明黃道周撰。是書爲所進禮記解五篇之三。自序以爲聖人之坊亂，莫大於春秋。故是書之體，以坊記爲經，而每章之下皆臚舉春秋事迹以證。但國語所載，若内史過之論虢亡，近於語怪，而以爲借神怪以防欲，義涉荒忽。隱公元年「鄭伯克段于鄢」，而以爲爲三桓而發。夫三桓之事，春秋著之詳矣，乃謂寓其意于鄭伯之克段，是舍形而論其影也。又戴記本爲一篇，而分爲三十章，章各創爲之目，其臆斷亦與表記集傳等。第其意存鑒戒，於君臣父子夫婦兄弟之間，原其亂之所自生，究其禍之所終極，頗爲剴切。且坊記之文，如曰「治國不過千乘，都城不過百雉，家富不過百乘。以此坊民，諸侯猶有畔者」，是隱爲春秋書大夫之彊起例。又云：「春秋不稱楚、越之王喪。」亦明著春秋之法。則道周此書固非漫無根據，盡出附會矣。

緇衣集傳四卷　福建巡撫採進本

明黃道周撰。是書爲所進禮記解五篇之四。分二十三章，亦各創立名目。案鄭康成云：「緇衣篇善其好賢者之原，故述其所稱之詩以爲其名。」是本有辨别善惡之義。故道周因而推衍其說，證以史事。於愛憎之公私、人才之邪正，莫不詳明剴切，再三致意。自序云：「是傳略採經史關於好惡、刑賞、治道之大者，凡二百餘條，以繫於篇。」其於經濟庶務條目之間，雖有未悉，而於君心好惡綱領之原，以至三代而下治亂盛衰之故，亦略云備。蓋莊烈帝鋭於求治，而闇於知人，輕信輕疑，漫無鑒别。十七年內，易閣臣者五十，賢姦淆雜，卒至於亡。賀逢聖致仕之時，斷以「振作無緒」一語，可云先見。道周此書意主於格正君心，以權衡進退。所重在君子小人消長之間，不必盡以章句訓詁繩也。

儒行集傳二卷　福建巡撫採進本

明黃道周撰。是書爲所進禮記解五篇之五。雖亦有彊分篇目之失，然記文稱「其自立有如此者」「其剛毅有如此者」云云，則章旨本經中所有。道周分一十七章，較表記、坊記、緇衣之目尚近於自然。

其所集之傳，亦雜引歷代史傳，以某某爲能自立、某某爲剛毅。意在上之取士，執此爲則，以定取舍之衡。故其自序云：「仲尼恐後世不學，不知先王之道存於儒者，故併舉以明之。使後之天子循名考實，知人善任，爲天下得人。」蓋經爲儒者言，道周之傳則爲用儒者言也。大抵道周於諸經，其用力最深者莫如易學。觀其與及門朱朝瑛、何瑞圖、劉履丁輩往復商榷，至再至三，所謂一生精力盡在此書者也。其孝經集傳，亦歷六年而成，故推衍亦爲深至。若禮記五篇，則借以納諫，意原不主於解經。且一年之中，輯書五種，亦成之太速，故考證或不免有疎。然賦詩斷章，義各有取；郢書燕説，國以大治。苟其切於實用，則亦不失聖人垂教之心。故雖非解經之正軌，而不能不列之經部焉。

日講禮記解義六十四卷

謹案，是書爲聖祖仁皇帝經筵所講，皆經御定，而未及編次成帙。皇上御極之初，乃命取繙書房舊稾，校刊頒行。禮爲治世之大經。周禮具其政典，儀禮陳其節文。禮記一書，朱子以爲儀禮之傳，然特冠義等六篇及喪服諸篇與儀禮相發明耳。至於他篇，則多整躬範俗之道，別嫌明微之防，不盡與儀禮相比附。蓋儀禮皆古經，禮記則多誌其變；儀禮皆大綱，禮記則多謹於細；儀禮皆度數，禮記則多明其義。故聖賢之微言精意，雜見其中，斂之可以正心修身，推之可以齊家、治國、平天下。自天子以至庶人，莫不於是取裁焉。是編推繹經文，發揮暢達，而大旨歸於謹小慎微，皇自敬德以納民於軌物。衛湜所集一百四十四家之説，鎔鑄翦裁，一一薈其精要。信乎聖人制作之意，惟聖人能知之矣。

欽定禮記義疏八十二卷

乾隆十三年御定三禮義疏之第三部也。經文四十九篇，釐爲七十七卷，附載圖五卷。其詮釋七例，亦與周官義疏同。三禮以鄭氏爲專門。王肅亦一代通儒，博觀典籍，百計難之，弗勝也。後儒所見，曾不逮肅之棄餘，乃以一知半解，譁然詆鄭氏不聞道。韓愈所謂不自量者，其是類歟？然周官、儀禮皆言禮制，禮記則兼言禮意。禮制非考證不明，禮意則可推求以義理。故宋儒之所闡發，亦往往得别嫌明微之旨。此編廣摭羣言，於郊社、樂舞、裘冕、車旗、尊彝、圭鬯、燕飲、饗食以及月令、内則諸名物，皆一一辯訂。即諸子軼聞、百家雜説可以參考古制者，亦詳徵博引，曲證旁通。而辯説則頗採宋儒，以補鄭注所未備。其中庸、大學二篇，陳澔集説以朱子編入四書，遂删除不載，殊爲妄削古經。今仍録全文，以存舊本。惟章句改從朱子，不立異同，以消門户之爭。蓋言各有當，義各有取，不拘守於一端，而後見衡鑒之至精也。至於御纂諸經，易不全用程傳、本義，而仍以程傳、本義居先；書不全用蔡傳，而仍以蔡傳居先；詩不全用朱傳，而仍以朱傳居先；春秋於胡傳尤多所駁正刊除，而尚以胡傳標題，列三傳之次。惟禮記一經，於陳澔集説僅棄瑕録瑜，雜列諸儒之中，不以冠首。仰見睿裁精審，務協是非之公。尤足正胡廣等禮記大全依附門牆，隨聲標榜之謬矣。

深衣考一卷 浙江巡撫採進本

國朝黄宗羲撰。宗羲有易學象數論，已著録。是書前列己説，後附深衣經文，併列朱子、吴澄、朱右、黄潤玉、王廷相五家圖説，而各闢其謬。其説大抵排斥前人，務生新義。如謂衣二幅，各二尺二寸。屈之爲前後四幅，自掖而下殺之，各留一尺二寸。加衽二幅，内衽連於前右之衣，外衽連於前左之衣，亦各一尺二寸。其要縫與裳同七尺二寸。蓋衣每一幅屬裳狹頭二幅也。今以其説推之，前後四幅下屬裳八幅外，右衽及内左衽亦各下屬裳二幅，則裳之屬乎外右衽者勢必掩前右裳，裳之屬乎内左衽者勢必受掩於前左裳。故其圖止畫裳四幅。蓋其後四幅統於前圖，其内掩之四幅則不能畫也。考深衣之裳十二幅，前後各六，自漢、唐諸儒沿爲定説。宗羲忽改剏四幅之圖，殊爲臆撰。其釋「衽，當旁也」，謂：「衽，衣襟也。以其在左右，故曰當旁。」考鄭注：「衽，裳幅所交裂也。」郭璞方言注及玉篇注俱云：「衽，裳際也。」云「裳際」，則爲裳旁明矣，故釋名曰：「衽，襜也，在旁襜襜然也。」蓋裳十二幅，前名襟，後名裾，惟在旁者始名衽。今宗羲誤襲孔疏，以裳十二幅皆名衽，不明經文「當旁」二字之義，遂别以衣左、右衽當之。是不特不知衽之爲裳旁，而并不以衽爲裳幅。二字全迕，益踵孔疏而加誤矣。其釋「續衽」也，謂：「裳與衣相屬，衣通袂長八尺，裳下齊一丈四尺，衣裳相屬處乃七尺二寸。則上下俱闊而中狹，象小要之形，故名續衽。」其説尤爲穿鑿。其釋「袂圓以應規也」，謂：「衣長二尺二寸，袂屬之亦如其長。掖下裁入一尺，留其一尺二寸，可以運肘，以漸還之至於袂末，仍得二尺二寸。玉藻言袪尺二寸，乃袂口之不縫者，非謂袂止一尺二寸。」今考說文：「袪，袂也。」禮玉藻鄭注謂：「袪，袂口也。」蓋袂末統名曰袪。今謂袂口半不縫者乃名袪，則袂口之半縫者豈遂不得名袪乎？且袂口半縫之制，經無明文，又不知宗義何所據也。宗義經學淹貫，著述多有可傳。而此書則變亂舊詁，多所乖謬。以其名頗重，恐或貽誤後來，故摘其誤而存録之，庶讀者知所決擇焉。

陳氏禮記集説補正三十八卷　内府藏本

國朝納喇性德撰。性德有刪補合訂大易集義粹言，已著録。是編因陳澔禮記集説疎舛太甚，乃爲條析而辨之。凡澔所遺者謂之「補」，澔所誤者謂之「正」。皆先列經文，次列澔說，而援引考證以著其失。其無所補正者，則經文與澔說竝不載焉。頗採宋、元、明人之論，於鄭注、孔疏亦時立異同。大抵考訓詁名物者十之三四，辨義理是非者十之六七。以澔注多主義理，故隨文駁詰者亦多也。凡澔之説皆一一溯其本自何人，頗爲詳核，而愛博嗜奇，亦往往泛採異說。如曲禮「席間函丈」，澔以兩席併中間爲一丈。性德引文王世子「席之制三尺三寸三分寸之一」駁之，是也。而又引王肅本文作「杖」，謂可容執杖以指揮，則更謬於集説矣。月令「羣鳥養羞」，性德既云集説未爲不是，而又引夏小正「丹鳥羞白鳥」及項安世「人以鳥爲羞」之説，云足廣異聞。則明知集説之不誤，而彊綴此二條矣。曾子問「魯昭公慈母」一條，既用鄭注、孔疏以補澔注，又引陸佃之謬解，蔓延於集説之外。是正陸氏，非正集説矣。凡斯之類，皆徵引繁富，愛不能割之故。然綜核衆論，原委分明，凡所指摘，切中者十之八九。即其據理推求者，如曲禮「很毋求勝，分毋求多」，澔注稱：「況求勝者未必能勝，求多者未必能多。」性德則謂：「此乃不忮不求，懲忿窒慾之事。陳氏所云，不免計較得失。若是則可以必勝，可以必多，將不難於爲之矣。」是雖立澔於旁，恐亦無以復應也。然則讀澔注者，又何可廢是編與？

禮記述注二十八卷

福建巡撫採進本

國朝李光坡撰。光坡有周禮述注，已著録。是編成於康熙戊子。前有自序云：「始讀陳氏集説，疑其未盡。及讀注疏，又疑其未誠。如序内稱鄭氏祖讖，孔氏惟鄭之從，不載他説，以爲可恨。鄭氏祖讖，莫過於郊特牲之郊祀、祭法之禘祖宗。而孔氏正義皆取王、鄭二説，各爲臚列。其他自五禮大者至零文單字，備載衆詁。在諸經注疏中最爲詳核，何妄詆歟？又禮器篇斥後代封禪爲鄭祖緯啓之。秦皇漢武，前鄭數百年，亦鄭注啓之乎？又多約注疏而成，鮮有新意，而指注疏爲舊説。凡此之類，抵冒前人，即欺負後人，何以示誠乎？抑譏漢、唐儒者説理如夢，此程、朱進人以知本，吾儕非其分也。今於禮運則輕其出於老氏，樂記則少其言理而不及數。其他多指爲漢儒之附會，逐節不往復其文義，通章不鉤貫其脈絡。而訓禮運之『本仁以聚』，亦曰『萬殊一本，一本萬殊』；

仲尼燕居之『仁鬼神、仁昭穆』，亦曰『克去己私，以全心德』。欲以方軼前人，恐未能使退舍也。」其論可謂持是非之公心，掃門户之私見。雖義取簡明，不及鄭、孔之賅博。至其精要，則亦略備矣。

禮記析疑四十六卷

江蘇巡撫採進本

國朝方苞撰。苞有周官集注，已著録。是書亦融會舊説，斷以己意。如文王世子以大司成即大司樂，辨注疏以周官大樂正爲大司樂、師氏爲大司成之非；於郊特牲「郊血，大饗腥」序薦璧、用樂、薦血、實柴之次一條，謂凡經傳中言郊禮而有獻薦者，皆爲祭稷之事，其論至爲明晰。於「饗禘有樂而食嘗無樂」一條，取荊南馮氏之言，引楚茨之詩，以爲嘗當有樂。於内則「天子之閣」一條，謂疏以閣爲庖廚，非是，蓋閣所以置果蔬飴餌也；又「付豚」一條，注疏解爲豚全而羊析，不知是豚胖共鼎，羊以羔耳。於喪服小記「慈母與妾母不世祭」一條，謂庶子之子立禰廟，則可以祭父之生母；於「士不攝大夫，士攝大夫惟宗子」一條，謂大夫以公事出，而家人攝祭，則義當使親子弟，雖無爵者可攝，無攝以宗子之義也。於祭統「祭之日一獻」一條，謂祭禮獻酬交錯，所以和通神人，不宜獻飲未終而爵命羣臣以間之。惟特假于廟，故簡其禮而用一獻。今注謂「一獻一酳尸」，疏謂其節當在後，編者誤列於前。皆具有所見，足備禮家一解。他如謂執鴈、奠鴈皆爲舒鴈，而非鴈鴻之鴈。不知禮用鴈贄，取其不失時，能守節也。若舒鴈，則何守節之有？又謂深衣「純袂、緣、純邊」，純即緣也，「緣」字疑衍。其意蓋謂當作「純袂、純邊」。按鄭注曰：「緣，緆也。」孔疏云：「既夕禮鄭注：『在幅曰綼，在下曰緆』。」方氏慤曰：「袌口謂之袂，裳下謂之緣，衣側謂之邊，其純皆半寸。」「緣」字自有典，則非衍字也。凡斯之類，未免武斷，然無傷於宏旨。其最不可訓者，莫如别爲考定文王世子一篇，删「文王有疾」至「武王九十三而終」一段，又删「不能涖阼」「踐阼而治」八字及「虞、夏、商、周，有師保，有疑丞」一段、「周公抗世子法於伯禽」一段、「成王幼」至「不可不愼也」一段、末「世子之記」一段。夫禮記糅雜，先儒言之者不一。然删定六經，惟聖人能之。孟子疑武成不可信，然未聞奮筆删削也。朱子改大學、刊孝經，後儒且有異同。王柏、吴澄竄亂古經，則至今爲世詬厲矣。苞在近時，號爲學者，此書亦頗有可採。惟此一節，則不效宋儒之所長，而效其所短，殊病乖方。今録存其書，而附辨其謬於此，爲後來之炯戒焉。

檀弓疑問一卷

兩淮馬裕家藏本

國朝邵泰衢撰。泰衢字鶴亭，錢塘人。明於算術，雍正初以薦授欽天監左監副。其書以禮記出自漢儒，而檀弓一篇尤多附會，乃摘其可疑者，條列而論辨之。如以脱驂舊館人爲失禮之正；以夫子夢奠之事爲杳冥渺茫，皆非聖人所宜出；又親喪哭無常聲，不應以孺子泣爲難繼；居仇者不反兵而鬬爲啓亂端；曾點之狂乃志大而有所不爲，非狂肆之狂，倚門而歌，斷無此事；以王姬爲齊襄公妻，非魯莊公之外祖母。大都皆明白正大，深中理解，非劉知幾之横生臆解，惑古疑經者可比。惟「師及齊師戰于郎」一條，泰衢以「郎」字爲「郊」字之誤，蓋據春秋「戰于郊」之文。不知魯有二郎，隱公元年費伯所城之郎，在今廢魚臺縣地；哀公十一年與齊戰之郎，則爲魯近郊地。案：說詳江永春秋地理考實。謂「郎」即「郊」則可，謂「郎」爲誤則不可。又「乘丘之戰」一條，泰衢疑魯莊公「敗績」之誤。不知古人軍潰曰「敗績」，車覆亦曰「敗績」，左傳所云「敗績覆壓」者是也。概以戰衄爲疑，亦疎於考據。然偶然疎舛，固亦不害其大旨也。

禮記訓義擇言八卷　兩江總督採進本

國朝江永撰。永有周禮疑義舉要，已著録。是書自檀弓至雜記，於注家異同之說，擇其一是，爲之折衷。與陳澔注頗有出入，然持論多爲精核。如檀弓「殷練而祔，周卒哭而祔」，吕氏謂：「祔祭即以其主祔藏于祖廟，既除喪而後遷于新廟。」永據左氏傳「特祀于主，烝嘗禘于廟」，謂祔後主反殯宮，至喪畢乃遷新廟。引大戴禮諸侯遷廟禮奉衣服由廟而遷于新廟，此廟實爲殯宮。今考顧命：「諸侯出廟門俟。」孔傳曰：「殯之所處曰廟。」又儀禮士喪禮曰：「巫止于廟門外。」注曰：「凡宮中有鬼神曰廟。」賈疏曰：「廟門者，士死于適室，以鬼神所在，則曰廟，故名適寢曰廟。」然則大戴禮所云「由廟」者，實由殯宮，非由祖廟。永說有據，可以解程、張諸儒之異同。又如玉藻曰：「襲裘不入公門。」疏云：「裘上有裼衣，裼衣之上有襲衣，襲衣之上有正服。」據曲禮疏，襲衣即所謂中衣。永謂裼衣上即謂正服，不得更有中衣。今考玉藻：「君衣狐白裘，錦衣以裼之。」注曰：「錦衣復有上衣。天子狐白之上衣，皮弁服。」皮弁即爲錦衣之上服，而裼衣之上不復更有中衣可知。雖孔疏所説據玉藻有「長中繼揜尺」之文，然繼揜尺之中衣，不襲裼衣。後漢輿服志：「宗廟諸祀，冠長冠，服袀玄，絳緣領袖爲中衣，絳絝袜。」漢書萬石君傳注：「中帬若今中衣。」釋名：「中衣，言在小衣之外。」小衣即褻衣也。然則中衣但得襲褻衣，不得襲裼衣也。孔疏顯誤，亦以永説爲確。又雜記曰：「如三年之喪，則既潁，其練、祥皆行。」注曰：「言今之喪既服潁，乃爲前三年者變除而練、祥祭也。此主謂先有父母之服，今又喪長子者。其先有長子之服，今又喪父母，其禮亦然。」永謂：「玩注『既』字、『乃』字之意，本謂未潁以前，值練、祥不得行。正如纂言附論後喪變麻可補行之説，非謂既潁而值前喪一期、再期也。」今考上節曰：「有父之喪，如未没喪而母死，其除父之喪也，服其除服。卒事，反喪服。」疏曰：「謂母死既葬，後值父應大祥，除服以行祥事。」然則母未葬而值父大祥，亦不可行，必待既葬然後補行，明矣。永於下節「既」字、「乃」字之義，疏解明確，即上、下二節之義，亦俱可貫通。其他若辨程大昌「祖爲免冠」及皇氏「髽衰爲露紒髽」之誤，尤爲精鑿不磨。至喪服小記「生不及祖父母、諸父、昆弟，而父税喪，己則否」，王肅謂計己之生不及此親之存，則不税。永特宗其説，而於經文之「弟」字，雖不敢如劉知、蔡謨直以爲衍文，乃謂「言『弟』者，因『昆』連及之」。則其説臆度，終不如鄭注爲得。然全書持義多允，非深於古義者不能也。

深衣考誤一卷

安徽巡撫採進本

國朝江永撰。深衣之制，衆説糾紛。永據玉藻「深衣三袪，縫齊，倍要，衽當旁」，云如「裳前後當中者，爲襟、爲裾，皆不名衽。惟當旁而斜殺者乃名衽。」今以永説求之訓詁諸書，雖有合有不合，而衷諸經文，其義最當。考説文曰：「衽，衣裣也。」裣即襟，永以裳之前爲襟，而旁爲衽。説文乃以衣襟爲衽，則不獨裳爲衽矣。又爾雅曰：「執衽謂之袺，扱衽謂之襭。」李巡曰：「衽者，裳之下也。」云「下」則裳之下皆名衽，不獨旁矣。然方言曰：「褸謂之衽。」郭璞注曰：「衣襟也。」與説文前襟名衽義正同。而郭注又云：「或曰衽，裳際也。」云「裳際」則據兩旁矣。永之所考，蓋據璞注後説也。又劉熙釋名云：「襟，禁也，交於前，所以禁禦風寒也。裾，倨也，倨倨然直，亦言在後當見倨也。衽，襜也，在旁襜襜然也。」證以永説，謂裳前襟後裾，皆直幅不交裂，則即釋名所云「倨倨然直」也。謂在旁者乃名衽，則即釋名「在旁襜襜」之義也。其釋經文「衽當旁」三字，實非孔疏所能及。其後辨續衽、鉤邊一條，謂續衽在左，前後相屬，鉤邊在右，前後不相屬。鉤邊在漢時謂之曲裾，乃別以裳之一幅斜裁之，綴於右後衽之上，使鉤而前。孔疏誤合續衽、鉤邊爲一。其説亦考證精核，勝前人多矣。

附録

大戴禮記十三卷　江西巡撫採進本

漢戴德撰。隋書經籍志曰：「大戴禮記十三卷，漢信都王太傅戴德撰。」崇文總目云：「大戴禮記十卷，三十五篇。又一本，三十三篇。」中興書目云：「今所存止四十篇。」晁公武讀書志云：「篇目自三十九篇始，無四十三、四十四、四十五、六十一四篇，有兩七十四。」而韓元吉、熊朋來、黄佐、吴澄竝云兩七十三，陳振孫云兩七十二。蓋後人於盛德第六十六別出明堂一篇爲六十七。其餘篇第，或至文王官人第七十一改爲七十二，或至諸侯遷廟第七十二改爲七十三，或至諸侯釁廟第七十三改爲七十四。故諸家所見不同。蓋有新析一篇，則與舊有之一篇篇數重出也。漢許慎五經異義論明堂，稱禮戴説，禮盛德記，即明堂篇語。魏書李謐傳、隋書牛宏傳俱稱盛德篇，或稱泰山盛德記。知析盛德篇爲明堂篇者，出於隋、唐之後。又鄭康成六藝論曰：「戴德傳記八十五篇。」司馬貞曰：「大戴禮合八十五篇，其四十七篇亡，存三十八篇。」蓋夏小正一篇多別行。隋、唐間録大戴禮者，或闕其篇，是以司馬貞云然。原書不別出夏小正篇，實闕四十六篇，存者宜爲三十九篇。中興書目乃言存四十篇，則竄入明堂篇題自宋人始矣。書中夏小正篇最古。其諸侯遷廟、諸侯釁廟、投壺、公冠皆禮古經遺文。又藝文志曾子十八篇，久逸。是書猶存其十篇，自立事至天圓篇，題上悉冠以「曾子」者是也。書有注者八卷，餘五卷無注，疑闕逸，非完本。朱子引明堂篇鄭氏注云「法龜文」，殆以注歸之康成。考注内徵引有康成、譙周、孫炎、宋均、王肅、范甯、郭象諸人，下逮魏晉之儒，王應麟困學紀聞指爲盧辯注。據周書，辯字景宣，官尚書右僕射。以大戴禮未有解詁，乃注之。其兄景裕謂曰：「昔侍中注小戴，今爾注大戴，庶纉前修矣。」王氏之言，信而有徵。是書正文併注，譌舛幾不可讀，而永樂大典内散見僅十六篇。今以各本及古籍中摭引大戴禮記之文，參互校訂，附案語於下方。史繩祖學齋佔畢言大戴記列之「十四經」中，其説今不可考。然先王舊制，時有徵焉，固亦禮經之羽翼爾。

夏小正戴氏傳四卷　兩江總督採進本

宋傅崧卿撰。崧卿字子駿，山陰人。官至給事中。夏小正本大戴禮記之一篇。隋書經籍志始於大戴禮記外，别出夏小正一卷，注云「戴德撰」。崧卿序謂：「隋重賞以求逸書，進書者遂多以邀賞帛，故離析篇目而爲此。有司受此，又不加辨，而作志者亦不復考。」是於理亦或然。然考吳陸璣詩草木鳥獸蟲魚疏曰：「大戴禮夏小正傳云：蘩，由胡。由胡，旁勃也。」則三國時已有「傳」名。疑大戴禮記舊本但有夏小正之文，而無其傳。戴德爲之作傳别行，遂自爲一卷，故隋志分著於録。後盧辯作大戴禮記注，始採其傳編入書中，故唐志遂不著録耳。又隋志根據七録，最爲精核，不容不知夏小正爲三代之書，漫題德撰。疑夏小正下當有「傳」字，或「戴德撰」字當作「戴德傳」字。今本譌脱一字，亦未可定。觀小爾雅亦孔叢之一篇，因有李軌之注，遂别著録，是亦旁證矣。

崧卿以爲隋代誤分，似不然也。惟是篇屢經傳寫，傳與本文混淆爲一。崧卿始仿杜預編次左氏春秋之例，列正文於前，而列傳於下。每月各爲一篇，而附以注釋。又以關澮藏本與集賢所藏大戴禮記本參校異同，注於下方。其關本注釋二十三處，亦併附録，題曰「舊注」以别之。蓋是書之分經、傳，自崧卿始。朱子作儀禮經傳通解，以夏小正分析經、傳，實沿其例。其詮釋之詳，亦自崧卿始。金履祥通鑑前編所注，實無以勝之。於是書可謂有功。儒者盛稱朱子考定之本與履祥續作之注，而不以創始稱崧卿。蓋講學家各尊所聞，非公論也。其中如正月之「斗柄縣在下」、五月之「菽糜將閑諸則」、九月之「辰繫于日」、十一月之「于時月也，萬物不通」，皆宜爲經文，而誤列於傳；其正月之「始用暢」，乃以解初歲祭耒，明用暢以祭自此始，宜爲傳文，而誤列於經。皆爲未允。然大戴之學，治之者稀。小正文句簡奥，尤不易讀。崧卿獨稽核舊文，得其端緒，俾讀者有徑之可循，固考古者之所必資矣。

右禮類禮記之屬。二十部，五百九十四卷。附録二部，十七卷。皆文淵閣著録。

案訓釋大學、中庸者，千頃堂書目仍入禮類，今併移入四書。以所解者四書之大學、中庸，非禮記之大學、中庸。學問各有淵源，不必彊合也。大戴禮記舊附於經，史繩祖學齋占畢亦有大戴禮記宋列爲「十四經」之説。然繩祖所云，别無佐證。且其書古不立博士，今不列學官，未可臆加以經號。今以二戴同源，附録於禮記之末，從其類也。

欽定四庫全書總目卷二十二

經部二十二

禮類四

三禮圖集注二十卷　內府藏本

宋聶崇義撰。崇義，洛陽人。周顯德中，累官國子司業。世宗詔崇義參定郊廟祭玉，因取三禮舊圖，凡得六本，重加考訂。宋初上於朝，太祖覽而嘉之，詔頒行。考禮圖始於後漢侍中阮諶。其後有梁正者，題諶圖云：「陳留阮士信受學於潁川綦母君，取其説爲圖三卷。多不案禮文而引漢事，與鄭君之文違錯。」正稱隋書經籍志列鄭玄及阮諶等三禮圖九卷。唐書藝文志有夏侯伏朗三禮圖十二卷，張鎰三禮圖九卷。崇文總目有梁正三禮圖九卷。宋史載吏部尚書張昭等奏云：「四部書目內有三禮圖十二卷，是開皇中敕禮部修撰。其圖第一、第二題云『梁氏』，第十後題云『鄭氏』。今書府有三禮圖，亦題『梁氏』『鄭氏』。」則所謂六本者，鄭玄一，阮諶二，夏侯伏朗三，張鎰四，梁正五，開皇所撰六也。然勘驗鄭志，玄實未嘗爲圖。殆習鄭氏學者作圖，歸之鄭氏歟？今考書中宮室車服等圖，與鄭注多相違異。即如少牢饋食「敦皆南首」，鄭注云：「敦有首者，尊者器飾也。飾蓋象龜。周之制，飾器必以其類。龜有上、下甲。」此言敦之上、下象龜上、下甲，「蓋」者意擬之辭。而是書敦與簠、簋皆作小龜，以爲蓋頂。是一器之微，亦失鄭意。沈括夢溪筆談譏其犧象尊、黄目尊之誤；歐陽脩集古録譏其簋圖與劉原甫所得真古簋不同；趙彦衛雲麓漫鈔譏其爵爲雀背承一器，犧象尊作一器繪牛象。林光朝亦譏之曰：「聶氏三禮圖全無來歷，穀璧則畫穀，蒲璧則畫蒲，皆以意爲之。不知穀璧止如今腰帶銙上粟文耳。」是宋代諸儒亦不以所圖爲然。然其書鈔撮諸家，亦頗承舊式，不盡出於杜撰。淳熙中陳伯廣嘗爲重刻，題其後云：「其圖度未必盡如古昔，苟得而考之，不猶愈於求諸野乎？」斯言允矣。今姑仍其舊帙録之，以備一家之學。此書世所行者爲通志堂刊本。或一頁一圖，或一頁數圖，而以説附載圖四隙。行款參差，尋覽未便。惟内府所藏錢曾也是園影宋鈔本，每頁自爲一圖，而説附於後，較爲清整易觀。今依仿繕録焉。

三禮圖四卷　浙江吴玉墀家藏本

明劉績撰。績字用熙，號蘆泉，江夏人。弘治庚戌進士，官至鎮江府知府。是書所圖，一本陸佃禮象、陳祥道禮書、林希逸考工記解諸書，而取諸博古圖者爲尤多，與舊圖大異。考漢時去古未遠，車服禮器猶有存者。鄭康成圖雖非手撰，要爲傳鄭學者所爲。阮諶、夏侯伏朗、張鎰、梁正亦皆五代前人。其時儒風淳實，尚不以鑿空臆斷相高。聶崇義參考六本，定爲一家之學。雖踵謬沿譌，在所不免，而遞相祖述，終有典型。至宣和博古圖所載，大半揣摩近似，强命以名。其間疎漏多端，洪邁諸人已屢攻其失。績以漢儒爲妄作，而依據是圖，殊爲顛倒。然所採陸、陳諸家之説，如齊子尾送女器出於魏太和中，犧尊純爲牛形，王肅據以證「鳳羽婆娑」之誤；齊景公器出晉永康中，象尊純爲象形，劉杳據以證象骨飾尊之非；蒲璧刻文如蒲茌敷時，穀璧如粟粒，其器出於宋時，沈括據以證蒲形禾形之謬。此書竝採用其説，亦足以備一解。至於宫室制度，輿輪名物，凡房序堂夾之位，輢較賢藪之分，亦皆一一分析。不惟補崇義之闕，且以拾希逸之遺。其他珽荼、曲植之屬，增舊圖所未備者又七十餘事。過而存之，未始非兼收竝蓄之義也。

學禮質疑二卷

副都御史黄登賢家藏本

國朝萬斯大撰。斯大有儀禮商，已著録。是書考辨古禮，頗多新説。如謂魯「郊惟日至一禮，祈穀不名郊。自魯僭行日至之郊，其君臣託於祈穀以輕其事。後人不察郊與祈穀之分，遂以魯爲祈穀。見春秋不書祈穀，遂以祈穀爲郊。」今考襄公七年傳孟獻子曰：「夫郊祀后稷以祈農事，啓蟄而郊，郊而後耕。」桓公五年：「秋，大雩。」左氏傳曰：「書不時也。凡祀，啓蟄而郊，龍見而雩。」與孟獻子之言亦合。斯大既不信左氏，又據詩序謂昊天有成命爲郊祀天地，而不言祈穀，遂立是説。不知大戴禮公符篇載郊祝曰：「承天之神，興甘風雨。庶卉百穀，莫不茂者。」則郊兼祈穀之明證。家語雖出依託，然皆綴緝舊文。其郊問篇稱：「至於啓蟄之月，則又祈穀於上帝。」王肅注曰：「啓蟄而郊，郊而後耕。」與鄭、杜二家尤爲契合。斯大别爲創論，非也。斯大又謂：「大社祭地在北郊，王社祈穀在國中」。今考五經通義：「大社在中門之外，王社在籍田之中。」孔、賈疏及通典俱宗其説。又左傳閔公二年傳：「間於兩社，爲公室輔。」杜預注：「周社、亳社兩社之間，朝廷執政所在。」孔穎達疏曰：「魯是周之諸侯，故國社謂之周社。」則國社之所在爲朝廷執政之所在，其爲中門内無疑。諸侯之國社與天子之大社同也。周書作雒篇曰：「乃設立丘兆於南郊，以上帝配后稷、日月星辰，先王皆與食。諸侯受命於周，乃建大社於國中。」國中與南郊對舉，則大社不在郊而在國可知。斯大所云，誤亦顯著。斯大又謂士止爲小宗，不得爲大宗，以士無祖廟也。今考喪服小記曰：「士不攝大夫，士攝大夫惟宗子。」又荀子曰：「故王者天太祖，諸侯不敢壞。大夫、士有常宗。」楊倞注曰：「繼別子之後爲族人所常宗，百世不遷之大宗也。」據此，則士亦得爲大宗明矣。又喪服小記曰：「庶子不祭殤與無後者，殤與無後者從祖祔食。」鄭玄注曰：「宗子之諸父無後者，爲墠祭之。」孔穎達疏曰：「若宗子是士，無曾祖廟，故諸父無後者爲墠祭之。」又曾子問曰：「若宗子死，告於墓而後祭於家。」鄭注曰：「祭於家，容無廟也。」孔疏曰：「祭於家是容宗子無爵，其家無廟，而祭於庶子之家。」是且有無廟而爲宗子者矣。今斯大謂有始祖廟乃得爲大宗。充其說，不特士不得爲大宗，據祭法則大夫止有曾祖廟，將大夫亦不得爲大宗乎？斯大又變其說，謂大夫、士皆得祭高、曾祖禰，引大傳曰：「大夫、士有大事，省於其君，干祫及其高祖。」今考孔疏：「祫，合也，謂雖無廟而得與有廟者合祭。」大夫蓋祫於曾祖廟而上及高祖，上士則祫於祖廟而上及曾祖、高祖，中士則祫於禰廟而上及祖與曾祖、高祖，又安得援爲皆得有廟之證乎？斯大又謂小記大夫、士之妾祔于妾祖姑，亡則中一以上而祔，則祔於高祖姑，是高祖有廟。

今考小記孔疏曰：「妾無廟，爲壇祔之耳。」則妾雖祔於高祖之妾，不必高祖有廟。觀雜記：「父母之喪，尚功衰，而祔兄弟之殤」，孔疏：「其小功兄弟身及父是庶人，不合立祖廟。則曾祖嫡孫爲之立壇，祔小功兄弟之長殤於從祖，立神而祭。」不爲從祖立廟也。又安得謂高祖之妾有廟乎？凡此皆自立異説，略無顯據。其他若辨商、周改月改時，周詩周正及兄弟同昭穆，皆極精確。宗法十餘篇，亦頗見推闡。置其非而存其是，亦未始非一家之學也。

讀禮志疑六卷　浙江巡撫採進本

國朝陸隴其撰。隴其有古文尚書考，已著録。是編以三禮之書多由漢儒采輯而成，其所載古今典禮，自明堂、清廟、吉、凶、軍、賓、嘉以及名物、器數之微，互相考校，每多齟齬不合。因取鄭、孔諸家注疏，折衷於朱子之書，務得其中。竝旁及春秋、律吕，與夫天時、人事可與禮經相發明者，悉爲采入。其有疑而未決者，則仍闕之。故曰讀禮志疑。案禮經自經秦火，雖多殘闕不完，而漢代諸儒去古未遠，其所訓釋，大抵有所根據，不同於以意揣求。宋儒義理雖精，而博考詳稽，終不逮注疏家專門之學。隴其覃思心性，墨守程、朱，其造詣之醇，誠近代儒林所罕見。至於討論三禮，究與古人之終身穿穴者有殊。然孔疏篤信鄭注，往往不免附會。而陳澔集説，尤爲弇陋。隴其隨文糾正，考核折衷，其用意實非俗儒所能及。如論孔疏月令引太史職鄭注「中數曰歲，朔數曰年」，竝舉則分年歲，單舉則可互稱。又祥禫主鄭駁王，廟制尊劉駁鄭。於「禮有擯詔，樂有相步，温之至也」之文，謂「温」直是藴藉，不當如孔疏所云「以物承藉」。於「未卜禘，不視學」，取孔疏「不當禘祭之年，亦待時祭之後」，駁集説「不五年，不視學」之説。謂司尊彝變「朝踐」爲「朝獻」、變「再獻」爲「饋獻」，爲省文、互文之法。皆自抒所見，絶無門户之私。至於緇、紂、純三字，謂「純」當作「紂」，古人字亦誤用，後來不可不慎。不知古字多通，原未可以近例相限。又袁黄羣書備考以賈公彦譌作賈逵，人所共知，何煩深辨？而亦特立一條，爲之駁正。此蓋閲書時隨筆標記，門弟子編次校刊，乃誤入正文，未加簡擇，固不足爲隴其病矣。

郊社禘祫問一卷　浙江巡撫採進本

國朝毛奇齡撰。奇齡有仲氏易，已著録。是書前答門人李塨問南北郊分祀及問有禘無祫之説，末附艾堂問。自注云：「同郡學人集於艾堂所問，此則專論禘祫者也。」其中如南郊、北郊以冬、夏至分祀，見於周禮，本有明文。疑無北郊之祀者，本無庸置辨。奇齡性喜攻駁，反覆詰辨，未免繁雜。至於時祭之外，禘爲大祭，所謂「三年一祫，五年一禘」者，語出緯書，本不足據。祫對犆爲義，不對禘爲義也。奇齡辯大禘與吉禘不相蒙，又言大禘、吉禘時祭必合祭，故稱祫。則皆發昔儒所未及，於經義不爲無補。録存其説，亦足資禮家之采擇焉。

參讀禮志疑二卷　編脩勵守謙家藏本

國朝汪紱撰。紱一名烜，字燦人，號雙池，婺源人。是書取陸隴其所著讀禮志疑，以己意附參於各條之下。其於三禮大端，若謂南郊即爲圜丘、大社即爲北郊、禘非祭天之名、路寢不得倣明堂之制，又力斥大饗明堂文王配五天帝、武王配五人帝之説，皆主王肅而黜鄭玄，故頗與舊注相左。其謂東、西夾室不在堂之兩旁，而在東、西房之兩旁。考儀禮公食大夫禮：「公迎賓入，大夫立于東夾南，士立於門，小臣東堂下，宰東夾北，内官之士在宰東上，介門西。」蓋均即位於堂之上下。如紱所云，則大夫及宰乃違衆而獨立於堂後及東、西房兩旁隱蔽之地矣。又聘禮設飧，亦云：「堂上之饌八、西夾六。」蓋致饌於賓，其陳設皆自堂及庭及門，取其羅布目前。如紱所云，則饌亦設於堂後矣。紱又謂士無朝服，玄端即士之朝服，上士玄裳，中士黄裳，下士雜裳。考士冠禮曰：「主人玄冠朝服，緇帶素韠。」既云素韠，則素裳矣，與卿大夫以上之朝服，初無以異。未嘗獨以黄裳、玄裳、雜裳之玄端爲朝服也。又魯語曰：「列士之妻，加之以朝服。」則士固非無朝服。紱皆未之深考也。至所謂大夫、士無西房，故士喪禮「主人括髮，衆主人免於房，而婦人乃獨髽於室」，以無西房故也。其説本孔疏，可破陳祥道禮書之惑。又謂大夫、士廟亦當有主，與通典所載徐邈及清河王懌之議相合。如斯之類，亦多深得經義，固可與隴其之書竝存不廢也。

右禮類三禮總義之屬。六部，三十五卷。皆文淵閣著録。

案鄭康成有三禮目録一卷。此三禮通編之始。其文不可分屬。今共爲一類，亦五經總義之例也。其不標三禮之名，而義實兼釋三禮者，亦竝附焉。

禮書一百五十卷 内府藏本

宋陳祥道撰。祥道字用之，福州人。李廌師友紀談稱其許少張榜登科。又稱其「元祐七年進禮圖、儀禮注，除館閣校勘。明年用爲太常博士，賜緋衣，不旬餘而卒。」又稱其「仕宦二十七年，止於宣義郎。」宋史則作「官至祕書省正字」。然晁公武讀書志載是書，亦稱「左宣義郎太常博士陳祥道撰。」與廌所記同。廌又稱：「嘗爲禮圖一百五十卷，儀禮説六十餘卷，内相范公爲進之，乞送祕閣及太常寺。」陳振孫書録解題則稱：「元祐中表上之。」晁公武則稱：「朝廷聞之，給札繕寫奏御。」宋史陳暘傳則稱：「禮部侍郎趙挺之上言，暘所著樂書二十卷，案：樂書實二百卷，宋史字誤。貫穿明備，乞援其兄祥道進禮書故事給札。」則廌、振孫所記爲確，公武「朝廷聞之」之説非其實也。其中多掊擊鄭學。如論廟制，引周官、家語、荀子、穀梁傳謂天子皆七廟，與康成天子五廟之説異；論禘祫，謂圜丘自圜丘，禘自禘，力破康成禘即圜丘之説；論禘大於祫，竝祭及親廟，攻康成禘小祫大，祭不及親廟之説；辨上帝及五帝，引「掌次」文，闢康成上帝即五帝之説。蓋祥道與陸佃皆王安石客，案：祥道爲王安石之徒，見晁公武讀書志祥道論語解條下。安石説經，既剏造新義，務異先儒，故祥道與陸佃亦皆排斥舊説。佃禮象今不傳，惟神宗時詳定郊廟禮文諸議，今尚載陶山集中，大抵多生別解，與祥道駁鄭略同。蓋一時風氣所趨，無庸深詰。然綜其大致，則貫通經傳，縷析條分，前説後圖，考訂詳悉。陳振孫稱其「論辨精博，間以繪畫。」唐代諸儒之論、近世聶崇義之圖，或正其失，或補其闕。」晁公武，元祐黨家；李廌，蘇門賓客，皆與王氏之學異趣。公武則稱其「書甚精博」，廌亦稱其「禮學通博，一時少及」。則是書固甚爲當時所重，不以安石之故廢之矣。

儀禮經傳通解三十七卷續二十九卷

浙江巡撫採進本

儀禮經傳通解，宋朱子撰。初名儀禮集傳集注。朱子乞修三禮劄子所云：「以儀禮爲經，而取禮記及諸經史雜書所載有及於禮者，皆以附於本經之下，具列注疏諸儒之說，略有端緒。」即是書也。其劄子竟不果上。晚年修葺，乃更定今名。朱子没後，嘉定丁丑始刊版於南康。凡家禮五卷，鄉禮三卷，學禮十一卷，邦國禮四卷，共二十三卷，爲四十二篇。中闕書數一篇，大射至諸侯相朝八篇尚未脱稾。其卷二十四至卷三十七凡十八篇，則仍前草創之本，故用舊名集傳集注，是爲王朝禮。中闕卜筮一篇，目録内踐阼第三十一以後，序説竝闕。蓋未成之本也。所載儀禮諸篇，咸非舊次，亦頗有所釐析。如士冠禮「三屨」本在辭後，仍移入前；「陳器服」章「戒宿」「加冠」等辭本總記在後，乃分入前各章之下；末取雜記「女子十五許嫁，笄」之文，續經立「女子笄」一目。如斯者不一而足。雖不免割裂古經，然自王安石廢罷儀禮，獨存禮記，朱子糾其棄經任傳，遺本宗末，因撰是書以存先聖之遺制。分章表目，開卷瞭然，亦考禮者所不廢也。其喪、祭二門則成於朱子門人黄榦，蓋朱子以創稾屬之。楊復原序述榦之言有曰：「始余創二禮粗就，奉而質之先師，喜謂余曰：『君所立喪、祭禮，規模甚善，他日取吾所編家、鄉、邦國、王朝禮，其悉用此更定。』」云云。

則榦之所編，尚不失朱子之意。然榦僅修喪禮十五卷，成於嘉定己卯。其祭禮則尚未訂定而榦又歿。越四年壬午，張虙刊之南康，亦未完本也。其後楊復重修祭禮，鄭逢辰進之於朝。復序榦之書云：「喪禮十五卷前已繕寫，喪服圖式今別爲一卷，附於正帙之外。」前稱「喪服圖式、祭禮遺稾，尚有未及訂定之遺憾」，則別卷之意固在此。又自序其書云：「南康學宮舊有家、鄉、邦國、王朝禮，及張侯虙續刊喪禮，又取祭禮稾本并刊而存之。竊不自揆，遂據稾本，參以所聞，稍加更定，以續成其書，凡十四卷。」今自卷十六至卷二十九，皆復所重修。合前經傳通解及集傳集注，總六十有六卷。雖編纂不出一手，而端緒相因，規模不異。古禮之梗概節目，亦略備於是矣。

禮書綱目八十五卷　安徽巡撫採進本

國朝江永撰。其書雖仿儀禮經傳通解之例，而參攷羣經，洞悉條理，實多能補所未及，非徒立異同。如士冠禮「屨，夏用葛」以下五十字，本在辭後記前，通解移置經文「陳器服」節末。是書亦沿襲其說，不故相詰難。至於士昏記「父醮子，命之辭曰」以下三十一字，通解列在「陳器饌」節下，而是書改列在「親迎」節下。又通解以記文「婦入三月，然後祭行」二句，別爲「祭行」一節，在「奠菜」節之前。而是書以此二句附於「廟見」節之末。蓋是書「廟見」，即通解之所謂「釋奠」也。揆以禮意，較通解爲有倫次。又通解割士冠禮「無大夫冠禮，而有婚禮」以下四句，謂當在家語冠頌内，疑錯簡於此經，頗涉臆斷。是書則仍記文之舊，不從通解，尤爲詳慎，亦未嘗曲相附合也。

蓋通解，朱子未成之書，不免小有出入。其間分合移易之處，亦尚未一一攷證，使之融會貫通。永引據諸書，釐正發明，實足終朱子未竟之緒。視胡文炳輩務博篤信朱子之名，不問其已定之說、未定之說，無不曲爲袒護者，識趣相去遠矣。

五禮通考二百六十二卷 江蘇巡撫採進本

國朝秦蕙田撰。蕙田字樹峯，金匱人。乾隆丙辰進士，官至刑部尚書，謚文恭。是書因徐乾學讀禮通考惟詳「喪葬」一門，而周官大宗伯所列五禮之目，古經散亡，鮮能尋端竟委。乃因徐氏體例，網羅衆說，以成一書。凡爲類七十有五。以樂律附於吉禮「宗廟制度」之後；以天文推步、句股割圓，立「觀象授時」一題統之，以古今州國都邑山川地名，立「體國經野」一題統之，竝載入嘉禮。雖事屬旁涉，非五禮所應該，不免有炫博之意。然周代六官，總名曰禮。禮之用，精粗條貫，所賅本博。故朱子儀禮經傳通解於學禮載鐘律詩樂，又欲取許氏說文解字序說及九章算經爲書數篇而未成。則蕙田之以類纂附，尚不爲無據。其他考證經史，元元本本，具有經緯，非剽竊餖飣、挂一漏萬者可比。較陳祥道等所作，有過之無不及矣。

右禮類通禮之屬。四部，五百六十三卷。皆文淵閣著録。

案通禮所陳，亦兼三禮。其不得併於三禮者，注三禮則發明經義，輯通禮則歷代之制皆備焉。爲例不同，故弗能合爲一類也。

書儀十卷

江蘇巡撫採進本

宋司馬光撰。考隋書經籍志，謝元有内外書儀四卷，蔡超有書儀二卷。以至王弘、王儉、唐瑾皆有此著。又有婦人書儀八卷，僧家書儀五卷。蓋「書儀」者，古私家儀注之通名。崇文總目載唐裴茝、鄭餘慶、宋杜有晉、劉岳尚皆用斯目。光是書亦從舊稱也。凡表奏公文私書家書式一卷，冠儀一卷，婚儀二卷，喪儀六卷。朱子語録：「胡叔器問四先生禮。朱子謂：『二程與横渠多是古禮，温公則大概本儀禮而參以今之所可行者。要之温公較穩，其中與古不甚遠，是七分好。』」又與蔡元定書曰：「祭儀只是於温公書儀内少增損之。」云云。則朱子固甚重此書。後朱子所修祭儀爲人竊去，其稾不傳。則此書爲禮家之典型矣。馬端臨文獻通考載其父廷鸞之言，謂書儀載婦入門之日即拜先靈，廢三月廟見爲非禮，引朱子語録，以爲惑於陳鍼子「先配後祖」一語。又謂檀弓明言「殷練而祔，周卒哭而祔，孔子善殷」，而云「周已戚」。書儀載祔廟在卒哭後，於禮爲太遽。案杜預左傳注謂：「禮，逆婦必先告廟而後行。故楚公子圍稱告莊、共之廟。鄭忽先逆婦而後告廟，故謂『先配而後祖』。」其事與廟見無關，光未必緣此起義。又古者三月廟見，乃成爲婦，故有反馬之禮；有未及三月而死，則仍歸葬母家之禮。後世於親迎之日即事事成其爲婦，三月之内設有乖忤，斷不能離婚而逐之；設有殀折，斷不能轝柩而返之也。何獨廟見之期堅執古義乎？至於殷練而祔，孔子善之，其説雖見檀弓，考宋史禮志所載祔廟之儀，實從周禮。國制如是，士大夫安得變之？亦未可以是咎光也。他如「深衣」之制，朱子家禮所圖，不内外掩襲，則領不相交。此書釋「曲袷如矩以應方」句，謂：「孔疏及後漢書馬融傳注所説，似於頸下別施一衿，映所交領，使之正方，如今時服上領衣。不知領之交會處自方，疑無他物。」云云。闡發鄭注「交領」之義最明。與方言「衿謂之交」、郭璞注爲「衣交領」者，亦相符合。較家禮所説，特爲詳確。斯亦光考禮最精之一證矣。禮記大全檀弓「忌日不樂」條下載劉璋之説，引司馬氏書儀「忌日則去華飾之服，薦酒食」云云，此本無之。然此本首尾完具，尚從宋本翻雕，不似有所闕佚者，或劉璋偶誤記歟？

家禮五卷附録一卷 少詹事陸費墀家藏本

舊本題宋朱子撰。案王懋竑白田雜著有家禮考，曰：「家禮非朱子之書也。家禮載於行狀，其序載於文集，其成書之歲月載於年譜，其書亡而復得之由載於家禮附録。自宋以來，遵而用之。其爲朱子之書，幾無可疑者。乃今反覆考之，而知決非朱子之書也。李公晦敘年譜，家禮成於庚寅居祝孺人喪時。文集序不記年月，而序中絶不及居喪事。家禮附録陳安卿述朱敬之語，以爲『此往年僧寺所亡本，有士人録得。會先生葬日攜來，因得之。』其録得攜來，不言其何人，亦不言其得之何所也。黄勉齋作行狀，但云『所輯家禮，世所遵用。其後有損益，未及更定』，既不言成於居母喪時，亦不言其亡而復得。其書家禮後亦然。敬之，朱子季子；公晦、勉齋、安卿，皆朱子高第弟子。而其言參錯，不可考據如此。案文集朱子答汪尚書書、與張敬夫書、吕伯恭書，其論祭儀、祭説，往復甚詳。汪、吕書在壬辰、癸巳，張書不詳其年，計亦在其前後也。壬辰、癸巳距庚寅僅二、三年。家禮既有成書，何爲絶不之及，而僅以祭儀、祭説爲言耶？陳安卿録云：『向作祭儀、祭説，甚簡而易曉，今已亡之矣。』則是所亡者乃祭儀、祭説而非家禮也明矣。文集、語録自家禮序外，無一語及家禮者。惟與蔡季通書有『已取家禮四卷納一哥』之語。此儀禮經傳通解中家禮六卷之四，而非今所傳之家禮也。甲寅八月跋三家禮範後云：『嘗欲因司馬氏之書，參考諸家，裁訂增損，舉綱張目，以附其後。顧以衰病，不能及已。後之君子，必有以成吾志也。』甲寅距庚寅二十年。庚寅已有成書，朱子雖耄老，豈盡忘之，至是而乃爲是語耶？竊嘗推求其故，此必有因三家禮範跋語而依仿以成之者。蓋自附於後之君子，而傳者遂以託之朱子所自作。其序文亦依仿禮範跋語，而於家禮反有不合。家禮重宗法，此程、張、司馬氏所未及。而序中絶不言之，以跋語所未有也。其年譜所云居母喪時所作，則或者以意附益之爾。敬之但據所傳，不加深考，此如司馬季思刻温公書之比。公晦從遊在戊申後，其於早年固所不詳，祇敘所聞以爲譜。而勉齋行狀之作在朱子没後二十餘年。其時家禮已盛行，又爲敬之所傳録，故不欲公言其非，但其詞略而不盡。其書家禮後謂經傳通解未成爲百世之遺恨，則其微意亦可見矣。後之人徒以朱子家季子所傳，又見行狀、年譜所載，廖子晦、陳安卿皆爲刊刻，三山楊氏、上饒周氏復爲之考訂，尊而用之，不敢少致其疑。然雖云尊用其書，實未有能行者，故於其中謬誤，亦不及察，徒口相傳以熟文公家禮云爾。惟元應氏作家禮辨，其文亦不傳，僅見於明丘仲深濬所刻家禮中。其辨專據三家禮範跋，語多疎略，未有以解世人之惑，仲深亦不然之。故余今偏考年譜、行狀及朱子文集、語録所載，俱附於後，而一一詳證之。其應氏、丘氏語，亦並附焉。其他所載謬誤亦數十條。庶來者有以知家禮決非朱子之書，而余亦得免於鑿空妄言之罪。」云云。其考證最明。又有家禮後考十七條，引諸説以相印證；家禮考誤四十六條，引古禮以相辨難。其説並精核有據。懋竑之學篤信朱子，獨於易本義九圖及是書斷斷辨論，不肯附會。則是書之不出朱子，可灼然無疑。然自元、明以來，流俗沿用。故仍録而存之，亦記所謂「禮從宜，使從俗」也。

泰泉鄉禮七卷　兩淮鹽政採進本

明黄佐撰。佐字才伯，泰泉其號也，香山人。正德辛巳進士，官至少詹事。事蹟具明史文苑傳。佐之學雖恪守程朱，然不以聚徒講學名，故所論述，多切實際。是書乃其以廣西提學僉事乞休家居時所著，凡六卷。首舉鄉禮綱領，以立教、明倫、敬身爲主。次則冠、婚以下四禮，皆略爲條教。第取其今世可行而又不倍戾於古者。次舉五事，曰鄉約、鄉校、社倉、鄉社、保甲，皆深寓端本厚俗之意。末以士相見禮及投壺、鄉射禮别爲一卷附之。大抵皆簡明切要，可見施行，在明人著述中猶爲有用之書。視所補注之皇極經世，支離曼衍，敝精神於無益之地者，有空言實事之分矣。

朱子禮纂五卷　江蘇巡撫採進本

國朝李光地撰。光地有周易觀象，已著録。是書於朱子儀禮經傳通解及家禮二書外，凡説禮之條散見於文集、語類者，以類纂集，分爲五目：曰總論、曰冠昏、曰喪、曰祭、曰雜儀。縷析條分，具有統貫。雖採輯不無遺闕。若文集有答潘恭叔書論編儀禮、禮記章句，答王子合書論居喪家祭，又有周禮三德説、樂記動靜説、書程子禘説後等篇，此書皆不見録。又與吴晦叔書論太廟當南向，太祖當東向。雖與此書所録答王子合書大義相似，然答晦叔書更爲詳盡。今乃删詳而存略。又集載鄂州社壇記，前列羅願在鄂州所定壇壝制度及社稷向位，朱子必以其深合典禮，故詳述之，以補禮文之闕。而此書乃盡删前篇，但存「某案」以下云云，亦失朱子備載之意。然朱子説禮之言，參差散見，猝不能得其端緒。光地類聚而區分之，使秩然有理，於學禮者亦爲有功矣。

辨定祭禮通俗譜五卷　浙江巡撫採進本

國朝毛奇齡撰。奇齡有仲氏易，已著録。是編一名二重禮譜。蓋欲成喪、祭二禮，嗣以喪禮别有吾説編，因惟存祭禮。其説取古禮而酌以今制，故以「通俗」爲名。凡分七門：一曰祭所，二曰所祭者，三曰主祭之人，四曰祭之時，五曰祭儀，六曰祭器，七曰祭物，末附外神。其中各條雖間與朱子家禮爲難，不出奇齡平日囂爭之習。然考朱子年譜，家禮成於乾道六年庚寅，朱子時四十一歲，其稿旋爲人竊去。越三十年，朱子没後，始復有傳本行世。儒者或以爲疑。黄榦爲朱子弟子之冠，亦云爲未暇更定之本。則家禮之出自朱子手定與否，尚無顯證。即真獲朱子已失之稾，而草創初成，亦恐尚非定本。以王懋竑之篤信朱子，而所作白田雜著，乃反覆辨是書之依託，其言具有根據。則奇齡之辨，又不能盡以好勝目之矣。其間如謂：「漢、唐以來，人臣無建廟之文。南渡紹興、嘉泰諸年，爲秦檜、韓侂胄立廟，而制終未定。」考宋龔鼎臣東原録稱：「文彦博家廟不作七間，乃用唐杜岐公家舊式。」則安得謂漢以後人臣無建廟之文？其論後世不世爵世官，今之宗子非古宗子，引阡陌不同於井田、郡縣不同於封建爲證，其説是也。然井田廢而正供之義不廢，封建廢而臂指相維之義不廢，世官廢而宗子、支子之義不廢。漢書載當時詔令，每稱賜天下爲父後者。其時已不世官，而云「爲父後」，則有不爲父後者可知。今制，父母在而子先卒者，其長孫於祖父、母之喪服斬衰三年，即宗子爲後之義，灼然可推。安能一舉而廢之，使主祭之時但以行輩年齒爲序乎？至於「祭必以子」一條，謂：「祠堂合祭先代，使宗子主四親之祭，致凡爲人子者不得祭父。則所祭四親係他人之親，竝非己親，所祭之父係他人之父，竝非己父。」措語尤乖，皆不免於瑕纇。蓋其大意務通人情，故不免有違古義。然大致斟酌變通，於古禮之必不可行及俗禮之誤託於古者，剖析考證，亦往往鑿然有當。固不妨存備一家之説也。

右禮類雜禮書之屬。五部，三十三卷。皆文淵閣著録。

案公私儀注，隋志皆附之禮類。今以朝廷制作，事關國典者，隸史部政書類中。其私家儀注，無可附麗，謹彙爲雜禮書一門，附禮類之末，猶律吕諸書皆得入經部樂類例也。

經部二十三

禮類存目一

周禮補亡六卷 衍聖公孔昭煥家藏本

元丘葵撰。葵字吉甫，莆田人。閩書作同安人，未之詳也。是書本俞庭椿、王與之之説，謂冬官一職散見五官，又「參以諸家之説，訂定天官之屬五十九、地官之屬五十七、春官之屬六十、夏官之屬五十、秋官之屬五十七、冬官之屬五十四」。又云：「先王不能以禄食養無用之官，故周官雖曰三百六十，而兼攝相半。如掌葛徵絺綌、掌染草斂染草之類，每官掌一事，無是事未必有是官也。」而其説皆自信不疑。周禮一書，不過闕冬官耳。至南宋淳熙、嘉熙之間，俞、王二家倡爲異説，而五官俱亂。葵又從而推波助瀾。閩書稱：「宋末科舉廢，葵杜門勵學，居海嶼中，因自號釣磯翁。所著有易解義、書解義、詩口義、春秋通義、四書日講、周禮補亡。」今諸書散佚，惟此書爲世所詬病，轉以見異而存。據葵自序，書蓋成於泰定丙子，葵年八十一矣。虚殫一生之力，使至今談周禮者稱俞庭椿爲變亂古經之魁，而葵與王與之爲煽助異説之黨，不亦傎歟？其書世有二本。其一分六卷，題曰周禮注。其一即此本，不分卷數，而題曰周禮冬官補亡。經義考又作周禮全書，而注曰「一作周禮補亡」。案此書别無他長，惟補亡是其本志，故今以補亡之名著録焉。

周禮集注七卷

兩淮馬裕家藏本

明何喬新撰。喬新字廷秀，江西廣昌人。景泰甲戌進士，官至刑部尚書，謚文肅。事蹟具明史本傳。是書謂冬官不亡，大約沿俞庭椿、王與之、丘葵及晏璧僞託吴澄之説，臆爲竄亂。如引丘葵説，謂太史直筆而書，爲天官之屬無疑。不知太史之文曰「讀禮書而協事」，又曰「以書協禮事」，又曰「執其禮事」，然則太史當入春官，經有明文可據。唐職官志以太史令屬禮曹，是其遺意。今竝入天官，既不通經，且不明史矣。又如引僞本吴澄考注説，謂諸子掌國子之倅，使之修德學道，當入教官之屬。不知諸子之職曰「若有兵甲之事，則授之車甲，合其卒伍，置其有司，以軍法治之」，蓋主以戎事詔國子，故隸司馬。今徒以修德學道之語，竝入司徒，則夏官都司馬之職曰「掌其政學」，亦未嘗不及於教，將竝移入司徒歟？是皆妄取前人謬戾之論，割裂倒置，踵其失而加甚。故前後義例率不能自通，徒爲談周禮者所詬病耳。

周禮定本四卷

兩江總督採進本

明舒芬撰。芬有周易箋，已著録。兹編亦其所著梓溪内集之一。大旨祖俞庭椿冬官不亡，雜出於五官之説，而參以僞本吴澄考注，復以己意進退之。凡爲五官敘辨五篇、六官圖説一篇、周官剔僞一篇、周禮正經六篇。删舊本考工記，移天官太宰、地官大司徒之文以入於冬官大司空，移小司徒及遂人之文入小司空。又移天官之掌舍、幕人、掌次，地官之遂師、遂大夫、縣正、鄙師、酇長、里宰、鄰長、土訓、誦訓、司稼、草人、稻人、場人、囿人、載師、閭師、縣師、均人、稍人、旅師、山虞、林衡、川衡、澤虞、迹人、廾人、角人、羽人、掌葛、掌染草、掌炭、掌荼、掌蜃、舂人、舍人、倉人、廩人、遺人、委人、稾人，夏官之掌畜、職方氏、形方氏、山師、川師、邍師、司勳、量人，以屬冬官。明史芬本傳稱：「芬精於周禮，嘗謂周禮視儀禮、禮記猶蜀之視吴、魏。疾革，其子請所言，惟以未及表章周禮爲恨。」於是經可云篤信。夫俞氏之書爲荒經蔑古之祖，芬不能訂正其謬，乃嘘其已燼之焰而更加厲焉。甚且删削舊文，十幾二三，自命曰「定本」，傎彌甚矣。

讀禮疑圖六卷 兩江總督採進本

明季本撰。本有易學四同，已著録。是書辨論周禮賦役諸法，祖何休、林孝存之説，以爲戰國策士之所述。前三卷以其疑周禮者爲圖辨之。後三卷依據孟子立斷，因及後代徭役、軍屯之法，論其得失。大旨主於輕徭薄賦，其意未始不善，其説亦辨而可聽。然古今時勢各殊，制度亦異，有不得盡以後世情形推論前代者。至其牽合魯頌「公車千乘，公徒三萬」，則欲改小司徒「四井爲邑，四邑爲丘，四甸爲縣，四縣爲都」之文，謂「四」當作「五」。又增「四都爲同」一語，則更輾轉竄亂矣。蓋本傳姚江之學，故高明之過，其流至於如斯也。

考工記述注二卷 福建巡撫採進本

明林兆珂撰。兆珂有詩經多識編，已著録。此編因考工記一書文句古奥，乃取漢、唐注疏参訂訓詁，以疏通其大意。於記文皆旁加圈點，綴以評語。蓋仿謝枋得批檀弓標出章法、句法、字法之例，使童蒙誦習，以當古文選本，於名物制度絶無所發明。末附考工記圖一卷，亦林希逸之舊本，無所增損也。

周禮訓雋二十卷　副都御史黃登賢家藏本

明陳深撰。深字子淵，長興人。嘉靖乙酉舉人，官至雷州府推官，是書略無考證，而割裂五官歸於冬官，則沿俞庭椿輩之謬論，無足録也。

周禮因論一卷　浙江汪啓淑家藏本

明唐樞撰。樞有易脩墨守，已著録。是書以民極爲周禮本原，蓋本葉時禮經會元之説，謂詩蔽以一言曰「思無邪」，周禮蔽以一言曰「爲民極」也。其駁夏休井田譜之妄，亦卓然有識。然其文如語録，寥寥數條，未爲詳備，不足以言詁經也。

周禮發明一卷　江西巡撫採進本

明沈瑶撰。瑶字林珍，德清人。嘉靖癸丑進士，官至兵部郎中。是編於六官之後各爲總論一篇。冬官一職，則雜取司徒之屬補其闕，蓋用三禮考注之本。所録經文，頗多删節。所謂發明者寥寥數頁，亦僅如鄉塾之講章。

周禮述注六卷　編修鄭際唐家藏本

明金瑶撰。瑶有六爻原意，已著録。是書成於萬曆己卯。前有瑶自序并所作凡例十條，謂周禮之文爲漢儒所竄改，其中有僞官亂句，悉爲考定，别以陰文書之。大旨本元吴澄三禮考注、明何喬新周禮集注之説，而又以臆見更定之。其補冬官之末，附以改官議、改文議二篇，即評論二氏之得失者也。案冬官不亡，亂入五官之邪説，倡於宋俞庭椿，益之以元之丘葵，皆變亂古文，爲經學之蟊賊。至吴澄三禮考注，本晏璧所僞託，實亦沿三家之流弊。何喬新之集注，又其重儓也。瑶未見俞、丘之書，遂奉吴、何爲鼻祖。所定僞官亂句諸條，若親得周公舊本一一互校而知者，其無稽更不足辨矣。

周禮説十四卷　兩淮馬裕家藏本

明徐即登撰。即登字獻和，又字德峻，號匡岳，豐城人。萬曆癸未進士，官至河南按察使。其書前十三卷解五官，不載考工記。末一卷爲冬官闕疑，蓋亦取俞庭椿之説，但尚未敢改經耳。然明言某官移易爲最允，某官移易爲未協，已毅然斷爲當改矣，何「闕疑」之云乎？

批點考工記一卷　内閣學士紀昀家藏本

明郭正域撰。正域字美命，江夏人。萬曆癸未進士，官至禮部侍郎，謚文毅。事蹟具明史本傳。是編取考工記之文，圈點批評，惟論其章法、句法、字法。每節後所附注釋，亦頗淺略。蓋爲論文而作，不爲詁經而作也。

周禮完解十二卷　浙江吴玉墀家藏本

明郝敬撰。敬有周易正解，已著録。此書亦謂冬官散見於五官而又變幻其辭，謂陽分六官以成歲序，陰省冬官以法五行，穿鑿尤甚。中間横生枝節，不一而足。如典瑞職「王晉大圭，執鎮圭」，「晉」即「搢」字，鄭衆注本不誤。賈疏云：「搢，插也。謂插大圭長三尺玉笏於帶間，手執鎮圭尺二寸。」其義亦最明。而敬謂：「接見曰晉。晉，進也。行禮從容漸進，如日之升。」以附會於經文「朝日」之語。果終歲如是乎？此亦務勝古人之過矣。

周禮古本訂注六卷　浙江吴玉墀家藏本

明郭良翰撰。良翰字道憲，莆田人。萬曆中以蔭官太僕寺寺丞。是編自序謂俞庭椿、王與之、丘葵、吴澄、何喬新五家補本，分割殊甚。不知冬官可以不補，五官必不可淆，五官自存，冬官自闕，何必强臆以亂成經。因取古本訂正之。其持論甚允。而附葉時冬官補亡一篇於考工記之前，仍俞庭椿等冬官散在五官之説，又自相矛盾矣。其注亦皆揣摩文句，無所考正，非解三禮之法也。

古周禮六卷　兩淮馬裕家藏本

明郎兆玉撰。兆玉字完白，仁和人。萬曆癸丑進士。是書謂之古周禮者，自别於俞庭椿諸人之改本也。其注皆鈔撮舊文，罕能通貫。然暖暖姝姝守一先生之言，視他家之變亂古經，與其妄也寧拘矣。

考工記通二卷 浙江吴玉墀家藏本

明徐昭慶撰。昭慶字穆如，宣城人。是書凡例有曰「此注本之朱周翰之句解，上而參之鄭康成，下而合之周啓明、孫士龍諸家，用成是帙。惟欲取便初學，故自忘其固陋」云云。今觀其書，多斤斤於章法、句法、字法，而典據殊少，則凡例蓋道其實也。其中時亦自出己意，攻駁前人。如「貉踰汶則死」，此「汶」本齊、魯間水，陸德明音釋不誤。而昭慶謂此是岷江，不當音「問」，引史記爲證。不知史記固「汶」與「岷」通，未嘗以考工記之「汶」爲岷江也。

重訂古周禮六卷 兩江總督採進本

明陳仁錫撰。仁錫有繫辭十篇書，已著録。是編不用俞庭椿改本，與郎兆玉相同。其稱「重訂」，當即因兆玉本也。然五官皆移敘官於「惟王建國」之前，亦非古本。又其凡例曰：「考漢藝文志，是書原闕冬官，漢儒補以考工記，未免割裂聖經，不必妄爲補綴。」而六卷仍列考工記，乃自違其説。其注釋多剽竊朱申句解，體例尤爲猥雜。殆庸劣坊賈託名，未必真出仁錫也。

周禮注疏合解十八卷 兩淮馬裕家藏本

明張采撰。采字受先，太倉人。崇禎戊辰進士，官臨川縣知縣，福王時爲禮部員外郎。明史文苑傳附見張溥傳中。采與溥爲復社領袖，在當日聲望動天下。然此書疎淺特甚，豈亦託名耶？

讀周禮略記六卷　浙江巡撫採進本

明朱朝瑛撰。朝瑛有讀易略記，已著録。是書不全録經文，但每段標其起止，云自某句至某句。其注於漢、唐舊説頗不留意。如稻人下駁鄭氏每井九夫，旁加一夫以治溝洫。不知「旁加一夫」即所謂「閒民」者也。大概朝瑛涉獵九經，而三禮則用功較淺云。

古周禮釋評六卷　河南巡撫採進本

明孫攀撰。攀字士龍，宣城人。是書因朱申周禮句解稍爲訂補，别以音釋、評語標注上方，如村塾讀本之式，均無足採。惟當明之季，異學爭鳴，能不删削經文，亦不竄亂次序，兢兢守鄭、賈之本，猶此勝於彼焉。

考工記纂注二卷　浙江巡撫採進本

明程明哲撰。明哲字如晦，歙縣人。是書主於評點字句，於經義無所發明。名爲「纂注」，實僅剿襲林希逸考工記圖解之文，其誤亦皆沿林本。惟經中「軓」字皆改爲「軌」，獨與林本不同。考詩匏葉篇疏曰：「説文云：『軌，車轍也。軓，車軾前也。』軌聲九，軓聲凡。」輈人之「軓前十尺而策半之」，鄭司農云：「軓謂軾前也。」大馭「王祭兩軹。祭軓，乃飲」，「古書軓爲範。杜子春云：『範當爲軓』。」小戎傳曰：「陰，揜軓也。」箋曰：「揜軓在軾前，垂輈上。」然則諸言「軾前」，皆謂「軓」也。中庸云：「車同軌。」匠人云：「經塗九軌。」注云：「軌謂轍廣也。」是二字辨別顯然，林希逸圖解尚不誤。今明哲於希逸之誤皆襲之，其不誤者轉改之，亦可謂不善改矣。

周禮説略六卷 浙江吴玉墀家藏本

不著撰人名氏。於周禮之中偶有所見，即摘其一節一語而疏之。以非解全經，故云「説略」。書中多引郝敬之説，則在敬以後矣。大抵議論多而考證少。如謂：「官屬三百六十以象天，今檢其數，乃羸其一，如易之大衍虚其一也。」可謂穿鑿無理。又如牧師「孟春焚牧，仲春通淫」，與月令「季春游牧」不合。蓋鳥獸孳尾，多乘春氣，經特略舉其大凡。仲春、季春相去無幾，不必過泥。而此書謂：「月令爲秦時書，秦地寒涼，萬物後動，故後周禮一月。」不知秦地即周地，無中外南北之分也。是足見其隨文生義，不能深考事實矣。

周禮文物大全無卷數 浙江巡撫採進本

不著撰人名氏，亦無序跋。其版爲藍、朱二色，首列六官之所屬，次爲制度器物諸圖，終以諸儒傳授圖。大抵轉相剿襲，摹寫失真。如王宫制圖，外朝爲致民三詢之地，雉門爲人民觀法之區，則外朝應在雉門之外，而此圖列於庫門之外。他若裘冕無旒，六贄未備，壇壝市肆亦弗詳載。蓋鄉塾兔園册也。考宋乾道中，昌州楊甲作六經圖，其周禮圖曰文物大全，與此書之名相合。又國朝廬江盧雲英因其父所刻信州石本五經圖重爲編輯，其周禮圖亦曰文物大全。然楊氏圖凡四十有三，盧氏圖凡五十有一，均與此本不符。疑坊肆書賈於盧氏五經圖中摘其周禮諸圖，而稍稍竄亂之，别爲一書以售其欺耳。

周禮訂釋古本無卷數　江蘇巡撫採進本

國朝王芝藻撰。芝藻有大易疏義，已著録。是書前有康熙丁丑自序。大抵宗俞庭椿之説而小變之，謂：「冬官未亡而不必補，考工記之文奇變而軌乎法，非周公莫能爲之。虚其官而詳具其法，官省則繁費減，法詳則凡事有作，五官可以兼攝，冬官可無設也。」其説甚巧。然鄭封於宣王時，秦封於孝王時，周公安得稱「鄭之刀」，又安得稱「秦無廬」？是開卷即無以自解，更奚論其他也？其解「九賦」云：「邦中四郊即鄉遂地。」是併百里爲郊、六鄉在遠郊、六遂在甸之異，亦未詳考。惟遂人「溝洫」説云：「『遂人所謂『十夫』者，十井之夫也。其云『十夫有溝』，則是十井之遂同歸於溝也，故匠人謂之『井間』。既謂之『間』，則非一井可知。」較舊注差爲明晰耳。

高注周禮二十二卷　兩江總督採進本

國朝高愈撰。愈字紫超，無錫人。順治中歲貢生。江南通志載愈著周官集解十六卷，當即是書。其分卷各異，殆傳寫者不同也。書中採前人之説多本諸王昭禹訂義，亦間有發明。其中有最駁者數條。如大司徒：「諸公之地封疆方五百里，其食者半。諸侯之地封疆方四百里，其食者三之一。諸伯之地封疆方三百里，其食者三之一。諸子之地封疆方二百里，其食者四之一。諸男之地封疆方百里，其食者四之一。」鄭康成注謂其食者半、參之一、四之一者，乃天子食此諸侯之貢也，不用先鄭之說。愈謂諸侯自食其半、三之一、四之一，而以其餘貢天子。其說頗詆康成。今考春秋昭公十三年傳曰：「昔天子班貢，輕重以列。列尊貢重，周之制也。」杜注：「公侯地廣，故所貢者多。」如愈所說，公地五百里乃自食其半，以其半貢天子；侯伯地四百里、三百里，僅自食其三之一，乃以其二貢天子；子男地二百里、一百里，僅自食其四之一，乃以其三貢天子。則尊反貢輕，而卑反貢重矣。昭公十三年傳又曰：「卑而貢重者，甸服也。」杜注：「甸服謂天子畿内共職貢，即公卿大夫之采地。」鄭玄小司徒注：「采地，食者皆四之一。公凡四都，一都之田税入於王。卿凡四縣，一縣之田税入於王。大夫凡四甸，一甸之田税入於王。」是食采者卑與尊同，故云卑而貢重。是周制甸服貢重，尚不過四分之一，而邦國所貢乃至於三之二、四之三乎？司勳文曰：「凡頒賞地，三之一食。」注云：「賞地之税三分，王食其一。」與大司徒所云其食者半，其食者三之一、四之一，均爲王之所食，與大司徒文例義略同。愈乃不一置解，而獨於此別生異説，似未貫洽全經也。又小司徒曰：「乃經土地而井牧其田野。九夫爲井，四井爲邑，四邑爲丘，四丘爲甸，四甸爲縣，四縣爲都。」鄭玄注曰：「此謂造都鄙也。」愈乃曰：「四縣爲都，計田止一千二十四井，以稍人丘乘法推之，止得兵車六十四乘，視百乘之家猶遜焉。而傳稱先王之制，大都三國之一，中五之一，小九之一。今此八千一百九十二家，不能當天子六鄉、六遂十五之一。是猶不足稱小都，而況大都乎？」今考春秋隱公元年傳：

「先王之制，大都不過三國之一。」杜注謂都城當國三分之一，非謂田邑、車乘當國三分之一也，愈不得引以爲難。且四縣爲都，本小都也，積四小都乃爲大都。今愈以四縣之都爲大都，於鄭注尚未詳考。又春秋襄公二十七年傳曰：「惟卿備百邑。」杜注云：「此一乘之邑。」孔疏云：「百乘爲采邑之極」。坊記疏謂「公之孤、侯伯之卿與天子之三公同，俱方百里」，是惟大都方百里者乃得有百乘，而天子之卿止得小都五十里，安得同於侯伯之卿？又寧以不及百乘爲嫌耶？至四縣爲都，凡一千二十四井，以司馬「甸出一乘」之法求之，所出本不及十六乘，而愈乃謂得兵車六十四乘，尤舛誤矣。稍人：「掌丘乘之政令。」鄭讀「乘」爲「甸」，謂掌丘及甸之政令也。愈謂「乘」字不當改讀，遂謂一丘出一乘。考春秋成公元年「三月，作丘甲。」杜注：「長轂一乘，甸所賦。今魯使丘出之，譏重斂，故書。」若稍人已令丘出一乘，則興周之制也，春秋又何得書以示譏耶？又韓詩「維禹𨻰之」，毛詩「𨻰」作「甸」。「𨻰」訓曰「乘」，「甸」亦訓曰「乘」。古陳、乘、甸三字音同，故讀「乘」爲「甸」。愈不知古音，故有此疑，是亦妄難鄭氏也。他如謂郊社相對，社即祭地，更無北郊；「九夫爲井」即十夫有溝，都鄙鄉遂不異制。則均襲舊文，無庸更辨者矣。

周禮惜陰録六卷　兩江總督採進本

國朝徐世沐撰。世沐有周易惜陰録，已著録。是編於典制罕所考證，惟推求於文句之間，好以臆斷。如「王齋日三舉」，所以增一舉者，爲助氣以行禮。而世沐謂「三」字誤，當作「不」，則致齋豈茹素之謂乎？樂師職「帗舞」，帗之爲羽，無可疑者。而世沐獨取先鄭「祓除」之義，亦爲未合。考工記「畫繢之事，青與白相次，赤與黑相次」，自是配色之法。而世沐以爲仁義相資，禮智相合，健順相成，亦過於穿鑿也。

周官辨非一卷 浙江巡撫採進本

國朝萬斯大撰。斯大有儀禮商，已著録。是編力攻周禮之僞，歷引諸經之相牴牾者以相詰難。大旨病其官冗而賦重。案古經滋後人之疑者，惟古文尚書與周禮。然古文尚書突出於漢、魏以後，其傳授無徵，而牴牾有證。吴棫所疑，雖朱子亦以爲然；閻若璩之所辨，毛奇齡百計不能勝，蓋有由也。周官初出，林孝存雖相排擊，然先、後二鄭咸證其非僞。通儒授受，必有所徵。雖其書輾轉流傳，不免有所附益，容有可疑。然亦揣摩事理，想像其詞，迄不能如尚書一經，能指某篇爲今文，某篇爲古文也。斯大徒見劉歆、王安石用之而敗，又見前代官吏之濫，賦斂之苛，在在足以病民，遂意三代必無是事，竟條舉周禮而詆斥之。其意未始不善。而懲羹吹齏，至於非毁古經，其事則終不可訓也。魏禧疾明末諸臣屈身闖賊，遂疑論語論管仲、召忽一章爲不出於孔子，其亦此類歟？

周禮問二卷 浙江巡撫採進本

國朝毛奇齡撰。奇齡有仲氏易，已著録。是書皆設爲或問，辨周禮出戰國之末，不出劉歆。凡十七目：一論周禮非漢人僞作，凡四條。一論六官、三官、二官，凡二條。一論古無三司名。一論冢宰。

一論周禮與尚書、大戴禮表裏。一論周六卿、唐虞六卿。一論司徒、司空。一論天地四時之名所始。一論宰夫。一論官名、官職同異。一論人數多寡。一論禄數不及人數。一論分土三等同異。一論九州間田。一論周官非秦制。一論羅氏攻周禮之繆。一論與他經同文。而其書與目不甚相應，蓋亦其門人所誤題也。其持論是非相半。如小宰紀六官之屬各六十，賈疏謂指宫正至夏采諸職。奇齡謂經文「其屬六十」乃據六卿本職之下所屬大夫、士也。六卿各有長官，如後世所稱堂上官。除一卿、二中大夫外，所屬有下大夫四人，中士十六人，下士三十二人，合得六十人，略無闕溢。今考春官除宗伯卿一人、小宗伯中大夫二人，擬於堂上官，不入六十之數。則肆師下大夫四人，即爲屬官，如後世所稱曹郎矣。乃肆師之職曰：「凡國之大事，治其禮儀，以佐宗伯。」賈疏曰：「肆師與小宗伯同爲中下大夫，命數如一，故二人同佐宗伯。」據此，則肆師明爲宗伯副貳之官，即經文亦明云肆師掌禮、治事如宗伯之儀。今奇齡必屈肆師爲屬吏，同於後世之曹郎，其説似弗能通。奇齡又以周禮公五百里、侯四百里、伯三百里、子二百里、男一百里不合於王制、孟子，遂據周禮謂封國有大功者必需益地。即不能以百里、七十里、五十里限之，特約爲之制，公不過五百里，侯不過四百里，伯與子、男以是爲差。其説似巧。但明堂位「封周公于曲阜七百里」，則奇齡所謂公不過五百里者則已過之矣。加封之制，不應己創之而己又隳之也。故司勳文曰：「凡賞無常，輕重視功。」明乎加封亦不得立常數矣。奇齡立論，大率類此。其他不無翼經之説，然以爲戰國人作，則仍用何休六國陰謀之説，與指爲劉歆所作者亦相去無幾。陽雖翼之，陰實攻之矣。與其以儀禮爲戰國之書同。一好爲異論，不足據也。

周禮節訓六卷 編修勵守謙家藏本

國朝黄叔琳撰。叔琳有研北易鈔，已著録。是編名曰節訓，蓋節録而訓釋之也。經文既非完本，所輯注文亦皆不著名氏。觀其自序，蓋家塾私課之本。故其凡例亦曰「聊備兔園之一册」云。

周官析疑三十六卷考工記析義四卷 安徽巡撫採進本

國朝方苞撰。苞有周官集注，已著録。是書以周官爲一編，考工記爲一編，各分篇第，世亦兩本别行。然前有顧琮序，稱合考工爲四十卷。則本非兩書，特不欲以河間獻王所補與經相淆，故各爲卷目耳。其書體會經文，頗得大義。然於説有難通者，輒指爲後人所竄，因力詆康成之注。若太宰：「以九賦斂財賄。」鄭注：「賦，口率出泉也。今之算泉，民或謂之賦。」苞謂「九賦」即「九職」，「邦、郊、甸、稍、縣、都之田賦，則農所貢公田之九穀與圃牧、嬪婦之貢也；關市之賦，即商賈百工之貢也；山澤之賦，即虞衡之貢也；園圃、藪牧，即邦、郊、甸、稍、縣、都之地；農工、商賈、嬪婦、臣妾、閒民，即邦、郊、甸、稍、縣、都之人。」今考載師，首言園廛，次近郊，次遠郊，次甸、稍、縣、畺，明别園廛於甸、稍、縣、畺之外，則「九職」之園圃不得合於九賦之邦、郊、甸、稍、縣、都可知。苞以「九職」之圃牧、嬪婦、臣妾、閒民統於「九賦」之邦、郊、甸、稍、縣、都，而「九賦」之關市、山澤豈獨出於邦、郊、甸、稍、縣、都之外，經文又何以別舉之乎？苞不過因「九職」內百工商賈可以當「九賦」之關市，虞衡可以當「九賦」之山澤，而園圃、藪牧、嬪婦、臣妾、閒民於「九賦」更無所歸，遂强入於邦、郊、甸、稍、縣、都之中。庶乎「九職」「九賦」得混爲一，即以斥鄭注「口率出泉」之非。而不知鄭注此文，實據本文「財賄」二字起義。外府曰：「掌邦布之入出」，其下曰：「凡祭祀、賓客、喪紀、會同、軍旅，共其財用之幣齎、賜予之財用。」注曰：「布，泉也。」泉府曰：「凡國事之財用取具焉。」此皆以泉爲財。荀子曰：「厚刀布之斂以奪之財，重田野之税以奪之食。」則以刀布爲財，與田税爲食對舉。經於「九府」既云「斂財賄」，則知「九賦」內兼有泉矣。「九賦」所以供「九式」，故「九賦」曰「財賄」，而「九式」曰「財用」。凡祭祀、賓客、喪荒、羞服、工事、幣帛、芻秣、匪頒、好用，資於穀者少，資於泉者多。而泉之所入，止有市征之絘布、總布、質布、罰布、廛布，不過當關市之一賦，此外則惟有宅不毛者之里布，均未足以充「九式」之用。若不資泉於邦、郊、甸、稍、縣、都等，則職歲所云「官府、都鄙之出財用」，恐終年常不給也。考漢書本紀，高祖四年，初爲算賦，「民十五以上至六十五出賦錢，人百二十爲一算」。賈捐之傳：「民賦四十，丁男三歲一事。」是一歲每丁不過賦十三錢有奇。又新論：「漢宣以來，百姓賦錢，歲餘二十萬，僅二百貫耳。」較之後代封椿、留州諸色目，不及萬分之一。而周之「九賦」，視之亦云薄矣。乃苞襲宋人之説，猶以鄭注「口率出泉」爲厚斂。

此因末流而病其本也。又泉府曰：「凡民之貸者，與其有司辨而受之，以國服爲之息。」苞以劉歆增竄此節，附會王莽，且謂司市職「以泉府同貨而斂賒」，則有賒而無貸明矣。今考周書大匡解曰：「賦洒其幣，鄉正保貸。」又管子：「發故屋，辟故窌，以假貸，而以公量收之。」則是齊之家有貸，由於國有貸也。又左氏傳：「齊使有司寬政，毀關、去禁、薄斂、已責。」注曰：「除逋責。」又成二年傳亦曰：「楚乃大户，已責，逮鰥，救乏。」考責即是貸，故小宰曰：「聽稱責以傳別。」鄭注：「稱責爲貸予。」賈疏：「稱責謂舉責生子。於官於民，俱爲稱也。」故房玄齡注管子「責而食者幾何家」，亦以責爲出息也。然則貸民之制，自泉府外，既見於小宰，又見於春秋傳、管子，而苞指爲王莽創制，誤矣。管子治國篇曰：「則民倍貸以給上之徵矣。」注：「倍貸謂貸一還二。」此所謂横斂也。若以國服爲之息，約所出不過十一，略使子餘於母，以爲不涸之藏。取於民者微，而濟於民者大，此先王惠鮮之精意。苞乃反以疑經，不亦過乎？又載師：「近郊十一，遠郊二十而三，甸、稍、縣、都皆無過十二。」苞亦指爲劉歆之所竄。不知以近郊、遠郊、甸、稍、縣、都通計之，則四十分而稅六，猶是什一而少强耳。賈疏引異義，「公羊云什一，據諸侯邦國，載師特據王畿。王畿稅法輕近而重遠者，近者勞，遠者逸故也。諸侯邦國無遠近之差者，以其國地狹少，役賦事暇。」據此，則賦踰什一者止王畿内四百里。而通邦國萬里計之，仍未乖乎什一之大凡也。禹貢因九州差爲九等，荆州田第八，賦第三；雍州田第[illegible]，賦第六。通典謂禹貢定稅什一，而輕重有九等之不同。則知什一乃統九州計之，非每州皆什一也。故三禮義宗謂稅俱什一，而郊內、郊外收藉不同。苞乃力詆經文，亦爲勇於自信。蓋苞徒見王莽、王安石之假借經義以行私，故鰓鰓然預杜其源。其立意不爲不善，而不知弊在後人之依託，不在聖人之制作。曹操復古九州以自廣其封域，可因以議禹貢冀州失之過廣乎！

周官辨一卷　安徽巡撫採進本

國朝方苞撰。是書就周禮中可疑者摘出數條，斷以己見，分別僞、辨惑二門。大旨以竄亂歸之劉歆，凡十篇。已録入所著望溪文集中。此其初出别行之本也。

周禮集傳六卷　湖南巡撫採進本

國朝李文炤撰。文炤有周易本義拾遺，已著録。是書前有自序，謂：「朱子曾稱周禮爲天理爛熟之書，表章雖明，而訓釋未逮。諸儒之説，不能有醇無疵。因遠稽博採，上推列聖之因革，下鑑歷代之興衰，以竊附於詩、書集傳之後。」其自命甚高。今觀其書，不過隨文釋義，無所考證。多引先儒議論及後世事蹟，曼衍牽合，亦非詁經之正體。惟考工記之前，復旁搜官名於傳、記之中，以補冬官之闕。計官三十有五，中有大司空、小司空、冢人、權人、都司空、家司空六官，皆不言所據。昔錢䎘病俞廷椿以後割取五官，殊失古本之舊，因著冬官補亡三卷，所補凡二十有一。其與炤相同者，惟后稷、農正、農師、水師、匠師、工師、舟牧、工正、圬人九官，司空則不立大、小之名。餘尚有十一官，爲文炤所未載。殆由未見其書歟？

周官翼疏三十卷 山西巡撫採進本

國朝沈淑撰。淑字季和，常熟人。雍正癸卯進士。是書彙輯漢、唐、宋、明以來及國朝李光地、顧炎武、方苞之説，分爲五部。凡疏解經義者，曰「正義」；於本義引伸旁通者，曰「通論」；考訂注疏之失者，曰「辨正」；綜列後世事迹、援史證經者，曰「餘論」；别著新義、以備參考者，曰「存異」。書各六卷，而總以翼疏爲名。其正義六卷，則又每卷自爲上、下。皆採輯前人之説，不以己見參之。書成於雍正丁未，前有自作條例十二則。

周禮會要六卷 侍講劉亨地家藏本

國朝王文清撰。文清號九溪，寧鄉人。雍正甲辰進士，官至宗人府主事。是編以周禮注疏浩繁，但約括諸家，略疏字義，以便讀者。其凡例稱：「經文一字不遺，亦一字不動。」然敘官亦經文也，自五官之長外，餘官則俱删之矣。

周禮質疑五卷 河南巡撫採進本

國朝劉青芝撰。青芝有學詩闕疑，已著録。是書摘周禮舊注及前人經訓互相參證，間亦取後代之事以引伸其義，頗與鄭、賈爲難，然臆斷多而考證少。宋儒事事排漢儒，獨三禮注疏不敢輕詆，知禮不可以空言説也。青芝視之太易矣。

周禮輯義十二卷

浙江巡撫採進本

國朝姜兆錫撰。兆錫有周易本義述藴，已著録。是書多本周禮訂義，攻詰鄭注。若謂匠人、遂人同制；井田不分都鄙、公邑；大司馬「凡令賦，上地家三人，中地二家五人，下地家二人」，非專指邦國，又力斥小司徒鄭注「旁加」之説。此類皆襲前人緒論，不足深求。其自出新意者，如司尊彝「春祠、夏禴，祼用雞彝、鳥彝，皆有舟。其朝踐用兩獻尊，其再獻用兩象尊，皆有罍，諸臣之所昨也」。兆錫謂「皆有舟」與「皆有罍」對舉，則舟、罍皆是尊名。今考禮圖，六彝爲上尊，盛三斗；六尊爲中尊，盛五斗；六罍爲下尊，盛一石。故爾雅曰：「彝、卣、罍，器也。」郭璞注云：「皆盛酒尊。」孫炎注云：「尊、彝爲上，罍爲下，卣居中。」然則罍本下尊，不待兆錫申說。若以舟爲尊，則未會此經之義。夫彝、尊、罍得列於上、中、下三尊者，以司尊彝於雞彝、鳥彝則曰「祼用」，於獻尊、象尊則曰「朝踐用」「再獻用」，於罍則曰「諸臣之所昨」，獨於舟不著所用，則舟不得列於尊可知。兆錫但知「皆有舟」與「皆有罍」對舉，謂舟與罍同，而不知「皆有罍」句下有「諸臣所昨」明文，「皆有舟」句下別無明文，此舟、罍不同之明證也。考鄭司農曰：「舟，尊下臺，若今時承槃。」鄉射記曰：「命弟子設豐。」注云：「設以承其爵。」玉藻曰：「大夫側尊，用棜，士側尊，用禁。」亦所以承尊。舟之承尊，蓋亦猶是。安得曰尊？賈公彦疏謂舟宜若後世酒船，陸佃亦謂若今酒船。殆以形類酒船，故名曰舟耳，非以酒船即舟也。如此之類，頗傷於臆斷。

至若辨賈疏「北郊用裘」之説，謂盛夏用裘必不能行，後世遂至天地合祭；謂大司徒公五百里、侯四百里、伯三百里、子二百里、男一百里爲制賦之成數，孟子百里、七十里、五十里爲出軍之實數，此類亦自樹一義，不爲無見。然遽詆鄭玄爲過，殆又談何容易也？

周禮拾義 無卷數 浙江巡撫採進本

國朝李大濬撰。大濬，安溪人。是書採輯注疏及諸家之説，間附以案語。然於禮家所聚訟者，如幣餘之賦，馬氏與林孝存、王與之之説不同；井田之法，孟子與漢志不同；九獻之禮，諸儒各異。皆竝採其説，不加論斷。書中多載李光地説，蓋大濬爲光地之族云。

周禮三注粹鈔二卷 福建巡撫採進本

國朝高宸撰。宸字北侍，福清人。雍正中諸生。是書詮釋周禮，而不録考工記。其冬官補亡篇有云：「俞庭椿著復古編，謂冬官不亡，雜出於五官之中。其後王次點、丘吉甫皆因之，吴草廬遂爲考注。」云云。是所據之本爲俞廷椿復古編，則所謂「三注」當即指王、丘、吴三家。而書中不標名氏，直以己意融貫成文，又多迂闊不情之論，爲三家之所無。莫明其體例何似。卷首自序一篇，亦泛論治法、道法，無一字及著書之旨。

附録

周禮井田譜二十卷　永樂大典本

宋夏休撰。休，會稽人。紹興中進士。樓鑰序云：「以上書補官，一試吏而止。」亦未詳爲何官也。其書因井田之法，别以己意推演，創立規制。於鄉遂之官聯、溝遂之縱横、王侯之畿疆、田萊之差數、兵農之相因、頒禄之多寡、門子遊倅之法、兆域昭穆之制、郊社宗廟之位、城郭内外之分，以及次舍廬室市廛，次敘三鼓、四金、五常、九旗、五路、五車、和門、八節，皆摹繪爲圖，若真可坐言起行者。其考訂舊文，亦多出新意。如曰：「野之萊田，以時治之而已，不必盡耕作也。以其菰蒲之利，柴蒿之屬，刈之復生，采之復出也。不然，既不謂之易，則一家之力豈能歲耕田百畝、萊二百畝？蓋萊者，刈穫之名，虞人萊所田之野是也。」又曰：「庶人受一廛，耕百畝。適長用力，所謂『可任用者家二人』。適子之適，力復及耕，則可任用者三人矣。故適子之適謂之餘子。雖適子之適力未及耕，而有庶子及耕，則亦三人。故庶子謂爲餘夫也。」又曰：「古之附庸不可以爲國，地方百里則可以爲同。春秋『蕭同叔子』，何休注以爲國名是也。」又曰：「五十里爲則，大宗伯曰：『五命賜則。』注云：『則者，未成國之名。』以漢制考之可見。」如是之類，尚可存備一説。至於以管子經言解論語「自經於溝瀆」爲經正溝瀆之制，則附會甚矣。夫阡陌既開以後，井田廢二千餘載矣。雖以聖人居天子之位，亦不能割裂州郡，剗平城堡，驅天下久安耕鑿之民，悉奪其所有，使之蕩析變遷，以均貧富。一二迂儒，乃竊竊然私議復之，是亂天下之術也。使果能行，又豈止王安石之新法哉？同時瑞安黄毅乃爲作答問一篇，條舉或者之説，一一爲之疏通證明，殆不知其何心矣？陳傅良之序有曰：「其説以不能成都鄙者爲閒田，不可爲軍師者爲閒民；鄉遂市官皆小者兼大者，他亦上下相攝，備其數，不必具其員，皆通論。餘多泥於度數，未必皆叶。」似稍稍致其不滿。永嘉之學，雖頗涉事功，而能熟講於成敗，此亦一證矣。此書宋志著録。明唐樞作周禮論，力斥其謬，則樞尚及見之。朱彝尊經義考注曰「未見」。蓋無用之書，傳之者少也。惟永樂大典之内全部具存。檢核所言，實無可採。姑附存其目，而糾正其失如右。

周禮沿革傳四卷 安徽巡撫採進本

明魏校撰。校字子才，號莊渠，崑山人。弘治乙丑進士，官至太常寺卿，遷國子監祭酒，未上卒。謚恭簡。事蹟具明史儒林傳。是編取周禮六官之屬，證以秦漢而下官制沿革，訖明代而止。僅有天官、地官、春官，蓋未成之稾也。夫時殊事異，文質異宜，雖三代亦不相沿襲。校於數千年後乃欲舉陳迹以繩今，不亂天下不止。其斷斷不可，人人能解，即校亦非竟不知。特以不談三代，世即不目爲醇儒，故不能不持此論耳。自序一篇故摹典誥，亦此意也。

右禮類周禮之屬。三十七部，二百七十七卷。內三部無卷數。**附録二部，二十四卷。皆附存目。**

釋宮一卷　通行本

舊本題宋朱子撰。原載晦庵大全集中，此其別行之本也。然實李如圭作，編集者誤入，説見如圭釋宮條下。

儀禮節解十七卷　浙江汪啓淑家藏本

明郝敬撰。敬有周易正解，已著録。敬所作九經解，皆好爲議論，輕詆先儒，此編尤誤。信樂史「五經可疑」之説，謂儀禮不可爲經，尤其乖謬。所解亦粗率自用，好爲臆斷。如士昏禮「升自西階」一條，經於「饗婦」而後云：「舅姑降自西階，婦降自阼階。」則未饗以前婦固不得以主自處，壻亦不得以室相授。升自西階，在婦爲無專制之義，在壻則亦猶舅姑於婦先以客禮之之義。而敬謂：「父在，子不由阼。」不知爲人子者居不主奥，而此時何以即席于奥耶？蓋由此升者，特以道婦故也。於「舅坐答拜」一條，又謂：「新婦拜舅立，而使其舅坐答拜之，於理未當。」不知此是婦人肅拜，故舅坐以答之。尊卑之分宜然，無可疑也。又如士冠禮「七體」「二十一體」，度數宜詳；公食大夫禮魚、腸、胃、倫膚，若九、若十有一，下大夫則若七、若九，與陳祥道禮書謂諸侯當十三，天子當十五者未合，宜有折衷，而往往以數語了之。知其於考據之學終淺，非説禮之專門也。其間有可取者，如「裼襲」有衣之裼襲，有玉之裼襲，鄭注泥玉藻之文，於聘義「還玉」「還璋」，皆以爲易衣、加衣之儀；覲禮「匹馬卓上」，蓋卓立向前之義，鄭注誤以「卓」爲「的」；及公食大夫禮「又鼎，鼏若束若編」

非以茅爲鼏之類。敬之所辨，亦時有千慮之一得，然所見亦罕矣。

禮經集注十七卷 山東巡撫採進本

明張鳳翔撰。鳳翔字蓬元，堂邑人。萬曆辛丑進士，官至兵部尚書。是書主朱子儀禮爲經之説，大旨以鄭注爲主。其間自出新義者，則多所未允。如士冠禮文「降自西階，適東壁，北面見于母」，鄭注以適東壁爲出闈門，賈疏謂母冠子無事，在闈門外，故子出闈門見之。敖繼公不從鄭義，以適東壁爲在東堂下，其説已非。鳳翔又以爲適東壁者又升自阼階，適東壁房前，北面見母。是時母已在房，果如所言，則「降自西階」之後，仍當有「升阼階」之文，何以經文無之耶？此類數處，皆立異而不能精確也。

讀儀禮略記十七卷 兩江總督採進本

明朱朝瑛撰。朝瑛有讀易略記，已著録。是書於經文不全録，第曰自某至某。所録多敖繼公、郝敬之説，取材頗儉。其自爲説者，亦精義無幾。

儀禮惜陰録八卷 兩江總督採進本

國朝徐世沐撰。世沐有周易惜陰録，已著録。是書逐節逐句分解，撮標注義，頗爲明簡，較所注他經稍善，然亦疎於考證。如士冠禮云：「闕項青組纓。」汲古閣本鄭注：「『闕』讀如『有頍者弁』之『頍』」，滕、薛名『蔮』爲『頍』。」世沐謂字書無此「蔮」字而疑之，不知「蔮」本當作「簂」。

後漢烏桓傳云：「猶中國有簂步摇。」注云：「簂音吉悔反，字或爲幗。」蓋簂、幗二字通。續漢書輿服志云：「太皇太后、皇太后入廟，翦氂簂。公、卿、列侯、二千石夫人紺繒簂。」廣雅曰：「簂謂之帨。」故玉篇、廣韻、集韻、類篇俱作「簂」字，可以正刊本作「蔮」之謁。至若釋名曰：「簂，恢也，魯人曰頍。頍，傾也，著之傾近前也。」即鄭注滕、薛名「蔮」爲「頍」之確證。而釋名作「簂」不作「蔮」，則汲古閣本鄭注作「蔮」，其誤顯然。世沐心知其誤而不能究其所以誤，殊核之未審。又此書多載鄭注所引古、今文，然闕漏不可枚舉。即如士冠禮注云古文「闑」爲「槷」，「閾」爲「蹙」，又云古文「旅」作「臚」，又云今文「纁」皆作「熏」，又云古文「盥」皆作「浣」，又云「壹」古文皆作「一」，又云今文「枋」爲「柄」，又云古文「啐」爲「呼」，又云古文「亶」爲「癉」，又云今文「格」爲「嘏」。此九條俱失載，則他篇可知。又若士冠禮「戒賓」節在「筮賓」之前，而世沐謂戒賓當在筮賓之後。今考鄭注，戒賓者，戒主人之僚友；筮賓者，筮其可使冠子者。蓋先戒衆賓，後乃於衆賓内更筮其最吉，特使冠子。故賈疏謂：「取人之法，先筮後戒。今以此賓是賢者，必知是吉，故先戒賓。賓已許，方始筮之。以其賢，恒自吉。」故先戒後筮。此義最易曉，而世沐謂當先筮後戒，疎矣。至謂冠子一醮足矣，三醮則意複詞縟，具文滋僞，又謂字冠者不當有祝詞之類，尤臆斷之説也。

喪禮吾説篇十卷

浙江巡撫採進本

國朝毛奇齡撰。奇齡有仲氏易，已著録。奇齡説經，好立異議，而顛舛乖謬，則莫過於是書。大旨以子夏喪服傳爲戰國以後人僞作，故逐條攻擊，務反其説。其叛經之尤者，如謂「喪服有齊衰無斬衰」。考釋名釋喪服，曰：「斬衰，不緝其末，直翦斬而已；齊，齊也。故鄭注喪服傳曰：『斬，不緝。齊，緝也。』」與釋名之義相符。奇齡乃謂齊而不緝，乃齊之本名。而從而緝之，則又以緝齊得名。三年之重齊不緝，期功則緝之。然所謂「齊而不緝」，仍是釋名「斬衰，不緝其末」之説。又何必陽改其名而陰存其實乎？至謂期功以下之齊乃緝，則齊衰三年者皆已不緝，是改斬之名下同於齊，又改齊之實上同於斬。支離怪變，彌爲不可究矣。奇齡以周禮、儀禮同出戰國人僞撰，故於周禮司服職「齊衰」「斬衰」之文，置之不道。至左氏乃奇齡所最信者也。考昭公十年傳：「晉平公卒。叔向曰：『孤斬焉在衰絰之中。』」杜預注曰：「既葬，未卒哭，猶服斬衰。」明爲斬衰之確證。乃引雜記「三年之喪如斬」語，謂非服斬之義。襄公十七年傳：「齊晏桓子卒。晏嬰麤縗斬，苴絰、帶、杖，菅屨。」是斷斷不得謂之非斬服者。奇齡亦謂「斬」字下屬「苴絰帶」爲句，乃斬苴麻以爲絰帶。荀子一書，亦奇齡之所最信也。考三年問篇明出「斬衰」之名，不能復辨，則曰禮論篇中但有「齊衰」無「斬衰」，三年問篇乃後人妄改。夫稍可穿鑿之處，即改易其訓詁、句讀以就己説，至必不可掩之處，則遁而謂之妄改。持是以往，天下復有可據之書乎？奇齡又謂三年之喪當爲三十六月，不得折月，而又無解於荀子禮論篇「二十五月而畢」之文，遂謂畢者乃畢衰服也，至二十七月禫後又加禫服九月。考問傳曰：「中月而禫，禫而纖，無所不佩。」孔穎達疏曰：「此謂禫祭既畢，吉祭以後，無所不佩。」又喪服小記曰：「再期之喪，三年也。期之喪，二年也。」喪大記曰：「禫而從御，吉祭而復寢。」檀弓曰：「是月禫，徙月樂。」間傳又曰：「中月而禫，禫而飲醴酒。」飲酒者先飲醴酒，食肉者先食乾肉，是徵諸禮經，顯有典訓。今奇齡謂「禫後服縞冠素端者，凡十月」，與經義無一相合。豈先王制禮之意乎？其他若謂父在爲母不當期年，父母不當爲長子三年，皆據律以議經。至謂本生父母不當降在期服，傳重者不必嫡孫，則不特叛經，且背律矣。豈非恃其博洽，違心巧辨哉？

儀禮訓義十七卷　庶吉士蔡廷舉家藏本

不著撰人名氏。前有自序，題康熙庚申，則近時人也。其書以一篇爲一卷，第約取注疏而參以朱子及楊復之說。其餘諸家，概不採録。雖頗簡易，然禮制委曲，非一家之言所可盡。注疏以外，限以朱子師弟二人，遂舉諸儒而屏之，殆非該貫之道也。

儀禮釋例一卷　安徽巡撫採進本

國朝江永撰。永有周禮疑義舉要，已著録。是書標曰「釋例」，實止釋服一類，寥寥數頁，蓋未成之書。其釋冕服一條，辨注家「冕廣八寸，長尺六寸，績麻三十升布爲之」之誤，謂：「禮家相傳八十縷爲升，古布幅闊二尺二寸，周尺甚短，以八尺當今之五尺，二尺二寸當今之一尺三寸七分半。如冕延有三十升，其經二千四百縷。是今尺一分之地，須容十七縷有奇。雖績麻極細，亦不能爲此。」其説驗諸實事，最爲細析。又謂冕有前旒無後旒，故大戴禮及東方朔俱云：「冕而前旒，所以蔽明。」玉藻、郊特牲云：「十有二旒。」不云二十四旒。漢明帝制冕旒有前無後，正合古義。玉藻云：「前後邃延。」不過謂冕長尺六寸，前延後延至武皆深邃耳，非謂前後皆有旒也。其説與鄭注互異，亦可相參。惟宗陳祥道之説，謂周禮之韋弁即爵弁，其説過新，不可信。考士冠禮「爵弁服」注曰：「爵弁者冕之次，其色赤而微黑，如爵頭然。或謂之緅，其布三十升。」周禮「凡兵事，韋弁服」注曰：「韋弁以韎韋爲弁，又以爲衣裳。」此爵弁、韋弁顯異者也。惟書云：「二人雀弁，執惠。」僞孔傳云：「雀韋弁。」似即以爵弁爲韋弁者。然孔穎達疏云：「據阮諶三禮圖，雀弁以布爲之。此傳言『雀韋弁』者，此人執兵，宜以韋爲之。然下言『冕執兵者，不可以韋爲冕』，未知孔意如何。」則孔疏於此傳原不深信。且即以爵韋爲之，要止得名曰「爵弁」，不得通名「韋弁」。故釋名曰：「以爵韋爲之，謂之爵弁。韎韋爲之，謂之韋弁。」二語極爲分晰，不容相混。至於周禮司服有韋弁無爵弁，賈疏云：「爵弁之服，惟有承天變及天子哭諸侯乃服之。所服非常，故天子吉服不列之。」此義頗得。如必謂韋弁即爵弁，司服未嘗遺爵弁，則王之吉服自大裘至冠弁，其等殺凡八。公之服自衮冕以下，大裘不得服；侯、伯之服自鷩冕以下，衮冕不得服，以次殺之；士之服自皮弁而下，韋弁不得服。其制甚明。如韋弁即爵弁，士於禮已不得服矣，何以士冠禮曰「爵弁服纁裳」乎？且儀禮士冠禮、士昏禮、士喪禮既有爵弁服，而聘禮曰：「君使卿韋弁，歸饔餼。」又曰：「夕，夫人使下大夫韋弁歸禮。」則是既有爵弁又有韋弁明矣，又安得以司服不載爲疑也。永又補祥道之説曰：「詩方叔將兵，『服其命服，朱芾斯皇』，又曰：『韎韐有奭，以作六師』。皆爵弁服之韠也。」今考詩「服其命服，朱芾斯皇」箋曰：「云命服者，命爲將受王命之服也。天子之服韋弁，服朱衣裳也。」據此，則即左氏傳所云「韎韋之跗」注，正戎服之常也。必云爵弁之韠，殊無顯據。又詩「韎韐有奭，以作六師」箋曰：「此諸侯世子也。除三年之喪，服士服而來。未遇爵命之時，時有征伐之事，天子以其賢，任爲將軍。」疏曰：「將軍之時，猶未得命，由是仍服韎韐。」據此，則經云「以作六師」，蓋將受命爲將軍，非已臨六師而以爵弁之韎韐爲戎服也。故三章皆云「君子至止」，言諸侯初至天子之朝，非即臨戎可知。永引此二詩，亦未爲確據。蓋永考證本精，而此則草創之本耳。

儀禮易讀十七卷　浙江巡撫採進本

國朝馬駉撰。駉字德淳，山陰人。儀禮經文詰曲，注疏浩繁，向稱難讀。是編刻於乾隆乙亥。於經文諸句之中，略添虚字聯絡之，以疏通大意。又仿高頭講章之式，彙諸説於上方。大約以鄭注、賈疏爲主，而兼採元敖繼公集説、明郝敬集解及近時張爾岐句讀諸書，間亦參以己意。取便初學而已，不足以闡經義也。

附録

五服集證六卷　浙江吳玉墀家藏本

明徐駿撰。駿，常熟人。是書成於正統戊午。考論五服之制，設爲問答以明之。大旨於古制遵朱子家禮，當代之制則遵明太祖孝慈録。所採諸書，不過十餘種而已。明史藝文志作一卷，此本六卷。考序末有「大明歲次壬申進德書堂新刊」字，則此本猶屬舊刻，不由竄亂。明史誤以「六」字爲「一」字耳。

讀禮問一卷　浙江巡撫採進本

國朝吳肅公撰。肅公有詩問，已著録。是書取禮家喪服之制意所未喻者辨之，又雜論俗禮之不合於古者共六十五條。間有可採，而師心之處爲多。

服制圖考八卷　江西巡撫採進本

國朝朱建子撰。建子字辰起，秀水人，朱彝尊之從子也。是編集歷代喪服禮制，每條下分古有今無、古無今有、古重今輕、古輕今重四目。後爲雜問篇，凡三十九條。所引經傳禮書及諸家文集，頗稱該洽。然斬衰之喪有三十四條，而所引僅三十一條。如政和禮所載夫爲祖、曾祖、高祖承重者妻從夫之喪，及孝慈録所載爲人後者爲所後祖母之喪，皆古今異制，而建子未及詳載。又齊衰杖期如儀禮所載「繼母嫁，從，爲之服，報」；大功九月如通典所載爲人後者爲本生祖父母服儀，亦古今異制，當一例詳辨者，亦皆脱略。則考核尚未甚密也。

讀禮紀略六卷附婚禮廣義一卷　浙江巡撫採進本

國朝朱董祥撰。董祥字熊占，長洲人。是書成於康熙乙卯，乃其居父喪時所作，皆以糾正世俗之誤。其間有泥古而過者，如母喪齊衰三年，固古者「喪無二斬」之義。然自明洪武以後，凡律令之文，皆云「爲母斬衰」。仍欲依喪服之文服齊衰，等而上之，將遵古禮爲母期年耶？是亂王制也。昭穆祔遷之説，陸佃已與何、張異議。至同堂異室而無左昭右穆之次者，朱子已云：「爲禮者猶執祔祖之文，似無意義。」而兩存其説矣。董祥必欲昭遷而穆不動，穆遷而昭不移，不幾於親盡者不必祧，而祧者不必親盡乎？其他微文瑣節，事事繩以古義。持之有故，言之成理，而實多滯礙而難行。至於喪親匿喪之類，皆律有正條，懸如日月，更不待斷斷辨論矣。後附婚禮廣義一卷，斟酌今古之間，較爲易行。然皆前人家儀所已有，無勞複衍爲也。

右禮類儀禮之屬。九部，一百五卷。附録四部，二十二卷。皆附存目。

欽定四庫全書總目卷二十四

經部二十四

禮類存目二

批點檀弓二卷 兵部侍郎紀昀家藏本

舊本題宋謝枋得撰。枋得字君直，號疊山，信州弋陽人。寶祐四年進士，宋末爲江東制置使。臨安破後，即弋陽起義兵。兵潰後遁迹浦城。元福建行省魏天佑迫脅送燕京，遂絶食而卒。事蹟具宋史忠義傳。是編莫知所自來。明萬曆丙辰，烏程閔齊伋始以朱墨版刻之。齊伋序稱得謝高泉所校舊本，亦不言謝本出誰氏。書中圈點甚密，而評則但標章法、句法等字，似孫鑛等評書之法，不類宋人體例。疑因枋得有文章軌範，依託爲之。又題「楊升庵附注」，而與慎檀弓叢訓復不相同。據齊伋序，稱：「彙注疏、集注、集説諸書，去其繁而存其要，以著於簡端。」則齊伋之所加，非慎原注也。蓋明季刊本，名實舛互，往往如斯矣。

月令七十二候集解一卷 通行本

舊本題元吴澄撰。其書以七十二候分屬於二十四氣，各訓釋其所以然。考禮記月令本無七十二候之説，逸周書時訓解乃以五日爲一候。澄作禮記纂言，亦引唐月令分著五日一候之義，然不聞更有此書。其説以經文所記多指北方，非南方之所習見，乃博考説文、埤雅諸書，兼訪之於農牧，著爲此編。然考證名物，罕所發明。又既以螻蟈爲土狗，又載鼫鼠五技之説，自相矛盾。既以虹爲日映雨氣，又引虹首如驢之説，兼採雜書，亦乖解經之法。疑好事者爲之，託名於澄也。

檀弓叢訓二卷　浙江汪啓淑家藏本

明楊慎撰。慎字用修，號升庵，新都人。正德辛未進士第一，授翰林院修撰。以諫大禮，謫戍滇中。事蹟具明史本傳。此本前有慎自序，後有永昌張含跋。蓋慎在滇中，採鄭、孔、賀、陸、黃、吳諸家注義，以補陳澔集傳所未備。然如胡寅以檀弓爲曾子門人，與子思同纂修論語，魏了翁又斷爲子游門人。此書既單行，何得於著書之人略而不敘，但引孔疏數言，無所訂正。又言思爲子游之子，注復遺之。至大夫遣車五乘，與周官典命之文不合者，亦未置一語。蓋邊地無書，姑以點勘遣日，原不足以言詁經也。

就正録禮記會要六卷　浙江巡撫採進本

明宗周撰。周字維翰，興化人。嘉靖辛卯舉人，官至馬湖府知府。是編於先王之制、先聖之言多以意斷制，懸定是非。其意皆不考於古，其體亦近於語録，頗不雅馴。

禮記明音二卷　浙江巡撫採進本

明王覺撰。覺，江陰人。江南通志作武進人。嘉靖辛丑進士。書末有南京禮部郎中巴郡劉起宗跋，稱「溝東王子」。溝東蓋其別號也。是書大抵據陳澔集説，專標字音，因書而及其義，因聲而及其形。

其所引諸書，删節詳略，初無體例，亦間有不著出典者。雖於訂正俗讀，不爲無功，要亦鄉塾課蒙之本而已。

禮記集説辨疑一卷

浙江鮑士恭家藏本

明戴冠撰。冠字章甫，長洲人。以選貢授紹興府訓導。是書所論，凡曲禮六條，檀弓九條、王制三條、曾子問二條、文王世子一條、禮器一條、郊特牲一條、内則五條、玉藻二條、大傳一條、少儀一條、喪大記二條、祭義一條、表記一條、緇衣一條，蓋未竟之書也。嘉靖丁未，陸粲刊冠所作濯纓亭筆記，附載於末。然筆記爲雜説，而此書究爲經解。今仍析爲二，各著録焉。

禮記集注三十卷

江蘇巡撫採進本

明徐師曾撰。師曾有今文周易演義，已著録。是書以陳澔集説爲未得經義，故别採先儒舊説以爲此注。於鄭、賈注疏間能體會，然訾斥經文者不一而足。如曾子問云：「如將冠子而未及期日，而有齊衰、大功、小功之喪，則因喪服而冠，除喪不改冠乎？孔子曰：『天子賜諸侯大夫冕弁，服於太廟，歸設奠，服賜服，於斯乎有冠醮，無冠醴。』」師曾謂：「齊衰、大小功待除而冠，未爲遲，何必因喪而冠？冠禮三加而醮，冠畢而醴。若諸侯大夫服賜服，不云『三加』，安得有醮而無醴？」遂指二句爲誤，當云「有冠醴，無冠醮」。蓋師曾以儀禮士冠禮之三醮一醴并爲周人一代之制，故謂三醮之時各有醮，冠畢而又醴。今經文既無「三加」，則第當有醴，不當有醮。不知周制三加之時竝無三醮，待冠畢而始一醴耳。其三加、三醮乃殷禮，故經文次在冠畢而醴之後，先本朝而後前代也。士冠禮鄭注、賈疏甚明。此經因遭喪殺禮，故改冠後之一醴爲一醮，自用周制。師曾不考注、疏，誤執殷禮，故有是説。蓋於三禮經義未能融合，僅隨文而生義。宜其説之多誤也。

禮記日録三十卷　浙江巡撫採進本

明黄乾行撰。乾行字玉巖，福寧人。嘉靖癸未進士，官至重慶府知府。是書首有嘉靖乙卯鍾一元序，言乾行「以是經掇科第，拜京秩，膺命相禮衡藩，乃以公之士類」。今觀其書，割裂周禮、儀禮，散綴於禮記之中，不復别識。與朱子經傳通解之例，已大相剌謬。又以小學故實竄入經文，混合爲一，尤爲龐雜。其注或一節附論一篇，或十餘節附論一篇，多牽引道學語録，義皆膚廓。

禮記輯覽八卷　兩淮鹽政採進本

明徐養相撰。養相，睢陽衛籍，鳳陽人。嘉靖丙辰進士。其書蓋爲科舉而設，不載經文，惟以某章某節標目，循文訓釋，不出陳澔之緒論。

禮記要旨補十卷　兩江總督採進本

舊本題戈九疇撰，聞人德行增補。蔡必大序又稱：「古睦守戈公以聞人先生舊所傳要旨版行，先生獨弗是，曰是吾土苴也。因取舊稾改竄補綴，以備一家之言。」據此，則是書始終出德行手，九疇特刊行之耳，與標題殊相矛盾。又朱彝尊經義考載聞人德行禮記要旨補十六卷，又載戈九疇禮記要旨十六卷。戈氏書既載其後，不應聞人氏書先云補，尤爲舛互。此本僅有十卷，而兼題二人之名。其書乃鄉塾講章，每節下綴以破題，最爲猥陋。殆書賈以二家之言合併竄亂，以成此本歟？明季坊本，其不足信類如此，不足深詰也。九疇字雨泉，錦衣衛人，嘉靖己未進士。據蔡必大序，其官爲嚴州府知府。德行字越望，餘姚人，嘉靖戊戌進士。據吕本序，其官乃由翰林外謫。其詳則均不可考矣。

禮記中説三十六卷　内府藏本

明馬時敏撰。時敏字晉卿，陳留人。隆慶中貢生。是編不載經文，但如坊刻時文題目之式，標某章某節，而敷衍其語氣。其名「中説」者，謂折衆説而得其中也。然大旨株守陳澔集説，未見其折中者安在。

禮記新義三十卷　江西巡撫採進本

明湯三才撰。三才字中立，丹陽人。朱彝尊經義考敘其書於王翼明、趙宧光之前，蓋隆慶、萬曆間人也。前有其子道衡序。其書與先儒傳注多所牴牾，如解「純素」，謂「純」字不當讀「準」；解「負劍辟咡」，謂「負劍」爲長者背負童子，皆不可爲訓。惟於名物度數偶有考證，間或可備一解耳。

禮記疑問十二卷　浙江巡撫採進本

明姚舜牧撰。舜牧有易經疑問，已著録。是書依文訓義，多作語録之體。間有新説，則多與經義違背。如曲禮：「爲人子者，父母存，冠衣不純素。孤子當室，冠衣不純采。」鄭氏注：「純，緣也。」

玉藻曰：「縞冠玄武，子姓之冠也。縞冠素紕，既祥之冠也。」深衣曰：「具父母，衣純以青。孤子，衣純以素。」訓最明晰。舜牧乃云：「論語：『麻冕，禮也，今也純，儉。』此『純』字亦將作飾緣解乎？」是併字義未及詳攷，而漫與鄭、孔爲難也。

檀弓輯注二卷　浙江巡撫採進本

明陳與郊撰。與郊字廣野，海寧人。萬曆甲戌進士，官至太常寺少卿。是書惟解檀弓上、下二篇。於鄭注全録，於孔疏則删繁存簡，謂之「疏略」。其陳澔諸家之説，則分行附書，各略以己意爲論斷。所論如檀弓名篇取首二字，不從正義非門徒而達禮之説；「孔子少孤」一條，釋「其慎也」即如字，謂「必誠必信曰慎」，不從鄭氏改「慎」爲「引」之訓，皆有可取。然於喪禮異同，反無是正，未免舉小而遺大耳。

檀弓述注二卷　浙江巡撫採進本

明林兆珂撰。兆珂有詩經多識編，已著録。是書集鄭注及諸家之説而斷以己意。如「二三子羣居則絰」，辨鄭注以爲朋友之非；「速貧」「速朽」取方希古之言，以爲傳者之謬，皆爲有見。惟經文加以評點，非先儒訓詁之法。如王廷相論「立後」「笄榛」與王應麟考證「蒼梧」之類，皆事關經義，而轉與論文剩語列在上方，亦非體例也。

禮記通解二十二卷

浙江汪啓淑家藏本

明郝敬撰。敬有周易正解，已著録。言禮記者當以鄭注爲宗。雖朱子掊擊漢儒，不遺餘力，而亦不能不取其禮注。蓋他經可推求文句，據理而談，三禮則非有授受淵源，不能臆揣也。敬作此注，於鄭義多所駁難，然得者僅十之一二，失者乃十之八九。如謂「未仕者不税人」，「税」當爲「襚」；「國君七个，遣車七乘」，「个」字同「介」；月令「冬祀行」是祀井，非祀道塗之行，若祀道塗，則祀土矣；又謂「鄉人禓」是祖禓相逐，不讀爲「陽」，鄭訓爲「强鬼」，非也；又謂「動乎四體」爲人之四體，非龜也。凡此之類，有前人已言者，亦有自立義者，固足以匡鄭氏之誤。至於曲禮「葱渿處末」，鄭訓「渿」爲熟葱，本自不誤。蓋上文有膾、炙，有醯、醬。膾爲細切之肉，腥細者爲膾，炙爲炮肉，皆二物也。葱、渿分生熟，亦承上二物而來。而敬引「井渫不食」，謂「渿」即「渫」字，通爲「屑」，蓋葱屑也。考之爾雅、説文、玉篇、廣韻諸書，古無訓「渿」爲「屑」者也。又謂：「『醆酒涚于清，汁獻涚于醆酒，猶明清與醆酒于舊澤之酒』，本以茅泲醴盛於醆，和之以水，加鬱金汁以獻，如今人以水和飲陳酒之類。『舊澤』謂舊酒醲厚如膏澤。鄭援周禮，謂明酌爲事酒，醆酒爲盎齊，清爲清酒，汁獻作汁沙，舊澤當作舊醳，皆誤。」今詳推鄭義，皆援據精詳，無可駁詰。敬乃以意更易，徒形臆斷。又謂：「襲上有衣，不宜又加以裼，多衣則累，古義不明。」不知錦在裘上，上有絅衣，經典分明，何可居今而議古？又謂「孚尹」，孚爲信，尹爲割，鄭作「浮筠」者非。

不知玉之浮光旁達，猶誠信之及人，若第訓「孚」爲「信」，則下文固有「信」字在，豈非重文累句乎？大抵鄭氏之學，其間附會讖文以及牽合古義者，誠不能無所出入，而大致則貫穿羣籍，所得爲多。魏王肅之學百倍於敬，竭一生之力與鄭氏爲難，至於僞造家語，以助申己説。然日久論定，迄不能奪康成之席也。敬乃恃其聰明，不量力而與之角，其動輒自敗，固亦宜矣。

禮記新裁三十六卷　浙江巡撫採進本

明童維巖撰。維巖字叔嶷，錢塘人。其書但標舉題目，詮發作法。蓋鄉塾課本，專爲制義而設者。

檀弓原二卷　浙江吴玉墀家藏本

明姚應仁撰。應仁字安之，徽州人。是編取檀弓上、下二篇，删節陳氏集説，益以諸家評注，而參以己意，亦往往失之臆斷。如「何居」之「居」，謂不應音「姬」，當作「何處」講，則併不知古義。又「君子有終身之憂，故忌日不樂」，蓋以喪期有限，而思慕無窮，故於此日戒之終身。而應仁謂：「一日不足以概終身，唯曾子不忍食羊棗，謂之日日忌。」尤曲説矣。

禮記説義集訂二十四卷　浙江吴玉墀家藏本

明楊梧撰。梧字鳳閣，一字嶧珍，涇陽人。萬曆壬子舉人，官青州府同知。是書不載經文，但如時文題目之式，標其首句，而下注曰幾節。大旨以陳澔禮記集説、胡廣禮記大全爲藍本，不甚研求古義。如鄭注釋「曾子弔於負夏」一條，謂「填池」當作「奠徹」。胡氏詮謂池以竹爲之，衣以青布，所謂「池視重霤」者。填者縣也，魚以貫之，謂將行也。與鄭大異。而此書但云「填池」當作「奠徹」，不言本自康成，亦不復考訂同異。又如「孺子𪏆」一條，論設撥之制，謂設撥是設置撥榆沈之人。蓋以榆性堅忍，所謂「不剝不木，十年成轂」者，性沈難轉，故設撥以撥輴。其説本諸陸佃，與鄭注讀「撥」爲「拂」者迥殊，亦不題出陸名及參校鄭義。凡此之類，不可勝數。蓋鈔撮講章，非一一採自本書，故不能元元本本，折衆説之得失也。

禮記纂注三十卷 浙江汪啓淑家藏本

明湯道衡撰。道衡字平子，丹陽人。萬曆丙辰進士，官全僉都御史，巡撫甘肅。其父三才嘗作禮記新義三十卷，已著於録。此本乃道衡居憂之時，自採陳澔集説、徐師曾集注，掇其所長，裒爲一編，而以己所偶得附載書之下方，故名纂注。與新義截然二書，卷首標題亦不名新義。而李維楨、胡士容二序皆稱曰禮記纂注新義，竟合兩書而一之，殊爲舛誤。朱彝尊作經義考，但載三才書，而不及此書，殆亦誤以爲一也。獨是刊書之時，道衡尚在，不應不一視維楨、士容之序，遽授之梓。此則理所不可解耳。

禮記手書十卷 副都御史黄登賢家藏本

明陳鴻恩撰。鴻恩，黄岡人，萬曆中舉人。此書成於崇禎癸未，乃鄉塾課蒙之本。

檀弓通二卷　浙江吴玉墀家藏本

明徐昭慶撰。昭慶有考工記通，已著録。此編亦取便於初學，體例與所解考工記同。其釋「曾子易簀」一章，謂寢簀無定制，不過大夫華而士樸。案古制流傳，雖不可悉考，然以席之重數與夫粉純、黼純之異及車旂衣服之别推之，則大夫、士之簀亦必有辨。既明曰大夫之簀，則簀爲大夫之制明矣，不必好立異説也。

禮記意評四卷　浙江巡撫採進本

明朱泰貞撰。泰貞字道子，海鹽人。萬曆丙辰進士，官至監察御史。漢儒説禮，考禮之制。宋儒説禮，明禮之義，而亦未敢盡略其制。蓋名物度數，不可以空談測也。泰貞此書乃棄置一切，惟事推求語氣。某字應某字，某句承某句，如場屋之講試題，非説經之道也。

説禮約十七卷　安徽巡撫採進本

明許兆金撰。兆金字丙仲，餘姚人。天啓中貢生，官弋陽縣知縣。是書乃坊刻講章，於名物制度絶無考證。其注王制有曰：「三命玄，再命絺。」考周禮「孤四命絺冕」，非「再命」也。如此者比比而是，亦太疎舛矣。

禮記敬業八卷　江蘇周厚堉家藏本

明楊鼎熙撰。鼎熙字緝菴，京山人。崇禎庚午舉人。是書專爲舉業而作，徑以時文之法詁經。又刪去曾子問、明堂位、喪服小記、喪大記、奔喪、問喪、間傳、三年問、喪服四制九篇。宋人禮部韻略凡字出喪禮者不載，已爲紕謬，然未敢删經也。至明代而喪禮不命題，士子亦遂棄而不讀。如鼎熙輩者，汩於俗學，乃併經文去之。時文盛而經義荒，此亦一驗矣。宋人亦以檀弓爲喪禮，故「何居」之「居」，韻略不載，楊伯喦九經韻補欲增之。此篇獨有檀弓，蓋以坊選古文多録之，以爲有資於八比，故不敢去也。

讀禮記略記四十九卷 浙江巡撫採進本

明朱朝瑛撰。朝瑛有周易略記，已著録。是書以一篇爲一卷，每段之下附以注，無注亦存經文。其研究典物，有裨於實義者僅十之一，餘皆詮釋文句而已。至於「三年一禘，五年一祫」之說，謂不可信，考證尤疏。惟前有三禮總論，言異同之故，乃頗有可採。

檀弓評二卷 江蘇巡撫採進本

明牛斗星撰。斗星字杓司，杭州人。是編每章皆摘録陳澔集說，而以評語載於上闌。如唐韓愈、宋謝枋得、元吴澄、明楊慎、茅坤諸家悉採入之，而謝氏之說獨多。

禮記提綱集解四卷 山東巡撫採進本

國朝邱元復撰。元復字漢標，號嵋菴，諸城人。是書不列經文，但如時文之式，標某章某節題目，隨文衍義，以陳氏集說爲主。蓋經生揣摩弋獲之本也。前有李焕章序。焕章以淹通名，未必肯序此書，或託名歟？

禮記疏略四十七卷　河南巡撫採進本

國朝張沐撰。沐有周易疏略，已著録。沐於易、詩、書、春秋皆有完書。此經則但有禮運、禮器、樂記、學記四篇。其餘乃武進王渭、登封馮五典、上蔡李範世及其從子煓所分注，而沐總其成。書内又有張燧、張烒所注者。内則一篇，則又全用陳澔注。龐雜湊泊，無復體例。自序謂：「他經皆疏略，五經闕一不可。」又謂：「耄矣倦於勤，不得已，會同志而屬之以分注。」云云。夫詁經本著所心得，何必務取足數乎？

禮記惜陰録八卷　兩江總督採進本

國朝徐世沐撰。世沐有周易惜陰録，已著録。是書合曲禮、檀弓、雜記各爲一篇，删古本上下之目。大學、中庸二篇則仍從古本全録，以成完書。每篇之首各注其大意，每篇之末各評其得失。所注多襲陳澔之文，而簡略彌甚。如月令：「是月也，天子乃以元日祈穀于上帝，乃擇元辰，天子親載耒耜，措之于參保介之御間。」世沐釋「元日」曰「上辛」，釋「元辰」曰「郊後吉日」。今考正義：「甲乙丙丁等謂之日，郊用上辛，故云『元日』。子丑寅卯等謂之辰，耕用亥日，故云『元辰』。」蔡邕獨斷曰：「青帝以未臘卯祖，赤帝以戌臘午祖，白帝以丑臘酉祖，黑帝以辰臘子祖，黄帝以辰臘未祖。」是皆祭之用元辰，與用元日異者也。今世沐知元日爲上辛，而不知元辰之爲亥日，但云郊後吉日，是併未考正義也。又月令：「令百工審五庫之量。」世沐云：「庫門設此五庫。」今考玉海引三禮義宗曰：「因其近庫，即以爲名，非即於庫門設此五庫也。」周書作雒篇「應門庫臺元闕」，蓋謂庫門亦爲臺門之制。公羊傳注：「禮，天子、諸侯臺門外闕兩觀，諸侯内闕一觀。」此兩觀、一觀之地，豈遂以爲可設五庫乎？又玉藻曰：「日中而餕，奏而食。」世沐云：「疑朝食無樂，至日中餕餘，乃用樂勸飫。」今考膳夫曰：「王日一舉鼎，十有二物皆有俎，以樂侑食。卒食，以樂徹于造。」此非謂餕餘之食也，而侑食皆有樂，故玉藻孔疏曰：「言餕餘之時，奏樂而食。」餕尚奏樂，即朝食奏樂可知。此義甚顯，而世沐疑其無樂，疎矣。觀其自序，世沐手録此稾時，年七十四矣，可謂耄而好學，而其書如是。蓋講學家之談經，類以訓詁爲末務也。

禮記偶箋三卷

浙江巡撫採進本

國朝萬斯大撰。斯大有儀禮商，已著録。是書與所爲學禮質疑相表裏，皆欲獨出新義，而多不能自通。如謂士喪禮所云「乘車」「道車」「藁車」即是遣車，則士亦有遣車，鄭注謂「士無遣車」，誤。又謂牲體不載於遣車。今考雜記：「遣車，疏布輤，四面有章。」注：「輤其蓋也。四面皆有章蔽，以陰翳牢肉。」而既夕記「薦乘車，鹿淺幦，干、笮、革靾，載旜，纓、轡、貝勒縣于衡」。但稱「鹿幦」，則僅覆式之章，而無四面之章可知。又凡喪車之有輤者，經文必特著之。雜記曰：「其輤有裧，緇布裳帷。」又曰：「大夫以布爲輤。」又曰：「士輤蒲席以爲裳帷。」其於遣車，亦特著曰布幦。士喪禮經文於乘車詳及幦、笮、鞴、旜及纓轡、貝勒之細，而不著幦及四面之章，則異於遣車明矣。又士喪禮：「乘車載皮弁，道車載朝服，槀車載蓑笠。」而雜記曰：「遣車疏布幦，四面有章，置于四隅，載粻。」蓋載牲兼載粻也，與載皮弁、朝服、蓑笠不同。乃斯大謂遣車載粻而不載牲，烏知載皮弁、朝服之車又豈容兼載粻乎？又鄭注「置于四隅」，謂以此遣車置于椁之四隅。故周禮巾車云：「大喪飾遣車。」鄭亦云：「使人以次舉之，以如墓。」蓋遣車小，故可以人舉之，置諸椁中。即斯大亦信其説。若士喪禮之乘車、道車、槀車，賈疏云：「此三車皆當有馬，故有纓、轡、勒。」則非人力之所能舉而椁之所能容也，與遣車安得合而爲一？檀弓曰：「諸侯七个，遣車七乘。大夫五个，遣車五乘。」是遣車載牲之明證。乃斯大謂「个」與「介」通，七乘、五乘乃視七介、五介之數。今考雜記曰：「遣車視牢具。」注：「言車多少各如所包遣奠牲體之數也。遣奠，天子太牢包九个，諸侯亦太牢包七个，大夫亦太牢包五个，士少牢包三个。大夫以上，乃有遣車。」據此，則雜記所云「牢具」，即檀弓所云「七个」「五个」。惟遣車載牢具，故其數視牢具。其牢具有七个、五个，故檀弓有七乘、五乘。斯大乃謂遣車不載牲，於檀弓、雜記顯相刺謬。特牲禮曰：「佐食盛肵俎，俎釋三个。」鄭注：「个猶枚也。」有司徹曰：「乃摭於魚腊俎，俎釋三个。」士虞禮曰：「舉魚腊俎，俎釋三个。」少儀曰：「太牢則以牛左肩臂臑九个。」是「个」爲牲體，諸經鑿鑿。斯大於檀弓乃廢「个」之正文而從「介」之借讀，影響甚矣。斯大又謂雜記「大夫三月而葬，五月而卒哭；諸侯五月而葬，七月而卒哭；大夫以上間月卒哭」。若亦間日虞，則終虞與卒哭相去日遠，於檀弓所言「必于是日也接」不合。大夫以上，初虞皆是葬日，自後或間五日，或七日，或九日。今考檀弓曰：「其變而之吉祭也。比至於祔，必於是日也接，不忍一日末有所歸。」注曰：「有所用接之處，禮所謂他用剛日也。」賈疏喪服小記：「赴葬者，赴虞，三月而後卒哭。彼據士禮而言，速葬速虞而後，卒哭之前，其日尚賒，不可無祭，謂之爲變。大夫以上依時葬及虞者，後卒哭雖遠，其間不復祭。」據此，則大夫以上虞與卒哭異月，本是常禮，爲赴葬、赴虞者設，竝不爲大夫以上虞、卒哭異月設也。然則虞、卒哭不相接，於大夫以上何嫌哉？檀弓曰：「葬日虞，弗忍一日離也。」故再虞、次虞，止間日一舉。若間五日、七日、九日一舉，則與弗忍離之意太遠。又喪服章：「大功三月，受以小功衰，即葛九月者。」注：「凡天子、諸侯、卿、大夫既虞，士卒哭而受服。正言三月者，天子、諸侯無大功，主於大夫、士也。」據此，大夫於虞訖受服，經明云三月受服，則大夫之卒哭自在五月，而初虞自在三月明矣。斯大謂大夫以上虞必與卒哭之日相接，因延虞期以下就卒哭之月，殊屬臆測。又斯大謂魯有周廟，即頖宮也。魯立頖宮之學，以后稷爲先聖，文王爲先師。後人因頖宮祀文王，故以周廟爲文王之廟。今考文王世子：「必釋奠于先聖、先師。」鄭注：「先聖，周公若孔子。」又曰：「凡學，春官釋奠于先師。」鄭注周禮曰：「凡有道有德者，使教國子，死則以爲樂祖，祭于瞽宗。」此先師之類也。斯大謂魯頖宮以后稷爲先聖、文王爲先師，未之前聞也。

又考襄公十二年傳曰：「吴子壽夢卒，臨于周廟，禮也。凡諸侯之喪，異姓臨于外，同姓于宗廟，同宗于祖廟，同族于禰廟。是故魯爲諸姬臨于周廟，爲邢、凡、蔣、茅、胙、祭臨于周公之廟。」杜注：「宗廟，所出王之廟。」又考檀弓：「兄弟吾哭諸廟。」若頖宫，則鄭禮器注所謂「郊之學」也。爲同姓哭臨，不應在郊學，則周廟非頖宫明矣。昭十八年傳：「鄭使祝史徙主祏於周廟。」豈亦曰頖宫乎？是其尤不可通者也。其他若謂周每年時祭皆祫；儀禮覲禮與曲禮「天子當宁而立曰朝」，本是一禮；深衣十二片，四片屬於内衽，四片屬於外衽，其誤已於所爲儀禮商、學春秋隨筆、黄宗羲深衣考中辨之。至謂祭天之圜丘即覲禮之方明壇，則尤駭見聞，不足深詰已。

曾子問講録四卷　浙江巡撫採進本

國朝毛奇齡撰。奇齡有仲氏易，已著録。是書載許轍以下諸人質問之辭，而各爲之答。大抵掊擊鄭注、孔疏，獨標己見。其中決不可通者，如經文：「壻免喪，女之父母使人請，壻弗取，而後嫁之，禮也。女之父母死，壻亦如之。」孔疏曰：「女之父母已葬，壻家使人請，女家不許，壻然後别取，禮也。」蓋孔氏以女家不許而男别取，與男家不許而女别嫁，互文見義。奇齡則謂壻辭婚後，女家復請重理前説，而男家反故以餘哀未忘，弗敢即取，然後女家徐徐嫁之。謂仍嫁此壻，弗别嫁也。殆因何孟春餘冬序録深疑此記之有譌，故奇齡解以此説。然案之經文，全不相合。夫讀古人書，當心知其立言之意，而不可拘滯於其辭。禮記此文，蓋爲届婚期而遭喪者，男或以中饋之乏主，不能待其女免喪，而先議別取；女或以摽梅之過期，不能待其壻免喪，而先議別嫁。故聖人明爲之制，使必待三年免喪而後請。明未三年免喪以前，不容有異説也。使必待壻不取而後別嫁，必待女不嫁而後別取，明苟非壻不取、女不嫁，則斷無別嫁、別取之理也。然則所謂壻不取、女不嫁者，乃充類至義之盡，要以必無之事，猶晉文公曰「待我二十五年而後嫁」耳。何必作是曲説哉？況左傳載齊桓公出蔡姬，蔡人嫁之。魏犨以嬖妾屬其子曰：「必嫁之。」則嫁之爲別嫁，明矣。何得解爲仍嫁此壻，弗別嫁也？是皆横生臆見，殊不可從。惟謂「三月廟見」爲廟見舅姑，謂「除喪不復昏」爲不復行昏禮數條，尚能恪守經文注義，不爲譎變之説耳。

禮記詳説無卷數　河南巡撫採進本

國朝冉覲祖撰。覲祖有易經詳説，已著録。其自序謂明太祖時專以注疏衡士，及成祖始用陳氏集説。考元史選舉志，仁宗皇慶中，已以禮記注疏取士，不始於明。覲祖考之未審也。其書於注疏録十之五，兼採衛湜、吴澄、郝敬及諸家之説，大旨取足與陳澔集説相發明者。自序謂：「坊本諸講，其標宗旨、剔字句、順口吻、聯脈絡，化板爲圓，亦足醒人心目。故編檢而分載之，附先儒後。」則其作書之旨，大略可知已。

禮記章義十卷　浙江巡撫採進本

國朝姜兆錫撰。兆錫有周易本義述藴，已著録。是書大意謂禮記由漢儒掇拾而成，章段繁碎，説者往往誤斷誤連，當分章以明其義，故曰「章義」。其説謂如曲禮「姑、姊、妹、女子子已嫁而反」，當通下父子、兄弟二條爲章，「儗人必於其倫」，當通下君、大夫、士、庶各條爲章。又有本非一篇而牽合爲篇者，如經解之「天子」以下，聘義之「問玉」之屬。有簡篇互錯者，如射義篇首之「射必先燕」節，當是領起燕義、鄉飲酒義之總辭；燕義篇首之「秋合諸射」節，當是領起射義之辭。逐條討論，時有所見。至於孔氏之「不喪出母」及「降婦人而後行禮」諸條，皆徵引儀禮，以駁前人之謬，亦間有考證。較之陳澔所注，固爲稍密，而大致循文推衍者多。如檀弓：「子張死，曾子有母之喪，齊衰而往哭之。」此自孔子没後之事。兆錫乃注曰：「豈其未聞教之初則然歟？」是未詳子張少孔子四十八歲也。疎略如是，而動輒排擊鄭、孔，談何容易乎？

校補禮記纂言三十六卷　江西巡撫採進本

元吴澄原本。國朝朱軾重訂。澄有易纂言，軾有周易傳義合訂，皆已著録。是書篇目、注釋，一仍原刻。惟軾有所辨定發明者，以「軾案」二字爲別，附載於澄注之末，然不及十分之一二。其中間有旁涉他文者。如注曲禮「左青龍而右白虎」一節云：「軾案此節，一首絶好古詩。『急繕其怒』四字，摹寫入神。予嘗閲兵，壁壘森嚴，旌旗四帀，中建大纛，鼓停金靜，寂無人語。已而風動大纛，如驚鴻乍起，急不可引；又如雷聲，山鳴谷應，奔濤駭浪，澎湃衝擊。乃知『急繕其怒』四字之妙。」殆偶有所見，即筆於書，後來編録校刊之時失於删削歟？

戴記緒言四卷　浙江巡撫採進本

國朝陸奎勳撰。奎勳有陸堂易學，已著録。是書大旨以禮記多出漢儒，不免有附會古義之處，而鄭康成以下諸家，又往往牽合穿鑿以就其説。乃參考諸經，旁采衆説以正之。每篇各以小序爲綱，而逐字逐句條辨於後。然自信太勇，過於疑經疑傳，牽合穿鑿，亦自不能免也。

禮記類編三十卷　浙江巡撫採進本

國朝沈元滄編。元滄字麟洲，仁和人。康熙丁酉副榜貢生。以修書議敘，官文昌縣知縣。是書取禮記四十七篇分類排纂，先五典，次五禮，而冠以通論、廣論。通論兼禮、樂，廣論分敬、仁、行、學、治、政六條目。末附諸禮儀節。如曲禮「毋不敬」至「樂不可極」數語，列於廣論「敬」之首；「賢者狎而敬之」至「直而勿有」數語，列於廣論「行」之首；「夫禮者所以定親疎」至「貧賤而知好禮，則志不懾」數段，列於開卷通論「禮」之首，頗爲繁碎。自序云：「割截經文，各依門類，先儒有行之者。」且謂：「此書非誦習之書，而考索之書也。誦習則檀弓有檀弓之文，緇衣有緇衣之文。考索則曲禮有内則之事，内則有少儀之事。」云云。其書蓋取檢閲之便，然而經文變爲類書矣。

學禮闕疑八卷　河南巡撫採進本

國朝劉青蓮撰。青蓮字華岳，襄城人。是書皆補正陳澔禮記集説之謬漏，凡有所辨定者咸著於篇，其無所疑者則不載焉。始於雍正戊申，至乾隆己未，僅成七卷，自曲禮至奔喪篇止。末一卷則其弟青芝所續成也。其駁陳氏之誤者，如「入臨不翔」，集説「臨，哭也」，青蓮則引周禮注「以尊適卑曰臨」以駁之，謂「臨」當解作「莅」；「禮不下庶人」，集説從黄氏之誤續「大夫撫式，士下之」之下，此謂先儒俱合下「刑不上大夫」爲一節，辭句對屬，皆頗有所據。其拾陳氏之遺者，如「黄冠草服」及「好田好女者亡其國」，集説俱云未詳，此引周禮注及先儒舊説以補之，亦多可取。然詳於議論，而略於考據，又時時横生臆説。如以喪服之「免」爲明之綱巾，與吴廷華之以「免」爲即今之襯冠，同一杜撰也。

檀弓論文二卷　兩江總督採進本

國朝孫濩孫撰。濩孫字邃人，高郵人。雍正庚戌進士，官至監察御史。是書專論檀弓之文，故圈點旁批，以櫛疏其章法、句法之妙。每章之下復綴以總評，亦附注其文義。其凡例謂：「檀弓有益舉業，凡制義中大小題格局法律無一不備。」是爲時文而設，非詁經之書也。

禮記章句十卷　江蘇巡撫採進本

國朝任啓運撰。啓運有周易洗心，已著録。是編前有康熙戊戌自序，蓋其未通籍時所輯也。案禮記諸篇之分類，自劉向别録首肇其端。如以内則屬子法，文王世子屬世子法，曲禮、少儀、王制、禮器、玉藻、深衣屬制度之類，今孔疏篇目猶備載之。其後魏有孫炎，復改易舊本，以類相從。而唐魏徵亦以戴記綜彙不倫，更作類禮二十篇，上之祕府。其書今皆不傳。至宋朱子，嘗與吕祖謙商訂三禮編次，欲取戴記中有關於儀禮者附之經，其不係於儀禮者仍别爲記，其大綱存於文集。而晚年編次儀禮經傳通解，則其條例與前所訂又有不同。元吴澄作三禮敘録，别投壺、奔喪補儀禮之經，冠、婚、鄉飲、燕射、聘義爲儀禮之傳。其餘三十六篇，爲通禮者九，爲喪禮者十有一，爲祭禮者四，爲通論者十二。此則啓運是書之所本也。然啓運之意，則以朱子經傳通解一書中喪、祭二禮續諸黄氏，其於禮記不爲完書。而僞本吴澄考注，分合增減，尚多未安。惟國初芮城所定三十八篇，名禮記通識。其條分規合，遠過僞吴氏本。然於啓運之意，猶有異同。因復更其後先，補其闕略，定爲四十二篇。以大學、中庸冠於首，明倫、敬身、立政次之，五禮又次之，樂又次之，通論又次之。其移易章次，如深衣篇全附入玉藻内，而又取少儀之句以附之；服問篇全附入小記内；檀弓則分其半合諸問喪、三年問、間傳、喪服四制而總謂之喪義；郊特牲則分其半入禮器篇内，而其半分入冠、昏、祭義。其餘補附參合，或章或句，尚非一處。蓋與劉向别録之以全篇分類者，大不同矣。

禮記彙編八卷 浙江吴玉墀家藏本

國朝王心敬撰。心敬有豐川易説，已著録。是編取禮記四十九篇，自以己意排纂，分爲三編。上編首孔子論禮之言，曰聖賢訓拾遺，次以大學、中庸，又次以曾子拾遺、諸子拾遺，又次以樂記。中編括記中禮之大體，曰諸儒紀要，次以月令，又次以王制，又次以嘉言善行。下編聚列記中瑣節末事及附會不經之條，曰紀録雜聞。其意蓋欲别勒一經，踞漢儒之上。然自孫炎以來弗能也，況心敬乎？

附録

夏小正解一卷　江西巡撫採進本

國朝徐世溥撰。世溥字巨源，新建人。前明諸生。是編總題曰榆墩集選，蓋其集中之一卷也。其注「鳴蜮」曰：「凡釋者，貴以邇言土名通之。」釋「扎」以「寧縣」，釋「蜮」以「屈造」，是猶釋「荇菜」以「接余」，彌令人不可解矣。其注「匽之興，五日翕，望乃伏」曰：「六字以爲『夏五』可也。」是亦不務奥僻，不尚穿鑿之旨。然注「爽死」以爲爽鳩祭鳥，恐古文雖奥，不至此。解「俊風」爲俊美之風，是又未考尚書大傳「時有俊風，俊者，大也」之文，而以意解之矣。

夏小正注一卷　編脩勵守謙家藏本

國朝黄叔琳撰。叔琳有硯北易鈔，已著録。夏小正一書，原載大戴禮中，自隋志始別爲一卷。宋傅崧卿始分別經傳而爲之注。朱子沿用其例，稍加考定，附於儀禮經傳通解中，而未言所本。元金履祥亦未見傅氏之書，遂以爲朱子舊本，採附通鑑前編「夏禹元年」下，而句爲之注，與傅頗有異同。國朝濟陽張爾岐合輯傳、注爲一編，附以己説。叔琳以傳、注多相重複，乃汰其繁蕪，以成是注，亦以己説附之。其稱「傳」者，大戴禮之文，其稱「注」者，履祥之説，注中稱「張氏曰」者，爾岐説，稱「案」者，叔琳説也。其中如改「種黍菽糜」作「菽糜」，而下「菽糜」作「菽糜」；「鹿人從」，引易「即鹿從禽」；「丹鳥、白鳥」，不主螢火、蝙蝠及蚊蚋之説；以「匽」

爲蟬、以「納卵、蒜」爲二物，皆與舊説不同。至「鳴蜮」，傳中「屈造之屬」，引淮南子「鼓造」之文，謂爲蝦蟆，則牽合甚矣。

大戴禮删翼四卷

江蘇巡撫採進本

國朝姜兆錫撰。是編節録大戴禮記而自爲之注。其孫奭跋其後曰：「『删翼』者，因舊本而删其繁冗，翼其義理者也。删其繁冗，如保傅篇删去『魏公子無忌』等文，翼其義理，如禮三本篇據荀子『利爵』以正『利省』之誤是也。有注在家語而從略者，如王言、五義、五帝德、盛德等篇是也；有注在禮記而從略者，如哀公問、禮察、曾子大孝、朝事、投壺等篇是也；有注在儀禮外編而略互見其義者，如夏小正、武王踐阼等篇是也；有舊文無注而箋解者，如曾子立事、本孝、制言、天圓與少間、本命等篇是也。」其述兆錫之意頗悉。然古書存者僅矣，翼可，删不可也。

夏小正詁一卷

浙江巡撫採進本

國朝諸錦撰。錦有毛詩説，已著録。是編解夏小正之文。或採他説，或出己意，欲仿鄭玄之説檀弓，注簡於經，故所注最略。然頗斷以臆見。如正月「雉震呴」，此自感陽氣而震動。舊解謂「雷在地中，人不聞而雉聞之」，已爲穿鑿。錦乃斷「雉」爲一句，「震」爲一句，「呴」爲一句，意訓震爲雷。正月安得有雷乎？「雞孚粥」，讀「粥」如字，解爲「祝雞聲」，引韓愈詩「羣雌粥之」爲證。然則二月出「初俊羔，助厥母粥」，亦解「粥」爲祝雞聲乎？古文簡奥，傳寫多譌，固不必一一强爲之辭。必欲盡通之，則不鑿不止耳。

右禮類禮記之屬。四十一部，五百五十四卷。內一部無卷數。附録四部，七卷。皆附存目。

欽定四庫全書總目卷二十五

經部二十五

禮類存目三

禮經奥旨一卷 編修程晉芳家藏本

舊本題宋鄭樵撰。考其文即六經奥論之一卷也。六經奥論本危邦輔託之鄭樵。此更僞中作僞，摘其一卷，别立書名以炫世。曹溶漫收之學海類編中，失考甚矣。

三禮考一卷 内府藏本

舊本題宋真德秀撰。諸家書目不著録，惟曹溶學海類編載之。書止五頁，引程、朱諸儒之説凡九條，條下係以案語。然案語内引元泰定中丘葵更定周禮，又引吴澄三禮考注，德秀何由得見之？其僞不待言矣。

三禮考注六十四卷 兩淮馬裕家藏本

舊本題元吴澄撰。其書據尚書周官篇以改周禮六官之屬，分大司徒之半以補冬官，而考工記别爲一卷。儀禮十七篇爲正經，於大、小戴記中取六篇爲儀禮逸經，取十六篇爲儀禮傳。别有曲禮八篇。然澄作尚書纂言，不信古文，何乃據周官以定周禮？即以澄三禮敘録及禮記纂言考之，所列篇目亦不合。其經義混淆，先後矛盾者，不一而足。虞集作澄墓誌，宋濂元史澄本傳，皆不言澄有此書。

相傳初藏盧陵康震家，後爲郡人晏璧所得，遂掩爲己作，經楊士奇等鈔傳改正。然士奇序及成化中羅倫校刻序皆疑其爲璧所作，則當時固有異論矣。士奇又言：「聞諸長老，澄晚年於此書不及考訂，授意於其孫當，當嘗爲之而未就。」朱彝尊經義考言：「曾購得當所補周官禮，以驗今書，多不合。」又張爾岐蒿菴閒話曰：「愚讀儀禮，偶得吴氏考注，其注皆採自鄭、賈，往往失其端末。其不用鄭、賈者四十餘事。惟少牢篇『尸入正祭』章補入『尸受祭肺』四字爲有功於經，餘皆支離之甚。草廬名宿，豈應疏謬至此？後得三禮考注，序云：『輒因朱子所分禮章，重加倫紀，其經後之記，依經章次秩序，其文不敢割裂，一仍其舊。』今此書則割裂記文，散附經内矣。序又云：『二戴之記，中有經篇，離之爲逸經。禮各有義，則經之傳也。以戴氏所存兼劉氏所補合之而爲傳，傳十五篇。』今此書十五篇則具矣，士相見、公食大夫二篇但採掇禮記之文以充數，求所謂『清江劉氏之書』無有也。至於逸經八篇，序詳列其目，公冠、遷廟、釁廟取之大戴；奔喪、投壺取之小戴；中霤、禘於太廟、王居明堂取之鄭氏注。逸經雖曰八篇，實具其書者五篇而已。其三篇僅存篇題，非實有其書也。今此書大戴明堂列之第二，蓋不知王居明堂之與明堂爲有辨也。三者與序皆不合，其不出於吴氏也審矣。序又云：『正經居首，逸經次之，傳終焉，皆别爲卷而不相紊。此外悉以歸諸戴氏之記。朱子所輯及黄氏喪禮、楊氏祭禮亦參伍以去其重複，名曰朱氏記，而與二戴爲三。本書次第，略見於此。』今此書朱記了不可見，而又雜取二戴之書名爲曲禮者八篇，龐雜萃會，望之欲迷。與所云『悉以歸諸戴氏之記』者又不合。何物妄人，謬誣先儒至此。」云云。然則是書之僞，可以無庸疑似矣。

二禮經傳測六十八卷 原任工部侍郎李友棠家藏本

明湛若水撰。若水字元明，增城人。弘治乙丑進士，歷官南京吏、禮、兵三部尚書。事蹟具明史儒林傳。是編從孔子「曲禮三千，經禮三百」之説，故曰「二禮」。以戴記曲禮附以少儀爲曲禮上經三卷，以儀禮爲下經十七卷，冠義等十六篇爲儀禮正傳十六卷，王制等二十三篇爲二禮雜傳、通傳二十三卷，又别分小戴郊特牲等五篇與大戴公符等四篇爲儀禮逸經傳。每節各爲章旨，標目殊傷煩碎，所注亦皆空談。

廟制考議無卷數 浙江巡撫採進本

明季本撰。本有易學四同，已著録。是書總論凡七義，附録七十七圖。其中如謂：「天子五廟，周加文、武二世室乃七廟。」其説主鄭康成注。惟書咸有一德稱「七世之廟可以觀德」，則似商以前已有七廟。無以爲解，乃謂自太甲逆溯至相土爲七世，所謂「七世之廟」，專指相土。今考魯語曰：「商人禘舜而祖契，郊冥而宗湯。」將觀列祖之德，何遠不及契，近不及湯，而獨舉相土？又考殷本紀，相土以下曰昌若、曰曹圉、曰冥、曰振、曰微、曰報丁、曰報乙、曰報丙、曰主壬、曰主癸、曰湯、曰太丁、曰太甲，自太甲逆溯至相土十四世。而本謂太甲上溯相土爲七世，其説舛謬。蓋緣僞古文尚書之言「七廟」，致生穿鑿。不知呂氏春秋引商書，實作「五世之廟」，無庸如是牽合也。本又謂：「禘非審諦昭穆，惟有功德而廟不毁者，則當禘於所出之祖廟，而以受命之祖配之。長發之詩小序曰：『大禘也。』而述契及相土以至於湯，是特審諦其賢君而以湯配也。」今考魯語曰：「上甲微能帥契者，商人報焉。」祭法曰：「冥勤其官而水死，以死勤事則祀之。」自湯以上，雖微、冥得永列祀典，而未聞商人列諸不毁之廟。今本謂相土有功德而廟不毁，擬於三宗，殊爲疎舛。況相土本在毁廟之列，而長發爲大禘之詩，得及相土，則毁廟、未毁廟之主皆得與矣。此正可以折本之説，而本反引以爲難乎？至謂：「公劉、太王、王季廟皆不當毁，不特文、武。」則益不經矣。本又斥朱子「考妣同祫」之説，謂：「禘祫男主得入，女主不得入，故周公營洛邑，特立文、武廟，父子同廟，而其廟無妣主。」今考春秋僖八年：「秋七月，禘于太廟，用致夫人。」左氏傳曰：「禘而致哀姜焉，非禮也。凡夫人不薨于寢，不殯于廟，不赴于同盟，不祔于姑，則弗致也。」據此，則夫人「薨于寢、殯于廟、赴于同盟、祔于姑」者，皆得以禘致太廟矣，何得云「妣主不得與於禘祫」乎？祭統：「鋪筵設同几，爲依神也」，鄭注：「同之爲言詷也。祭者以其妃配，亦不特几也。」據此，則凡祭皆有配明矣。洛誥：「烝祭歲文王騂牛一，武王騂牛一。」又曰：「王入太室祼。」孔傳曰：「王賓異周公，殺牲精意，以享文、武，皆至其廟親告也。」據云「皆至其廟」，則祭文、武別廟可知，本何得云「父子同廟」？雝詩序：「禘太祖也。」鄭箋：「太祖謂文王。」而其詩曰：「既右烈考，亦右文母。」則明以文母配也，本又何得謂洛邑之文廟獨無文母乎？本又謂：「七廟之制，太祖居中，昭不必居左，穆不必居右。古人以右爲尊，當于太祖廟之東，平行以次而東爲四親廟。」今考廟以昭穆爲左右，雖不見於經，然考周禮冢人曰：「先王之葬居中，以昭穆爲左右。」注曰：「昭居左，穆居右，夾處東西。」則昭穆分左右之明證也，故賈疏即以墓之昭穆推廟之昭穆。今本謂廟之昭穆皆在祖廟之中，又何以解於墓之昭穆別左右乎？又考匠人曰：「左祖右社。」賈疏引祭義注云：「周尚左。」又考桓二年：「取郜大鼎于宋，納于太廟。」何休云：「文家左宗廟，尚尊。」據此，則於王宮之外立祖廟，與社稷既尚左，而立祖廟與羣廟則又尚右，何同一地而所尚頓異耶？真無據之談也。本又謂：「禘祫在太廟，容主多則太廟宜大。高祖以下羣廟，僅容考妣足矣，故其制小。周禮祭僕言『小喪復於小廟』、隸僕言『大喪復於小寢、大寢』是也。」今考閔二年：「夏五月乙酉，吉禘于莊公。」定八年：「冬十月辛卯，禘于僖公。」則春秋禘祭有於羣廟者矣，而未見羣廟之不容多主，則亦未見羣廟之必小於太廟也。周禮言小寢、大寢、小廟非以規制之大小言，特以尊卑言耳，故鄭注但云「高祖以下」「高祖以上」。考工記曰：「廟門容大扃七个，于凡廟之門同。」可以知凡廟之室亦同矣，而何大小之別乎？本又不信商祖契、周祖后稷。今考周語明云：「我太祖后稷之所經緯也。」祭法明云：「祖契而宗湯。」而本不信之，尤荒經蔑古之甚矣。其論歷代廟制，若謂：「漢光武但當立高祖春陵節侯以上四世廟，不當爲宣、元、成、哀立廟。」則明世宗明倫大典之說，時勢所牽，又當別論者也。前明三禮之學，本最著稱，後世儒者往往承其謬説。故舉其最誤者辨之，庶可得其是非之實焉。

三禮纂注四十九卷　兩淮馬裕家藏本

明貢汝成撰。汝成字玉甫，宣城人，嘉靖中官翰林院待詔。其書周禮六卷，主俞庭椿「冬官不亡，散在五官」之説，而變本加厲。不惟移其次第，且點竄其字句，塗改其名目，甚至於别造經文。後附周禮餘二卷，則禮記王制、月令兩篇也。儀禮十六卷，以禮記冠義附士冠禮，昏義附士昏禮，鄉飲酒義附鄉飲酒禮，射義附鄉射禮，燕義附燕禮，聘義附聘禮，服問、三年問、喪服四制、喪服小記四篇附士喪服，問喪、間傳二篇附士喪禮，喪大記附既夕禮，雜記上下、曾子問三篇附士虞禮，祭義、祭統、祭法三篇附有司徹。後附儀禮逸經四卷，則投壺、奔喪、文王世子、明堂位四篇也。儀禮餘八卷，則曲禮上下、内則、少儀、玉藻、深衣、大傳、郊特牲、檀弓上下十篇也。其禮記十二卷，所存者禮運、禮器、經解、哀公問、仲尼燕居、孔子閒居、坊記、表記、緇衣、儒行、學記、樂記十二篇，而大學、中庸不與焉。大抵亦剽朱子及吴澄諸説。其周禮序自稱：「如有用我，執此以往。」蓋襲文中子之言，尤昧於時勢。前有萬曆九年應天巡撫宋儀望序，乃詆賈、鄭諸人「用力愈勤，大義愈晦」，而稱汝成是書「周公復起不能易」，慎之甚矣。

三禮編繹二十六卷 兩淮鹽政採進本

明鄧元錫撰。元錫字汝極，南城人。嘉靖乙卯舉人，萬曆中以翰林待詔徵，未至而卒，事蹟具明史儒林傳。是編以「三禮」爲名，而實非歷代相傳之三禮。一曰曲禮，以禮經所載雜儀細曲者爲經，以表記、坊記、緇衣爲記。二曰儀禮，以十七篇爲經，以射義諸篇爲記。三曰周禮，以周官爲經，而考工記、大戴禮、家語及禮記諸篇不可分入曲禮者，皆彙列於後爲記。句下夾注、音訓頗簡，蓋非所重。其自爲發明者，則大書而附經文下，所謂「繹」也。昔俞庭椿首亂周禮，儒者所譏。朱子作儀禮經傳通解，雖列附禮記，而仍以儀禮爲主，不過引經證經。至吳澄禮記纂言，始刪削其文，顛倒其次。貢汝成因而更定三禮，彌爲變亂紛紜，已大乖先儒謹嚴之意。至元錫此書，則非惟亂其部帙，併割裂經文，移甲入乙，別爲標目分屬之。甚至採掇他書，臆爲竄入，古經於是乎蕩盡矣。非聖人而刪定六籍，不亦異乎？

二禮集解十二卷 浙江巡撫採進本

明李黼撰。黼始末未詳。黄虞稷千頃堂書目稱爲嘉靖間無錫人，亦據卷首題「錫山」、卷末題「嘉靖十六年常州府刊行」字耳，無他證也。是書以陳友仁周禮集説、楊復儀禮圖爲藍本，故周禮以序官分冠各官之首，用陳氏例；儀禮逐節分注各章之後，用楊氏例。其説率循文箋釋，罕所考證發明。陸元輔稱其自出新意者，案：元輔説見經義考。如謂：「太宰卿一人至旅下士三十二人，凡六十三人，而府史胥徒不與焉。除太宰與府史胥徒，其餘六十二人，自宮正以下，凡中大夫，即此小宰中大夫也；凡下大夫，即此宰夫下大夫也；凡上、中、下士，即此上、中、下士也，非此六十二人之外又有一項官也。後五官倣此。」云云一條，蓋欲以解設官太多之疑。然使王朝之内，事事攝官，恐亦非先王之體制。又稱「疑六官之屬、卿大夫之數，與禮記王制二十七大夫、八十一元士多寡不同」云云一條，不知王制一篇，漢文帝博士所作，各述所聞。不能比而同之，徒增轇轕也。

禮經類編三十卷　江西巡撫採進本

明李經綸撰。經綸字大經，號寅清，南豐人。正、嘉間諸生。是編取周禮、儀禮、禮記合而彙之。大意謂聖人之命禮有三：曰經禮也，曲禮也，制度之禮也。經禮所以接神人，曲禮所以正言行，制度之禮所以治名物。後儒昧於分辨，知有經、曲而不知有制度。故以曲禮、經禮、制禮三者爲大綱，而各繫以目。曲禮之目分爲五：一曰曲禮正經，二曰曲禮別經，三曰曲禮逸經，四曰曲禮之傳，五曰曲禮增經。諸目中又雜分子目。其「別經」盛德篇皆大戴記之文，「逸經」則兼採三傳、國語及説苑、列女傳，其所謂「增經」則全録鄉黨、孝經文也。經禮之目亦分爲五：一曰經禮之經，二曰經禮之變禮，三曰經禮之曲禮，四曰經禮之制禮，五曰經禮之傳。然仍以吉、凶、軍、賓、嘉爲經，而以五者緯焉。其經文有正經、析經、逸經、補經、增經之别，傳亦如之。「正經」者，儀禮之正文。「析經」者，舊混爲一，今析而出之。他如郊天之採乎家語、藉田之採乎國語，則名「逸經」。

又如取尚書康王之誥增「天王即位禮」，取夏官司士之文補「天王聽朝禮」，則名「增經」「補經」也。制禮之目分爲二：一曰制禮之經，則王制、月令、周官之文竝深衣、考工等篇是也。二曰制禮之傳，學記、樂記等篇是也。三大綱之後，又有三禮通傳，謂經、曲、制度合而論者不可以彊分，如禮運、禮器、坊記、表記及哀公問等篇是也。合是數者又冠之以大學，終之以中庸。大學曰「禮冒之經」，謂其規模節目之該括，如五玉之有瑁也，故其下諸篇以明德、新民、格致、誠正、修齊、治平分配焉。中庸曰「禮藉之經」，謂「由博返約，所以爲承藉，猶四圭之有邸也」。其於大學，以「止至善」配焉。末又以明堂位、儒行及諸篇之疵複者別爲外記一卷，以示區別。其條分縷析，用力亦爲勤摯。然而割裂經文，參糅雜説，取憑胸臆，隨意增删，殊失先儒謹嚴之意。是欲踵朱子儀禮經傳通解而失其初旨者也。

三禮合纂二十八卷

江蘇巡撫採進本

國朝張怡撰。怡一名遺，字自怡，初名鹿徵，號瑶星，江寧人。前明登萊總兵官可大之子。崇禎中，袁崇煥用陳繼儒之言，殺皮島帥毛文龍，邊兵乘機爲變，可大死之，蔭怡錦衣衛千户。李自成僭位，逼之使降，不從。自成敗遁，乃逃入深山中，至康熙三十四年以壽終。是書凡例稱「從周子雪客借衛湜禮記集説」。雪客爲周在浚字，則康熙初年所作也。其書大體仿儀禮經傳通解，而敘次微有不同。首通禮，次祭禮，次王朝之禮，次喪禮。其通禮以大學、中庸爲首，大學從王守仁所解古本，不用朱子改定之本。次王朝之禮，則首周官，而以儀禮覲、聘、燕、射諸篇附焉。其言曰：「禮記昉于漢儒，中間性道微言、天人奥義，時時吐露。然真贋相雜，瑕瑜不掩。如月令、王制諸篇，皆未經夫子删定者也。周官多操切富强之術，詳於政而略於教；儀禮皆周旋升降之節，儀則繁而禮則疏。先儒欲推二書爲經，以記爲傳，似非定論。」云云。然儀禮、禮記彼此相應，周官所云，頗與之遠，强爲通之，必成轇轕。如因是而斥周官，則大不可。且以周禮爲「有政無教」，儀禮爲「儀繁禮疏」，則尤不得先王因事寓訓之旨。大抵其解出於郝敬，而又益以姚江之心學。凡先王大典，皆視爲粗迹，無足怪也。又其凡例有云：「文義會通、彼此互舉者，悉照原篇，不敢割裂。」今案儀禮一書，有經有記，怡於昏、聘諸篇咸裁截記文，分附經次，較其發凡，亦屬矛盾。惟周官不用俞氏復古編之説，差爲有見耳。

讀禮竊注一卷　山東巡撫採進本

國朝孫自務撰。自務字樹本，號立菴，安丘人。歲貢生。是書撮舉三禮，凡五十七條。其中間有可採者，若釋名、字林皆以姪爲兄弟之女稱，自務引儀禮喪服經「姪，丈夫婦人報」，證姑於兄弟之子亦有姪稱，引據頗爲明確。至謂祭法以王考、皇考、顯考、祖考各稱爲始祖及高、曾之别爲字義不清，又斥坊記「寡婦之子不有見焉，則不友也」爲附會孔子之言，皆以私意疑經，竝無明證。又謂朱子以門屏之間爲臯門，今檢全集及各注竝無此文。若襲萬斯大之論，以大社爲方丘，不免好從異説。又述斯大之言曰「曲禮：『天子當依而立，諸侯北面而見天子，曰覲。天子當宁而立，諸公東面諸侯西面，曰朝。』止是一禮。蓋天子將入廟受覲，至宁，先下車而立。諸公于是分班朝見，以通姓名，即所謂朝也。覲禮不具文之略也。」云云。今考儀禮本篇未覲之前，自郊勞授館至於侯氏釋幣，既覲之後，自三享聽事至於三勞及賜車馬，雖繁文曲節，無不詳載。而獨謂略此朝禮，殊考之未詳。郊特牲曰：「覲禮，天子不下堂而見諸侯。」若天子先見諸侯於路門外，則其失甚於下堂矣。自務甚推此說，亦輕信也。觀其篇首敘所見禮家諸書，寥寥無幾。蓋皆據理推測，而以意斷制之耳。

稽禮辨論一卷　江西巡撫採進本

國朝劉凝撰。凝字二至，南豐人。由貢生官崇義縣訓導。是書凡爲論者十六，爲辨者六，合二十二篇。引證頗古，而考核未精。若月令論一篇，謂太尉不始於秦，即國語之元尉及夏官之軍司馬。今考漢百官表，太尉與大司馬更置。黄霸傳亦云：「以丞相兼之。」續漢志又云：「太尉，公一人。」若夏官之軍司馬，則位在小司馬之下，與太尉尊卑懸絶。又晉語曰：「知祁奚之果而不淫也，使爲元尉。」韋昭注：「元尉，中軍尉也。」又云：「知鐸遏寇之恭敬而信彊也，使爲輿尉。」韋昭注：「輿尉，上軍尉也。」蓋古者三軍皆有尉。尉繚子曰：「長伯教成，合之兵尉。兵尉教成，合之裨將。」兵尉即國語之元尉、輿尉也，其職位在軍將下。今凝以元尉爲太尉，尤屬不倫。又若續唐仲友周禮武成孟子論一篇，謂：「諸侯百里爲井者萬，以十井起乘。天子千里爲井者百萬，以百井起乘。」今考井田以一甸起乘，無分天子、諸侯。成公元年：「三月，作丘甲。」杜注：「長轂一乘，甸所賦，今魯使丘出之。譏重斂，故書。」丘，十六井也。諸侯以十六井起乘，尚乖於制，則謂以十井起乘者，不尤謬乎？又若公路公行公族論一篇，謂詩、左傳之「公行」即周禮之諸子；文王世子之庶子專掌庶子之政令；諸子文曰「掌國子之倅」，對適子與母弟言之，故云「副貳」也。今考諸子職又云：「國有大事，則帥國子而致于太子。」周禮全經凡稱「國子」者，無不統有適庶。「師氏以三德教國子」「保氏養國子以道」「大司樂以樂德、樂語、樂舞教國子」「樂師掌國學之政，以教國子小舞」，皆是也。今凝獨以諸子所帥之國子爲妾子，與全經無一可通。且凝既知諸子即庶子，而文王世子曰：「庶子以公族之無事者守于公宮，正室守太廟。」鄭注：「正室，適子也。」是庶子明掌適子之政。而凝乃誤以國子之倅爲適子母弟之副貳，遂誤以諸子所掌惟妾子之政，使合於左傳之「公行」。不特不會鄭注「倅」字之義，且竝周禮全經及文王世子之文亦皆乖剌矣。又若十二章服辨一篇，謂：「郊天未至泰壇，先服狐白裘，次加衮服，爲裼衣，衮服上加大裘，狐白與黑羔相爲表裏，即家語所云『天子大裘以黼之』是也。當祀之時，脱裘而服狐白及衮，即家語所云『既至泰壇，王脱裘』是也。」今考司服曰：「祀昊天上帝則服大裘。」如凝之説，則是服狐白裘而冕矣。又玉藻疏引劉氏説，凡六冕之裘皆用羔；引熊氏説，謂六冕皆用狐青裘。蓋冕服皆玄，羔及狐青裘色亦玄。今以衮表狐白裘，則裘裼異色。又玉藻曰：「惟君有黼裘以誓省。」鄭注：「以羔與狐白雜爲黼文。」

而凝乃以内服狐白、外服黑羔爲黼文，穿鑿尤甚。凝是書於三禮之學頗勤，亦間能致力於漢、魏諸書。而喜新好異，故持論往往不確焉。

昬禮辨正一卷　浙江巡撫採進本

國朝毛奇齡撰。奇齡有仲氏易，已著録。是書力詆三禮經文，引曲禮「男女非有行媒不相知名」，而士昬禮乃不言行媒；引曲禮「齊戒以告鬼神」，謂親迎必先告廟，而士昬禮不言告廟；引春秋桓三年傳「夫人至自齊」朝至之文，謂婦至之日當朝廟，而士昬禮不言朝廟；引春秋「齊侯越境以送女」，謂女之父既迎壻于門外，亦當送之門外，而士昬禮乃言不降送；引穀梁傳「納采、問名、納徵、告期」，謂止當有四禮，而士昬禮乃誤增「納吉」一禮，又誤入「親迎」於六禮之内；引詩關雎「琴瑟」「鐘鼓」，謂嫁娶亦當用樂，而郊特牲乃謂昬禮不用樂。其説頗爲辨博。其中論告廟朝至之儀，雖頗有根據，而核其大致，穿鑿者多，未足據爲定論也。

廟制折衷三卷　浙江巡撫採進本

國朝毛奇齡撰。是書大抵宗王肅而駁鄭康成。康成謂天子五廟，周加文、武二祧爲七。肅謂天子七廟，周加文、武二廟爲九。漢唐以來言廟制者，互相祖述。禮以義起，原不必膠執一説。然未有淆亂舊文如此書之甚者。夫「天子七廟」之見於禮器、王制、祭法、穀梁傳者，奇齡既皆以爲不專言周矣，然禮器稱「周旅酬六尸」，則明明言周。鄭注、孔疏謂后稷之尸發爵不受旅，餘自文、武及四親廟凡六尸，周止七廟，此爲確證。奇齡乃謂：「六尸爲六廟昭穆之尸，文、武二尸不在内。故祫祭出堂，后稷尸與文、武二尸俱南向，餘東西向。」考禮器孔疏，旅酬之時，毁廟之主咸在，特無尸耳。又春秋文公二年傳曰：「文、武不先不窋。」魯語亦曰：「周之烝也，未嘗躋湯與文、武。」奇齡乃謂文、武二尸獨與后稷同向，則毁廟之主自太王、王季以上皆列在文、武之旁，是子孫得躋其父祖，而謂文、武歆此祀乎？奇齡又謂：「曾子問七廟無虚主，明遷廟、文、武廟皆可虚主。」今考曾子問明云：「天子巡守，以遷廟主行。」又云：「今也取七廟之主以行，則失之矣。」當七廟、五廟無虚主。」據此，則得虚主者惟遷廟耳。至於文、武之廟，即奇齡亦知其爲百世不遷者也。而乃於經文「遷廟」之外，强增一「文、武廟」，是又以不遷之廟爲可虚主矣，與經文「遷廟」二字顯相剌謬。蓋奇齡謂周九廟而欲增高、曾以上二世於七廟内，即不得不出文、武二廟於七廟外。又以其在七廟外，即不得云無虚主。故鑿空杜撰而爲此説也。其餘因襲前人已廢之説者，尤難枚舉。蓋準以「德厚流光、德薄流卑」之義，則天子九廟，於義未嘗有乖。而一自奇齡言之，揆諸經傳，反多未合，甚矣其彊辨也。

大小宗通繹一卷　浙江巡撫採進本

國朝毛奇齡撰。是書謂鄭康成禮記大傳注以别子之世長子爲大宗，别子庶子之長子爲小宗，則是别子一世無大宗，繼别一世無小宗，凡國君繼世，必有三世無大、小宗者。於是謂别子之身即爲大宗。

今考大傳文曰：「別子爲祖，繼別爲宗。」若別子即得爲大宗，則經文曷不曰「別子爲宗」乎？經文既明以祖與宗對舉，即顯然不可相混。而奇齡乃混之，是叛經矣。奇齡又謂：「康成以別子爲妾子，萬一僅有一母弟而無庶，將以無庶而反絶宗乎？」今考儀禮喪服傳曰：「庶子不得爲長子三年。」則兼據爲父後者之同母弟，不專指妾子也。故賈公彦疏云：「庶子，妾子之號，適妻所生第二者同名庶子，遠別於長子。」則儀禮經文已以庶該嫡矣，何獨於康成致難焉？至奇齡謂：「別子諸弟之子亦得各爲小宗，不特別子、庶子之子而已。」則其説頗有根據。晉語曰：「黄帝之子二十五人。」又曰：「黄帝之子二十五宗。」韋昭注：「以爲小宗。」可與奇齡此説相證。若如喪服要記：「別子之庶兄弟，其嫡繼之，各有一大宗。」則是別子有十，大宗即有十矣。與「宗子統族」之義殊有未合。奇齡謂要記「各一大宗」之説，當爲「各一小宗」，其義較允。亦不可以好爲彊辨，遂併没所長也。

學校問一卷　浙江巡撫採進本

國朝毛奇齡撰。前答門人張希良問學校之名，繼以答門人吴鼎問廟學中稱先師設主，因及鄉飲養老之禮。考夏后氏之學名序，與州學亦名序者，其制一有室，一無室，兩不相蒙。州學之序，爾雅所謂「無室曰榭」是也，字或作「謝」，或作「豫」。而爾雅又曰：「東西牆謂之序。」則室内曰墉，堂上曰序，堂下曰壁，同爲牆名。是序之名有三，而義各殊。奇齡乃曰：「五架之屋，由户牖以北爲室，户牖以南爲序、爲堂。而堂序之分則兩楹以北爲序，以南爲堂。學之楹東爲東序，楹西爲西序。兼言庠序，則有室；單言序，則不及室。」殊爲牽合溷淆也。

明堂問一卷　浙江巡撫採進本

國朝毛奇齡撰。以門人姜垚問九室、五室之辨發端，而終於九宫卦位。其大意專訾鄭康成之主五室爲非，而言五室即九室，九室即十二堂。考之月令，四正之堂曰太廟，其左右曰左个、右个，而最中一室曰太廟太室。明四正之堂同以此爲室，則左右堂以四隅之室爲室可知也。太廟太室僅一，月令繫之中央土所居。奇齡乃云「太廟太室五」，是併月令之文不察，且溷室與堂而一之。輕議前儒，未免反成舛漏矣。

郊社考辨一卷　直隸總督採進本

國朝李塨撰。塨有周易傳注，已著録。是編立論主南北郊分祀，大致皆本之毛奇齡。

三禮約編十九卷　江蘇巡撫採進本

國朝汪基撰。基字警齋，休寧人。是書取儀禮、周禮、禮記删汰全篇，節録其文，蓋取其便於誦習。然若周禮天官六十職，删宫正、宫伯而宿衛之制缺。地官七十八職，存閭師而删縣師，則六鄉有徵税之官，而都、鄙、丘、甸遂無職長。此其關係之最大者。周公制作，固不容以意爲點竄也。

三禮會通二卷　安徽巡撫採進本

國朝張必剛撰。必剛字繼夫，潛山人。乾隆壬戌進士。是書凡典制考一卷、郊社辨一卷。典制考謂禮本於天，因而臚舉禮文之與天相應者以實之。夫天秩天敘，誰曰不然？然於千百年後，掇殘缺之古經一名一物，必錙銖比較，以求其所以法天者何在，則幾於鑿矣。其間至以六門配六爻，果周公本義耶？郊社辨以祭莫大於事天地，事天地莫大於郊社。自郊社與圜丘方澤牽混，而國内外之社又相牽混，而其禮不明。漢鄭氏以郊特牲之郊屬孟春，不與圜丘混，其説本確。而王肅顧非之，因據郊特牲及周禮以證王肅之誤，其説是矣。又辨「周之始郊日以至」，「至」字乃「辛」字之誤，引逸周書「辛亥柴上帝」、漢史「辛亥祀天位」兩條以證之，其論亦辨。然於周書「丁未祀周廟」之下云「越三日庚戌」，其説又不可通，遂謂「五日誤爲三日，辛亥誤爲庚戌」。操是術以往，將義有所窒，即改經文以就之。天下無不可通之説，天下亦竟無可據之經矣。

右禮類三禮總義之屬。二十部，三百一十卷。內一部無卷數。**皆附存目。**

禮樂合編三十卷　兩淮馬裕家藏本

明黄廣撰。廣，無錫人。是書成於崇禎癸酉。以經典古訓與説部小史雜採成文。且每事不詳其源流本末，但舉其一語，又有竝非禮樂而闌入者，殊鮮條理。所立門目，分本紀、統紀諸名，亦皆漫無體例。前有鄭鄤等九人序，皆明末人標榜之辭，不足據也。

禮學彙編七十卷

浙江巡撫採進本

國朝應撝謙撰。撝謙有周易集解，已著録。是書蓋倣儀禮經傳通解、續通解之例而稍變通之。分爲六十一篇，視朱子、黄榦舊目或省或增，或仍其文而變其名，然往往參以臆見。如王祭一篇，鄭康成郊特牲注謂：「朝踐在堂，饋食在室。」後儒相承，初無異説。而撝謙乃謂：「朝踐在室，饋食在堂。」引禮運「玄酒在室，醴醆在户，粢醍在堂，澄酒在下」，謂朝踐用醴醆，醴醆在室户内，即知朝踐當在室；饋食用粢醍，粢醍在堂，即知饋食當在堂。今考儀禮特牲禮「尊於户東」，鄭注云：「室户東。」少牢禮「尊兩甒於房户之間」，鄭注云：「房西室户東也。」是皆在堂之明證。即此知醴醆雖在室，而朝踐自得在堂；粢醍雖在堂，而饋食自得在室。亦猶士冠禮「側尊一甒，醴在服北」，行禮之地與設尊之地異所耳。又安得以設尊之地即爲行禮之地耶？又鄭注「司尊彝」謂：「王以圭瓚酌鬱鬯，后以璋瓚酌亞祼。」則再祼也。今撝謙乃據大雅「殷士膚敏，祼將于京」之文，增以賓祼爲三祼。考周禮小宰云：「祭祀行祼將之事。」注云：「又從太宰助王祼也。」小宗伯云：「凡祭祀、賓客以時，將瓚祼。」注云：「將，送也，猶奉也。祭祀以時，奉而授王。賓客以時，奉而授大宗伯。」然則殷士祼將亦第奉而助王祼耳，豈自行祼祭乎？至所謂「郊天當有十二獻」，不特爲經典所不載，亦爲史志所不傳，益不足辨矣。夫三禮鄭注，合經者十得八九，而撝謙必一一反其説。舍康莊而旁騖，其惑於多岐亦宜也。

儀禮節要二十卷　江西巡撫採進本

國朝朱軾撰。軾有周易傳義合訂，已著録。是編分冠、昏、喪、祭四大綱。而冠禮後附以學義，昏禮後附以士相見、鄉飲酒，於喪、祭二禮尤詳。附圖三卷，則其門人王葉滋所爲，軾所訂定者也。大旨以朱子家禮爲主，雜採諸儒之説而斷以己意。意蓋欲權衡於今古之間，故於今禮多所糾正，於古禮亦多所變通。然如士相見、鄉飲酒二篇，朱子以爲今不可行，蓋通儒明晰事勢之言。軾事事遵朱子，惟此條所見與朱子相左，必欲復之。然其説迄不可行，則終以朱子爲是也。是書別有一本，僅三卷，乃軾之初稾。此本成於康熙己亥，蓋其後來定本云。

禮樂通考三十卷　浙江巡撫採進本

國朝胡掄撰。掄字應麟，武進人。掄以儀禮經傳通解五禮雜糅，又不能各詳始終本末，疑非朱子親筆，故作是書。首以通論一卷，次吉禮、凶禮各六卷，次賓禮二卷，次軍禮一卷，次嘉禮七卷，而終以樂制七卷。然其間雜引經史，叢脞少緒。且儀禮經傳通解本朱子未竟之書，屬黄榦續成。授受源流，灼然可證。掄欲竄改其書，而又嫌於改朱子，乃巧爲之辭，謂非朱子之親筆。蓋即宋儒删改諸經，託言於漢儒竄亂之故智。雖出爾反爾，足驗好還。然尤而效之，夫亦可以不必矣。

儀禮經傳内編二十三卷外編五卷　江蘇巡撫採進本

國朝姜兆錫撰。兆錫有周易本義述藴，已著録。是書内編首嘉禮，以士冠禮冠之，大夫冠禮以下繼焉。昏禮、飲食、饗燕、賓射、脤膰、賀慶又次之。次軍禮，次賓禮，次凶禮，次吉禮。外編爲喪服本經，又補喪服，又採經四篇，終之以圖考。大率以儀禮爲主，儀禮所未備，則採他書以補之。類多因襲前人，發明最少。即如大夫冠禮，在古禮本無可據。此本但取禮記無大夫冠禮而有其昏禮。古者五十而後爵，何大夫冠禮之有？又引國語「趙文子冠」一段，以此爲足以補大夫之冠禮。是欲以空言當實義。揆其著書之意，蓋欲補正儀禮經傳通解，然不及原書遠矣。

重刊朱子儀禮經傳通解六十九卷　大學士于敏中家藏本

國朝梁萬方撰。萬方字廣菴，絳州人。朱子儀禮經傳通解本未竟之書，至黄榦乃續成之。此本名爲重刊，實則改修。大致據楊復序文，謂朱子稱黄榦所續喪、祭二禮規模甚善，欲依以改定全書而未暇。遂以榦之體例更朱子之體例，與榦書合爲一編。補其闕文，删其冗複，正其譌誤。又採近代諸説，參以己意發明之。其中間有考證，而亦頗失之蕪雜。如所補學禮書數篇，朱子原序本云取許氏説文序説及九章算經爲此篇。萬方乃曼衍及五百四十部之首，附以周伯琦之字原。非略非詳，已無裁制。至於以「楷書運筆諸法」爲一章，更爲泛濫。又不採古人舊説，而惟取近時傅山、馮班之論。其中「傅山」一條云：「亂嚷吾書好，吾書好在那？點波人應儘，分數自知多。漢隸中郎想，唐真魯國譌。相如頌布濩，老腕一雙摩。」掩其書名而觀之，殆莫能知爲儀禮經傳通解之文也。

右禮類通禮之屬。六部，二百四十七卷。皆附存目。

鄭氏家儀無卷數 浙江巡撫採進本

元鄭泳撰。泳字仲潛，浦江人，官温州路總管府經歷。義門八世孫濤之弟也。其書依五禮分爲五篇，蓋本司馬氏書儀、朱子家禮而損益之，竝録其家日用常行之式，編次成書。後附泳所作祭田、祠堂記二首，又附十五世孫崇岳祭田號畆記。是書爲崇岳所刊，蓋即所附入也。

家禮儀節八卷 少詹事陸費墀家藏本

明丘濬撰。濬字仲深，瓊山人。景泰甲戌進士，官至文淵閣大學士，謚文莊。事蹟具明史本傳。是書取世傳朱子家禮而損益以當時之制。每章之末，又附以餘注及考證，已非原本之舊。惟所稱：「文公家禮五卷，不聞有圖。今刻本載於卷首，而不言作者，多不合於本書。通禮曰『立祠堂』，而圖以爲家廟，一也。深衣『緇冠』，冠梁包武而屈其末，圖則安梁於武之上，二也。本文『黑縷』，而圖下注用白，三也。喪禮『陳襲衣』有深衣等物，而不用儀禮『質、殺二冒』，圖乃陳之，四也。本文『大斂』無布絞之數，而圖有之，五也。『大斂』無棺中結絞之文，而圖下注則結於棺中，六也。尺式圖下載天台潘時舉説，末識歲月曰嘉定癸酉。是時距文公没時慶元庚申，十有三年矣，豈可謂爲文公作哉！」又稱：「或曰信如此言，圖固非朱子作，何以祠堂章下有『主式見喪禮及前圖』八字？愚案南雝舊本，於『立祠堂』下注圈外止云：『主式見喪禮治葬章。』竝無『見前圖』三字。不知近本何據改『治葬章』三字爲『見前圖』。」云云。其辨證頗明。然此本祠堂章「神主」

一條下竝無「見治喪章」字，乃有「詳具圖」三字，與濬所言不合。又圖散於各章之中，龐雜錯落，殊無倫敘。其香案圖前以二丫髻童子執旛前導，如釋家之狀，決非舊圖所有，亦決非濬之所爲。蓋又坊刻所竄亂者矣。

禮問二卷　浙江巡撫採進本

明呂柟撰。柟有周易説翼，已著録。是書雜論冠、昏、喪、祭之禮，皆與門人問答之辭。末載入學儀及渭陽公祭儀之類，則此書之附録也。朱彝尊經義考載柟禮問内、外篇二卷，云「未見」。今本卷數相符，而不分内、外篇，或彝尊傳聞未確歟？其中如正子夏傳「妾不得體君，爲其父母遂」二語之誤，本於鄭注；解曾子問「接祭」之「接」爲接續之接，本於衛湜禮記集説，持擇頗爲有見。至論廟制，謂：「古之諸侯多出於天子，其始祖天子祀之，故諸侯五廟。」今考王制、祭法，諸侯五廟皆有始祖廟。則諸侯原祀及始祖，不特天子祀之也。況王制鄭注曰：「太祖，别子始爵者。」孔疏曰：「凡始封之君，謂王之弟封爲諸侯，爲後世之太祖。」如以此始封之别子爲始祖，天子安得祀之？如以爲始封之君所自出之王，則諸侯不得祖天子。魯有文王廟，鄭有厲王廟，孔疏皆以爲非禮之正，安得據以爲通例耶？柟又謂儀禮喪服「父卒繼母嫁，從，爲之服期」，則從生母嫁者當三年。不知儀禮經文必特著「從」之一字，是知繼母嫁，必從乃服期，不從即不服也。檀弓：「子思之母死于衛。」鄭注：「嫁母，齊衰期。」則知生母嫁即不從亦必服期也。生母之厚於繼母，義在於此。若必加服至三年，豈不念嫁母有絶族之義，安得與無故而服三年者同也？今律文生母嫁者在期服章，不别從與不從，蓋準鄭義，枏説似過於情。其他條亦多循舊義，少所闡發。若全載家祭及焚黄文，則更爲泛濫矣。

别本家禮儀節八卷 少詹事陸費墀家藏本

舊本題明楊慎編，慎有檀弓叢訓，已著録。是編前有慎序，詞極鄙陋。核其書，即丘濬之本，改題慎名。其圖尤爲猥瑣。送葬圖中至畫四僧前導，四樂工鼓吹而隨之，真無知坊賈所爲矣。

四禮初稾四卷 江蘇巡撫採進本

明宋纁撰。纁字伯敬，號栗菴，商丘人。嘉靖丙辰進士，官至吏部尚書，謚莊敏。事蹟具明史本傳。是編分冠、昏、喪、祭四禮，略仿古經詞句而純用後世之法。如「適子冠于阼」，古制也。纁以爲今制南面爲尊，長子、宗子皆宜西向，以避父祖與賓。昏有六禮，今合納采、問名爲一，請期、納幣爲一，與家禮所删併者又不同。大都以意爲之也。

鄉射禮儀節無卷數 浙江巡撫採進本

明林烈撰。烈，福州人，其始末未詳。據嘉靖丙寅烈自序，稱嘗於其鄉之嵩陽社創射圃，擇子弟一百七十三人，每月朔望行古鄉射之禮，因作是書。前列嵩陽射圃記一篇，述復古之義。其書則節録儀禮經文，各略爲詮釋而繫之以圖。然意取簡明，或往往刊削過甚，晦其本旨。如經文「司射」節，

「將乘矢」之下有云：「執弓，不挾，右執弦。」蓋司射既發乘矢之後，矢雖盡而弓不釋。其執弓之儀則右手執弦，左執弣也。烈於「將乘矢」之下删此二語，則執弓南面揖之節，遂不知何所措施。又經文「初射」節，「司馬出于下，射之南，還，其後降自西階」下有云：「反，由司射之南，適堂西釋弓，襲，反位，立于司射之南」數語，烈又删去。則降自西階之後，其反位由何道、立何方，及由袒而襲之節，皆不可考。是書雖不主於釋經，然經義不明，則儀節俱爽，於行事亦多違礙矣。

四禮疑五卷　江蘇巡撫採進本

明吕坤撰。坤字叔簡，寧陵人。萬曆甲戌進士，官至刑部侍郎。事蹟具明史本傳。是書首載通禮一卷，冠、昏、喪、祭各一卷。意在酌通古今，自成一家之學。其大旨亦本於書儀、家禮。然好用臆說，未可據爲典要。如謂：「爲庶母之有子者杖期，無子者當亦同制。長幼尊卑，未有不報者。嫡與妾不報服，猶云名分稱尊。諸子不尊於父妾，父妾爲之期，而諸子不報，非禮也。」今考儀禮喪服「齊衰不杖期」章曰：「公妾、大夫之妾，爲其子期。」又喪服記曰：「公子爲其母練冠麻，衣縓緣。」據此，則公之妾自爲其子期，其子且不得爲妾母服，則諸子安得爲父妾報？又喪服「緦麻」章曰：「士爲庶母」，傳曰：「何以緦也，以名服也。」馬融曰：「以有母名，爲之服緦。」蓋妾之子於己爲同父兄弟，兄弟之生母於己亦得有母名。故唐律以庶母爲妾之有子者，蓋取儀禮之義。唐會要載長孫無忌之奏，謂：「己之庶昆弟爲其母不杖衰，而己與之無服。同氣之内，凶吉頓殊。求之禮情，深非至理。請依典故，爲服緦麻。」則爲庶母服緦麻，亦全從有子起義。妾若無子，則無爲人母之道，傳又安得云「以名服」乎？自開元禮、政和禮、書儀、家禮及明集禮皆本唐律，坤乃橫生異議，過矣。坤又謂：「經既云『日中而虞』，又云『始虞用柔日，再虞用柔日，三虞卒哭用剛日。』葬日即虞，安問剛柔？」其意蓋謂虞、葬同日，葬既無剛柔定日，則虞又安得擇剛柔也？不知古制不可以繩今，猶今制不可以推古。古之葬恒用柔日，故始虞自得柔日。曲禮曰：「喪事先遠日。」注曰：「葬與練祥也。」蓋特於旬之外卜乙、丁、己、辛、癸等柔日也。考春秋經、傳，凡書葬三十有五，而用柔日者三十有一。其宣八年「十月己丑，葬敬嬴。雨，不克葬。庚寅乃葬。」定十五年「九月丁巳，葬定公。雨，不克葬。戊午乃葬。」其卜葬本日亦仍用柔日。惟成十五年「八月庚辰，葬宋共公」，左傳隱公元年「十月庚申，改葬惠公」，偶變此例耳。則葬用柔日，乃古定制，虞、葬同日，其事相因。故開元禮、政和禮、書儀、家禮、明會典始虞、再虞無不用柔日者。坤不知古禮，遽議經文，其説亦乖。其餘攻經文者不一而足。如戴記「庶子攝祭，不假，不配，不歸肉」「宗子死，庶子代，有爵稱介，無爵稱子，祭必告于宗子之墓」「三年之喪及齊衰大功之喪則因喪而冠，不改冠爲次于中門之外」「三年之喪不弔哭」諸條，坤皆謂非孔子之言。至儀禮士冠禮一篇，則逐句詰難，幾無完膚。坤之講學在明代最爲篤實。獨此一編，輕於疑古。白璧之瑕，雖不作可矣。

四禮翼四卷　浙江巡撫採進本

明呂坤撰。自序謂：「以民間日用常行，淺近鄙俗，可以家喻户曉者，析爲條目。」凡冠禮翼二：曰蒙養，曰成人；婚禮翼二：曰女子，曰婦人；喪禮翼二：曰侍疾，曰修墓；祭禮翼二：曰事生，曰睦族。

四禮輯一卷　兩淮馬裕家藏本

明馬從聘撰。從聘字起莘，靈壽人。萬曆己丑進士，官至右僉都御史，巡撫延綏。崇禎十一年靈壽城破，與三子同殉節。乾隆乙未，賜謚忠節。是書亦多以意爲之。考儀禮士冠禮賈疏，古者天子諸侯皆十二而冠，士、庶人二十而冠，故曲禮稱「二十曰弱，冠」。後漢書馬防傳：「年十六，仍自稱未冠。」此書冠禮目録謂：「男子年十五至二十皆可冠。」如此之類，皆於古義未協，未可據爲確論也。

明四禮集説八卷　兩江總督採進本

明韓承祚撰。承祚自署曰東魯，不知何郡邑人也。是書成於萬曆壬子。大約宗朱子家禮，而參以明會典。冠、婚、喪、祭，以次分條，雜述前人之儀。而圖説、儀注、祝文等，因類附焉。

四禮約言四卷　江西巡撫採進本

明呂維祺撰。維祺字介孺，號豫石，河南新安人。萬曆癸丑進士，官至南京兵部尚書。李自成陷開封，以抗節死。事蹟具明史本傳。是編分冠、昏、喪、祭四目，皆因古禮之名而删除儀節，務趨簡易，以通俗易行。然施之一家則可，不宜制爲程式以範天下也。

讀禮偶見二卷

江蘇周厚堉家藏本

國朝許三禮撰。三禮字典三，湯陰人。順治辛丑進士，官至兵部右侍郎。嘗受業於孫奇逢之門，故書中雖多參講學語，而於五禮亦頗有證核。大抵據書儀、家禮、會典諸書，折衷一是，以便於行。惟謂其於俗禮，解誤者八，釋疑者十。又若增哭奠家禮儀注及增定招魂葬服説諸篇，皆頗有考據。惟謂「喪服古二十五月，今二十七月」，則其説頗謬。考「喪服二十五月」，不過王肅一家之説。士虞禮曰：「期而小祥，又期而大祥，中月而禫。」鄭注：「中，間也。」喪服小記：「妾祔于妾祖姑，亡則中一以上而祔。」又學記云「中年考校」，皆以中爲間。故二十七月而禫。雜記：「父在，爲母、妻十三月大祥，十五月禫。」爲母、妻，尚祥、禫異月，豈三年之喪而祥、禫反同月？戴德喪服變除篇：「禮，二十五月祥，二十七月而禫。」白虎通德論：「三年之喪，再期二十五月。」又云：「二十七月而禫。」釋名：「間月而禫。」是皆爲鄭注確證。三年問云：「三年之喪，二十五月而畢。」據喪事終，除衰去杖，其餘哀未忘，更延兩月，非喪之正，故第據二十五月言之耳。六朝諸儒多宗鄭注，今律以二十七月而禫。蓋三年之喪，萬世之通義也。三禮乃以王肅一家之説爲古制，豈宏通之論乎？

學記五卷　直隸總督採進本

國朝李塨撰。塨有周易傳注，已著録。是編乃所定家儀，一曰冠，二曰昬，三曰喪，四曰祭，五曰士相見。塨學術出於顔元，其禮樂之學則出自毛奇齡。奇齡講禮，好言諧俗，故是編亦多主簡易。其士相見禮一卷，張潮摘録於昭代叢書中，然天下迄無行之者也。

家禮辨定十卷　浙江巡撫採進本

國朝王復禮撰。復禮字需人，號草堂，錢塘人。其書𠜂始於康熙壬午，定本於丁亥。因朱子家禮而增損之，仍分冠、昬、喪、祭四類。每類之中首以「事宜」，復禮所酌定者也。次以「論辨」，闡所以更定之意也。次以「人鑑」，引古事以證得失也。次以「律例」，申王法之所禁也。次以「擇日」，代卜筮也。終以「啓式」，爲不嫻文詞者設也。其删去繁文，則用吕維祺之説；其删去圖式，則用丘濬之説。考李方子作朱子年譜云：「乾道五年，先生居母喪，成家禮。晚年多所損益，未暇更定。」朱子門人黄榦亦云：「其書始定，爲一行童竊以逃。先生殁，其書始出，今行於世。然其間有與先生晚歲之論不合者。」又明丘濬云：「家禮不聞有圖。今卷首圖注多不合於本書，文公豈自相矛盾？末識歲月曰嘉定癸酉，是時距文公没十有三年矣，豈可謂之公作哉？蓋楊氏贅入，昭然也。」據是數説，則家禮實朱子未定之本，且久亡其稾。迨其復出，真贋已不可知。又參以門人所附益，固未可執爲不刊之典。近日王懋竑爲篤信朱子之學者，所作白田雜著，亦深以家禮爲疑。復禮之辨定，未爲不可。然所辨定者，意在宜古宜今，而純以臆斷，乃至於非古非今。又泛引律例，且濫及五行家言，尤爲蕪雜。中引罵詈、鬬毆、賭博諸律，已爲不倫。又引「官吏宿娼律」一條、「擅食田園瓜果律」一條，使掩其卷而思之，是於四禮居何門哉？

四禮寧儉編無卷數　浙江巡撫採進本

國朝王心敬撰。心敬有豐川易説，已著録。是書以冠、昏、喪、祭四禮無貴乎繁重，宜崇尚質樸，始易遵行。因取前人所傳家禮纂本，更爲删易，務從省約。又名豐川家規，蓋所以教其子弟者。與吕維祺四禮約言、宋纁四禮初稾用意大約相近，而立法則尤爲簡略焉。

昏禮通考二十四卷　浙江巡撫採進本

國朝曹庭棟撰。庭棟有易準，已著録。是編詳考昏禮，冠以大清會典、大清律例，不入卷數，尊功令也。其下乃博考故實，以類編次。然核其體例，多有未合。夫「通」有二義，一則自天子達於庶人，通乎上下者也；一則自先王以迄後世，通乎古今者也。既考昏禮，則當以貴賤各爲門目，知等威之所別；古今各著沿革，知異同之所自。復各考核典文，釐爲子目，以理其緒。而後以變禮、如曾子問所謂親迎、遭喪之類。俗禮、如陰陽拘忌及催妝、撤果之類。非禮、如元史所禁割襟、指腹之類。别彙於後，以備其全。庶乎源委秩然，足資考證。庭棟此書，採摭雖富，而端緒糅雜。所分子目，不古不今。第十四卷至以「妝資」爲一門，此於古居何禮也？「媒氏」一門載「索紞占冰下人語」「韋固見老人月下檢書」，是直類書，非通禮矣。

齊家寶要二卷　江蘇周厚堉家藏本

國朝張文嘉撰。文嘉字仲嘉，錢塘人。是書本書儀、家禮諸書，酌爲古今通禮：曰居家禮，曰童子禮，曰義學約，曰師範，曰家誡，曰家規，曰宗講約，曰鄉約，曰社約，曰冠禮，曰昏禮，曰喪禮，曰祭禮。每門前引經傳及新定儀注，間有附論，折衷頗爲詳慎。但據沈堯中之説，謂三年之喪當三十六月。今考三年問「二十五月而畢」，檀弓「祥而縞，是月禫，徙月樂」，王肅主之，爲二十五月之證。士虞記曰：「期而小祥，又期而大祥，中月而禫。」鄭康成以中月爲間月，則三年之喪，實二十七月。至謂喪三十六月，則始於唐王玄感，而張柬之駁之，其議遂寢，載在唐書張柬之傳。文嘉乃取唐人已廢之説，謂：「宣公新宮災在薨後二十九月，其時主猶在寢。」證古人喪不止於二十七月，尤爲誤中之誤。考成三年「二月甲子，新宮災」，杜注：「三年喪畢，宣公神主新入廟，故謂之新宮。」據此，則宣公之主已入廟矣。公羊傳曰：「新宮者，宣公之宮也。宣宮則曷爲謂之新宮，不忍言也。」穀梁傳曰：「新宮者，禰宮也。迫近不敢稱謚，恭也。」據此，則不稱宣宮而稱新宮，必不由於主不在廟。至胡傳始引劉絢之説，謂：「不稱宣宮，以未遷主。」於三傳略無所據。然絢謂：「宣公薨至是二十有八月，緩於遷主。」則以緩遷爲失明矣。今文嘉乃引以爲三十六月之證，則是以二十八月主不遷廟爲持喪之正經，其誤又甚於絢矣。文嘉又謂：「凡期喪，皆有禫。」今考雜記曰：「期之喪十一月而練，十三月而祥，十五月而禫。」注曰：「此謂父在爲母也。」喪服小記曰：「爲父，母、妻、長子禫。」是期之喪得禫者，止有母、妻及長子耳。小記曰：「庶子在父之室，則爲其母不禫。」又曰：「宗子母在，爲妻禫。」明父在爲妻不禫，則是母、妻期喪且有不得禫者矣。今文嘉謂「凡期皆得禫」，尤未詳考。蓋是書未能窮源於禮經注疏，第從家禮諸書略求節目，宜其說之有離合也。

右禮類雜禮書之屬。十七部，八十七卷。內三部無卷數。**皆附存目。**

欽定四庫全書總目卷二十六

經部二十六

春秋類一

説經家之有門户，自春秋三傳始，然迄能竝立於世。其間諸儒之論，中唐以前則左氏勝，啖助、趙匡以逮北宋則公羊、穀梁勝。孫復、劉敞之流，名爲棄傳從經，所棄者特左氏事跡，公羊、穀梁月日例耳。其推闡譏貶，少可多否，實陰本公羊、穀梁法，猶誅鄧析用竹刑也。夫删除事跡，何由知其是非？無案而斷，是春秋爲射覆矣。聖人禁人爲非，亦予人爲善。經典所述，不乏褒詞，而操筆臨文，乃無人不加誅絶，春秋豈吉網羅鉗乎？至於用夏時則改正朔，削尊號則貶天王，春秋又何僭以亂也！沿波不返，此類宏多。雖舊説流傳，不能盡廢，要以切實有徵、平易近理者爲本。其瑕瑜互見者，則別白而存之。遊談臆説，以私意亂聖經者，則僅存其目。蓋六經之中，惟易包衆理，事事可通；春秋具列事實，亦人人可解。一知半見，議論易生。著録之繁，二經爲最。故取之不敢不慎也。

春秋左傳正義六十卷 内府藏本

周左丘明傳，晉杜預注，唐孔穎達疏。自劉向、劉歆、桓譚、班固皆以春秋傳出左丘明，左丘明受經於孔子，魏、晉以來儒者，更無異議。至唐趙匡，始謂左氏非丘明。蓋欲攻傳之不合經，必先攻作傳之人非受經於孔子，與王柏欲攻毛詩，先攻毛詩不傳於子夏，其智一也。宋、元諸儒，相繼並起。王安石有春秋解一卷，證左氏非丘明者十一事，陳振孫書録解題謂出依託。今未見其書，不知十一事者何據。其餘辨論，惟朱子謂「虞不臘矣」爲秦人之語；葉夢得謂紀事終於智伯，當爲六國時人，似爲近理。然考史記秦本紀稱惠文君十二年始臘，張守節正義稱秦惠文王始效中國爲之。明古有臘祭，秦至是始用，非至是始創。閻若璩古文尚書疏證亦駁此説曰：「史稱秦文公始有史以記事，秦宣公初志閏月，豈亦中國所無，待秦獨創哉？」則「臘」爲秦禮之説，未可據也。左傳載預斷禍福，無不徵驗，蓋不免從後傅合之。惟哀公九年稱趙氏其世有亂，後竟不然，是未見後事之證也。經止獲麟，而弟子續至孔子卒。傳載智伯之亡，殆亦後人所續。史記司馬相如傳中有揚雄之語，不能執是一事指司馬遷爲後漢人也。則載及智伯之説，不足疑也。今仍定爲左丘明作，以袪衆惑。至其作傳之由，則劉知幾「躬爲國史」之言，最爲確論。疏稱：「大事書於策者，經之所書；小事書於簡者，傳之所載。」觀晉史之書趙盾，齊史之書崔杼及甯殖，所謂載在諸侯之籍者，其文體皆與經合。墨子稱周春秋載杜伯，燕春秋載莊子儀，宋春秋載祏觀辜，齊春秋載王里國、中里。覈其文體，皆與傳合。經傳同因國史而修，斯爲顯證。知説經去傳爲舍近而求諸遠矣。漢志載春秋古經十二篇，經十一卷，注曰：「公羊、穀梁二家。」則左氏經文，不著於録。然杜預集解序稱：「分經之年與傳之年相附，比其義類，各隨而解之。」陸德明經典釋文曰：「舊夫子之經與丘明之傳各異，杜氏合而釋之。」則左傳又自有經。考漢志之文既曰「古經十二篇」矣，不應復云「經十一卷」。觀公、穀二傳皆十一卷，與經十一卷相配，知十一卷爲二傳之經，故有是注。徐彥公羊傳疏曰「左氏先著竹帛，故漢儒謂之古學。」則所謂古經十二篇即左傳之經，故謂之「古」，刻漢書者誤連二條爲一耳。今以左傳經文與二傳校勘，皆左氏義長，知手録之本確於口授之本也。言左傳者，孔奇、孔嘉之説，久佚不傳；賈逵、服虔之説，亦僅偶見他書。今世所傳，惟杜注、孔疏爲最古。杜注多强經以就傳，孔疏亦多左杜而右劉，案：劉炫作規過以攻杜解，凡所駁正，孔疏皆以爲非。是皆篤信專門之過，不能不謂之一失。然有注、疏而後左氏之義明，左氏之義明而後二百四十二年内善惡之跡一一有徵。後儒妄作聰明、以私臆談褒貶者，猶得據傳文以知其謬。則漢、晉以來藉左氏以知經義，宋、元以後更藉左氏以杜臆説矣。傳與注、疏，均謂有大功於春秋可也。

春秋公羊傳注疏二十八卷 内府藏本

漢公羊壽傳，何休解詁，唐徐彥疏。案漢書藝文志：「公羊傳十一卷。」班固自注曰：「公羊子，齊人。」案：漢藝文志不題顔師古名者，皆固之自注。顔師古注曰：「名高。」案：此據春秋説題詞之文，見徐彥疏所引。徐彥疏引戴弘序曰：「子夏傳與公羊高，高傳與其子平，平傳與其子地，地傳與其子敢，敢傳與其子壽。至漢景帝時，壽乃與齊人胡母子都著於竹帛。」何休之注亦同。休説見隱公二年「紀子伯、莒子盟於密」條下。今觀傳中有「子沈子曰」「子司馬子曰」「子女子曰」「子北宫子曰」，又有「高子曰」「魯子曰」，蓋皆傳授之經師，不盡出於公羊子。定公元年傳「正棺於兩楹之間」二句，穀梁傳引之，直稱沈子，不稱公羊，是併其不著姓氏者亦不盡出公羊子。且併有「子公羊子曰」，尤不出於高之明證。知傳確爲壽撰，而胡母子都助成之。舊本首署高名，蓋未審也。又羅璧識遺稱公羊、穀梁，自高、赤作傳外，更不見有此姓。萬見春謂皆「姜」字切韻脚，疑爲姜姓假託。案「鄒」爲「邾婁」、「披」爲「勃鞮」、「木」爲「彌牟」、「殖」爲「舌職」，記載音譌，經典原有是事。至弟子記其先師，子孫述其祖父，必不至竟迷本字，別用合聲。璧之所言，殊爲好異。至程端學春秋本義竟指高爲漢初人，則講學家臆斷之詞，更不足與辨矣。三傳與經文，漢志皆各爲卷帙。以左傳附經始於杜預，公羊傳附經則不知始自何人。觀何休解詁但釋傳而不釋經，與杜異例，知漢末猶自別行。今所傳蔡邕石經殘字，公羊傳亦無經文，足以互證。今本以傳附經，或徐彥作疏之時所合併歟？彥疏，文獻通考作三十卷。今本乃止二十八卷。或彥本以經文併爲二卷，別冠於前，後人又散入傳中，故少此二卷，亦未可知也。彥疏，唐志不載，崇文總目始著録，稱：「不著撰人名氏，或云徐彥。」董逌廣川藏書志亦稱：「世傳徐彥，不知時代，意其在貞元、長慶之後。」考疏中「邲之戰」一條，猶及見孫炎爾雅注完本，知在宋以前；又「葬桓王」一條，全襲用楊士勛穀梁傳疏，知在貞觀以後。中多自設問答，文繁語複，與丘光庭兼明書相近，亦唐末之文體。董逌所云，不爲無理。故今從逌之説，定爲唐人焉。

春秋穀梁傳注疏二十卷

内府藏本

晉范甯集解，唐楊士勛疏。其傳則士勛疏稱：「穀梁子名俶，字元始，一名赤。受經於子夏，爲經作傳。」則當爲穀梁子所自作；徐彦公羊傳疏又稱：「公羊高五世相授，至胡母生乃著竹帛，題其親師，故曰公羊傳。穀梁亦是著竹帛者題其親師，故曰穀梁傳。」則當爲傳其學者所作。案公羊傳「定公即位」一條引「子沈子曰」，何休解詁以爲後師。案：此注在隱公十一年所引「子沈子」條下。此傳「定公即位」一條，亦稱「沈子曰」。公羊、穀梁既同師子夏，不應及見後師。又「初獻六羽」一條稱「穀梁子曰」，傳既穀梁自作，不應自引己説。且此條又引「尸子曰」。尸佼爲商鞅之師，鞅既誅，佼逃於蜀。其人亦在穀梁後，不應預爲引據。疑徐彦之言爲得其實。但誰著於竹帛，則不可考耳。漢書藝文志載公羊、穀梁二家經十一卷，傳亦各十一卷。則經、傳初亦別編。范甯集解乃併經注之，疑即甯之所合。定公元年「春王三月」一條發傳於「春王」二字之下，以「三月」別屬下文，頗疑其割裂。然考劉向説苑稱：「文王似元年，武王似春王，周公似正月。」向受穀梁春秋，知穀梁經文以「春王」二字別爲一節，故向有此讀。至「公觀魚于棠」一條、「葬桓王」一條、「杞伯來逆叔姬之喪以歸」一條、「曹伯廬卒于師」一條、「天王殺其弟佞夫」一條，皆冠以「傳曰」字。惟「桓王」一條與左傳合，餘皆不知所引何傳。疑甯以傳附經之時，每條皆冠以「傳曰」字，如鄭玄、王弼之易有「彖曰」「象曰」之例，後傳寫者删之。此五條，其削除未盡者也。甯注本十二卷，以兼載門生故吏子弟之説，各列其名，故曰「集解」。晉書本傳稱甯此書爲世所重，既而徐邈復爲之注，世亦稱之。今考書中乃多引邈注，未詳其故。又自序有「商略名例」之句，疏稱甯別有略例百餘條，此本不載。然注中時有「傳例曰」字，或士勛割裂其文，散入注疏中歟？士勛始末不可考。孔穎達左傳正義序稱「與故四門博士楊士勛參定」，則亦貞觀中人。其書不及穎達書之賅洽。然諸儒言左傳者多，言公、穀者少，既乏憑藉之資，又左傳成於衆手，此書出於一人，復鮮佐助之力，詳略殊觀，固其宜也。其疏「長狄眉見於軾」一條，連綴於「身横九畝」句下，與注相離。蓋邢昺刊正之時，又多失其原第，亦不盡士勛之舊矣。

箴膏肓一卷起廢疾一卷發墨守一卷　山西巡撫採進本

漢鄭玄撰。後漢書玄本傳稱：「任城何休好公羊學，遂著公羊墨守、左氏膏肓、穀梁廢疾。玄乃發墨守，鍼膏肓，起廢疾。休見而歎曰：『康成入吾室，操吾矛，以伐我乎？』」其卷目之見隋書經籍志者，有左氏膏肓十卷，穀梁廢疾三卷，公羊墨守十四卷，皆注「何休撰」。而又別出穀梁廢疾三卷，注云：「鄭玄釋，張靖箋。」似鄭氏所釋與休原本，隋以前本自別行。至舊唐書經籍志所載膏肓、廢疾二書，卷數竝同，特墨守作二卷爲稍異。其下竝注「鄭玄箴」「鄭玄發」「鄭玄釋」云云，則已與休書合而爲一。迨於宋世，漸以散佚。惟崇文總目有左氏膏肓九卷。而陳振孫所見本復闕宣、定、哀三公。振孫謂其錯誤不可讀，疑爲後人所録，已非隋、唐志之舊。其後漢學益微，即振孫所云不全之左氏膏肓，亦遂不可復見矣。此本凡箴膏肓二十餘條、起廢疾四十餘條、發墨守四條，竝從諸書所引掇拾成編，不知出自誰氏。或題爲宋王應麟輯，亦別無顯據。殆因應麟嘗輯鄭氏周易注、齊魯韓三家詩考，而以類推之歟？然玉海之末，不附此書，不應其孫不見，而後來反有傳本也。今以諸書校勘，惟詩大明篇疏所引「宋襄公戰泓」一條尚未收入，其餘竝已蒐采無遺。雖不出自應麟手，要亦究心古義者之所爲矣。謹爲掇拾補綴，著之於録。雖視原書不及什之一二，而排比薈萃，略存梗概。爲鄭氏之學者，或亦有所考焉。

春秋釋例十五卷 永樂大典本

晉杜預撰。預事蹟詳晉書本傳。是書以經之條貫必出於傳，傳之義例歸總於「凡」。左傳稱「凡」者五十，其別四十有九，皆周公之垂法，史書之舊章，仲尼因而修之，以成一經之通體。諸稱「書」「不書」「先書」「故書」「不言」「不稱」「書曰」之類，皆所以起新舊，發大義，謂之「變例」。亦有舊史所不書，適合仲尼之意者，仲尼即以爲義，非互相比較，則褒貶不明，故別集諸例及地名、譜第、曆數相與爲部。先列經傳數條，以包通其餘，而傳所述之「凡」繫焉。更以己意申之，名曰釋例。地名本之泰始郡國圖，世族譜本之劉向世本。與集解一經一緯，相爲表裏。晉書稱預自平吳後，「從容無事，乃著集解。又參考衆家譜第，謂之釋例。又作盟會圖、春秋長曆，備成一家之學，比老乃成」。今考土地名篇稱：「孫氏僭號於吳，故江表所記特略。」則其屬稾實在平吳以前，故所列多兩漢、三國之郡縣，與晉時不盡合。至盟會圖、長曆則皆書中之一篇，非别爲一書。觀預所作集解序，可見史所言者未詳。晉書又稱：「當時論者謂預文義質直，世人未之重，惟祕書監摯虞賞之。」考嵇含南方草木狀稱晉武帝賜杜預蜜香紙萬番，寫春秋釋例及經傳集解，則當時固重其書。史所言者，亦未盡確也。其書自隋書經籍志而後竝著於録，均止十五卷。惟元吴萊作後序，云四十卷。豈元時所行之本，卷次獨分析乎？自明以來，是書久佚。惟永樂大典中尚存三十篇，竝有唐劉蕡原序。其六篇有釋例而無經傳，餘亦多有脱文。謹隨篇掇拾，取孔穎達正義及諸書所引釋例之文補之，校其譌謬，釐爲四十七篇。仍分十五卷，以還其舊。吴萊後序亦竝附焉。案預集解序云「釋例凡四十部」。崇文總目云：「凡五十三例。」而孔穎達正義則云：「釋例事同則爲部，小異則附出，孤經不及例者聚於終篇。四十部次第，從隱即位爲首，先有其事則先次之。世族、土地，事既非例，故退之終篇之前。是土地名起於宋、衛遇于垂，世族譜起於無駭卒。無駭卒在遇垂之後，故地名在世族前。」今是書原目不可考，故因孔氏所述之大旨，推而廣之，取其事之見經先後爲序。長曆一篇則次之土地名、世族譜後，以集解序述曆數在地名、譜第後也。土地名篇釋例云：「據今天下郡國縣邑之名、山川道涂之實，爰及四表，皆圖而備之。然後以春秋諸國邑盟會地名附列之，名曰古今書春秋盟會圖，别集疏一卷附之。釋例所畫圖，本依官司空圖，據泰始之初郡國爲正。孫氏初平，江表十四郡皆貢圖籍。荆、揚、徐三州皆改從今爲正，不復依用司空圖。」則是書應有圖，而今已佚。又有附盟會圖疏，臚載郡縣皆是元魏、隋、唐建置地名，非晉初所有，而「陽城」一條且記唐武后事。當是預本書已佚，而唐人補輯。又土地名所釋亦有後人增益之語。今仍録原文，而各加辨證於下方。考預書雖有曲從左氏之失，而用心周密，後人無以復加。其例亦皆參考經文，得其體要，非公、穀二家穿鑿月日者比。摯虞謂：「左丘明本爲春秋作傳，而左傳遂自孤行。釋例本爲傳設，而所發明何但左傳，故亦孤行。」案：「故」字文義未明，疑爲「當」字之譌，以晉書原本如是，姑仍其舊文。良非虛美。且永樂大典所載，猶宋時古本。觀夫人內女歸寧例一篇，末云：「凡若干字，經傳若干字，釋例若干字。」當時校讎精當，概可想見。如長曆載文公四年十有二月壬寅，夫人風氏薨。杜云：「十二月庚午朔，無壬寅。」近刻注疏本竝作「十有一月」。案十一月庚子朔，三日得壬寅，不可謂無壬寅也。又襄公六年經文本云：「十有二月，齊侯滅萊。」而近刻左傳本前則曰：「十一月，齊侯滅萊，萊恃謀也。」後則曰：「晏弱圍棠，十一月丙辰而滅之。」今考長曆十一月丁丑朔，是月無丙辰，十二月丁未朔，十日得丙辰。杜預係此日於十二月下，不言日月有誤。可見今本傳文兩言「十一月」，皆「十二月」之譌也。如此之類，可以校訂舛誤者，不可縷數。春秋以左傳爲根本，左傳以杜解爲門徑，集解又以是書爲羽翼。緣是以求筆削之旨，亦可云考古之津梁，窮經之淵藪矣。

春秋集傳纂例十卷

浙江汪啓淑家藏本

唐陸淳撰。蓋釋其師啖助竝趙匡之説也。助字叔佐，本趙州人，徙關中。官潤州丹陽縣主簿。匡字伯循，河東人。官洋州刺史。淳字伯沖，吴郡人。官至給事中。後避憲宗諱，改名質。事跡具唐書儒學傳。案二程遺書、陳振孫書録解題及朱臨作是編後序，皆云淳師助、匡。舊唐書云：「淳師匡，匡師助。」新唐書則云：「趙匡、陸淳皆助高弟。」案呂温集有代淳進書表，稱以啖助爲嚴師，趙匡爲益友。又淳自作修傳始終記，稱助爲啖先生，稱匡爲趙子，餘文或稱爲趙氏。重修集傳義又云：「淳秉筆執簡，侍於啖先生左右十有一年。」而不及匡。又柳宗元作淳墓表，亦稱助、匡爲淳師友。當時序述，顯然明白。劉昫以下諸家，竝傳聞之誤也。助之説春秋，務在考三家得失，彌縫漏闕，故其論多異先儒。如論左傳非丘明所作，漢書丘明授魯曾申、申傳吴起、自起六傳至賈誼等説，亦皆附會。公羊名高，穀梁名赤，未必是實。又云：「春秋之文簡易，先儒各守一傳，不肯相通，互相彈射，其弊滋甚。」「左傳序周、晉、齊、宋、楚、鄭之事獨詳，乃後代學者因師授衍而通之，編次年月，以爲傳記。又雜采各國諸卿家傳及卜書、夢書、占書、縱横、小説。故序事雖多，釋經殊少，猶不如公、穀之於經爲密。」其論未免一偏。故歐陽脩、晁公武諸人皆不滿之。而程子則稱其「絶出諸家，有攘異端、開正途之功」。蓋舍傳求經，實導宋人之先路。生臆斷之弊，其過不可掩；破附會之失，其功亦不可没也。助書本名春秋統例，僅六卷。卒後淳與其子異裒録遺文，請匡損益，始名纂例。

成於大曆乙卯，定著四十篇，分爲十卷。唐書藝文志亦同。此本卷數相符，蓋猶舊帙。其第一篇至第八篇爲全書總義，第九篇爲魯十二公竝世緒，第三十六篇以下爲經傳文字脱謬及人名、國名、地名。其發明筆削之例者，實止中間二十六篇而已。袁桷後序稱此書廢已久，所得爲寶章桂公校本。聞蜀有小字本，惜未之見。吴萊、柳貫二後序皆稱得平陽府所刊金泰和三年禮部尚書趙秉文家本。是元時已爲難得，其流傳至今，亦可謂巋然獨存矣。

春秋微旨三卷 内府藏本

唐陸淳撰。案陳振孫書録解題稱唐志有淳春秋集傳二十卷，今不存。又有微旨一卷，未見。袁桷作淳春秋纂例後序，稱來杭得微旨三卷，乃皇祐間汴本。蓋其書刻於開封，故南渡之後，遂罕傳本。至桷得北宋舊槧，乃復行於世也。柳宗元作淳墓表，稱春秋微旨二篇。唐書藝文志亦作二卷。此本三卷，不知何時所分。然卷首有淳自序，實稱「總爲三卷」。或校刊柳集者誤三篇爲二篇，修唐書者因之歟？是書先列三傳異同，參以啖、趙之説而斷其是非。自序謂：「事或反經而志協乎道，蹟雖近義而意實蘊姦，或本正而末邪，或始非而終是。」介於疑似之間者，竝委曲發明，故曰「微旨」。其書雖淳所自撰，而每條必稱「淳聞之師曰」，不忘本也。自序又謂：「三傳舊説亦竝存之，其義當否，則以朱墨爲别。」今所行本，於應用朱書者皆以方匡界畫其起訖。意皇祐舊槧以木本不能具朱墨，故用嘉祐本草之例，以陰文、陽文爲别。後人傳寫，又艱於雙鉤，遂以界畫代之。以非大旨所繫，今亦姑仍其式，而附著舊例於此焉。

春秋集傳辨疑十卷

江蘇巡撫採進本

唐陸淳所述啖、趙兩家攻駁三傳之言也。柳宗元作淳墓誌，稱辨疑七篇。唐書藝文志同。吴萊作序，亦稱七卷。此本十卷，亦不知何人所分。刊本於萊序之末附載延祐五年十一月集賢學士克酬原作「曲出」，今改正。言「唐陸淳所著春秋纂例、辨疑、微旨三書，有益後學。請令江西行省鋟梓」云云，其分於是時歟？淳所述纂例一書，蓋啖助排比科條，自發筆削之旨。其攻擊三傳，總舉大意而已。此書乃舉傳文之不入纂例者，縷列其失，一字一句而詰之，故曰辨疑。所述趙説爲多，啖説次之。冠以凡例一篇，計十七條，但明所以删節經文、傳文之故。其去取之義，則仍經文年月以次説之。中如「鄭伯克段」傳，啖氏謂鄭伯必不囚母，殊嫌臆斷。以是爲例，豈復有可信之史？況大隧故蹟，水經注具有明文，安得指爲左氏之虚撰？如斯之類，不免過於疑古。又如「齊衛胥命」傳，其説與荀子相符。當時去聖未遠，必有所受。而趙氏以爲譏其無禮。如斯之類，多未免有意求瑕。又如「叔姬歸于紀」傳，穀梁以爲「不言逆，逆之道微」，淳則謂「不言逆者，皆夫自逆」。夫禮聞送媵，不聞逆媵，傳固失之；禮聞親迎妻，不聞親迎娣姪，淳説亦未爲得。如斯之類，亦不免愈辨而愈非。然左氏事實有本，而論斷多疎。公羊、穀梁每多曲説，而公羊尤甚。漢以來各守專門，論甘者忌辛，是丹者非素。自是書與微旨出，抵隙蹈瑕，往往中其窾會。雖瑕瑜互見，要其精核之處，實有漢以來諸儒未發者，固與鑿空杜撰、橫生枝節者異矣。

春秋名號歸一圖二卷

兩江總督採進本

蜀馮繼先撰。陳振孫書録解題載是書所列人名，周一、魯二、齊三、晉四、楚五、鄭六、衛七、秦八、宋九、陳十、蔡十一、曹十二、吴十三、邾十四、杞十五、莒十六、滕十七、薛十八、許十九、雜小國二十。崇文總目謂其以官謚、名字裒附初名之左。文獻通考引李燾云：「昔丘明傳春秋，於列國君臣之名字，不一其稱，多者或至四五。始學者蓋病其紛錯難記，繼先集其同者，爲一百六十篇。」以是二端推之，是繼先舊本本爲旁行斜上，如表譜之體，故以「圖」爲名，而分至一百六十篇也。今本目次與振孫所言合。其每一人爲一條，既非裒附初名之左，亦無所謂一百六十篇者，與崇文總目及李燾所説迥異。案岳珂雕印相臺九經例云：「春秋名號歸一圖二卷，刻本多譌錯。嘗合京、杭、建、蜀本參校，有氏名異同，實非一人，而合爲一者；有名字若殊，本非二人，而析爲二者；有自某國適他國，而前後互見者；有稱某公與某年而經傳不合者。或以傳爲經，或以注爲傳，或偏旁疑似而有亥豕之差，或行款牽連而無甲乙之別。今皆訂其譌謬，且爲分行，以見別書。」然則今本蓋珂所刊定移易，非復李燾以前之舊本。觀燾所稱宋大夫莊堇、秦右大夫詹傳，未始有「父」字，而繼先輒增之。若「子韓晳」者，蓋齊頃公孫，世族譜與傳同。而繼先獨以爲韓子晳，與楚、鄭二公孫黑共篇。今檢驗此本，皆無此文，則爲珂所削改明矣。

春秋年表一卷　浙江鮑士恭家藏本

不著撰人名氏。陳振孫書録解題云：「春秋二十國年表一卷，不知何人作。自周而下，次以魯、蔡、曹、衛、滕、晉、鄭、齊、秦、楚、宋、杞、陳、吴、越、邾、莒、薛、小邾。館閣書目有年表二卷，元豐中楊彦齡撰。自周之外，凡十三國。又董氏藏書志有年表，無撰人。自周至吴、越，凡十國，征伐、朝覲、會同皆書。」今此表正二十國，與書録解題所載同，蓋即陳振孫所見也。其書在宋本自單行，岳珂雕印九經，乃以附春秋之後。珂記云：「春秋年表，今諸本或闕號名，或紊年月，參之經傳，多有舛錯，今皆爲刊正。諸國君卒與立皆書，惟魯闕，今依經傳添補。廖本無年表、歸一圖。今既刊公、穀，并補二書以附經傳之後。」是此書經珂刊補，與馮繼先之名號歸一圖同刻者。通志堂經解不考岳珂之語，乃與名號歸一圖連爲一書，亦以爲馮繼先所撰，誤之甚矣。

春秋尊王發微十二卷　内府藏本

宋孫復撰。復字明復，平陽人。事蹟詳宋史儒林傳。案李燾續通鑑長編曰：「中丞國子監直講孫復，治春秋不惑傳注。其言簡易，得經之本義。既被疾，樞密使韓琦言於上，選書吏，給紙札，命其門人祖無擇即復家録之。得書十五卷，藏祕閣。」然此書實十二卷。考中興書目別有復春秋總論三卷，蓋合之共爲十五卷爾。今總論已佚，惟此書尚存。復之論，上祖陸淳，而下開胡安國，謂春秋有貶無褒，大抵以深刻爲主。晁公武讀書志載常秩之言曰：「明復爲春秋，猶商鞅之法，棄灰於道者有刑，步過六尺者有誅。」蓋篤論也。而宋代諸儒，喜爲苛議。顧相與推之，沿波不返，遂使孔庭筆削變爲羅織之經。夫知春秋者莫如孟子，不過曰「春秋成而亂臣賊子懼」耳。使二百四十二年中無人非亂臣賊子，則復之説當矣。如不盡亂臣賊子，則聖人亦必有所節取，亦何至由天王以及諸侯、大夫無一人一事不加誅絶者乎？過於深求而反失春秋之本旨者，實自復始。雖其間辨名分，別嫌疑，於興亡治亂之機亦時有所發明。統而核之，究所謂功不補患者也。以後來説春秋者，深文鍛鍊之學，大抵用此書爲根柢，故特録存之，以著履霜之漸，而具論其得失如右。程端學稱其尊王發微、總論二書外，又有三傳辨失解，朱彝尊經義考因之。然其書史不著録，諸儒亦罕所稱引。考宋史藝文志及中興書目，均有王日休撰春秋孫復解三傳辨失四卷。或即日休所撰之書，端學誤以爲復作歟？然則是駁復之書，非復所撰也。

春秋皇綱論五卷 內府藏本

宋王晳撰。晳自稱太原人，其始末無可考。陳振孫書録解題言其官太常博士。考龔鼎臣東原録載真宗天禧中，錢惟演奏留曹利用、丁謂事，稱晏殊以語翰林學士王晳，則不止太常博士矣。王應麟玉海云：「至和中，晳撰春秋通義十二卷，據三傳注疏及啖、趙之學。其説通者附經文之下，闕者用己意釋之。又異義十二卷，皇綱論五卷。」今通義、異義皆不傳，惟是書尚存。凡爲論二十有二，皆發明夫子筆削之旨，而考辨三傳及啖助、趙匡之得失。案：「趙匡」，書中皆作「趙正」，蓋避太祖之諱，其尊王下篇引論語作「一正天下」，亦同此例。其言多明白平易，無穿鑿附會之習。其孔子修春秋篇曰：「若專爲誅亂臣賊子使知懼，則尊賢旌善之旨闕矣。」足破孫復等有貶無褒之説。其傳釋異同篇曰：「左氏善覽舊史，兼該衆説，得春秋之事蹟甚備。然於經外自成一書，故有貪惑異説，采掇過當。至於聖人微旨，頗亦疎略。而大抵有本末，蓋出一人之所撰述也。公、穀之學本於議論，擇取諸儒之説，繫於經文。故雖不能詳其事蹟，而於聖人微旨，多所究尋。然失於曲辨贅義、鄙淺叢雜，蓋出於衆儒之所講説也。」又曰：「左氏好以一時言貌之恭惰與卜筮巫醫之事推定禍福，靡有不驗，此其蔽也。固當裁取其文，以通經義。如玉之有瑕，但棄瑕而用玉，不可并棄其玉也。二傳亦然。」亦足破孫復等盡廢三傳之説，在宋人春秋解中可謂不失古義。惟郊禘篇謂周公當用郊禘，成王賜之不爲過，魯國因之不爲僭；殺大夫篇謂凡書「殺大夫」，皆罪大夫不能見幾先去。則偏駁之見，不足爲訓矣。

春秋通義一卷　兩江總督採進本

不著撰人名氏。考宋史藝文志，蹇遵品、王晳、家安國、丘葵皆有春秋通義，其書均佚不傳。蹇氏、王氏書各十二卷，家氏書二十四卷，丘氏書二卷。此本僅存一卷，凡四十八條。編端冠以小序，稱：「孔子之修春秋也，因其舊文，乘以新意，正例筆之，常事削之。其有繆戾乖剌，然後從而正之，別彙之曰特筆。」而小序之後亦以「特筆」二字爲標題。蓋此卷爲通義中之一種，但不知四家中爲誰氏之書耳。然如「星隕如雨」一條，公羊引不修春秋曰：「隕星不及地尺而復，君子修之曰『星隕如雨。』」此特潤色舊文，非關襃貶。以爲特筆，於義不倫。至華督有無君之心，而後動於惡，故先書殤公，後書孔父。傳有明文，真特筆也，而反不及之，亦屬挂漏。至於謂：「春秋二百四十二年而終之以獲麟，明亂極必治，而王者之迹卒不熄。」則其説高於諸家多矣。

春秋權衡十七卷　内府藏本

宋劉敞撰。敞字原父，臨江新喻人。慶曆中舉進士，官至集賢院學士。事蹟具宋史本傳。據其弟攽作敞行狀及歐陽脩作敞墓誌，俱稱敞春秋傳十五卷，權衡十七卷，説例二卷，文權二卷，意林五卷。王應麟玉海所記亦同。陳振孫書録解題曰：「原父始爲權衡，以平三家之得失。然後集衆説，斷以己意而爲之傳。傳所不盡者，見之意林。」然則傳之作在意林前，此書又在傳前。敞春秋之學，此其根柢矣。自序謂：「權衡始出，未有能讀者。」又謂：「非達學通人，則亦必不能觀之。」其自命甚高。葉夢得作石林春秋傳，於諸家義疏多所排斥，尤詆孫復尊王發微，謂其「不深於禮學，故其言多自牴牾，有甚害於經者。雖概以禮論當時之過，而不能盡禮之制，尤爲膚淺」。惟於敞則推其淵源之正。蓋敞邃於禮，故是書進退諸説，往往依經立義，不似復之意爲斷制。此亦説貴徵實之一驗也。

春秋傳十五卷　內府藏本

宋劉敞撰。敞所作春秋權衡及意林，宋時即有刊本。此傳則諸家藏弆，皆寫本相傳。近時通志堂刻入經解，始有版本。故論者或疑其僞。然核其議論體裁，與敞所著他書一一脗合，非後人所能贋作也。其書皆節録三傳事蹟，斷以己意。其褒貶義例，多取諸公羊、穀梁。如以莊公圍郕師還爲仁義；以公孫寧、儀行父爲有存國之功；以晉殺先穀爲疾過；以九月用郊爲用人；而「趙鞅入晉陽以叛」一條，尚沿二傳以地正國之謬，皆不免於膠固。其經文雜用三傳，不主一家。每以經、傳連書，不復區畫，頗病混淆。又好減損三傳字句，往往改竄失真。如左傳「惜也，越竟乃免」句，後人本疑非孔子之言。敞改爲「討賊則免」，而仍以「孔子曰」冠之，殊爲踳駁。考黄伯思東觀餘論稱考正書武成實始於敞，則宋代改經之例，敞導其先，宜其視改傳爲固然矣。然論其大致，則得經意者爲多。蓋北宋以來，出新意解春秋者，自孫復與敞始。復沿啖、趙之餘波，幾於盡廢三傳。敞則不盡從傳，亦不盡廢傳，故所訓釋爲遠勝於復焉。

春秋意林二卷　內府藏本

宋劉敞撰。宋史藝文志作二卷，王應麟玉海作五卷。馬端臨經籍考則併春秋權衡、春秋傳、春秋意林總題三十四卷。今考權衡實十七卷，傳實十五卷，合以意林二卷，正得三十四卷，與宋志合。則玉海作五卷，傳寫誤也。元吳萊嘗作是書後序曰：「劉子作春秋權衡，自稱書成，世無有能讀者。

至意林猶未脱稾，多遺闕。」今觀其書，或僅標經文數字，不置一辭；或草草數言，文不相屬，而下注「云云」二字；或一條之下，別標他目一兩字，與本文迴不相關；或詰屈聱牙，猝難句讀；或僅引其端而詞如未畢，其爲隨筆劄記，屬稾未竟之書，顯然可證。萊所説誠不誣也。又敞既苦志研求，運意深曲，又好雕琢其詞，使在可解不可解之間。然考葉夢得石林春秋傳稱：「不知經者以其難入，或詆以爲用意太過，出於穿鑿。」然熟讀深思，其間正名分，別嫌疑，大義微言，灼然得聖人之意者，亦頗不少。文體之澀，存而不論可矣。

春秋傳説例一卷 永樂大典本

宋劉敞撰。案敞行狀、墓誌俱稱春秋説例二卷，陳振孫書録解題則以爲一卷。蓋傳鈔分合，互有不同。至宋史藝文志獨稱敞説例十一卷，殆傳寫誤衍一「十」字，或竟以十一篇爲十一卷也。敞春秋傳、權衡、意林三書，通志堂經解有刊版。文權與説例二書，則僅有其名，絶無傳本。今檢永樂大典，尚雜引説例之文。謹詳加綴輯，仍釐爲一卷。據書録解題稱，説例凡四十九條。今之所裒，僅二十五條，止得其半。且多零篇斷句，不盡全文。又惟公即位例、與例、使來例、師行例、大夫奔例、殺大夫例、弗不例七條載有原文標目，餘則説存而標目復佚。今竝詳釋本文，倣原存諸條體例，爲之校補。又諸書所載，俱稱春秋説例，惟永樂大典加「傳」字。案是編比事以發論，乃其傳文褎貶之大旨。永樂大典所載，似尚屬宋刻之舊，今亦從之。敞説春秋，頗出新意，而文體則多摹公、穀，諸書皆然，是編尤爲簡古。惟說「大夫帥師例」一條，稱魯不當有三軍，而以周禮爲後人附會，未免稍偏。又宣公十八年經文「歸父還自晉」，啖春秋傳從左氏作「至笙」，而是編則從公、穀作「至檉」，亦頗自相牴牾。其餘則大致精核，多得經意。而宋元說經諸家都未徵引，可知自宋以後，已稱罕覯。是編崖略幸存，固春秋家所當寶貴矣。

春秋經解十三卷

兵部侍郎紀昀家藏本

宋孫覺撰。覺字莘老，高郵人。擢進士第，官至御史中丞。事蹟具宋史本傳。此書題曰「龍學孫公」，蓋其致仕之時，以龍圖閣學士兼侍講提舉醴泉觀也。覺早從胡瑗游，傳其春秋之學，大旨以抑霸尊王爲主。自序稱：「左氏多說事蹟，公、穀以存梗概。今以三家之說，較其當否，而穀梁最爲精深，且以穀梁爲本。其說是非褒貶，則雜取三傳及歷代諸儒啖、趙、陸氏之說，長者從之。其所未聞，則以安定先生之說解之。」今瑗口義五卷已佚，傳其緒論，惟覺此書。周麟之跋稱：「初，王安石欲釋春秋以行於天下，而莘老之傳已出。一見而有惎心，自知不能出其右，遂詆聖經而廢之。」邵輯序稱是書作於晚年，謂安石因此廢春秋，似未必盡然。然亦可見當時甚重其書，故有此說也。宋史藝文志載覺春秋經解十五卷，又春秋學纂十二卷，春秋經社要義六卷。朱彝尊經義考據以著録，於經解注曰「存」，於學纂、要義皆注曰「佚」。然今本實十三卷，自隱公元年至獲麟，首尾完具，無所殘闕，與宋志所載不符。考陳振孫書録解題載春秋經解十五卷，春秋經社要義六卷，而無春秋學纂。王應麟玉海載春秋經社要義六卷、春秋學纂十二卷，而無春秋經解。其學纂條下注曰「其說以穀梁爲本，及採左氏、公羊歷代諸儒所長，間以其師胡瑗之説斷之，分莊公爲上下」云云，與今本一一相合。然則春秋學纂即春秋經解之别名。宋志既誤分爲二書，并譌其卷數。書録解題亦譌十三卷爲十五卷。惟玉海所記爲得其真矣。

春秋集解十二卷

浙江吴玉墀家藏本

宋蘇轍撰。先是劉敞作春秋意林，多出新意。孫復作春秋尊王發微，更舍傳以求經。古説於是漸廢。後王安石詆春秋爲「斷爛朝報」，廢之不列於學官。轍以其時經、傳竝荒，乃作此書以矯之。其説以左氏爲主，左氏之説不可通，乃取公、穀、啖、趙諸家以足之。蓋以左氏有國史之可據，而公、穀以下則皆意測者也。自序稱：「自熙寧間謫居高安，爲是書，暇輒改之。至元符元年，卜居龍川，凡所改定，覽之自謂無憾。」蓋積十餘年而書始成。其用心勤懇，愈於奮臆遽談者遠矣。朱彝尊經義考載陳弘緒跋曰：「左氏紀事，粲然具備，而亦間有悖於道者。公、穀雖以臆度解經，然亦得失互見。如『戎伐凡伯於楚丘』，穀梁以『戎』爲『衛』；『齊仲孫來』，公、穀皆以爲魯慶父；『魯滅項』，又皆以爲齊實滅之。顯然與經謬戾，其失固不待言。至如隱四年『秋，翬帥師會宋公、陳侯、蔡人、衛人伐鄭』；桓十有四年『秋八月壬申，御廩災。乙亥，嘗』；莊二十有四年『夏，公如齊逆女』。諸如此類，似公、穀之説妙合聖人精微。而潁濱一概以深文詆之，因噎廢食。讀者揜其短而取其長可也。」其論是書頗允。此本不載，蓋刻在弘緒前也。宋史藝文志稱是書爲春秋集傳，文獻通考則作集解，與今本合。知宋志爲傳寫誤矣。

春秋辨疑四卷　永樂大典本

宋蕭楚撰。楚字子荆，廬陵人。紹聖中游太學，貢禮部不第。於時蔡京方專國，楚憤嫉其姦，謂京且將爲宋王莽，誓不復仕，遂退而著書。明春秋之學，趙暘、馮澥、胡銓皆師事之。建炎四年始卒。曾敏行獨醒雜志稱所著春秋經辨行於廬陵，宋史亦載其春秋經解十卷。朱彝尊經義考謂其已佚，僅摭録胡銓之序。此本所載銓序與經義考合，惟題曰春秋辨疑爲小異。或後來更定，史弗及詳歟？江西通志及萬姓統譜皆云是書四十九篇。今止四十四篇，蓋有佚脱。宋志云十卷，今永樂大典所載止二卷，則明人編輯所合併也。書之大旨，主於以統制歸天王，而深戒威福之移於下。雖多爲權姦柄國而發，而持論正大，實有合尼山筆削之義。與胡安國之牽合時事，動乖經義者有殊；與孫復之名爲尊王，而務爲深文巧詆者用心亦别。陳振孫書録解題稱胡銓以春秋登第，歸拜牀下。楚告之曰：「學者非但拾一第。身可殺，學不可辱，毋禍我春秋乃佳。」厥後銓以孤忠讜論，震耀千秋，則其師弟之於春秋，非徒以口講耳受者矣。每篇各有注文，皆楚自作，亦間有胡銓及他弟子所附入。謹以原注及胡銓附注别題之，而以今所校正附其下，俾各不相淆焉。

欽定四庫全書總目卷二十七

經部二十七

春秋類二

春秋經解十二卷 永樂大典本

宋崔子方撰。子方，涪陵人，字彦直，號西疇居士。晁説之集又稱其字伯直，蓋有二字也。朱彝尊經義考稱其嘗知滁州，曾子開爲作茶仙亭記。經解諸書，皆罷官後所作。考子方宋史無傳，惟李心傳建炎以來繫年要録稱其於「紹聖間三上疏，乞置春秋博士，不報。乃隱居真州六合縣，杜門著書者三十餘年。」陳振孫書録解題所載大略相同。朱震進書劄子亦稱爲東川布衣。彝尊之説，不知何據。惟永樂大典引儀真志一條云：「子方與蘇、黄游。嘗爲知滁州曾子開作茶仙亭記，刻石醉翁亭側。黄庭堅稱爲六合佳士。」殆彝尊誤記是事，故云然歟？考子方著是書時，王安石之説方盛行，故不能表見於世。至南渡以後，其書始顯。王應麟玉海載「建炎二年六月，江端友請下湖州取崔子方所著春秋傳藏祕書。紹興六年八月，子方之孫若上之。」是時朱震爲翰林學士，亦有劄子上請。當時蓋甚重其書矣。子方自序云：「聖人欲以繩當世之是非，著來世之懲勸，故辭之難明者，著例以見之。例不可盡，故有日月之例，有變例。慎思精考，若綱在綱。」又後序一篇，具述其疏解之宗旨。大抵推本經義，於三傳多所糾正。如以「晉文圍鄭」謂討其不會翟泉，以「郕伯來奔」爲見迫於齊，以「齊侯滅萊」不書名，辨禮記「諸侯滅同姓名」之誤，類皆諸家所未發。雖其中過泥日月之例，持論不無偏駁，而條其長義，實足自成一家。所撰凡經解、本例、例要三書，通志堂經解刊本僅有本例。今從永樂大典裒輯成編，各還其舊。自僖公十四年秋至三十二年、襄公十六年夏至三十一年，永樂大典竝闕，則取黄震日鈔所引及本例補之。其他本例所釋有引伸此書所未發，或與此書小有異同者，竝節取附録。而卷袠、書名則竝遵宋史。至子方原書，經文已不可見。今以所解參證，知大略皆從左氏，而亦間有從公、穀者，故與胡安國春秋傳或有異同焉。

春秋本例二十卷　内府藏本

宋崔子方撰。是書大旨以爲聖人之書，編年以爲體，舉時以爲名，著日月以爲例，而日月之例又其本，故曰本例。凡一十六門，皆以日月時推之，而分著例、變例二則。州分部居，自成條理。考公羊、穀梁二傳專以日月爲例，固有穿鑿破碎之病。然經書「公子益師卒」，左傳稱：「公不與小斂，故不書日。」則日月爲例，已在二傳之前。疑其時去聖未遠，必有所受。但予奪筆削，寓義宏深，日月特其中之一例。故二家所説，時亦有合。而推之以概全經，則支離轇轕而不盡通。至於必不可通，於是委曲遷就，變例生焉。此非日月爲例之過，而全以日月爲例之過也。亦猶易中互體，未嘗非取象之一義。必卦卦以互體求象，則穿鑿遂甚耳。啖助、趙匡一埽諸例而空之，豈非有激而然，如王弼之棄象言易乎？子方此書，陳振孫書録解題稱：「其學辨正三傳之是非，而專以日月爲例，則正蹈其失而不悟。」所論甚允。然依據舊傳，雖嫌墨守，要猶愈於放言高論，逞私臆而亂聖經。説春秋者古來有此一家，今亦未能遽廢焉。

春秋例要一卷 永樂大典本

宋崔子方撰。考宋史藝文志：「子方春秋經解十二卷，本例、例要二十卷。」知子方所著原本，此書與本例合并矣。朱彝尊經義考稱本例、例要十卷，竝存。而今通志堂刊行之本例則析目録别爲一卷，以足二十卷之數，而例要闕焉。蓋誤以本例目録爲例要，而不知其别有一篇。恐彝尊所見即爲此本，其曰竝存，亦誤注也。今考永樂大典所載，雖分析爲數十百條，繫於各字之下，而裒輯其文，尚可相屬。較通志堂本所載目録，一字不同，灼知爲刊刻之誤。謹編綴前後，略依本例次序，排纂成編，以還子方所著三書之舊焉。

春秋五禮例宗七卷 浙江吴玉墀家藏本

宋張大亨撰。大亨字嘉父，湖州人。登元豐乙丑乙科。何薳春渚紀聞、王明清玉照新志竝載其嘗官司勳員外郎，以王國侍讀、侍講官名與朝廷相紊，奏請改正事。陳振孫書録解題載大亨春秋通訓及此書，則稱爲「直祕閣吴興張大亨撰」。蓋舉其所終之官也。考左傳發凡，杜預謂皆周公禮典，韓起見易象、春秋亦謂周禮在魯，孫復作春秋尊王發微，葉夢得譏其不深於禮學，故其言多自牴牾。蓋禮與春秋本相表裏。大亨是編，以杜預釋例與經踳駁，兼不能賅盡，陸淳所集啖、趙春秋纂例亦支離失真，因取春秋事蹟，分吉、凶、軍、賓、嘉五禮，依類别記，各爲總論。義例賅貫，而無諸家拘例之失。陳振孫稱爲「考究詳洽」，殆非溢美。元吴澄作春秋纂言，分列五禮，多與此書相出入。澄非剽襲人書者，殆偶未見傳本歟？朱彝尊經義考載此書十卷，注曰「存」。而諸家寫本，皆佚其軍禮三卷，已非彝尊之所見。然永樂大典作於明初，凡引此書皆吉、凶、賓、嘉四禮之文，軍禮絶無一字。則此三卷之佚久矣，彝尊偶未核檢也。

春秋通訓六卷　永樂大典本

宋張大亨撰。是書自序謂少聞春秋於趙郡和仲先生。考宋蘇軾年譜，軾本字和仲。又蘇洵族譜稱爲唐相蘇頲之裔，系出趙郡。今所傳軾題烟江疊嶂圖詩石刻，末亦有「趙郡蘇氏」印。然則「趙郡和仲先生」即軾也。蘇籀雙溪集載大亨以春秋義問軾，軾答書云：「春秋，儒者本務。然此書有妙用，學者罕能領會。多求之繩約中，乃近法家者流，苛細繳繞，竟亦何用？惟左丘明識其用，終不肯盡言，微見端兆，欲使學者自求之。」云云，與大亨自序亦合。蓋其學出於蘇氏，故議論宗旨亦近之。陳振孫書録解題及宋史藝文志竝作十六卷。朱彝尊經義考云「已佚」。此本載永樂大典中，十二公各自爲卷，而隱公、莊公、襄公、昭公又自分上、下卷，與十六卷之數合。然每卷篇頁無多，病其繁碎。今併爲六卷，以便省覽，其文則無所佚脱也。

春秋傳二十卷

浙江朱彝尊家曝書亭藏本

宋葉夢得撰。夢得字少藴，號石林，吴縣人。紹聖四年進士。南渡後官至崇信軍節度使。事蹟具宋史文苑傳。夢得以孫復春秋尊王發微主於廢傳以從經，蘇轍春秋集解主於從左氏而廢公羊、穀梁，皆不免有弊。故其書參考三傳以求經，不得於事則考於義，不得於義則考於事，更相發明，頗爲精核。開禧中，其孫筠刊於南劍州。真德秀跋之，稱其「闢邪説，黜異端，有補世教不淺。」宋史藝文志又載夢得别有春秋考三十卷、讞三十卷、指要總例二卷、石林春秋八卷。今讞、考二書散見永樂大典中，尚可得其大概。餘皆散佚，惟此傳猶爲完書。南窗紀談載「夢得爲春秋書，其别有四：解釋音義曰傳，訂正事實曰考，掊擊三傳曰讞，編列凡例曰例。嘗語徐惇濟曰：『吾之爲此名，前古所未見也。』惇濟曰：『吴程秉著書三萬餘言，曰周易摘、尚書駁、論語弼，得無近是乎。』」云云。案此傳不專釋音義，其説已非。至於以一字名書，古人多有。即以春秋而論，「傳」爲通名，不必言矣。如漢志所載鐸氏、張氏皆有春秋微，公羊傳疏有閔因春秋序，後漢書有鄭衆春秋删，隋志有何休春秋議、崔靈恩春秋序，孫炎併先有春秋例。夢得博洽，安得不見？乃以爲古無此名，必非事實。且宋志載夢得春秋指要總例，亦不名曰春秋例。殆小説附會之辭，不足據也。

春秋考十六卷

永樂大典本

宋葉夢得撰。是書於寧宗開禧中，與春秋傳、春秋讞同刻於南劍州。元程端學作春秋三傳辨疑，多引其説，則當時猶有傳本。自明以來，藏書家皆不著録，故朱彝尊經義考注曰「已佚」。惟永樂大典頗載其文，以次檢校，尚可得十之八九。今排比綴緝，復勒成編。其書大旨在申明所以攻排三傳者，實本周之法度制作以爲斷，初非有所臆測於其間。故所言皆論次周典，以求合於春秋之法。其文辨博縱横，而語有本原，率皆典核。陳振孫書録解題稱其「辨定考究，無不精詳」，殆不誣也。原書前有統論，其後乃列十二公，逐條詮敘而不録經文。今悉仍舊例。其卷帙則約略篇頁，輯爲統論三卷，隱公以下以次編爲十三卷，不復拘宋志三十卷之數。據夢得自序，稱：「自其讞推之，知吾所正爲不妄，而後可以觀吾考；自其考推之，知吾所擇爲不誣，而後可以觀吾傳。」然書録解題已先列傳，次列考，次列讞。蓋傳其大綱，而考、讞其發明之義疏也。今仍從陳氏之序，次於傳後焉。

春秋讞二十二卷　永樂大典本

宋葉夢得撰。是書抉摘三傳是非，主於信經不信傳，猶沿啖助、孫復之餘波。於公羊、穀梁多所駁詰。雖左傳亦據傳末「韓魏反而喪之」之語，謂知伯亡時左氏猶在，斷以爲戰國時人，案：經有續書，傳亦有續書，夢得蓋未深考。語詳左傳注疏條下。昌言排擊。如辨諸侯世相朝爲衰世之事；辨宰孔勸晉獻公及魯穆姜悔過之言皆出附會；辨十二次分十二國之謬；辨夾谷之會孔子沮齊景公事亦出假託；辨墮郈、墮費非孔子本意；辨諸侯出入有善有惡；辨諸侯卒之或日或不日，非盡屬褒貶，魯侯之至與不至，亦不可拘牽成例。雖辨博自喜，往往有瀾翻過甚之病。於經旨或合或離，不能一一精確。而投之所向，無不如志，要亦文章之豪也。惟古引春秋以決獄，不云以決獄之法治春秋。名書以「讞」，於義既爲未允。且左氏、公羊、穀梁皆前代經師，功存典籍，而加以推鞫之目，於名尤屬未安。是則宋代諸儒藐視先儒之錮習，不可以爲訓者耳。考宋藝文志，是書本三十卷。又夢得自記左傳四百四十二條、公羊三百四十條、穀梁四百四十條。今據永樂大典所載，參以程端學春秋辨疑，通加檢核。左傳闕九十條，公羊闕六十五條，穀梁闕八十四條，蓋已非完帙。然其大較已略具矣。謹依類排次，釐爲左傳讞十卷，公羊、穀梁讞各六卷。

春秋集解三十六卷

内府藏本

宋吕本中撰。舊刻題曰吕祖謙，誤也。本中字居仁，好問之子。宋史本傳載其靖康初官祠部員外郎。紹興六年賜進士，擢起居舍人。八年遷中書舍人，兼侍講，權直學士院。學者稱爲東萊先生，故趙希弁讀書附志稱是書爲東萊先生撰。後人因祖謙與朱子遊，其名最著，故亦稱爲東萊先生。而本中以詩擅名，詩家多稱吕紫微，東萊之號稍隱，遂移是書於祖謙。不知陳振孫書録解題載是書，固明云本中撰也。朱彝尊經義考嘗辨正之，惟以宋志作十二卷爲疑。然卷帙分合，古今每異，不獨此書爲然。況振孫言是書自三傳而下，集諸儒之説不過陸氏、兩孫氏、兩劉氏、蘇氏、程氏、許氏、胡氏數家，而采擇頗精，全無自己議論。以此本考之亦合，知舊刻誤題審矣。惟宋志此書之外，别出祖謙春秋集解三十卷，稍爲牴牾。疑宋末刻本已析其原卷，改題祖謙。故相沿譌異，史亦因之重出耳。祖謙年譜備載所著諸書，具有年月，而春秋集解獨不載。固其確證，不必更以他説疑也。本中嘗撰江西宗派圖，又有紫微詩話，皆盛行於世。世多以文士目之，而經學深邃乃如此。林之奇從之受業，復以其學授祖謙，其淵源蓋有自矣。

春秋傳三十卷　通行本

宋胡安國撰。安國事蹟詳宋史儒林傳。案玉海載「紹興五年四月詔：徽猷閣待制胡安國，經筵舊臣，令以所著春秋傳纂述成書進入。十年三月書成，上之。詔獎諭，除寶文閣直學士，賜銀幣。」一是安國此傳久已屬稾，自奉敕撰進，又覆訂五年而後成也。俞文豹吹劍録稱其自草創至於成書，初稾不留一字，其用意亦勤矣。顧其書作於南渡之後，故感激時事，往往借春秋以寓意，不必一一悉合於經旨。朱子語録曰：「胡氏春秋傳有牽强處，然議論有開合精神。」亦千古之定評也。明初定科舉之制，大略承元舊式，宗法程、朱。而程子春秋傳僅成二卷，闕略太甚，朱子亦無成書。以安國之學出程氏，張洽之學出朱氏，故春秋定用二家。蓋重其淵源，不必定以其書也。後洽傳漸不行用，遂獨用安國書。漸乃棄經不讀，惟以安國之傳爲主。當時所謂經義者，實安國之傳義而已。故有明一代，春秋之學爲最弊。馮夢龍春秋大全凡例有曰：「諸儒議論儘有勝胡氏者。然業已尊胡，自難並收以亂耳目。」一則風尚可知矣。爰逮本朝，敦崇經術，欽定春秋傳説彙纂於安國舊説始多所駁正。棄瑕取瑜，擷其精粹，已足以綜括原書。第其書行世已久，亦未可竟廢。謹校而録之，以存一家之言。若其中紕漏之處，則欽定彙纂中業已抉摘無遺，昭示海内，兹不復論辨焉。

春秋集注四十卷

永樂大典本

宋高閌撰。閌字抑崇，鄞縣人。紹興元年以上舍選賜進士第，歷官禮部侍郎。事蹟具宋史儒林傳。是書以程子春秋傳爲本，故仍冠以程子原序。其説則雜采唐宋諸家，鎔以己意，不復標舉其姓名。史稱秦檜疑閌薦張九成，出知筠州，不赴卒。而樓鑰序是書則云：「以直道忤時宰，一斥不復。家食累年，略不以事物自攖。日有定課，風雨弗渝。」蓋閌家居以後，歷久始卒，晚年精力盡在是書，史文言之未詳也。閌大旨雖宗程傳，然如程子據漢薄昭與淮南王書有齊桓殺弟之語，遂謂子糾爲弟，齊桓爲兄。閌則仍用三傳、史記、荀子之文，云子糾、小白皆襄公弟。糾居長，爲當立。絶不依阿牽就，務存門户之私。他如解「衛人立晉」、解「夫人氏之喪至自齊」、解「取濟西田」諸條，皆深得聖人微旨。其解「及向戌盟于劉」云：「凡因來聘而盟者，必在國内。劉，王畿采地。豈有來聘魯而遠盟于劉者？蓋下文有『劉夏』，傳者以爲春夏之夏，與文四年『夏逆婦姜于齊』文同，故誤增『于劉』二字。」又如以「州蒲」爲「州滿」之譌，亦皆足以備一解。惟隱公九年「會防」之防在琅邪華縣東南，十年「取防」之防在高平昌邑縣西南；文公十二年「城諸及鄆」之鄆在成陽姑幕南，成公四年「城鄆」之鄆在東郡廩丘縣東，閌皆混爲一地，未免於考據少疎耳。原書久佚，惟散見永樂大典中。謹按次排比，薈稡成編。其永樂大典原闕者，則采各書所引閔説補之。首尾完具，復爲全帙。陳振孫書録解題稱是書十四卷。今以篇頁繁重，析爲四十卷。又宋史本傳稱閔有春秋集解，而永樂大典實作集注，與書録解題同，當是宋本原題，今竝從之。至所載經文，多從左氏而亦間有從公、穀者，蓋宋代諸儒大都兼采三傳，不盡如漢世專門之學也。

春秋後傳十二卷　兩江總督採進本

宋陳傅良撰。傅良字君舉，案：「傅良」或作「傳良」，諸本互有異同。然其字曰君舉，則爲「傅説舉於版築」之義，故今定爲「傅」字。號止齋，温州瑞安人。乾道八年進士，官至中書舍人，寶謨閣待制，謚文節。事蹟具宋史本傳。是編有其門人周勉跋，稱傅良爲此書，「將脱稾而病。學者欲速得其書，俾傭書傳寫。其已削者或留其帖於編，增入是正者或揭去弗存」。是今所傳，已非傅良完本矣。趙汸春秋集傳自序於宋人説春秋者最推傅良，稱其「以公、穀之説參之左氏，以其所不書實其所書，以其所書推見其所不書，得學春秋之要，在三傳後卓然名家。而惜其誤以左氏所録爲魯史舊文，而不知策書有體，夫子所據以加筆削者，左氏亦未之見。左氏書首所載不書之例，皆史法也，非筆削之旨。公羊、穀梁每難疑以不書發義，實與左氏異師。陳氏合而求之，殊失其本。故於左氏所録而經不書者，皆以爲夫子所筆削，則其不合於聖人者亦多。」云云。考左氏爲春秋作傳，非爲策書作傳。其所云某故不書者，不得經意或有之，必以爲別發史例，似非事實。況不修春秋二條，公羊傳尚有傳聞，不應左氏反不見。恐均不足爲傅良病。惟以公、穀合左氏爲切中其失耳。自王弼廢象數，而談易者日增。自啖助廢三傳，而談春秋者日盛。故解五經者惟易與春秋二家著録獨多。空言易騁，兹亦明效大驗矣。傅良於臆説蠭起之日，獨能根據舊文，研求聖人之微旨。樓鑰序稱其於諸生中擇能熟誦三傳者三人，曰蔡幼學，曰胡宗，曰周勉。「游宦必以一人自隨。遇有所問，其應如響。」其考究可謂至詳。又其書雖多出新意，而每傳之下必注曰此據某説、此據某文，其徵引亦爲至博。以是立制，世之枵腹而談褒貶者，庶有豸乎？傅良别有左氏章旨三十卷，樓鑰所序蓋兼二書言之。朱彝尊經義考注曰「未見」。今永樂大典中尚存梗概，然已殘闕，不能成帙，故不復裒録焉。

春秋左氏傳説二十卷

兩江總督採進本

宋吕祖謙撰。祖謙有古周易，已著録。其生平研究左傳，凡著三書：一曰左傳類編，一曰左傳博議，一即是編。其類編取左氏之文，分别爲十九目，久無傳本，惟散見永樂大典中，頗無可采。博議則隨事立義，以評其得失。是編持論與博議略同，而推闡更爲詳盡。陳振孫書録解題稱其「於左氏一書多所發明而不爲文，似一時講説，門人所鈔録者」，其説良是。朱子語録亦稱其「極爲詳博。然遺辭命意，頗傷於巧」。考祖謙所作大事記，朱子亦謂有纖巧處，而稱其「指公孫弘、張湯姦狡處，皆説得羞愧殺人」云云。然則朱子所謂巧者，乃指其筆鋒穎利，凡所指摘，皆刻露不留餘地耳。非謂巧於馳辨，或至顛倒是非也。書録解題載是書爲三十卷，此本僅二十卷。考明張萱内閣書目所載傳説四册外，尚有續説四册。知陳氏所謂三十卷者，實兼續説十卷計之。今續説别於永樂大典之中裒采成帙，以其體例自爲起訖，仍分著於録云。

春秋左氏傳續説十二卷　永樂大典本

宋吕祖謙撰。是編繼左氏傳説而作，以補所未及，故謂之續説。久無傳本。今見於永樂大典者，惟自僖公十四年秋八月至三十三年、襄公十六年夏至三十一年，舊本闕佚，無足采録。其餘則首尾完具，以傳文次第排比之，仍可成帙。其中如「臾駢送狐射姑之帑」「孟獻子愛公孫敖二子」兩條，俱以博議所云爲非。是則是書當成於晚年矣。其體例主於隨文解義，故議論稍不如前説之闊大。然於傳文所載，闡發其藴，竝抉摘其疵。如所謂：「左氏有三病：不明君臣大義，一也；好以人事附會災祥，二也；記管、晏事則盡精神，説聖人事便無氣象，三也。」云云，雖亦沿宋儒好軋先儒之習，然實頗中其失。至於朝祭、軍旅、官制、賦役諸大典及晉、楚興衰，列國向背之事機，詮釋尤爲明暢。惟子服景伯系本桓公，而以爲出自襄公，稍爲譌舛耳。蓋祖謙邃於史事，知空談不可以説經，故研究傳文，窮始末以核得失，而不倡廢傳之高論。視孫復諸人，其學爲有據多矣。

詳注東萊左氏博議二十五卷　浙江巡撫採進本

宋吕祖謙撰。相傳祖謙新娶，於一月之内成是書。今考自序稱：「屏處東陽之武川，居半歲，里中稍稍披蓬藋從予遊。談餘語隙，波及課試之文。乃取左氏書理亂得失之跡，疏其説於下。旬儲月積，浸就篇帙。」又考祖謙年譜，其初娶韓元吉女，乃紹興二十七年在信州，不在東陽。後乾道三年五月持母喪，居明招山，學子有來講習者。四年，已成左氏博議。五年二月除母服，五月乃繼娶韓氏女弟。則是書之成，實在喪制之中，安有新娶之事？流俗所傳誤也。書凡一百六十八篇。通考載作二十卷，與此本不同。蓋此本每題之下附載左氏傳文，中間徵引典故，亦略爲注釋，故析爲二十五卷。其注不知何人作，觀其標題版式，蓋麻沙所刊。考宋史藝文志有祖謙門人張成招標注左氏博議綱目一卷，疑當時書肆以成招標注散入各篇也。楊士奇稱別有一本十五卷，題曰精選，黄虞稷稱明正德中有二十卷刊本，今皆未見。坊間所鬻之本僅十二卷，非惟篇目不完，併字句亦多妄削，世久不見全書。此本有董其昌名字二印，又有朱彝尊收藏印，亦舊帙之可寶者矣。

春秋比事二十卷 浙江吴玉墀家藏本

舊本題宋沈棐撰。棐始末無可考。惟是書前有陳亮序，稱其字文伯，湖州人，嘗爲婺之校官。陳振孫書録解題曰：「案湖有沈文伯，名長卿，號審齋居士，爲常州倅。忤秦檜，貶化州，不名棐也。不知同父何以云然。豈別有名棐而字文伯者乎？然則非湖人也。」云云，其說與亮迥異。都穆聽雨紀談又據嘉定辛未盧陵譚月卿序，以爲莆陽劉朔撰，併稱月卿親見劉氏家本。此本不載月卿序，亦未審穆何所據。疑以傳疑，無從是正。以陳亮去棐世近，姑從所序，仍著棐名。其書前以諸國類次，後以朝聘、征伐、會盟事蹟相近者，各比例而爲之說，持論頗爲平允。本名春秋總論，亮爲更此名。元至正中嘗刊於金華。其版久燬，世罕傳本，故朱彝尊經義考注曰「已佚」。此本前有中興路儒學教授王顯仁序，蓋猶從元刻傳録者也。

春秋左傳要義三十一卷

兩江總督採進本

宋魏了翁撰。亦所輯九經要義之一也。其書節録注疏之文，每條之前各爲標題，而系以先後次第，與諸經要義體例立同。考了翁序李明復春秋集義云：「余嘗覽諸儒之傳，至本朝先正，謂此爲經世之大法、傳心之要典，余懼益深。乃裒萃以附於經，尚慮觀書未廣，擇理未精，故未敢輕出。李君乃先得我心而爲是書。」云云，是了翁亦嘗裒輯衆説以注春秋，其書未就，而其所取於注疏者則尚見於是編。凡疏中日月名氏之曲説煩重瑣屑者，多刊除不録。而名物度數之間，則削繁舉要，本末燦然。蓋左氏之書，詳於典制，三代之文章禮樂，猶可以考見其大凡。其遠勝公、穀，實在於此。了翁所輯，亦可謂得其要領矣。原本六十卷，朱彝尊經義考注曰「未見」。此本僅存三十一卷，末有萬曆戊申中秋後三日龍池山樵彭年手跋一篇，稱：「當時鏤帙不全，後世無原本可傳。甘泉先生有此書三十一卷，藏之懷古閣中，出以相示，因識數言於後。」則亦難覯之本矣。然甘泉爲湛若水之號，若水登弘治乙丑進士，至萬曆戊申凡一百四年，不應尚在。彭年與文徵明爲姻家，王世貞序其詩集，稱年死之後，家人鬻其遺稾，則萬曆末亦不復存。且九經要義皆删節注疏，而跋稱其「訂定精密，爲先儒所未論及」，尤不相合。疑殘本偶存，好事者僞爲此跋，而未核其年月也。

春秋分紀九十卷

兩淮馬裕家藏本

宋程公説撰。公説字伯剛，號克齋，丹稜人，居於宣化。年二十五登第，官邛州教授。吳曦之亂，棄官携所著春秋諸書匿安固山中修之。甫成而卒，年僅三十七。是書前有開禧乙丑自序。淳祐三年，其弟公許刊於宜春。凡年表九卷，世譜七卷，名譜二卷，書二十六卷，周天王事二卷，魯事六卷，大國世本二十六卷，次國二卷，小國七卷，附録三卷。其年表則冠以周及列國，而后夫人以下與執事之卿皆各爲一篇。其世譜則王族、公族以及諸臣每國爲一篇，魯則增以婦人名、仲尼弟子。而燕則有録無書，蓋原闕也。名譜則凡名著於春秋者分五類列焉。書則曆法、天文、五行、疆理、禮樂、征伐、職官七門。其周、魯及列國世本以及次國、小國、附録，則各以經傳所載分隸之。條理分明，敘述典贍。所采諸儒之説與公説所附序論亦皆醇正，誠讀春秋者之總匯也。明以來其書罕傳，故朱彝尊經義考注曰「未見」。顧棟高作春秋大事表，體例多與公説相同。棟高非剽竊著書之人，知其亦未見也。此本出自揚州馬曰璐家，與通考所載卷數相合。内宋諱猶皆闕筆，蓋從宋刻影鈔者。劉光祖作公説墓誌，稱其所作尚有左氏始終三十六卷、通例二十卷、比事十卷。是殆刻意於左氏之學者。宋自孫復以後，人人以臆見説春秋。惡舊説之害己也，則舉三傳義例而廢之；又惡左氏所載證據分明，不能縱横顛倒，惟所欲言也，則併舉左傳事蹟而廢之。譬諸治獄，務燬案牘之文，滅證佐之口，則是非曲直乃可惟所斷而莫之爭也。公説當異説坌興之日，獨能考核舊文，使本末源流犁然具見，以杜虛辨之口舌，於春秋可謂有功矣。

春秋講義四卷　永樂大典本

宋戴溪撰。溪有續吕氏家塾讀詩記，已著録。開禧中，溪爲資善堂説書，累轉太子詹事。時景獻太子命類易、詩、書、春秋、論語、孟子、通鑑，各爲説以進。此即其春秋説也。書中如以齊襄迫紀侯去國爲託復讎以欺諸侯，以秦與楚滅庸爲由巴、蜀通道，以屢書「公如晉，至河乃復」爲晉人啓季氏出君之漸，以定公戊辰即位爲季氏有不立定公之心，皆具有理解。而時當韓侂胄北伐敗衂，和議再成，故於内脩外攘、交鄰經武之道，尤惓惓焉。至卒葬之類，竝闕而不釋。考宋代於喪服之制，避忌頗深。如「何居」「居」字語出檀弓，禮部韻略即不載，其他可知。溪之不釋此類，蓋當時講幄之體也。嘉定癸未五月，溪長子桷鋟木金陵學舍，沈光序之。寶慶丙戌，牛大年復刻於泰州，其序稱是書「期於啓沃君聽，天下學士不可得而聞」。蓋非經生訓詁家言，故流傳未廣。陳氏書録解題不著於録，殆以是歟？宋史藝文志作四卷，王瓚温州志作三卷，朱彝尊經義考注曰「已佚」。今外間絶無傳本，惟永樂大典所采，尚散見各條經文之下。今謹爲裒輯校正，自僖公十四年秋至三十三年、襄公十六年三月至三十一年，永樂大典所闕，則取黄震日鈔所引補之。仍從宋史釐爲四卷，而每卷又各分上、下。其所釋經文多從左氏，故其間從公、穀者並附案語於下方焉。

春秋集義五十卷綱領三卷

江蘇巡撫採進本

宋李明復撰。明復亦名俞，字伯勇，始末無考。據魏了翁序，知爲合陽人，嘉定中大學生爾。是書首行題「校正李上舍經進春秋集義」，次行又題「後學巴川王夢應」。案朱彝尊經義考云：「宋藝文志載李明復春秋集義五十卷，又載王夢應春秋集義五十卷。嘗見宋季舊刻，即李氏原本，而王氏刊行之，非王氏别有集義也。」此本乃無錫鄒儀蕉緑草堂藏本。核其題名，與彝尊所見本相合。知經義考所説有據，而宋志誤分爲二也。張萱内閣書目稱其采周、程、張三子，或著書以明春秋，或講他經以及春秋，或其説有合於春秋者，皆廣收之。然所采如楊時、謝湜、胡安國、朱子、吕祖謙之説，不一而足，謝湜尤多。萱蓋考之未審耳。經義考載是書前有綱領二卷，又有魏了翁序。此本乃皆不載，蓋傳寫佚之。然「春王正月」條下自注曰：「餘見綱領上、中二卷。」則綱領當有三卷，故有上、中、下之分。經義考作二卷，亦小誤矣。今檢永樂大典，明復所著綱領尚存。謹録而補之，仍釐爲三卷，以還其舊焉。

春秋集注十一卷綱領一卷

江西巡撫採進本

宋張洽撰。洽字元德，清江人。嘉定中進士，官至著作佐郎。端平元年，朝廷知洽家居著書，宣命臨江軍守臣，以禮延訪，齎紙札膳寫以進。書既上，除洽知寶章閣，會洽卒，謚之曰文憲。以其書付祕閣。書首有洽進書狀，自言「於漢唐以來諸儒之議論，莫不考覈研究，取其足以發明聖人之意者，附於每事之左，名曰春秋集傳。既又因此書之粗備，復倣先師文公語、孟之書，會其精意，詮次其説以爲集注」云云。考朱子語録深駁胡安國「夏時冠周月」之説，洽此書以春爲建子之月，與左傳「王周正月」義合，足破支離轇轕之陋。車若水脚氣集乃深以洽改從周正爲非，門户之見，殊不足據。至若水謂：「春秋一書，質實判斷不得。除非起孔子出來，説當時之事，與所以褒貶去取之意方得。今作集注，便是質實判斷，此照語、孟例不得。語、孟是説道理，春秋是紀事。且首先數句便難明。『惠公仲子』，不知惠公之仲子耶？或惠公同仲子耶？尹氏卒，一邊道是『婦人』，一邊道是『天子之世卿』。諸儒譏『世卿』之説，自是明訓。恐是舉燭尚明之論，理雖是而事則非也。」云云，其論亦頗中洽之病。要其合者不可廢也。明洪武中，以此書與胡安國傳同立學官。迨永樂間，胡廣等剽襲汪克寬纂疏爲大全，其説專主胡傳，科場用爲程式，洽書遂廢不行。今此書遺本僅存，而所謂集傳則佚之久矣。

春秋王霸列國世紀編三卷　浙江范懋柱家天一閣藏本

宋李琪撰。琪字開伯，吴郡人。官國子司業。其書成於嘉定辛未。以諸國爲綱，而以春秋所載事蹟類編爲目。前有序，後有論斷。第一卷爲王朝及霸國。霸國之中黜秦穆、楚莊而存宋襄。又於晉文以下列自襄至定十君。而特附以魯一卷，爲周同姓之國。而特附以「三恪」三卷，皆周異姓之國。而列秦、楚、吴、越於諸小國後。所論多有爲而發。如譏晉文借秦抗楚、晉悼結吴困楚，則爲徽宗之通金滅遼而言；譏紀侯隣於讎敵而不能自强，則爲高宗之和議而言，其意猶存乎鑒戒。至於稱魯已滅之後，至秦、漢猶爲禮義之國，則自解南渡之弱；霸國之中退楚莊、秦穆而進宋襄，則自解北轅之恥；置秦、楚、吴、越於諸小國後，則又隱示抑金尊宋之意。蓋借春秋以寓時事，略與胡安國傳同。而安國猶堅主復讎之義，琪則徒飾以空言矣。流傳已久，姑録以備一家。且以見南宋積削之後，士大夫猶依經託傳，務持浮議以自文。國勢日頽，其來漸矣。存之亦足示炯戒也。

春秋通説十三卷

兩江總督採進本

宋黄仲炎撰。仲炎字若晦，永嘉人。其進是書表稱「肄舉業而罔功」，李鳴復奏舉狀稱「科舉之外，窮經篤古」，蓋老而不第之士也。書成於紹定三年，其奏進則在端平三年。自序謂春秋爲聖人教戒天下之書，非褒貶之書。所書之法爲教，所書之事爲戒。自三傳以褒貶立意，專門師授，仍陋襲謬。由漢以後，類例益歧，大義隱矣。故其大旨謂直書事蹟，義理自明。於古來經師相傳，「王不稱天，桓不稱王」之類，一切闢之。案朱子語録云：「聖人據實而書，是非得失，有言外之意。必於一字一辭間求褒貶所在，竊恐未然。」仲炎表中所云酌朱熹之論者，蓋本於是。何夢申作吕大圭春秋或問序，謂傳春秋者幾百家，大抵以褒貶賞罰爲主，惟或問本朱子而盡斥之。不知仲炎已先發之矣。中如於「南季來聘」，據三傳、戴記，謂天子無聘諸侯之禮，周禮時聘之説不足信；於「滕、薛來朝」，謂諸侯無私相朝之禮，三傳俱謬，則過於疑古。以「盟首止」爲王世子立黨制父，則過於深文。以「子同生」爲傳語誤入經文，以「葬蔡桓侯」爲「公」字之譌，以「同圍齊」爲「圍」字重寫之誤。疑及正經，亦未免臆爲推測。然如謂季友爲巨姦竊交宮闈，則成風私事，傳有明文，辭嚴義正，足以爲千古之大防矣。其論胡安國之書曰：「孔子雖因顔淵之問，有取於夏時，不應修春秋而遽有所改定也。胡安國氏謂春秋以夏正冠月，而朱熹氏非之，當矣。孔子之於春秋，述舊禮者也。如惡諸侯之强而存天子，疾大夫之偪而存諸侯，憤吴、楚之横而尊中國，此皆臣子所得爲者。若夫更革當代之王制，竊用天子之賞罰，決非孔子意也。夫孔子修春秋，方將以律當時之僭，其可自爲僭哉？」其立義明白正大，深得聖人之意。蓋迥非安國所及也。

春秋説三十卷　永樂大典本

宋洪咨夔撰。咨夔字舜俞，於潛人，歷官端明殿學士。事蹟具宋史本傳。是書有咨夔自序，稱：「自考功罷歸，杜門深省，作春秋説。」案本傳稱理宗初，咨夔爲考功員外郎，以忤史彌遠，又言李全必爲國患，爲李知孝、梁成大所劾，鐫秩家居者七年。是書蓋是時所作也。又本傳第稱咨夔所著有兩漢詔令擥鈔、春秋説等書，而皆不載其卷數。朱彝尊經義考引吴任臣之言，云止三卷。而永樂大典載吴潛所作咨夔行狀，則謂春秋説實三十卷。今考是書，篇帙繁重，斷非三卷所能盡。潛與咨夔同官相契，當親見其手定之本。任臣所言，蓋後來傳聞之誤耳。其書議論明鬯，而考據事勢，推勘情僞，尤多前人所未發。如以書「公子友如陳」爲著季氏專魯之始；以晉侯執曹伯負芻而不爲曹立君正爲異日歸之之地；以書「大蒐昌間」爲季氏示威於衆以脅國人，皆得筆削微意。惟謂慶父出奔爲季友故縱，謂劉子、單子以王猛入王城爲不知有君，頗爲紕繆。然棄短取長，其卓然可傳者，不能没也。今兩漢詔令等書久已散佚，此書亦無傳本，惟永樂大典尚多載其文。謹裒輯編次，釐正譌舛，仍分爲三十卷，以還舊觀。至春秋經文，三傳各有異同。今咨覈原本經文已不可見，就其所説推之，知其大概多從左氏，而間亦參取於公、穀。今竝加案語，附識其下。又自僖公十四年秋至三十三年、襄公十六年夏至三十一年，永樂大典原本已佚，而他家經解又絶無徵引，無從葺補，今亦姑闕之焉。

春秋經筌十六卷

湖北巡撫採進本

宋趙鵬飛撰。鵬飛字企明，號木訥，綿州人。其意以説經者拘泥三傳，各護師説，多失聖人本旨，故爲此書，主於據經解經。其自序曰：「學者當以無傳明春秋，不可以有傳求春秋。無傳以前，其旨安在，當默與心會矣。」又曰：「三傳固不足據，然公吾心而評之，亦有時得聖意者。」夫三傳去古未遠，學有所受。其間經師衍説，漸失本意者，固亦有之。然必一舉而刊除，則春秋所書之人，無以核其事；所書之事，無以核其人。即以開卷一兩事論之。「元年春王正月」，不書即位，其失在夫婦嫡庶之間。苟無傳文，雖有窮理格物之儒，殫畢生之力，據經文而沈思之，不能知聲子、仲子事也。「鄭伯克段於鄢」，不言段爲何人，其失在母子兄弟之際。苟無傳文，雖有窮理格物之儒，殫畢生之力，據經文而沈思之，亦不能知爲武姜子、莊公弟也。然則舍傳言經，談何容易。啖助、趙匡攻駁三傳，已開異説之萌。至孫復而全棄舊文，遂貽春秋家無窮之弊。蔡絛鐵圍山叢談載鹿谿生黄沇之説曰：「今時爲春秋者，不探聖人之志，逐傳則論魯三桓、鄭七穆，窮經則會計書甲子者若干、書侵書伐凡幾。」云云。沇從學於陳瓘、黄庭堅，其授受尚有淵源，而持論業已如此，蓋皆沿復之説也。鵬飛此書，亦復之流派。其最陋者，至謂經書「成風」，不知爲莊公之妾、僖公之妾，付之闕疑。張尚瑗三傳折諸譏其臆解談經，不知左氏有成風事季友，而屬僖公之事，不值一噱，頗爲切中其病。然復好持苛論，鵬飛則頗欲原情，其平允之處亦不可廢。寸有所長，存備一説可矣。

春秋或問二十卷附春秋五論一卷　兩江總督採進本

宋呂大圭撰。大圭字圭叔，號樸鄉，南安人。淳祐七年進士，官至朝散大夫，行尚書吏部員外郎，兼國子編修、實録檢討官、崇政殿説書，出知興化軍。嘗撰春秋集傳，今已散佚。此或問二十卷，即申明集傳之意也。大旨於三傳之中多主左氏、穀梁，而深排公羊。於何休解詁斥之尤力。考三傳之中，事蹟莫備於左氏，義理莫精於穀梁。惟公羊雜出衆師，時多偏駁。何休解詁牽合讖緯，穿鑿尤多。大圭所論，於三家得失，實屬不誣。視諸家之棄傳談經，固迥然有別。所著五論，一曰論夫子作春秋，二曰辨日月褒貶之例，三曰特筆，四曰論三傳所長所短，五曰世變。程端學嘗稱五論明白正大，而所引春秋事，時與經意不合。今考或問之中，與經意亦頗有出入，大概長於持論而短於考實。然大圭後於德祐初由興化遷知漳州，未行而元兵至。沿海都制置蒲壽庚舉城降，大圭抗節遇害。其立身本末，皎然千古，可謂深知春秋之義。其書所謂明分義，正名實，著幾微，爲聖人之特筆者，侃侃推論，大義凜然，足以維綱常而衛名教，又不能以章句之學錙銖繩之矣。

春秋詳説三十卷

兩江總督採進本

宋家鉉翁撰。鉉翁號則堂，以蔭補官。後賜進士出身，官至端明殿學士，簽書樞密院事。事蹟具宋史本傳。是書末有龔璛跋曰：「至元丙子宋亡，以則堂先生歸，置諸瀛州者十年，成此書。自瀛寄宣，託於其友潘公從大藏之。」今考宋史本傳稱鉉翁在河間，以春秋教授弟子。河間即瀛州也。又鉉翁則堂集中有爲其弟所作志堂説，稱：「余自燕以來瀛，卒春秋舊業，成集傳三十卷。」篇末題「甲申正望」。甲申爲至元二十一年，上距宋亡凡十年，與璛跋十年之説合；下距元貞元年賜號放歸復十年，與璛跋成書於瀛之説亦合。惟鉉翁自稱集傳，而此曰詳説，或後又改名歟？其説以春秋主乎垂法，不主乎記事。其或詳或略，或書或不書，大率皆抑揚予奪之所繫。要當探得聖人心法所寓，然後參稽衆説而求其是。故其論平正通達，非孫復、胡安國諸人務爲刻酷者所能及。其在河間作假館詩云：「平生著書苦不多，可傳者見之春秋與周易。」蓋亦確然自信者。今惟此書存，其周易則不可考矣。

讀春秋編十二卷　內府藏本

宋陳深撰。深字子微，平江人。嘗題所居曰清全齋，因以爲號。朱彝尊經義考引盧熊蘇州志，稱深「生於宋。宋亡，篤志古學，閉門著書。天曆間奎章閣臣以能書薦，潛匿不出。」考鄭元祐僑吴集有深次子植墓誌。據其所稱，植以至正二十二年卒，年七十，則植生於至元三十年癸巳。又自稱長於植一年，少於深三十餘年，則深之生當在開慶、景定間。宋亡之時，僅及弱冠，故至天曆間尚存也。所著有讀易編、讀詩編，今竝未見，惟此書僅存。其説大抵以胡氏爲宗，而兼采左氏。蓋左氏身爲魯史，言必有據，非公羊、穀梁傳聞疑似者比。自宋人喜以空言説春秋，遂併其事實而疑之，幾於束諸高閣。深所推闡，雖別無新異之見，而獨能考據事實，不爲虛憍恃氣、廢傳求經之高論。可謂篤實君子，未可以平近忽之矣。

欽定四庫全書總目卷二十八

經部二十八

春秋類三

春秋提綱十卷 兩江總督採進本

舊本題鐵山先生陳則通撰，不著爵里，亦不著時代，其始末未詳。朱彝尊經義考列之劉莊孫後、王申子前，然則元人也。是書綜論春秋大旨，分門凡四，曰征伐，曰朝聘，曰盟會，曰雜例。每門中又區分其事，以類相從，題之曰例。然大抵參校其事之始終，而考究其成敗得失之由。雖名曰例，實非如他家之説春秋以書法爲例者。故其言閎肆縱横，純爲史論之體。蓋説經家之别成一格者也。其雜例門中論春秋爲用夏正，猶堅守胡安國之説。然安國解文公十四年「有星孛于北斗」，解昭公十七年「有星孛于大辰」，全襲董仲舒、劉向之義，則通災異例中獨深排漢儒事應之謬，則所見固勝於安國矣。

春秋集傳釋義大成十二卷 内府藏本

元俞皐撰。皐字心遠，新安人。初，其鄉人趙良鈞，宋末進士及第，授修職郎、廣德軍教授。宋亡不仕，以春秋教授鄉里。皐從良鈞受學，因以所傳著是書。經文之下，備列三傳。其胡安國傳亦與同列。吴澄序謂「兼列胡氏，以從時尚」，而「四傳」之名亦權輿於澄序中。胡傳日尊，此其漸也。然臯雖以四傳竝列，而於胡傳之過偏過激者實多所匡正。澄序所謂「玩經下之釋，則四傳之是非不待辯而自明，可謂專門而通者」，固亦持平之論矣。觀臯自序，稱所定十六例，悉以程子傳爲宗。又引程子所謂微辭隱義，時措時宜，於義不同而辭同、事同而辭不同者，反復申明不可例拘之意。又稱學者宜熟玩程傳，均無一字及安國。蓋其師之學本出於程子，特以程傳未有成書，而胡傳方爲當代所傳習，故取與三傳竝論之。統核全書，其大旨可以概見，固未嘗如明代諸人竟尊胡傳爲經也。

春秋纂言十二卷總例一卷　兩淮鹽政採進本

元吳澄撰。澄有易纂言，已著録。是書采摭諸家傳注，而間以己意論斷之。首爲總例，凡分七綱、八十一目。其天道、人紀二例，澄所創作。餘吉、凶、軍、賓、嘉五例，則與宋張大亨春秋五禮例宗互相出入，似乎蹈襲。然澄非蹈襲人書者，蓋澄之學派兼出於金谿、新安之間，而大亨之學派則出於蘇氏。澄殆以門户不同，未觀其書，故與之闇合而不知也。然其縷析條分，則較大亨爲密矣。至於經文行款多所割裂，而經之闕文亦皆補以方空，於體例殊爲未協。則澄於諸經率皆有所點竄，不獨春秋爲然。讀是書者取其長而置其所短可也。明嘉靖中，嘉興府知府蔣若愚嘗爲鋟木，湛若水序之。歲久散佚，世罕傳本。王士禛居易録自云未見其書，又云：「朱檢討曾見之吳郡陸醫其清家。」是朱彝尊經義考之注「存」，亦僅一覩。此本爲兩淮所採進，殆即傳寫陸氏本歟？久微而著，固亦可寶之笈矣。

春秋諸國統紀六卷目録一卷

浙江吴玉墀家藏本

元齊履謙撰。履謙字伯恒，大名人。官至太史院使。事蹟具元史本傳。此書乃其延祐丁巳爲國子司業時所作。前有自序，謂：「今之春秋蓋聖人合二十國史記爲之。自三傳專言襃貶，於諸國分合與春秋所以爲春秋，概未之及。故敘類此書，以備諸家之闕。」凡二十有二篇，首魯、次周、次宋、次齊、次晉、次衛、次蔡、次陳、次鄭、次曹、次秦、次薛、次杞、次滕、次莒、次邾、次許、次宿、次楚、次吴。自内魯尊周外，各以五等之爵爲次。其入春秋後降爵者，則隨所降之爵列之，而楚、吴以僭王殿焉。目録謂：「此皆國史具在，聖人據以作春秋者。」又以諸小國、諸亡國釐爲二篇，附録於末。目録謂：「此無國史，因二十國事所及而載者。」皆先於各國下列敘大勢與其排比之意，題曰「某國春秋統紀」。蓋據墨子有百國春秋、徐彦公羊疏有「孔子求周史記，得百二十國寶書」之文，故不主因魯史從赴告之義也。案春秋如不據魯史，不應以十二公紀年；如不從赴告，不應僖公以後晉事最詳，僖公以前晉乃不載一事。此蓋掇拾雜説，不考正經。且魯史不紀周年，内魯可也。履謙分國編次而魯第一、周第二，不曰「王人雖微，加於諸侯之上」乎？況天王也。至於隱公八年葬蔡宣公，宣公十七年葬蔡文公，竝經有明文。履謙漏此二條，乃於桓公十七年「葬蔡桓侯」，謂諸國皆僭稱公，惟蔡仍舊章。反引左傳爲證，殊爲疎舛。又經書桓公三年夫人姜氏至自齊，六年九月丁卯子同生，其事更無疑義。穀梁傳「疑，故志之」之説，已爲不核事實。履謙乃竟以莊公爲齊侯之子，尤爲乖謬。以其排比經文，頗易尋覽，所論亦時有可采，故録存之。吴澄序稱其「縷數旁通，務合書法。間或求之太過，要之不苟爲言」，蓋瑕瑜不掩，澄已有微辭矣。

春秋本義三十卷

兩江總督採進本

元程端學撰。端學字時叔，號積齋，慶元人。至治元年舉進士第二，官國子助教，遷翰林國史院編修官。事蹟附載元史儒學傳韓性傳中。是書乃其在國學時所作。所采自三傳而下凡一百七十六家，卷首具列其目。寧波府志及千頃堂書目均稱所採一百三十家，未喻其故也。首爲通論一篇、問答一篇、綱領一篇。其下依經附說，類次羣言，間亦綴以案語。左傳事蹟即參錯於衆說之中，體例頗爲糅雜。其大旨仍主常事不書，有貶無褒之義。故所徵引，大抵孫復以後之說。往往繳繞支離，横加推衍，事事求其所以貶。如經書「紀履緰來逆女」「伯姬歸于紀」，此自直書其事，舊無褒貶。端學必謂履緰非命卿，紀不當使來迎，魯亦不當聽其迎。夫履緰爲命卿，固無明文，其非命卿，又有何據乎？紀叔姬之歸酅，舊皆美其不以盛衰易志，歸於夫族。端學必以爲當歸魯而不當歸酅，斯已刻矣。乃復誣以失節於紀季，此又何所據乎？至於宋儒之駁左傳，不過摘其與經相戾，如經曰「楚子麇卒」，而傳曰「遇弑」之類耳。端學乃事事皆云未知信否，則天下無可據之古書矣。以其尚頗能糾正胡傳，又所採一百七十六家，其書佚者十之九，此書猶略見其梗概，姑録之以備參考焉。

春秋或問十卷　浙江范懋柱家天一閣藏本

元程端學撰。端學既輯春秋本義，復歷舉諸説得失以明去取之意，因成此書。蓋與本義相輔而行者也。其中最紕繆者，莫過於堅執「周用夏正」一條。反覆引譬，至於一萬餘言，無一不郢書燕説。甚至於隱公元年不書即位，亦謂即位當在前年十一月，故正月不書，以爲改正不改月之證。其陋殆不足與辨。然其他論説，乃轉勝所作之本義。蓋本義由誤從孫復之説，根柢先乖，故每事必穿鑿其文，務求聖人所以貶。即本條無可譏彈，亦必旁引一事或旁引一人以當其罪，遂至於支離轇轕，多與經義相違。此書則歷舉諸家，各加抨擊。雖過疑三傳，未免乖方。至於宋代諸儒一切深刻瑣碎之談、附會牽合之論，轉能一舉而摧陷之。然則本義之失，失於芟除糾結之後又自生糾結耳。若此書所辨訂，則未嘗盡不中理也。棄短取長，固亦未可竟廢焉。

春秋三傳辨疑二十卷　永樂大典本

元程端學撰。是書以攻駁三傳爲主。凡端學以爲可疑者，皆摘録經文、傳文而疏辨於下。大抵先存一必欲廢傳之心，而百計以求其瑕纇。求之不得，則以「不可信」一語概之。蓋不信三傳之説剏於啖助、趙匡，案：韓愈贈盧仝詩有「春秋三傳束高閣，獨抱遺經究終始」之句。仝與啖、趙同時，蓋亦宗二家之説者。以所作春秋摘微已佚，故今據現存之書惟稱啖、趙。其後析爲三派。孫復尊王發微以下，棄傳而不駁傳者也；劉敞春秋權衡以下，駁三傳之義例者也；葉夢得春秋讞以下，駁三傳之典故者也。至於端學，乃兼三派而用之，且併以左傳爲僞撰。變本加厲，罔顧其安，至是而横流極矣。平心而論，左氏身爲國史，記録最真。公羊、穀梁去聖人未遠，見聞較近。必斥其一無可信，世寧復有可信之書？此真妄搆虚辭，深誣先哲。至於褒貶之義例，則左氏所見原疎。公、穀兩家書由口授，經師附益，不免私增，誠不及後來之精密。端學此書於研求書法，糾正是非，亦千慮不無一得，固未可惡其剛愎，遂概屏其説也。通志堂經解所刊有本義，有或問，而不及此書。據納喇性德之序，蓋以殘闕而置之。此本爲浙江吴玉墀家所藏，第一卷蠹蝕最甚，有每行惟存數字者，然第二卷以下則尚皆完整。今以永樂大典所載校補其文，遂復爲全帙。吴本於左氏所載諸軼事，每條之下俱注「非本義，不録」字。疑爲端學定稾之時加以簽題，俾從刪削，而繕寫者仍誤存之也。以原本如是，今亦姑仍其舊焉。

春秋讞義九卷

浙江汪啓淑家藏本

元王元杰撰。元杰字子英，吴江人。至正間領鄉薦。以兵興不仕，教授鄉里以終。昔程子作春秋傳未成，朱子之論春秋亦無專書。元杰乃輯其緒言，分綴經文之下，復刪掇胡安國傳以盡其意。安國之書在朱子前，而其説皆列朱子後。欲别所尊，故不以時代拘也。其間如隱公四年「州吁」條下，備録朱子邶風擊鼓篇傳，於春秋書法無關。亦以意所推崇，一字不欲芟削耳。三家之末，元杰以己意推闡，别標曰「讞」。如桓公四年「紀侯大去」條下，程子以「大」爲紀侯之名，意主責紀不責齊。元杰之「讞」則委曲恕紀，不從程子之説。而全書之内，於朱子無一異辭，其宗旨概可見矣。恭讀御題詩注，以程、朱之重儓目之，允足破鄉曲豎儒守一先生之錮見。又其書襲葉夢得之謬，以「讞」爲名，亦經御題嚴闢，尤足以戒刻深鍛鍊，以法家説春秋者。以其謹守舊文，尚差勝無師瞽説，故仍録存之。而敬述聖訓，明正其失如右。原書十二卷，久無刊本。今諸家所藏皆佚脱其後三卷，無從校補，亦姑仍之焉。

春秋諸傳會通二十四卷 浙江范懋柱家天一閣藏本

元李廉撰。廉字行簡，廬陵人。明楊士奇東里集云：「廉於至正壬午以春秋舉於鄉，擢陳祖仁榜進士。官至信豐令。遇寇亂，守節死。時南北道梗，未及旌褒。明初修元史時，故交無在當路者，有司又不知採録以聞，故史竟遺之。」則廉實忠義之士，非以空言説經者矣。此書以諸家之説薈萃成編。自序謂：「先左氏，事之案也；次公、穀，傳經之始也；次三傳，注專門也；次疏義，釋所疑也。總之以胡氏，貴乎斷也；陳、張竝列，擇其長也。又備采諸儒成説及他傳記略加疏剔，於異同是非始末之際，每究心焉。」然是編雖以胡氏爲主，而駁正殊多。又參考諸家，竝能掇其長義。一事之疑，一辭之異，皆貫串全經以折衷之。如謂仲子非嫡，隱公不得謂之攝；齊桓之霸基於僖、襄；三桓之盛兆於魯僖；不書吴敗越夫椒，責其不能復讎；書「葬昭公」，罪魯不以季氏爲逆；書「葬劉文公」，罪畿内諸侯之僭；書「築蛇淵囿」，責定公受女樂而荒。持論俱明白正大。總論百餘條，權衡事理，尤得比事屬辭之旨，故欽定春秋傳説彙纂多採録焉。廉自序題「至正九年己丑」，又稱：

「讀經三十年，竊第南歸，叨録劇司，乃成是書。」考元史陳祖仁榜在順帝至正二年。蓋廉於鄉舉之歲即登進士第，而通籍頗晚，閉户著書。故得潛心古義，不同於科舉之學也。

春秋經傳闕疑四十五卷　浙江鮑士恭家藏本

元鄭玉撰。玉事蹟詳元史忠義傳。其體例以經爲綱，以傳爲目。敘事則專主左氏，而附以公、穀。立論則先以公、穀，而參以歷代諸儒之説。經有殘闕則考諸傳以補其遺；傳有舛誤，則稽於經以證其謬。大抵平心靜氣，得聖人之意者爲多。所著師山集中有屬王季温刊春秋闕疑書，至被執就死之時，惟惓惓以此書爲念，蓋其平生精力所注也。其序謂：「常事則直書而義自見，大事須變文而義始明。蓋春秋有魯史之舊文，有聖人之特筆。不可字求其義，如酷吏之刑書；亦不可謂全無其義，如史官之實録。」又曰：「聖人之經，辭簡義奥，固非淺見臆説所能窺測所以。歲月既久，殘闕滋多，又豈懸空想像所能補綴？與其通所不可通，以取譏於當世，孰若闕其所當闕，以俟知於後人。」其論皆洞達光明，深得解經之要。故開卷周正、夏正一事，雖其理易明，而意有所疑，即闕而不講，慎之至也。昔程端學作春秋本義等三書，至正中官爲刊行，而日久論定，人終重玉此書。豈非以玉之著書主於明經以立教，端學之著書主於詆傳以邀名，用心之公私迥不同哉？玉字子美，歙縣人。元末除翰林待制，以疾辭。明兵入徽州，守將迫之降，玉不屈死。與宋吕大圭及同時李廉均可謂能明大義，不愧於治春秋矣。明郎瑛七修類稾乃謂玉既不受元爵，自當仕明，謂之當生而不生。

其説殊謬。伯夷、叔齊豈嘗受殷爵哉？瑛所云云，所謂小人好議論，不樂成人之美者也。

春秋集傳十五卷 兩江總督採進本

元趙汸撰。汸有周易文詮，已著録。是書有汸自序及其門人倪尚誼後序。尚誼稱是書「初稾始於至正戊子。一再删削，迄丁酉成編。既而復著屬辭，義精例密，乃知集傳初稾更須討論。而序文中所列史法經義，猶有未至。歲在戊寅，重著是傳。草創至昭公二十八年，乃疾疢難厄，閣筆未續。至洪武己酉，遂卒」。自昭公二十八年以下，尚誼據屬辭義例續之，序中所謂「策書之例十有五、筆削之義八」者，亦尚誼更定，而原本有譌誤疎遺者咸補止焉。則此書實成於尚誼之手。然義例一本於汸，猶汸書也。汸自序曰：「學者必知策書之例，然後筆削之義可求，筆削之義既明，則凡以虛辭説經者皆不攻而自破。」可謂得説經之要領矣。

春秋師説三卷 兩江總督採進本

元趙汸撰。汸常師九江黄澤。其初一再登門，得六經疑義十餘條以歸。已復往，留二載，得口授六十四卦大義與學春秋之要。故題曰師説，明不忘所自也。汸作左傳補注序曰：「黄先生論春秋學以左丘明、杜元凱爲主。」又作澤行狀，述澤之言曰：「説春秋須先識聖人氣象，則一切刻削煩碎之説自然退聽。」又稱：「嘗考古今禮俗之不同，爲文十餘通，以見虛辭説經之無益。」蓋其學有原本，而其論則持以和平，多深得聖人之旨。汸本其意，類爲十一篇。其門人金居敬又集澤思古十吟，與吴澂二序及行狀附録於後。行狀載澤説春秋之書，有元年春王正月辨、筆削本旨、諸侯取女立子通考、魯隱不書即位義、殷周諸侯禘祫考、周廟太廟單祭合食説、作丘甲辨、春秋指要，蓋即所謂「爲文十餘通」者。朱彝尊經義考又載有三傳義例考。今皆不傳。惟賴汸此書，尚可識黄氏之宗旨。是亦讀孫覺之書得見胡瑗之義者矣。

春秋屬辭十五卷

兩江總督採進本

元趙汸撰。汸於春秋用力至深。至正丁酉，既定集傳初稾，又因禮記經解之語，悟春秋之義在於比事屬辭，因復推筆削之旨，定著此書。其爲例凡八：一曰存策書之大體，二曰假筆削以行權，三曰變文以示義，四曰辨名實之際，五曰謹内外之辨，六曰特筆以正名，七曰因日月以明類，八曰辭從主人。其説以杜預釋例、陳傅良後傳爲本，而亦多所補正。汸東山集有與朱楓林書曰：「謂春秋隨事筆削，決無凡例，前輩言此亦多。至丹陽洪氏之説出，則此段公案不容再舉矣。其言曰：『春秋本無例，學者因行事之迹以爲例。猶天本無度，曆家即周天之數以爲度。』此論甚當。至黄先生，則謂：『魯史有例，聖經無例。非無例也，以義爲例，隱而不彰。』則又精矣。今汸所纂述，却是比事屬辭法。其間異同詳略，觸事貫通，自成義例，與先儒所纂所釋者殊不同。然後知以例説經，固不足以知聖人，爲一切之説以自欺而漫無統紀者，亦不足以言春秋也。是故但以屬辭名書。」又有與趙伯友書曰：「承筆削行狀，作黄先生傳，特奉納師説一部、屬辭一部。尊兄既熟行狀，又觀師説，則於六經復古之學，艱苦之由，已得大概。然後細看屬辭一過，乃知區區抱此二十餘年，非得已不已，强自附於傳注家，以徼名當世之謂也。其書參互錯綜，若未易觀。然其入處衹是屬辭比事法，無一義出於杜撰。」云云。其論義例頗確，其自命亦甚高。今觀其書，删除繁瑣，區以八門，較諸家爲有緒。而目多者失之糾紛，目少者失之强配，其病亦略相等。至「日月」一例，不出公、穀之窠臼，尤嫌繳繞，故仍爲卓爾康所譏，語見爾康春秋辨義。蓋言之易而爲之難也。顧其書淹通貫穿，據傳求經，多由考證得之，終不似他家之臆説。故附會穿鑿雖不能盡免，而宏綱大旨則可取者爲多。前有宋濂序，所論春秋五變，均切中枵腹游談之病。今併録之，俾憑臆説經者知情狀不可揜焉。

春秋左氏傳補注十卷

兩江總督採進本

元趙汸撰。汸尊黄澤之説，春秋以左氏傳爲主，注則宗杜預。左有所不及者，以公羊、穀梁二傳通之。杜所不及者，以陳傅良左傳章旨通之。是書即采傅良之説，以補左傳集解所未及。其大旨爲杜偏於左，傅良偏於穀梁；若用陳之長以補杜之短，用公、穀之是以救左傳之非，則兩者兼得。筆削義例，觸類貫通，傳注得失，辨釋悉當。不獨有補於杜解，爲功於左傳，即聖人不言之旨，亦灼然可見。蓋亦春秋家持平之論也。至杜預釋例，自孔穎達散入疏文，久無單行之本。永樂大典所採録，得見者亦稀。陳傅良之章旨，世尤罕睹。汸所采録，略存梗概。是固考古者所亟取矣。

春秋金鎖匙一卷　兩江總督採進本

元趙汸撰。其書撮舉聖人之特筆與春秋之大例，以事之相類者，互相推勘，考究其異同，而申明其正變。蓋合比事屬辭而一之。大旨以春秋之初，主於抑諸侯。春秋之末，主於抑大夫。中間齊、晉主盟，則視其尊王與否而進退之。其中如謂聖人貶杞之爵，降侯爲子；與毛伯錫命稱天王、稱錫爲以君與臣之詞，召伯賜命稱天子、稱賜爲彼此相與之詞。雖尚沿舊説之陋，而發揮書法，條理秩然。程子所謂「大義數十，炳如日星」者，亦庶幾近之矣。考宋沈棐嘗有春秋比事一書，與此書大旨相近。疑汸未見其本，故有此作。然二書體例各殊，沈詳而盡，趙簡而明，固不妨於竝行也。

春秋胡傳附録纂疏三十卷　浙江吴玉墀家藏本

元汪克寬撰。克寬有經禮補逸，已著録。是書前有克寬自序，稱：「詳注諸國紀年謚號，可究事實之悉；備列經文同異，可求聖筆之真。益以諸家之説，而裨胡氏之闕疑；附以辨疑、權衡，而知三傳之得失。」然其大旨終以胡傳爲宗。考元史選舉志，延祐二年定經義、經疑取士條格，春秋用三傳及胡安國傳。虞集序中亦及其事，蓋兼爲科舉而設。吴澄序俞臯春秋釋義所謂「以胡傳從時尚」者也。陳霆兩山墨談譏其以魯之郊祀爲夏正，復以魯之烝嘗爲周正，是亦遷就胡傳，不免騎牆之一證。然能於胡傳之説一一考其援引所自出，如注有疏。於一家之學，亦可云詳盡矣。明永樂中，胡廣等修春秋大全，其凡例云：「紀年依汪氏纂疏，地名依李氏會通，經文以胡氏爲據，例依林氏。」其實乃全剿克寬此書。原本具在，可以一一互勘也。

春王正月考二卷

兩江總督採進本

明張以寧撰。以寧字志道，古田人。元泰定丁卯進士，官至翰林侍講學士。入明仍故官。洪武二年奉使册封安南王，還卒於道。事蹟具明史文苑傳。史稱以寧「以春秋致高第，故所學尤專春秋，多所自得。撰胡傳辨疑最辨博，惟春王正月考未就。寓安南踰半歲，始卒業」。今胡傳辨疑已佚，惟此書存。考三正疊更，時月竝改。經書正月繫之於王，則爲周正不待辨。「正月」「正歲」二名載於周禮，兩正竝用，皆王制也。左氏發傳，特曰「王周正月」，則正月建子亦無疑。自漢以來，亦無異議。至唐劉知幾史通，始以春秋爲夏正，世無信其説者。自程子泥於「行夏之時」一言，盛名之下，羽翼者衆。胡安國遂實以「夏時冠周月」之説。程端學作春秋或問，遂堅持門户，以梅賾僞書爲據，而支離蔓引以證之，愈辨而愈滋顛倒。夫左氏失之誣，其間偶爾失真，或亦間有。至於本朝正朔，則婦人孺子皆知之，不應左氏誤記。即如程子之説，以左氏爲秦人，亦不應距周末僅數十年，即不知前代正朔也。異説紛紛，殆不可解。以寧獨徵引五經，參以史、漢，著爲一書，決數百載之疑案，可謂卓識。至於當時帝王之後，許用先代正朔，故宋用商正，見於長葛之傳。諸侯之國亦或用夏正，故傳載晉事，與經皆有兩月之差。古書所記，時有參互。後儒執爲論端者，蓋由於此，以寧尚未及抉其本原。又伊訓、泰誓諸篇皆出古文，本不足據，以寧尚未及明其僞託。而周禮「正歲」「正月」之兼用，僅載鄭注數語，亦未分析暢言之，以祛疑似，於辨證尚爲未密。然大綱既得，則細目之少疎亦不足以病矣。

春秋鉤玄四卷　浙江吴玉墀家藏本

明石光霽撰。光霽字仲濂，泰州人。張以寧之弟子也。洪武十三年以薦爲國子監學正，擢春秋博士。明史文苑傳附載張以寧傳中。史稱：「元故官來京者，危素及以寧名尤重。素長於史，以寧長於經。素宋元史稾俱失傳，而以寧春秋學遂行。門人石光霽作春秋鉤玄。」云云，則此書猶以寧之傳也。大旨本張大亨、吴澄之意，以春秋書法分屬五禮，凡失禮者則書之以示褒貶。因考周禮經注，詳録吉、凶、軍、賓、嘉五禮條目。其有五禮不能盡括者，如年月日時、名稱爵號之類，則别爲雜書法以冠於首。每條書法之下，採集諸傳之詞，以切要者爲綱，發揮其義者爲目。大概以左傳、公、穀、胡氏、張氏爲主。義有未備者，亦間採啖、趙諸儒之説，而總以己意折衷之。其所稱張氏，即以寧也。史稱以寧長於春秋，著有春秋胡傳辨疑及春王正月考。今辨疑已佚，賴光霽能傳其説。是編所引以寧之言爲最多，尚可見其梗概。前有序文一篇，無撰人名氏。言「啖、趙之纂例，詳於經而略於傳。纂疏、會通之書，備於傳而略於經。兹能損益其所未備。」其稱許頗當。朱彝尊經義考作四卷。此本不分卷數，疑傳寫者所合併。今從彝尊之説，仍析爲四卷著録焉。

春秋大全七十卷

内府藏本

明永樂中胡廣等奉敕撰。考宋胡安國春秋傳，高宗時雖經奏進，而當時命題取士，實兼用三傳，禮部韻略之後所附條例可考也。元史選舉志載延祐科舉新制，始以春秋用胡安國傳定爲功令。汪克寬作春秋纂疏，一以安國爲主，蓋遵當代之法耳。廣等之作是編，即因克寬之書稍爲點竄。朱彝尊經義考引吴任臣之言曰：「永樂中敕修春秋大全，纂修官四十二人。其發凡云：『紀年依汪氏纂疏，地名依李氏會通，經文以胡氏爲據，例依林氏。』實則全襲纂疏成書。雖奉敕纂脩，實未纂修也。其朝廷可罔，月給可糜，賜予可邀，天下後世詎可欺乎？」云云，於廣等之敗闕，可爲發其覆矣。其書所採諸説，惟憑胡氏定去取，而不復考論是非。有明二百餘年，雖以經文命題，實以傳文立義。至於元代合題之制，尚考經文之異同。明代則割傳中一字一句，牽連比附，亦謂之合題。使春秋大義日就榛蕪，皆廣等導其波也。迨我聖祖仁皇帝欽定春秋傳説彙纂，於胡傳谿刻不情、迂闊鮮當之論，始一一駁正，頒布學宫。我皇上又刊除場屋合題之例，以杜穿鑿。筆削微旨，乃灼然復著於天下。廣等舊本，原可覆瓿置之。然一朝取士之制，既不可不存以備考。且必睹荒途之蒙翳，而後見芟蕪除穢之功；必經歧徑之迷惑，而後知置郵樹表之力。存此一編，俾學者互相參證，益以見前代學術之陋而聖朝經訓之明也。

春秋經傳辨疑一卷 內府藏本

明童品撰。品字廷式，號慎齋，蘭溪人。弘治丙辰進士。朱彝尊經義考稱其官至兵部員外郎。朱國楨湧幢小品則稱其「登第後爲兵部主事。僅兩考，引年致仕。家居十九年，以讀書喪明而卒」。其學問行誼不後於章懋，而以有傳有不傳爲惜。所述本末甚詳，知經義考以傳聞誤也。是書前有自序，題「成化戊戌冬十一月」。末又有弘治壬戌二月跋，云：「是歲品以儒學生教授於陸生震汝亨之家，成此一帙，距今二十五年。」云云。考國楨所紀，品以成化丙午始舉於鄉。是書之成在前八年，故自稱曰儒學生。其登第在弘治丙辰，下距壬戌七年，正僅滿兩考之歲。蓋序作於未第時，跋作於致仕後也。春秋三傳，左氏采諸國史，公、穀授自經師。草野之傳聞，自不及簡策之紀載，其義易明。是編論左氏所載事蹟凡九十三條，於三傳異同者，大抵多主左氏而駁公、穀，蓋由於此。然於「宋師圍曹」，則疑左氏所載不甚明曉；於「華元出奔晉」一條，亦有疑於左氏。則亦非堅持門户，偏黨一家者也。刻本久佚，故朱彝尊經義考注云「未見」。此蓋傳鈔舊本，幸未佚亡者，固宜亟録而存之矣。

春秋正傳三十七卷 禮部尚書曹秀先家藏本

明湛若水撰。若水有二禮經傳測，已著録。此書大旨以春秋本魯史之文，不可强立義例，以臆説汩之。惟當考之於事，求之於心，事得而後聖人之心、春秋之義皆可得。因取諸家之説釐正之。其曰「正傳」

者，謂正諸傳之謬也。其體例先引三傳，次列諸儒之言，而以己意爲之折衷，頗與劉敞權衡相近。中間如論「隱公不書即位」，則謂：「以不報故不書，乃史之文，非夫子之所削。」論「宋公、陳侯、蔡人、衛人伐鄭」，則謂：「若以稱爵稱人有褒貶，則人衛可矣，人蔡何爲？其不人宋又何爲？決非聖人之義。」其論「衛人立晉」，則謂：「衛人者，他國稱之之詞，諸説皆不足泥。」其論「滕侯卒」，則謂：「諸侯宜薨而書卒，或葬或不葬，皆魯史之舊，聖人無所加損。」論「宋公、衛侯遇于垂」，則謂：「史因報而書之，聖人因史而存之。」前後議論，率本此意。春秋治亂世之書，謂聖人必無特筆於其間，亦不免矯枉過正。然比事屬辭，春秋之教。若水能舉向來穿鑿破碎之例，一掃空之，而核諸實事以求其旨，猶説經家之謹嚴不支者矣。

左傳附注五卷

浙江巡撫採進本

明陸粲撰。粲字子餘，長洲人。嘉靖丙戌進士，官至工科給事中。以劾張璁、桂萼謫都鎮驛驛丞，終於永新縣知縣。事蹟具明史本傳。是編前三卷駁正杜預之注義，第二卷駁正孔穎達之疏文，第五卷駁正陸德明左傳釋文之音義。多旁采諸家之論，亦間斷以己意，於訓詁家頗爲有裨。顧炎武日知録於駁正左傳注後附書曰：「凡邵、陸、傅三先生所已辨者不録。」邵者，邵寶左傳觿，傅者，傅遜左傳屬事，陸即粲也。蓋炎武亦甚重此書矣。粲又有春秋左傳鐫二卷，大意以左傳爲戰國人作，而劉歆又以意附益，故往往卑賤不中道，或爲奇言怪説，鶩於末流。考粲以左傳爲出戰國，蓋因程子謂「臘」爲秦禮，「庶長」爲秦官，已爲膠固。其以竄亂歸之劉歆，蓋因林栗謂左傳凡言「君子曰」是劉歆之詞，尤無佐證。未免務爲高論，仍蹈明人臆揣之習，所謂畫蛇添足者也。故惟録此編，而左傳鐫則別存其目焉。

春秋胡氏傳辨疑二卷　江蘇巡撫採進本

明陸粲撰。前有自序，謂胡氏說經或失於過求，詞不厭煩而聖人之意愈晦，故著此以辨論之。大旨主於信經而不信例。其言曰：「不以正大之情觀春秋，而曲生意義，將焉所不至矣。」又曰：「昔之君子有言：春秋無達例。如以例言，則有時而窮。惟其有時而窮，故求其說而不得，從而爲之辭。」又曰：「春秋褒善貶惡，不易之法。今用此說以誅人，又忽用此說以賞人，使後世求之而莫識其意，是直舞文吏所爲，而謂聖人爲之乎？」其抉摘說經之弊，皆洞中癥結。其例皆先列胡傳於前，而以己說糾正於後。如以春秋始於隱公，獨取歐陽氏之說，以爲遠而難明者不修，而不取胡氏罪平王之說；於「紀履緰來逆女」，以爲爲齊侯滅紀葬伯姬書，而不取胡氏逆女必親使大夫非正之說；於「遂以夫人婦姜至自齊」，以爲聲姜、敬嬴、穆姜皆稱婦，以文、宣、成皆有母稱婦，以別於君母，而不取胡氏貶稱婦以見惡之說；於「齊人來歸鄆、讙、龜陰田」，以爲魯及齊平而歸田，不必以夾谷之會悉歸功於孔子，三傳、家語及史記皆未足據，而不取胡氏所稱攝相卻齊兵之說。如此者凡六十餘條，大抵明白正大，足以破繁文曲說之弊。自元延祐二年立胡傳於學官，明永樂纂修大全，沿而不改。世儒遂相沿墨守，莫敢異同。惟粲及袁仁始顯攻其失。其後若俞汝言、焦袁熹、張自超等，踵以論辨，乃推闡無餘。雖卷帙不多，其有功於春秋固不尠也。朱彝尊經義考作四卷，注云「未見」。此本祇上、下二卷，實無所闕佚。殆彝尊考之未審歟？

春秋明志録十二卷　浙江吴玉墀家藏本

明熊過撰。過有周易象指決録，已著録。其著周易，頗不主先儒舊説。此書亦多自出新意，辨駁前人。於公羊、穀梁及胡安國傳俱有所糾正，而攻左傳者尤甚。如以邢遷于夷儀爲邢自遷，非桓公遷之；以城楚丘爲魯備戎而城，非桓公城以封衛；以晉人執虞公爲存於其國，制之使不得他去，而非執以歸；以甯母之會辭子華爲不實；以洮盟謀王室爲誣説；以用鄫子爲出自邾人，非宋公之命；以晉懷公爲卓子之謚，文公未嘗殺子圉；以趙盾立未使先蔑逆公子雍于秦；以衛石惡爲孫氏黨，非甯氏黨；以楚殺慶封非以罪討，無負斧鉞徇軍事，俱不免鑿空立説。又如以「郭公」爲鳥名，謂如「螟蜮」之類，書以紀異；以梁亡爲魯大夫會盟所聞，歸而言之，不由赴告，故不著其亡之由，亦多出於臆斷。大抵務黜三傳，如程端學。端學不過疑傳，過乃至意造事蹟，其弊更甚於端學。然端學多繳繞拘牽，格格然不能自達。過則斷制分明，紕繆者極其紕繆，平允者亦極其平允。卓爾康春秋辨義謂其「頗出新裁，時多微中，亦春秋之警策者」，語固不誣。故今糾其廢傳之失，以彰炯戒，而仍不没其所長焉。

春秋正旨一卷　安徽巡撫採進本

明高拱撰。拱字肅卿，新鄭人。嘉靖辛丑進士，官至吏部尚書，中極殿大學士，謚文襄。事蹟具明史本傳。是編之作，蓋以宋以來説春秋者穿鑿附會，欲尊聖人而不知所以尊，欲明書法而不知所以明，乃推原經意，以訂其謬。首論春秋乃明天子之義，非以天子賞罰之權自居。次論孔子必不敢改周正朔而用夏時。次論託之魯史者以其尚存周禮，非以其周公之後而假之。次論王不稱天乃偶然異文，滕侯稱子乃時王所黜，聖人斷無貶削天子降封諸侯之理。次論齊人歸鄆、讙、龜陰田非聖人自書其功，深斥胡傳以天自處之非。次論春秋作於哀公十四年，乃孔子卒之前一歲，適遇獲麟，因而書之，經非感麟而作，麟亦非應經而至。次論説經以左氏爲長，胡氏爲有激而作，餘諸家之紛紛皆由誤解「天子之事」一語。其言皆明白正大，足破説春秋者之痼疾。卷帙雖少，要其大義凜然，多得經意，固迥出諸儒之上矣。

春秋輯傳十三卷宗旨一卷春秋凡例二卷　直隸總督採進本

明王樵撰。樵有周易私録，已著録。是編朱彝尊經義考作十五卷，又别出凡例二卷，注曰「未見」。此本凡輯傳十三卷，前有宗旨三篇、附論一篇，共爲一卷，與十五卷之數不符。蓋彝尊偶誤。又凡例二卷今實附刻書中，彝尊亦偶未檢也。其輯傳以朱子爲宗，博采諸家，附以論斷，未免或失之冗，然大旨猶爲醇正。其凡例則比類推求，不涉穿鑿，較他家特爲明簡。明人之説春秋，大抵範圍於胡傳。其爲科舉之計者，庸濫固不足言。其好持議論者，又因仍苛説，彌用推求，巧詆深文，爭爲刻酷，尤失筆削之微旨。樵作此書，差爲篤實。其在當日，亦可云不移於俗學者矣。

春秋億六卷　江蘇巡撫採進本

明徐學謨撰。學謨字叔明，嘉定人。嘉靖庚戌進士，官至禮部尚書。是編序題春秋億，而卷首題曰徐氏海隅集，目録又題曰外編。蓋其全集之一種。十二公各爲一篇，不載經文，而一一排比年月，隨經詮義。蓋漢代經、傳別行，原不相屬。似乎創例，實古法也。大旨以春秋所書皆據舊史，舊史所闕聖人不能增益。如隱、莊、閔、僖不書即位，桓三年以後不書王，衛人、陳人從王伐鄭不稱天，以及日月之或有或無，皆非聖人所筆削。一掃公羊、穀梁無字非例之説，與孫復、胡安國無事非譏之論。夫春秋之作既稱筆削，則必非全録舊文，漫無褒貶。學謨持論雖未免矯枉過直，然平心靜氣，不事囂爭，言簡理明，多得經意，實勝宋元諸儒之穿鑿。其駁夏時周月之説曰：「爲下而先倍，烏在其爲春秋也。」可謂要言不煩者矣。

春秋事義全考十六卷　浙江巡撫採進本

明姜寶撰。寶有周易傳義補疑，已著録。明史藝文志、朱彝尊經義考俱載是書二十卷，而此少四卷。然檢其篇帙，未見有所闕佚，疑或別有附録而佚之歟？其大旨雖以胡傳爲本，而亦頗參以己意。襄公、昭公以下胡傳多闕，亦胥爲補葺。中間地名以今證古，雖間有考訂，皆無以甚異於諸家。惟向來説春秋者以筆削褒貶爲例，故如王不稱天、公不書即位之類，皆謂孔子有意貶絶。是褒譏之法且將上施於君父，揆諸聖人明倫垂教之本意，當必不然。寶獨謂孔子於周王、魯侯事有非者，直著其非而已。後人説經，用惡字、罪字、譏貶字，皆非聖人之意。其言明白正大，爲啖、趙以來所未及。可謂闡筆削之微意，立名教之大防。雖頗近科舉之學，不以害其宏旨也。

春秋胡傳考誤一卷　通行本

明袁仁撰。仁有尚書砭蔡編，已著録。是書前有自序，謂：「宋胡安國憤王氏之不立春秋，承君命而作傳。志在匡時，多借經以申其説。其意則忠，而於經未必盡合。」其説良是。至謂安國之傳非全書，則不盡然。安國是編，自紹興乙卯奉敕纂修，至紹興庚申而後繕本進御，豈有未完之理哉？然其抉摘安國之失，如周月非冠夏時；「夏五」非舊史闕文；齊仲孫來之非貶；召陵之役，齊桓不得爲王德，管仲不得爲王佐；首止序王世子於末，非以示謙；盟宿非宿君與盟；宰渠伯糾，宰非冢宰，伯非伯爵；晉卓子立已踰年，非獨里克奉之爲君；季姬之遇鄫子，非愛女使自擇壻；鼷鼠食牛角非三桓之應；正月書襄公在楚，非以存魯君之名；吴子使札非罪其讓國；左傳「莒展輿事以攻」當爲「已攻」；齊豹非求名不得；歸讙、讙、龜陰非聖人自書其功；獲麟而誇以簫韶、河、洛爲傳者之陋，皆深有理解。他若「會防」一條，義不係於胡傳；「蔡桓侯」一條，謂葬以侯禮，亦以意爲之，別無顯證。石之紛如本非大夫，不應與孔父、仇牧一例見經。仁一概排之，則吹求太甚矣。

左傳屬事二十卷　浙江巡撫採進本

明傅遜撰。遜字士凱，太倉人。嘗遊歸有光之門。困頓場屋，晚歲乃以歲貢授建昌訓導。是書發端於其友王執禮，而遜續成之。做建安袁樞紀事本末之體，變編年爲屬事。事以題分，題以國分。傳文之後，各隱括大意而論之。於杜氏集解之未安者，頗有更定。而凡傳文之有乖於世教者，時亦糾正焉。遜嘗自云：「傳中文義頗竭思慮，特於地理殊多遺憾，恨不獲偏蒐天下郡縣志而精考之。」又云：「元凱無漢儒不能爲集解，遜無元凱不能爲此注。」其用心深至，推讓古人，勝於文人相輕者多矣。

左氏釋二卷　江蘇巡撫採進本

明馮時可撰。時可字敏卿，號元成，華亭人。隆慶辛未進士，官至湖廣布政司參政。事蹟附見明史馮恩傳。此書皆發明左傳訓詁。中如解莊公二十五年「秋，大水。鼓，用牲于社、于門」，謂王者事神治民，有祠而無祈，有省而無禳。用鼓已末，何況於攻？董仲舒、杜預之説皆誤。考周禮大祝：「六祈：一曰類、二曰造、三曰禬、四曰祭、五曰攻、六曰説。」鄭康成注謂：「攻、説則以辭責之，如其鳴鼓。」然則「攻」固六祈之一矣。時可所言，殊爲失考。至昭公二十九年「賦晉國一鼓鐵以鑄刑鼎」，杜注、孔疏皆謂：「冶石爲鐵，用橐扇火謂之鼓，計會一鼓便足。」時可則引王肅家語注云：「三十斤爲鈞，四鈞爲石，四石爲鼓。」蓋用四百八十斤鐵以鑄刑書，適給於用。

則勝注、疏説多矣。蓋雖間有臆斷，而精核者多，固趙汸補注之亞也。此書舊與左氏討、左氏論合爲一書，總標曰元敏天池集。意當時編入集内，故鈔本尚襲舊題。今惟録此編，而所謂討與論者則别存目，故各分著其名焉。

春秋質疑十二卷　安徽巡撫採進本

明楊于庭撰。于庭字道行，全椒人。萬曆庚辰進士，官至兵部職方司郎中。此書之旨，以胡安國春秋傳意主納牖，褒諱抑損，不無附會。於春秋大義，合者十七，不合者十三。又於左氏、公、穀或採或駁，亦不能悉當，因條舉而論辨之。如胡氏謂「春王正月」乃以夏時冠周月，于庭則引禮記「孟獻子曰：『正月日至，可以有事于上帝。七月日至，可以有事于祖。』」證日至之爲冬至，即知周以子月爲正月。又胡氏謂經不書公即位爲未請命于王，于庭則引文公元年「春王正月，公即位。越四月，天王使毛伯來錫公命」，成公八年「秋七月，天子使召伯來賜公命」，據此則錫命皆在即位之後數年或數月，可知前此之未嘗請命而皆書即位，胡説未可通。又胡氏以從祀先公爲昭公，至是始得從祀于太廟。于庭則謂季氏靳昭公不得從祀，其事不見於三傳，至馮山始創言之，胡氏不免於輕信。凡此之類，議論多爲精確。固非妄攻先儒，肆爲異説者比也。

春秋孔義十二卷　浙江汪啓淑家藏本

明高攀龍撰。攀龍有周易易簡録，已著録。是書斟酌於左氏、公羊、穀梁、胡安國四家之傳，無所考證，亦無所穿鑿。意主於以經解經，凡經無傳有者不敢信，傳無經有者不敢疑，故名曰孔義，明爲孔子之義，而非諸儒之臆説。雖持論稍拘，較之破碎繳繞，横生異議，猶説經之謹嚴者矣。朱彝尊經義考此書之外别有李攀龍春秋孔義十二卷，注曰「未見」。今案書名、卷數竝同，攀龍之名又相同，不應如是之巧合。考李攀龍惟以詩名，不以經術見，其墓誌、本傳亦不云嘗有是書。豈諸家書目或有以攀龍之名同，因而誤高爲李者，彝尊未及考核，誤分爲二歟？

春秋辨義三十九卷　浙江巡撫採進本

明卓爾康撰，爾康有易學，已著録。是書大旨分爲六義：曰經義、曰傳義、曰書義、曰不書義、曰時義、曰地義，持論皆爲醇正。其經文每條之下，皆雜取舊説排比詮次，而斷以己意。每公之末，又各附以列國本末一篇，舉繫於盛衰興亡之大者，别爲類敘，亦頗有體要。中間如甲戌己丑陳侯鮑卒，以爲是甲戌年正月己丑，史官偶倒其文。不知古人紀歲，自有閼逢、攝提格等歲陰、歲陽二十二名。其六十甲子，古人但用以紀日，不以紀歲。又如「五石」「六鷁」，爲「外災何以書？爲其三恪，且在中國」，不知晉之梁山崩，宋、衛、陳、鄭災，豈皆三恪乎？又「天王狩于河陽」，謂「晉欲率諸侯朝王，恐有畔去者，故使人言王狩以邀之。其心甚盛，無可訾議」，尤爲有意翻新，反於理有礙。此類皆不可爲訓。然如謂「鄭人來渝平」，當依左氏訓「更成」，其以爲「墮成」「不果成」者，文義皆誤；又解「戎伐凡伯于楚丘」，謂：「一國言伐，一邑亦言伐，一家言伐，一人亦言伐。

公羊以伐爲大，乃不知侵伐之義，强爲之辭。」則皆明白正大，足破諸説之拘牽。在明季説春秋家，猶爲有所闡發焉。

讀春秋略記十卷　兩江總督採進本

明朱朝瑛撰。朝瑛有讀易略記，已著録。其學出自黄道周，頗不拘墟於俗見，而持論不必皆醇。是書輯録舊文，補以己意。所採上自啖助、趙匡，下及季本、郝敬，大抵多自出新義，不肯傍三傳以説經者。朝瑛之所論斷，亦皆冥搜别解，不主故常。如謂甫、父二字古文通用，爲男子之美稱，「孔父之字嘉，猶唐杜甫之字美」。此與程子以「大」爲紀侯之名，援欒大爲例者何異？又力斥漢書五行志穿鑿傅會之非，而於「恒星不見」一條，乃引何休之説以爲法度廢絶，威信不行之驗。與胡安國不談事應，而「星孛北斗大辰」仍採董仲舒、劉向義者亦同。至於論隱公三年「春王二月己巳，日有食之」，乃三月非二月；「夫人子氏」爲隱公之夫人而非仲子，亦未嘗不考證分明。大致似葉夢得之三傳讞，而學不能似其博；又似程端學之三傳辨疑，而論亦不至似其迂。其於二書，蓋皆伯季之間。置其偏僻，擇其警策，要不失爲讀書者之説經也。

春秋四傳質二卷　湖南巡撫採進本

明王介之撰。介之字石崖，衡陽人。是書取三傳及胡安國傳異同，斷以己意。其「無駭卒」一條云：「春秋二百四十二年間，事屢變，文亦屢易。四傳各成其説，而斷以義，則胡氏精而公、穀尤正；質以事，則左氏有徵爲可信也。」蓋作書大旨如此。其中有本舊説者，如隱公元年闢胡傳「元即仁也」之説，本楊時答胡康侯書；闢胡傳「建子非春」之説，本熊朋來説是也。有據一傳而去取互異者，如「王正月」爲大一統，從公羊傳，而闢其「王謂文王」之説是也；有就四傳互質之者，如文公「逆婦姜于齊」，四傳異説，舍左氏、公羊、胡傳而從穀梁；有專據胡傳而亦不盡從者，如定公「從祀先公」，取其「昭公始祀于廟」之説，而闢其「事出陽虎而不可詳」之説是也。俱頗有所見，不同剿説。至於桓公「公即位」，公羊以爲如其意也，介之誤作胡傳，而詆其巧而誣；文公「公四不視朔」，左氏、公羊以爲疾，穀梁以爲厭政，胡傳從穀梁，介之誤作三傳皆以爲疾，而胡氏辨其無疾，亦未免時有舛誤。然明之末造，經傳俱荒，介之尚能援據古義，糾胡安國之失，亦可謂拔俗千尋矣。

左傳杜林合注五十卷

左都御史崔應階進本

明王道焜、趙如源同編。案朱彝尊經義考載宋林堯叟春秋左傳句解四十卷，引鄭玥之言曰：「堯叟字唐翁。」崇禎中杭州書坊取其書合杜注行之。」又載此書五十卷，引陸元輔之言曰「王道焜，杭州人。中天啓辛酉鄉試，與里人趙如源濬之共輯此書」云云。今書肆所行卷數與彝尊所記合，而削去道焜、如源之名。又首載凡例，題爲堯叟所述，而中引永樂春秋大全，殆足哈噱。蓋即以二人編書之凡例改題堯叟也。杜預注左氏，號爲精密。雖隋劉炫已有所規，元趙汸、明邵寶、傅遜、陸粲、國朝顧炎武、惠棟又遞有所補正，而宏綱巨目，終越諸家。堯叟之書，徒以箋釋文句爲事，實非其匹。第古注簡奥，或有所不盡詳。堯叟補苴其義，使淺顯易明，於讀者亦不無所益。且不似朱申句解，於傳文横肆刊削。故仍録存之，以備一解。中附陸德明音義，當亦道焜等所加。原本所有，今亦竝存焉。

欽定四庫全書總目卷二十九

經部二十九

春秋類四

日講春秋解義六十四卷

謹案，是書爲聖祖仁皇帝經筵舊稾，世宗憲皇帝復加考論，乃編次成帙。説春秋者莫夥於兩宋。其爲進講而作者，宋史藝文志有王葆春秋講義二卷，今已散佚。張九成横浦集有春秋講義一卷，永樂大典有戴溪春秋講義三卷。大抵皆演繹經文，指陳正理，與章句之學迥殊。是非惟崇政邇英，奏御之體裁如是，亦以統馭之柄在慎其賞罰，賞罰之要在當其功罪。而別嫌疑，明是非，定猶豫者，則莫精於春秋。聖人筆削之旨，實在於是也。故孟子曰：「春秋，天子之事也。」公扈子曰：「有國者不可以不學春秋，春秋，國之鑑也。」董仲舒推演公羊之旨得二百三十二條，作春秋決事十六篇，其義蓋有所受矣。是編因宋儒進御舊體，以闡發微言。每條先列左氏之事蹟，而不取其浮夸，次明公、穀之義例，而不取其穿鑿。反覆演繹，大旨歸本於王道，允足明聖經之書法，而探帝學之本原。聖祖仁皇帝、世宗憲皇帝聖聖相承，鄭重分明，以成此一編，豈非以經世之樞要具在斯乎？

欽定春秋傳説彙纂三十八卷

康熙三十八年奉敕撰。初，胡安國作春秋傳，張栻已頗有異議。朱子編南軒集，存而不删，蓋亦以栻説爲然。至元延祐中復科舉法，始以安國之傳懸爲功令，而有明一代因之。故元吴澄作俞皋春秋集傳序，稱：「兼列胡氏，以從時尚。」明馮夢龍作春秋大全，凡例稱：「諸儒議論儘有勝胡傳者，然業以胡傳爲宗，自難竝收以亂耳目。」豈非限於科律，明知其誤而從之歟？欽惟聖祖仁皇帝道契天經，心符聖義，於尼山筆削，洞鑒精微。雖俯念士子久誦胡傳，難以驟更，仍綴於三傳之末，而指授儒臣詳爲考證。凡其中有乖經義者，一一駁正，多所刊除。至於先儒舊説，世以不合胡傳擯弃弗習者，亦一一采録表章，闡明古學。蓋以聖人之德，居天子之位，故能蕩滌門户，辨别是非，挽數百年積重之勢而反之於正也。自時厥後，能不爲胡傳所錮者，如徐庭垣之春秋管窺、焦袁熹之春秋闕如編，響然竝作，不可殫數。衮鉞之義，遂皦若三光。維風維草之效，誠有自來矣。臣等繕校之餘，爲春秋幸，并爲天下萬世讀春秋者幸也。

御纂春秋直解十五卷

乾隆二十三年奉敕撰。以十二公爲十二卷，莊公、僖公、襄公篇頁稍繁，各析一子卷，實十五卷。大旨在發明尼山本義，而剷除種種迂曲之説，故賜名曰直解。冠以御製序文，揭胡安國傳之傅會臆斷，以明誥天下，與欽定春秋傳説彙纂宗旨同符。考班彪之論春秋曰：「平易正直，春秋之義也。」王充之論春秋曰：「公羊、穀梁之傳，日月不具，輒爲意使。平常之事有怪異之説，徑直之文有曲折之義，非孔子之心。」蘇軾之論春秋曰：「春秋，儒者本務。然此書有妙用，儒者罕能領會，多求之繩約中，乃近法家者流，苛細繳繞，竟亦何用？」朱子之論春秋亦曰：「聖人作春秋，不過直書其事，而善惡自見。」又曰：「春秋傳例多不可信，聖人紀事，安有許多義例？」然則聖經之法戒，本共聞共見；聖人之勸懲，亦易知易從。自啖助、趙匡倡爲廢傳解經之説，使人人各以臆見私相揣度，務爲新奇以相勝，而春秋以荒。自孫復倡爲有貶無褒之説，説春秋者必事事求其所以貶，求其所以貶而不得，則鍛鍊周内以成其罪，而春秋益荒。俞汝言春秋平義序謂傳經之失不在於淺而在於深，春秋尤甚。可謂片言居要矣。是編恭承訓示，務斟酌情理之平，以求聖經之微意。凡諸家所説穿鑿破碎者悉斥不採，而筆削大義愈以炳然。學者恭讀御纂春秋傳説彙纂以辨訂其是非，復恭讀是編以融會其精要，春秋之學已更無餘藴矣。

左傳杜解補正三卷　通行本

國朝顧炎武撰。炎武一名絳，字寧人，崑山人。博極羣書，精於考證。國初稱學有根柢者以炎武爲最。李光地嘗爲作小傳，今載榕村集中。是書以杜預左傳集解時有闕失，賈逵、服虔之注，樂遜之春秋序義今又不傳，於是博稽載籍，作爲此書。至邵寶左觿等書，苟有合者，亦皆采輯。若「室如懸罄」，取諸國語；「肉謂之羹」，取諸爾雅；「車之有輔」，取諸吕覽；「田禄其子」，取諸楚辭；「千畝原之在晉州」，取諸鄭康成；「祏爲廟主」，取諸説文；「石四爲鼓」，取諸王肅家語注；「祝其之爲萊蕪」，取諸水經注。凡此之類，皆有根據。其他推求文義，研究訓詁，亦多得左氏之意。昔隋劉炫作杜解規過，其書不傳，惟散見孔穎達正義中。然孔疏之例，務主一家，故凡炫所規，皆遭排斥。一字一句，無不劉曲而杜直，未協至公。炎武甚重杜解，而又能彌縫其闕失，可謂掃除門户，能持是非之平矣。近時惠棟作左傳補注，糾正此書「尨涼」一條、「大司馬固」一條、「文馬百駟」一條、「使封人慮事」一條、「遇艮之八」一條、「豆區釜鍾」一條。然其中「文馬」之説，究以炎武爲是。棟又摘其引古春秋左氏説，但舉漢書五行志之名，又摘其「禮爲鄰國闕」一條用服虔之説，而不著所自。案徵引佚書，當以所載之書爲據。棟引世本不標史記注，引京相璠土地名不標水經注，正體例之疎，未可反譏炎武。至服虔一條，當由偶忘出典。棟注昭公二十九年「賦晉國一鼓鐵」，證以王肅家語注，亦明馮時可之説，未標時可之名也。是固不以掠美論矣。

春秋稗疏二卷

湖南巡撫採進本

國朝王夫之撰。夫之有周易稗疏，已著録。是編論春秋書法及儀象典制之類僅十之一，而考證地理者居十之九。其論書法，謂閔公元年書季子、仲孫、高子皆不名，乃閔公幼弱，聽國人之所爲，故從國人之尊稱。然考襄公之立實止四歲，昭公之出亦非一年，均未聞以君不與政書事或有變文，何獨閔公見存，反從國人立議?其論春秋書戎皆指徐戎，斥杜預陳留、濟陽東有戎城之非。且謂曹、衛之間不應有戎，證以費誓，似乎近理。然周之戎如今土司參錯於郡縣。觀追戎濟西，則去曹近而去徐遠。至於凡伯聘魯歸周而戎伐之於楚丘，則凡伯不涉徐方，徐戎亦斷難越國，安得謂曹衛之間戎不雜居?如此之類，固未免失之臆斷。至以「鸜鴿」爲「寒號蟲」，反斥埤雅之謬；以「延廄」爲「延袤其廄」，亦爲穿鑿。杜注陘亭在召陵南，不云即在召陵，乃删除「南」字而駁之，尤爲文致其失。然如「莒人入向」之向，謂當從杜預在龍亢，而駁水經注所引闞駰之説誤以邑名爲國名，足以申杜注之義。辨杞之東遷在春秋以前；辨殺州吁于濮非陳地；辨洮爲曹地非魯地，音推小反，不音他刀反；辨「貫」字非「貰」字之誤；辨厲即賴國，非隨縣之厲鄉；辨踐土非鄭地；辨翟泉周時不在王城之内；辨莒、魯之間有二鄆；辨仲遂所卒之垂非齊地；辨「次郜」之「郜」非郜國，亦非鄭地；辨春秋之祝其非漢之祝其，皆足以糾杜注之失。據後漢郡國志謂郎在高平，據括地志謂胡在郾城，據漢書地理志謂重丘在平原，據應劭漢書注謂陽在都陽，皆足以補杜注之闕。至於謂子糾爲齊襄公之子；案：劉瑾詩集傳通釋解何彼穠矣篇，亦以桓公爲襄公子。然瑾由誤記，與夫之有所考辨者不同。謂魯襄公時頻月日食由於誤視暈珥，亦足以備一解。在近代説經之家，尚頗有根柢。其書向未刊行，故子糾之説，近時梁錫璵據爲新義；翬不書族、定姒非謚之説，近時葉酉亦據爲新義。殆皆未見其書也。

春秋平義十二卷 浙江巡撫採進本

國朝俞汝言撰。汝言字石吉，秀水人。前明諸生。是書多引舊文，自立論者無幾。然自宋孫復以來，説春秋者務以攻擊三傳相高，求駕乎先儒之上，而穿鑿煩碎之弊日生。自元延祐以後，説春秋者務以尊崇胡傳爲主，求利於科舉之途，而牽就附合之弊亦遂日甚。明張岐然嘗作五傳平文以糾其謬，而去取尚未能皆允。汝言此書亦與岐然同意，而簡汰精審，多得經意，正不以多生新解爲長。前有自序，謂：「傳經之失不在於淺而在於深，春秋爲甚。」可謂片言居要矣。此本爲汝言手稾，其中塗乙補綴，朱墨縱横，其用心勤篤，至今猶可想見也。朱彝尊經義考載繆泳之言，稱汝言「研精經史，尤熟於明代典故。嘗撰有宰相列卿年表。其詩、古文曰漸川集」，今皆未見。蓋亦好學深思之士，所由與枵腹高談者異歟？

春秋四傳糾正一卷　浙江巡撫採進本

國朝俞汝言撰。康熙丙辰，汝言春秋平義始脱稿。是歲之夏，復續作此書，以綜括大旨。相傳其晚年失明，口授而成之者也。書中摘列春秋三傳及胡安國傳之失，隨事辨正，區爲六類：一曰尊聖而忘其僭，計八條。二曰執理而近於迂，計十五條。三曰尚異而鄰於鑿，計二十三條。四曰臆測而近於誣，計四十三條。五曰稱美而失實情，計八條。六曰摘瑕而傷鍥刻，計六條。末附春王正月辨一篇，申左氏、公羊、孔安國、鄭玄之説，明周正改時改月，春秋正朔皆從周。其中如華督奪孔父之妻、齊桓因蔡姬而侵蔡，史家簡策相傳，必有所據。即就傳文而論，亦無以斷其必不然。汝言皆以爲臆測近誣，轉未免自蹈臆測。又公羊褒齊襄之復仇，固爲謬戾。然紀侯譖齊哀公於周，至於見烹，則實有其事。汝言乃謂語言之故不足爲仇，亦不甚可解。至春王正月辨中謂左傳「王周正月」

句「王周」二字，猶漢稱皇漢、宋稱皇宋之義，則不知「正月」「正歲」並見周禮，兼用夏正，實亦王制。故特言「王周正月」，明非夏時。無庸牽引漢、宋，横生曲説。又一行、衛朴推驗春秋日食皆合於建寅一條，汝言無以難之，遂泛謂不足深據。不知日月交食，推朔望不推時令，建子、建寅，食限無殊。一語可明，亦不必顚頊其説。如斯之類，雖或間有小疵，然六類之中，大抵皆立義正大，持論簡明。一卷之書，篇帙無幾，而言言皆治春秋者之藥石，亦可謂深得經意者矣。

讀左日鈔十二卷補二卷 浙江巡撫採進本

國朝朱鶴齡撰。鶴齡有尚書埤傳，已著録。是書採諸家之説，以補正杜預春秋經傳集解之闕譌。於趙汸、陸粲、傅遜、邵寶、王樵五家之書所取爲多。大抵集舊解者十之七，出己意者十之三，故以「鈔」名。所補二卷，多用顧炎武説。炎武杜解補正三卷，具有完帙，此所採未及什一。其凡例稱：「庚申之秋，炎武自華陰寄左傳注數十則。」蓋是時杜解補正尚未成也。鶴齡斥林堯叟音義之陋，所取僅三四條，持論極允。至孔穎達正義，家弦户誦，久列學官，斷無讀注而不見疏者，乃連篇采掇，殊屬贅疣。至襄九年傳「閏月」當作「門五日」，本爲杜注，乃引以補杜，尤爲牀上牀矣。他如於定公八年傳，謂：「公山不狃之意在於張公室，陽虎之意不在公室，但欲假公室以制三桓爲利而已。」定公十二年傳，則云「公山不狃、叔孫輒之徒據費以畔，説者謂叛季非叛魯，其説非也。彼稔見三家不臣之迹，尤而效之，藉口於張公室耳」云云，是一事而臧否頓殊。又如莊公二十二年傳，引史記正義以「未羊巽女」爲姜姓之訓，於昭九年傳，又續引汪琬之説駁張守節失左氏之指，是一義而去取迥異。皆未免於小疵。然其中如引鬬辛以駁伍員之復讎，天經地義，爲千古儒者所未發。引定公五年、文公十七年二傳，證公壻池非晉侯之壻；引檀弓越人弔衛將軍文子事，證秦人歸僖公成風之襚；引漢書王嘉傳，證「屈蕩尸之」當作「户之」之類，亦具有考證。雖瑕瑜竝陳，不及顧炎武、惠棟諸家之密。而薈稡衆長，斷以新義，於讀左傳者要亦不爲無補焉。

左傳事緯十二卷附録八卷

山東巡撫採進本

國朝馬驌撰。驌字驄御，又字宛斯，鄒平人。順治己亥進士，官淮安府推官，終於靈壁縣知縣。是書取左傳事類，分爲百有八篇，篇加論斷。首載晉杜預、唐孔穎達序論及自作丘明小傳一卷、辨例三卷、圖表一卷、覽左隨筆一卷、名氏譜一卷、左傳字奇一卷，合事緯爲二十卷。内「地輿」有説無圖，蓋未成也。王士禎池北偶談稱其「博雅嗜古，尤精春秋左氏學」，載所著諸書與此本竝同，惟無字奇及事緯，豈士禎偶未見歟？三傳之中，左氏親覩國史，事蹟爲真，而褒貶則多參俗議；公羊、穀梁二家得自傳聞，記載頗謬，而義例則多有師承。朱子語録謂：「左氏史學，事詳而理差；公、穀經學，理精而事謬。」蓋篤論也。驌作是書，必謂左氏義例在公、穀之上，是亦偏好之言。然驌於左氏實能融會貫通，故所論具有條理，其圖表亦皆考證精詳。可以知專門之學與涉獵者相去遠矣。

春秋毛氏傳三十六卷

浙江巡撫採進本

國朝毛奇齡撰。奇齡有仲氏易，已著録。自昔説春秋者但明義例，至宋張大亨始分五禮，而元吴澄因之，然麤具梗概而已。奇齡是書分改元、即位、生子、立君、朝聘、盟會、侵伐、遷滅、昬覲、享唁、喪期、祭祀、蒐狩、興作、甲兵、田賦、豐凶、災祥、出國、入國、盜殺、刑戮，凡二十二門。又總該以四例：曰禮例，曰事例，曰文例，曰義例。然門例雖分，而卷之先後，依經爲次，無割裂分隸之嫌，較他家體例爲善。其説以左傳爲主，間及他家，而最攻擊者莫若胡安國傳。其論安國開卷説「春王正月」已辭窮理屈，可謂確論。然左傳「元年春，王周正月」之文，本以周禮「正歲」「正月」兼用夏正，夏正亦屬王制。故變文稱「王周正月」，以爲建子之明文。而奇齡乃讀「春王」爲一句，「周正月」爲一句，謂「王」字乃「木王於春」之「王」，而非「天王」之「王」。其爲乖謬，殆更甚於安國。又如鄭康成中庸注：「策，簡也。」蔡邕獨斷亦曰：「策者，簡也。其制長二尺，短者半之。」春秋正義曰：「『大事書於策』者，經之所書也；『小事書於簡』者，傳之所載也。」又曰：「大事後雖在策，其初亦記於簡。」據此，則經傳簡、策，竝無定名。故崔杼之事稱「南史氏執簡」，而華督之事稱「名在諸侯之策」，其文互見。奇齡乃以簡書、策書爲經、傳之分，亦爲武斷。然其書一反胡傳之深文而衡以事理，多不失平允之意。其義例皆有徵據，而典禮尤所該洽。自吴澄纂言以後，説春秋者罕有倫比，非其説詩、説書好逞臆見者比。至於喧呼叫呶，則其結習所成，千篇一律，置之不議不論可矣。

春秋簡書刊誤二卷

浙江巡撫採進本

國朝毛奇齡撰。是書刊正三傳、經文之誤。其以「簡書」爲名者，蓋仍執其傳據策書，經據簡書之説也。大旨以左傳爲主，而附載公、穀之異文，辨證其謬。因胡安國傳多從穀梁，併安國亦排斥之。公、穀雖先立於學官，而其初皆經師口授，或記憶之失真，或方音之遞轉，勢所必然，不足爲怪。奇齡所考正者，如會袤不當有齊侯；「單伯送王姬」，不應作「逆」；「齊人來歸衛俘」，據書序知「俘」即是「寶」，非經傳有異；「公伐齊納子糾」，不應無「子」字；「齊人殲于遂」，不應作「瀸」；曹羈出奔陳、赤歸于曹，與鄭忽出奔衛、突歸于鄭同例；會洮不應有鄭世子華；「欒書救鄭」，不應作「侵鄭」；「召公來錫公命」，不應作「賜命」；「襄公五年救陳」，不應有莒子、邾子、滕子、薛伯；會號之衛齊惡，不應作「石惡」；「齊欒施」不應作「晉欒施」；叔孫婼不應名舍；「公會齊侯盟于黄」，不應作「晉侯」；「衛趙陽」不應作「晉趙陽」，皆極精核。至於經書「冬宋人取長葛」，傳乃作「秋」，但知經、傳不符。而不知宋以先王之後用商正，取以建西之月。則此冬而彼猶秋，實與晉用夏正，經、傳皆差兩月一例。又「衛師入郕」，公羊「郕」作「盛」，遂詆其「宋將作送，衛將作彗」，不知穆天子傳所載盛姬即郕國之女。考古圖「許」或作「鄦」、「魯」或作

「卤」，俱勒諸鐘鼎，斷非譌寫。古字異文，如斯者衆，未可盡以今文繩之。又謂：「昔恒星不見，夜中星隕如雨。」「昔」字訓「夜」，雖見列子，然不應一作「昔」，又一作「夜」。不知列子稱：「夜則昏憊而熟寐，昔昔夢爲國君。」又稱：「夜亦昏憊而寐，昔昔夢爲人僕。」正「昔」「夜」二字竝用。又謂「皋陶」可作「咎由」，由於音同；「西乞術」不可作「西乞遂」，由於音異。是以後世之平仄，律古人之轉音。不知檀弓以「木」爲「彌牟」，戰國策以「包胥」爲「勃蘇」者，不一而足也。如斯之類，特以偏主一家，曲加排斥，均爲未得其平。甚至「于」作「於」、「饗」作「享」，經、傳處處通用。於公、穀亦縷摘之，益瑣屑矣。然其可取者多，瑕究不掩其瑜也。

春秋屬辭比事記四卷

浙江巡撫採進本

國朝毛奇齡撰，奇齡作春秋傳，分義例爲二十二門，而其書則仍從經文十二公之序。此乃分門隸事，如沈棐、趙汸之體，條理頗爲明晰，考據亦多精核。蓋奇齡長於辨禮，春秋據禮立制，而是書據禮以斷春秋，宜其秩然有紀也。至周禮一書，與左傳多不相合。蓋周禮爲王制，而左傳則皆諸侯之事；周禮爲初制，而左傳則皆數百年變革之餘。强相牽附，徒滋糾結。奇齡獨就經説經，不相繳繞，尤爲特識矣。是書爲奇齡門人所編，云本十卷。朱彝尊經義考惟載六卷，且云「未見」。此本於二十二門之中僅得七門，而「侵伐」一門尚未及半。蓋編次未竟之本。雖非完書，核其體要，轉勝所作春秋傳也。

春秋地名考略十四卷

浙江巡撫採進本

國朝高士奇撰。士奇字澹人，錢塘人，居於平湖。以諸生薦直内廷，授中書舍人，改翰林院侍講，官至内閣學士。是編乃康熙乙丑士奇奉敕撰春秋講義，因考訂地理，併成是書奏進。據閻若璩潛丘劄記稱：「秀水徐勝敬可，爲人作左傳地名訖，問余成公二年鞌之戰。」云云，則實士奇倩勝代作也。其書以春秋經傳地名分國編次，皆先列國都，次及諸邑。每地名之下，皆先列經文、傳文及杜預注，而復博引諸書，考究其異同，砭正其疎舛，頗爲精核。惟時有貪多炫博，轉致瑣屑者。如魯莊公築臺臨黨氏，遂立「黨氏臺」一條，殊於地理無關。又如晉以先茅之縣賞胥臣，遂立「先茅之縣」一條，既不能指爲何地，但稱「猶云蘇忿生之田」，則亦安貴於考耶？是則過求詳備之失也。

春秋管窺十二卷

浙江巡撫採進本

國朝徐庭垣撰。據浙江遺書總録：「庭垣，秀水人，官新昌縣縣丞。」然不言書成於何時。前有庭垣自序，亦無年月。案庭垣爲朱彝尊同縣人，而彝尊經義考不載是書，則在彝尊以後矣。自宋以來，説春秋者尊聖人而不知所以尊，遂以貶黜天王，改易正朔，舉天下干名犯義之事，皆誣稱爲孔子之特筆，而不知已亂名教之大防。庭垣自序駁諸儒之失，有曰「世但知推尊聖人，而不知孔子當日固一魯大夫也。於周天子則其大君，於魯公則其本國之君，於列國諸侯則俱周天子所封建，與魯君竝尊者也。身爲人臣，作私書以賞罰王侯君公，此犯上作亂之爲，而謂聖人肯爲之乎？如謂所誅絕者非在位之王公，豈先王、先公遂可得而誅之乎？昌言無忌，禍之招也。縱曰深藏其書，不輕示人，然聖人者不欺屋漏，明知犯上干禁而故作之，又深匿之以圖幸免，亦必無之事矣。舉世襲先儒之論，而不究其非。藉有妄人，亦曰我欲法春秋也，亦削天子位號，黜當代公卿，其將何辭以遏之」云云，其持論最爲正大。又自述注釋之例曰：「以左傳之事實質經，以經之異同辨例。於公羊、穀梁二傳及諸儒論釋，其合於義例，先後無悖者，不復置議。如其曲説偏斷，理有窒碍，則據經文先後以駁正之。」云云，其立義亦爲明坦。其中如「桓不書王」之類，間亦偶沿舊説，然其大旨醇正，多得經意。與焦袁熹之闕如編，其識皆在啖、趙諸儒之上，正未可貴遠而賤近也。舊帙蠹蝕，字句間有殘闕，無別本可以校補。然大旨宏綱，炳然無損，正不以一二斷簡廢之矣。

三傳折諸四十四卷

江蘇巡撫採進本

國朝張尚瑗撰。尚瑗字宏蘧，一字損持，吴江人。康熙戊辰進士，改庶吉士，散館外補興國縣知縣。尚瑗初從朱鶴齡遊，講春秋之學。鶴齡作讀左日鈔，尚瑗亦作讀三傳隨筆。積累既久，卷帙遂夥，乃排纂而成是書。曰「折諸」者，取揚雄「羣言淆亂，折諸聖」之語也。凡左傳三十卷，公羊、穀梁各七卷，而用力於左傳尤多。如卷首所列郊禘五嶽考、地名同考、名謚同考、名姓世表諸篇，皆引據典核，可資考證。惟其書貪多務得，細大不捐，每捃摭漢、魏以下史事與傳文相證，往往支離曼衍。如因衛懿公好鶴，遂涉及唐玄宗舞馬之類，不一而足。與經義或渺不相關，殊爲蕪雜。然取材既廣，儲蓄遂宏。先儒訓詁之遺，經師授受之奥，微言大義，亦多錯見於其中。所謂披沙簡金，往往見寶，固未可以其糠粃遂盡棄其精英。且春秋一經，説者至夥，自孫復、劉敞之徒倡言廢傳，後人沿其流派，遂不究事實而臆斷是非。胡安國傳自延祐以來懸爲功令，而僖公十七年之滅項乃誤歸獄於季孫，由議論多而考證少也。尚瑗是書雖未能刊削浮文，頗乖體要，而蒐羅薈稡，猶爲摭實之言。過而存之，視虛談褒貶者固勝之遠矣。

春秋闕如編八卷　江蘇巡撫採進本

國朝焦袁熹撰。袁熹字廣期，金山人。康熙丙子舉人。是編爲袁熹未成之書，僅及成公八年而止。每卷有袁熹名印，蓋猶其稾本。前有其孫鍾璜跋，亦當時手跡也。自穀梁發常事不書之例，孫復衍有貶無褒之文，後代承流，轉相摹仿，務以刻酷爲經義。二百四十二年之中，上至天王，下至列國，無一人得免於彈刺。遂使游、夏贊之而不能者，申、韓爲之而有餘。流弊所極，乃有貶及天道者。呂柟春秋説志謂：「書季孫意如卒，所以見天道之左。」春秋於是乎亂矣。袁熹是書獨酌情理之平，立褒貶之準，謹持大義而刊削煩苛。如隱公盟蔑，諸家皆曰惡私盟。袁熹則謂：「繼好息民，猶愈於相虞相詐。至七年伐邾，事由後起，不容逆料而加貶辭。」又謂：「會潛之戎，本雜處中國，修好息民，亦衰世之常事，褒貶俱無可加。」謂無駭之書名，「若後世帝室之胄不繫以姓，非貶而去之」。謂書齊侯弟年，「見齊之重我，使其親貴」，非譏過寵其弟。謂「書螟爲蟲傷苗稼，即當留意補助，不以此一事便爲惡」。如此之類數十條，皆一洗曲説。至於「武氏子求賻」，乃魯不共命，天王詰責，豈敢反譏天王？「家父求車」，乃天子責貢賦有闕，經婉其文曰「求車」，不應舍其下，責其上。尤大義凛然，非陋儒所及。末附讀春秋數條，論即位或書或不書，四時或備或不備，有史所本無，有傳寫脱佚，非聖人增減於其間，亦足破穿鑿之説。近代説春秋者，當以此書爲最。雖編輯未終，而義例已備，於經學深爲有裨，非其經説諸書出於門人雜録者比也。

春秋宗朱辨義十二卷　浙江巡撫採進本

國朝張自超撰。自超字彝歎，高淳人。康熙癸未進士，未仕而卒。江南通志列之儒林傳中。是書大意本朱子據事直書之旨，不爲隱深阻晦之説。惟就經文前後參觀以求其義，不可知者則闕之。篇首總論二十條，頗得比事屬辭之旨。其中如「單伯逆王姬」，則從王氏之説，以爲魯之大夫；於「秦獲晉侯」，辨所以不書名之故；於「宋師敗績」，辨所以不書公之故；於「司馬華孫來盟」，辨胡傳義不係乎名之説；於盟宋，罪趙武之致弱；於楚公子比、公子棄疾弑立，書法見春秋微顯之義；於「齊殺高厚」謂非説晉，而於「衛人立晉」一條尤得春秋深意。雖以「宗朱」爲名，而參求經傳，務求心得，實非南宋以來穿鑿附會之説。後方苞作春秋通論，多取材此書。近時解春秋者，焦袁熹春秋闕如編外，此亦其亞矣。

春秋通論四卷　江蘇巡撫採進本

國朝方苞撰。苞有周官集注，已著録。是編本孟子「其文則史，其義則某竊取之意」，貫穿全經，按所屬之辭，合其所比之事。辯其孰爲舊文，孰爲筆削，分類排比，爲篇四十。每篇之内，又各以類從。凡分章九十有九。考筆削之跡，自古無徵。公羊傳曰：「不修春秋曰：『賈星不及地尺而復。』君子修之曰：『星賈如雨。』」原本、改本竝存者此一條耳。左傳：「甯殖曰載在諸侯之策，曰：『孫林父、甯殖出其君。』」經文則曰：「衛侯衎出奔齊。」其爲聖人所改與否，已不可定。至左傳稱：「仲尼謂：『以臣召君，不可以訓。』書曰：『天王狩于河陽。』」則但有改本，不知原本爲何語矣。故黄澤曰：「春秋所以難看，乃是失却不修春秋。若有不修春秋互相比證，則史官記載，仲尼所以筆削者正自顯然易見。」是自昔通儒，已以不見魯史無從辯別爲憾。苞乃於二千餘載之後，據文臆斷，知其孰爲原書，孰爲聖筆，如親見尼山之操觚，此其説未足爲信。惟其掃公、穀穿鑿之談，滌孫、胡鍥薄之見，息心靜氣，以經求經，多有協於情理之平，則實非俗儒所可及。譬諸前脩，其吴澄之流亞歟？

春秋長曆十卷　兩江總督採進本

國朝陳厚耀撰。厚耀字泗源，泰州人。康熙丙戌進士，官蘇州府教授。以通算入直内廷，改授檢討，終右諭德。是書補杜預長曆而作。原本不分卷帙，今約略篇頁，釐爲十卷。其凡有四：一曰曆證。備引漢書、續漢書、晉書、隋書、唐書、宋史、元史、左傳注疏、春秋屬辭、天元曆理、朱載堉曆法新書諸説，以證推步之異。其引春秋屬辭載杜預論日月差謬一條，爲注疏所無。又引大衍曆義「春秋曆考」一條，亦唐志所未録。尤足以資考證。二曰古曆。以古法十九年爲一章。一章之首，推合周曆正月朔日冬至。前列算法，後以春秋十二公紀年，横列爲四章，縱列十二公，積而成表，以求曆元。三曰曆編。舉春秋二百四十二年，一一推其朔閏及月之大小，而以經傳干支爲證佐。皆述杜預之説而考辨之。四曰曆存。以古曆推隱公元年正月庚戌朔。杜氏長曆則爲辛巳朔，乃古曆所推之上年十二月朔，謂元年之前失一閏，蓋以經傳干支排次知之。厚耀則謂如預之説，元年至七年中書日者雖多不失，而與二年八月之庚辰、三年十二月之庚戌、四年二月之戊申，又不能合。且隱公三年二月己巳朔日食，桓公三年七月壬辰朔日食，亦皆失之。蓋隱公元年以前非失一閏，乃多一閏。因退一月就之，定隱公元年正月爲庚辰朔，較長曆實退兩月，推至僖公五年止。以下朔閏，因一一與杜曆相符，故不復續載焉。杜預書惟以干支遞排，而以閏月小建爲之遷就。厚耀明於曆法，故所推較預爲密。蓋非惟補其闕佚，竝能正其譌舛，於考證之學極爲有裨。治春秋者固不可少此編矣。

春秋世族譜一卷　兩江總督採進本

國朝陳厚耀撰。春秋之世，自王朝以迄諸侯大夫得姓受氏，各有源流。其人之見於經傳者，不可殫數。漢宋衷有世本四卷，唐代尚傳。今惟孔氏正義中偶載其文，而書則久佚。隋書經籍志有春秋左氏諸大夫世譜十三卷，不知何人所撰，今亦無存。杜預作春秋釋例，中有世族譜一篇，具載其世系昭穆之詳。而自宋以來，湮没不見。今恭遇聖代表章遺籍，釋例一書，得於永樂大典中裒輯叢殘，復爲完帙。獨世族譜僅存數條，仍不免於闕略。厚耀當時既未覩釋例原本，因據孔氏正義，旁參他書，作此以補之。其體皆仿旁行斜上之例，首周世次圖，而以周之卿大夫附後。次魯、次晉、次衛、次鄭、次齊、次宋、次楚、次秦、次陳、次蔡、次曹、次莒、次杞、次滕、次許、次邾、次吴、次越、次小國諸侯。皆先敘其君王世系，而附以卿大夫。其偶見經傳而無世次可稽，如周之凡伯、南季，魯之衆仲、秦子之類，則别曰雜姓氏名號，另爲一篇，附卿大夫世系之後。搜採頗爲該洽。近時顧棟高作春秋大事表，有世系表二卷，其義例與此相近，而考證互有異同。如周卿大夫之周公忌父、召莊公諸人，此書徵引不及顧本之備。又脱漏王叔氏世系不載，亦爲遜於顧本。然顧氏於有世系者敘次較詳，其無可考者概闕而不録。此書則於經傳所載之人祇稱官爵及字者，悉臚採無遺，實爲顧本所未及。讀春秋者以此二書互相考證，則春秋氏族之學幾乎備矣。

半農春秋説十五卷　内府藏本

國朝惠士奇撰。士奇有半農易説，已著録。士奇父周惕，長於説經，力追漢儒之學。士奇承其家傳，考證益密，於三禮核辨尤精。是書以禮爲綱，而緯以春秋之事，比類相從，約取三傳附於下，亦間以史記諸書佐之。大抵事實多據左氏，而論斷多採公、穀。每條之下，多附辨諸儒之説。每類之後，又各以己意爲總論。大致出於宋張大亨春秋五禮例宗、沈棐春秋比事，而不立門目，不設凡例。其引據證佐，則尤較二家爲典核。雖其中災異之類，反復辨詰，務申董仲舒春秋陰陽，劉向、劉歆洪範五行之説，未免過信漢儒，物而不化。然全書言必據典，論必持平，所謂元元本本之學，非孫復等之枵腹而談，亦非葉夢得等之恃博而辨也。

春秋大事表五十卷輿圖一卷附録一卷

兩江總督採進本

國朝顧棟高撰。棟高有尚書質疑，已著録。是書以春秋列國諸事，比而爲表。曰時令，曰朔閏，曰長曆拾遺，曰疆域，曰爵姓存滅，曰列國地理犬牙相錯，曰都邑，曰山川，曰險要，曰官制，曰姓氏，曰世系，曰刑賞，曰田賦，曰吉禮，曰凶禮，曰賓禮，曰軍禮，曰嘉禮，曰王迹拾遺，曰魯政下逮，曰晉中軍，曰楚令尹，曰宋執政，曰鄭執政，曰爭盟，曰交兵，曰城築，曰四裔，曰天文，曰五行，曰三傳異同，曰闕文，曰吞滅，曰亂賊，曰兵謀，曰引據，曰杜注正譌，曰人物，曰列女。其險要表後附以地形口號，五禮表後附以五禮源流口號。輿圖則用朱字、墨字以分別古今地名。附録則皆諸表序，并表中所未及者，又爲辨論以訂舊説之譌。凡百三十一篇。考宋程公説作春秋分紀，以傳文類聚區分，極爲精密。刊版久佚，鈔本流傳亦罕。棟高蓋未見其書，故體例之間往往互相出入。又表之爲體，昉於周譜。旁行斜上，經緯成文，使參錯者歸於條貫。若其首尾一事，可以循次而書者，原可無庸立表。棟高事事表之，亦未免繁碎。至參以七言歌括，於著書之體亦乖。然條理詳明，考證典核，較公説書實爲過之。其辨論諸篇，皆引據博洽，議論精確，多發前人所未發，亦非公説所可及。其朔閏一表，用杜預隱公元年正月起辛巳朔之説，與陳厚耀所推長曆退一閏者不合。蓋厚耀之書棟高亦未之見，故稍有異同云。

春秋識小録九卷　浙江巡撫採進本

國朝程廷祚撰。廷祚有大易擇言，已著録。是書凡春秋職官考略三卷，春秋地名辨異三卷，左傳人名辨異三卷。其考職官，首爲數國共有之官，次爲一國自有之官。皆分列排纂，凡與周禮異同者一一根據注、疏爲之辨證，頗爲精核。末爲晉軍政始末表，序晉軍八變之制，而詳列其將佐之名。又以御戎、戎右附表於後，亦皆整密。惟置諸國而獨詳晉，則未知其例云何也。其考地名，首爲地同而名異，次爲地異而名同。末爲晉書地理志證今，以杜預注左傳皆用晉代地名故也。其辨人名，自一人二名以逮一人八名者，皆彙列而分注之。大致與春秋名號歸一圖互相出入，而較爲簡明。雖似與經義無關，然讀經、讀傳者往往因官名、地名、人名之舛異，於當日之事迹不能融會貫通。因於聖人之褒貶，不能推求詳盡。如胡安國之誤執季孫，横生異論；毛奇齡之附會尹氏，牽合正經者，蓋有之矣。則廷祚是書，固讀春秋家所當知也。

左傳補注六卷　桂林府同知李文藻刊本

國朝惠棟撰。棟有周易述，已著録。是書皆援引舊訓，以補杜預左傳集解之遺。本所作九經古義之一，以先出別行，故九經古義刊本虛列其目而無書。目作四卷，此本實六卷，則後又有所增益也。其中最典確者，如隱五年「則公不射」，引周禮射人「祭祀則贊射牲」、司弓矢「供射牲之弓矢」及國語倚相之言，證旁引「射蛟」之誤。案：此朱子之説，非杜注也，蓋因補杜而類及之。莊公十四年「繩息嬀」，引呂覽「周公作詩，以繩文王之德」及表記鄭注「譽，繩也」，證杜訓「譽」之由。二十八年「臧孫辰告糴于齊，禮也」，引周書糴匡解「年儉穀不足，君親巡方，卿告糴」，證爲古禮。僖五年「虞不臘矣」，引太平御覽舊注及風俗通、月令章句，證臘不始秦。十年「七輿大夫」，引王肅詩傳，證「七」當作「五」。二十二年「大司馬固諫曰」，引晉語「公子過宋，與司馬公孫固相善」，證「固」爲人名。二十七年「夏書曰」，引墨子明鬼篇，證尚書但有夏書、商書、周書，本無虞書。文十八年「在九刑不忘」，引周書嘗麥解，證爲刑書九篇。宣二年「以視于朝」，引毛詩鹿鳴箋、儀禮士昏禮注，證「視」爲正字，郭忠恕作「示」爲誤。三年「不逢不若」，引郭璞爾雅注作「禁禦不若」，證以杜注「逢」字在下文，知今本譌寫。六年「以盈其貫」，引韓非子「以我滿貫」，證「貫」字。成十六年「徹七札焉」，引呂覽愛士篇，證鄭康成「一甲七札」之説。襄二十三年「娶于鑄」，引樂記鄭注，證鑄即祝國。又「踞轉而鼓琴」，引許慎淮南子注，證「轉」即「軫」。二十五年「慎始而敬終，終以不困」，引周書常訓解，證不出古文蔡仲之命。二十七年「崔杼生成及彊而寡」，引墨子辭過篇，證無妻曰寡。昭元年「具五獻之籩豆于幕下」，引禮記正義，證杜注「五獻」之誤。十五年「一歲而有三年之喪二」，引墨子公孟、非儒二篇，證妻喪三年爲春秋末造之禮。二十六年「鑿而乘於他車」，引説文證「鑿」誤作「鑿」。哀二十五年「韈而登席」，引少儀，證燕必解韈。皆根據昭然，不同臆揣。至文二年「廢六關」，引公羊傳注，證「廢」訓「置」則是，又引韋昭國語注，證「置」訓「廢」則非。蓋「置」有二義，一爲「建置」之置，公羊注所言是也。一爲「棄置」之置，國語注所言是也。此猶「亂」可訓「治」，而「亂離瘼矣」不可訓「治」；「臭」可訓「香」，而「逐臭之夫」不可訓「香」。古之設關在譏而不在征，臧文仲廢六關以博寬大之譽，而使姦宄莫詰，陰以厲民，故誅其心而謂之不仁。棟但執反覆旁通之義，殊爲偏駁。又文十三年「其處者爲劉氏」，孔穎達疏明言漢儒加此一句，則爲「劉」字無疑，而必謂原作「留」字，漢儒改爲卯金刀。宣二年「文馬百駟」，當以丘光庭兼明書所辨爲是，而必引説文「畫馬」之訓。襄十七年「澤門之晳」，謂古「皋」「澤」字通，又謂「諸侯有皋門」，其説固是，然邑中澤門，各指所居，皋門非所居之地也。二十一年「公姑姊」，既謂注、疏皆非，斷爲同宗之女，然於「姑」可解，於「姊」終無解也。二十五年「執簡以往」，引服虔説一簡八字，證太史書崔杼事亦八字，殊嫌牽合。三十年「亥有二首六身」，即指爲孟子之「亥唐」，尤爲附會。昭七年「余敢忘高圉、亞圉」，引竹書紀年補杜預之闕，不知汲郡古文預所目睹，預既不引，知原書必無此文，未可以後來僞本證其疏漏。案：書中屢引竹書紀年，蓋未及詳考今本之僞。至於二十一年「鄭翩願爲鸛」引陸佃埤雅之雜説，案：「鸛井」出酉陽雜俎，非始於佃。哀六年「無疾而死」引汲冢瑣語之野談，十二年「效夷言」謂春秋時已重吴音，不始於晉，更非注經之體矣。他如「公即位」之「位」，必欲從古經作「立」，「屢豐年」之「屢」，必欲從説文作「婁」，亦皆徒駴耳目，不可施行。蓋其長在博，其短亦在於嗜博；其長在古，其短亦在於泥古也。

春秋左氏傳小疏一卷

江蘇巡撫採進本

國朝沈彤撰。彤有尚書小疏，已著録。是編以趙汸、顧炎武所補左傳杜注爲未盡，更爲訂正。其中得失互見。如襄公二十六年傳：「享子展，賜之先路、三命之服，先八邑。賜子產次路、再命之服，先六邑。」彤謂：「八邑、六邑其數少，乃司勳所云賞地，非采邑之加田，疏亦誤。」今考司勳曰：「凡頒賞地，參之一食，惟加田無國正。」注曰：「加田既賞之，又加賜以田，所以厚恩也。」據此，則是特以賞田有所未盡，更加以賞，未有賞田反少，加田反多者。今彤謂八邑、六邑爲數少，當是賞地，則加田爲數當多矣。與周禮殊爲未合。蓋彤著周官禄田考，誤以大司徒注小都、大都旁加之數即爲司勳之加田。故今以子展、子產皆國卿，若受加田則約得小都，旁加四里。傳云「八邑」者，據注不過三十二井；云六邑者，不過二十四井。故疑其數少，非加田。其實皆不然也。又如文公元年傳：「歸餘于終」，彤謂：「積氣朔餘日以置閏，在四季月，故曰『歸餘於終』。經、傳所書閏月，皆不得其正。惟昭公二十年閏八月，於夏時適爲閏六月，偶合耳。」今考昭公二十年書「春王正月」，傳曰：「二十年春，王二月己丑，日南至。」杜注謂當言「正月己丑朔，日南至」。時史失閏更在二月後，故經因史而書正月，傳更具於二月。疏謂：「曆之正法，往年十二月後宜置閏月。即此年正月，當是往年閏月，此年二月，乃是正月。時史於往年錯不置閏，閏更在二月之後，傳於八月之下乃云『閏月戊辰，殺宣姜』是也。注不言在八月後者，以正月之前當置閏，二月之後即不可也。」據此，則是年八月置閏，正史官之失。彤反以爲偶合，亦非也。至如襄公二十八年傳「令倍其賦」，孔疏謂：「賞地之税三分，王食其一，二入於王臣。此采邑貢王之數。然則諸侯之臣受采地者，亦當三分之一歸於公。言重倍其賦，當以三分而二入公。」今考采邑貢王，大司徒注曰：「采地食者皆四之一。百里之國凡四都，一都之田税入于王。五十里之國凡四縣，一縣之田税入于王。二十五里之國凡四甸，一甸之田税入于王。」其賞地貢王，則孔疏所引司勳注「三分計税，王食其一」是也。然則采地、賞地貢數顯異。今孔疏於侯國采地之賦不計四分之一而計三分之一，是誤以賞地爲采地矣。彤辨正其非，足闢相沿之謬。又如襄公二十五年傳：「賦車兵、徒兵」，杜注云：「車兵，甲士。」孔疏云：「知非兵器者，上云數甲兵，下云甲楯之數，故知此謂人也。」顧炎武謂執兵者之稱「兵」自秦始，三代以上無之，凡杜之以士卒解「兵」者皆非。彤引隱公五年傳「諸侯之師敗鄭徒兵」、襄公元年傳「敗其徒兵于洧上」，云「徒兵」，則不得謂非士卒矣。亦可以補正顧氏之失。雖未完之書，録而存之，於讀左傳者亦有所裨也。

春秋地理考實四卷

安徽巡撫採進本

國朝江永撰。永有周禮疑義舉要，已著録。是編所列春秋山川國邑地名，悉從經傳之次。凡杜預以下舊説已得者仍之，其未得者始加辨證，皆確指今爲何地。俾學者按現在之輿圖，即可以驗當時列國之疆域及會盟侵伐之迹，悉得其方向道里。意主簡明，不事旁摭遠引，故名曰考實。於名同地異，注家牽合混淆者，辨證尤詳。如謂隱公元年傳「費伯帥師城郎」，其地在今廢魚臺縣，去曲阜二百里許。而九年經書「城郎」及桓十年「齊侯、衛侯、鄭伯來戰于郎」、莊十年「齊師、宋師次于郎」者，別爲魯近郊地名。則公羊傳所謂「吾近邑」，左傳記公子偃自雩門出，先犯宋師，與哀十一年「師及齊師戰于郊」，檀弓作「戰于郎」者，皆無疑矣。僖公三十年傳：「燭之武見秦伯曰：『許君焦、瑕。』」杜預以焦、瑕爲晉河外列城二邑，與傳所云晉惠公「賂秦以河外列城之五，東盡虢略，南及華山，内及解梁」者不合。永則謂之武所言，乃「于河外列城舉焦，于内及解梁城者舉瑕，以該所許之邑」，引水經注云「涑水西逕郇城」，「又西南逕解縣故城南，解梁即斯城也」，「又西南逕瑕城，晉大夫詹嘉之故邑也」云云，且考定郇城在解故城東北二十四里，瑕城在解西南五里，二地相距三十里許。杜預於成公六年「絳大夫言郇瑕氏之地，沃饒近鹽」，合郇、瑕爲一，於僖公十五年「瑕吕飴甥」以「瑕吕」爲姓，皆失之。其訂譌補闕，多有可取。雖卷帙不及高士奇春秋左傳地名考之富，而精核則較勝之矣。

三正考二卷　編修勵守謙家藏本

國朝吴鼐撰。鼐有易象約言，已著録。春秋以周正紀時，原無疑義。唐劉知幾始有春秋用夏正之説。至宋儒泥「行夏之時」一言，遂是非蠭起。元李濂著夏周正辨疑，明張以寧著春王正月考，而經義始明。鼐復取兩家之説，節其繁冗，益以近儒所論，補所未備。駁胡氏、蔡氏改月不改時及諸儒時月俱不改之説，以明左氏「王周正月」之旨，辨證極有根據。其中「三正通於民俗」一條，所引陳廷敬、蔡德晉諸説，於三代諸書所紀年月差互之處，一一剖其所以然，更足以破疑似之見。雖篇帙無多，而引證詳明，判數百年紛紜轇轕之論，於經學亦爲有功矣。

春秋究遺十六卷　安徽巡撫採進本

國朝葉酉撰。酉有詩經拾遺，已著録。是編多宗其師方苞春秋通論，而亦稍有從違。其曰「究遺」者，蓋用韓愈贈盧仝詩「春秋三傳束高閣，獨抱遺經究終始」語也。於胡傳苛刻之説及公、穀附會之例，芟除殆盡。於左氏亦多所糾正，乃往往并其事迹疑之。如開卷之「仲子」，謂惠公違禮再娶，以嫡禮聘之可也。酉必據此謂諸侯可再娶，則衛莊公於莊姜見在復娶於陳，陳之厲嬀有娣戴嬀，其正名爲嫡可知，亦將據以爲諸侯之禮可竝建兩嫡乎？郎之戰距桓公之立已十年，酉乃謂三國來討弒隱公之罪，左傳「周班後鄭」之説爲誣。鄫季姬之事，左氏以爲歸寧見止，於事理稍近。公羊以爲使自擇配，已屬難據。酉乃斷爲季姬已許鄫子，而僖公悔婚，故季姬義不改適，私會鄫子。「天王狩于河陽」，左氏所傳必有所受，此正筆削之微旨。而西以爲周王欲省諸侯殷見之費，自往就之，所傳仲尼之言不可信。皆未免鑿空。文公十二年之子叔姬與十四年之子叔姬，西以爲孿生之女，已屬臆度。又以齊人所執之子叔姬爲舍之妻，傳誤以爲舍之母。又以宣公五年齊高固所娶之子叔姬即以妻舍之子叔姬，竝非兩人。輾轉牽合，總以「叔」之一字不容有兩生義。不知女笄而字，不過伯、仲、叔、季四文。益以庶長之孟，亦不過五。設生六女，何以字之？是知未笄以前，用名爲别，既笄而字，字不妨複。因此而駁傳文，未免横生枝節。「莒人滅鄫」，傳言恃賂。西以爲襄公五年鄫已不屬魯，傳爲失實。而下文「季孫宿如晉」，又用傳「晉以鄫故來討，曰：『何故亡鄫』」之語。使鄫不屬魯，其亡與魯何關，亦爲矛盾。他如「王不稱天」「桓無王」之説，因仍舊文，不能改正。而以趙岐孟子注「曹交，曹君之弟」語，證左傳哀公八年「宋人滅曹」之誤，更爲倒置。然大致準情度理，得經意者爲多。其凡例中所謂變例、特文、隱文、闕文之説，亦較諸家之例爲有條理。他若據漢地理志，辨戎伐凡伯之楚丘非衛地；據史記，夷姜爲衛宣夫人，非烝父妾；據宣公三年經書「春王正月，郊牛之口傷，改卜牛，牛死，乃不郊」，辨魯不止僭祈穀之郊。若斯之類，亦時有考證。統核全書，瑕固不掩其瑜也。

春秋隨筆二卷 洗馬劉權之家藏本

國朝顧奎光撰。奎光字星五，無錫人。乾隆乙丑進士，官瀘溪縣知縣。是編不載經文，但偶有所得則録之，故名隨筆。其中如「桓公會稷，以成宋亂」，「成」自訓「平」。其下取鼎納廟之事，所謂美始而惡終也。而奎光取劉敞之説，以爲成就其亂。春秋諱國惡，二百四十二年無此徑遂之筆也。公子翬之寵自以翼戴之故，華氏之立自以賂故，兩不相謀。而奎光謂立華氏爲翬之私，華氏立而翬遂命爲公子。夫國君樹其私人，豈必援鄰國之例？不立華氏，翬將終身不命乎？鄭滅虢、檜，晉滅魏、霍，其事舊矣。而奎光謂滅國自齊桓始，何不考也？紀叔姬歸于酅，自重叔姬之節。而奎光謂以酅存紀，是牽陳滅書「陳災」之傳。莊公之娶哀姜，奎光謂因其色美，已爲臆度之詞，而又謂莊公未聞好色。彼築臺以臨黨氏，割臂以盟孟任，非好色之明證歟？公子友敗莒于酈，奎光以爲與翬帥師、慶父帥師其專相等。此無論莒人責賂而來，居於必應之勢，非出軍疆外者比。且核以傳文，絶無專行之證，何所據而斷非君命也？子卒不書弑，自與隱公不書弑一例。而奎光以爲史臣之曲筆，豈春秋亦曲筆乎？敬嬴「雨不克葬」，自是適值其時。公羊以爲咎徵，已出附會，而奎光乃借以明天道，豈弑逆者葬必遇雨耶？且春秋以褒貶爲賞罰，不以果報爲勸戒，此非經義也。如斯之類，瑕類蓋所不免。然如謂：「春秋例從義起，非義從例生。」謂：「春秋有達例，有特筆，然亦須理會大處，不可苛細繳繞。」謂：「春秋時天子僅守府，方伯亦失職。説者乃於小國見伐，責其不告，不足以服其心。」謂：「春秋將以治世之無王者，而胡氏於宰咺歸賵則曰『貶而書名』，於榮叔歸含及賵則曰『王不稱天』，如此則無王自春秋始矣。」謂：「説春秋者自相矛盾，既云爲賢者諱，又曰責賢者備；既曰隱公爲攝，又曰桓公爲篡，何者爲是？」皆深中春秋家苛刻迂謬之弊，故其所論多能得筆削之旨。奎光嘗撰然疑録，所載説春秋諸條，與此相同。其爲先有此本，又編於然疑録中，或先載録中，又摘出别爲此本，均不可考。然然疑録頗爲瑣雜，論其菁華，則已盡此兩卷中矣。

附録

春秋繁露十七卷　永樂大典本

漢董仲舒撰。「繁」或作「蕃」，蓋古字相通。其立名之義不可解。中興館閣書目謂：「繁露，冕之所垂，有聯貫之象。春秋比事屬辭，立名或取諸此。」亦以意爲説也。其書發揮春秋之旨多主公羊，而往往及陰陽五行。考仲舒本傳，蕃露、玉杯、竹林皆所著書名，而今本玉杯、竹林乃在此書之中，故崇文總目頗疑之，而程大昌攻之尤力。今觀其文，雖未必全出仲舒，然中多根極理要之言，非後人所能依託也。是書宋代已有四本，多寡不同。至樓鑰所校，乃爲定本。鑰本原闕三篇。明人重刻，又闕第五十五篇及第五十六篇首三百九十八字，第七十五篇中一百七十九字，第四十八篇中二十四字，又第二十五篇顛倒一頁，遂不可讀。其餘譌脱，不可勝舉。蓋海内藏書之家，不見完本三四百年於兹矣。今以永樂大典所存樓鑰本詳爲勘訂，凡補一千一百二十一字，删一百二十一字，改定一千八百二十九字。神明焕然，頓還舊笈。雖曰習見之書，實則絶無僅有之本也。倘非幸遇聖朝右文稽古，使已湮舊籍復發幽光，則此十七卷者，竟終沈於蠹簡中矣，豈非萬世一遇哉！

案春秋繁露雖頗本春秋以立論，而無關經義者多，實尚書大傳、詩外傳之類。向來列之「經解」中，非其實也。今亦置之於附録。

右春秋類。一百十四部，一千八百三十八卷。附録一部，十七卷。皆文淵閣著録。

案春秋三傳，互有短長，世以范甯所論爲允，甯實未究其所以然也。左氏説經，所謂「君子曰」者，往往不甚得經意。然其失也，不過膚淺而已。公羊、穀梁二家，鉤棘月日以爲例，辨别名字以爲褒貶，乃或至穿鑿而難通。三家皆源出聖門，何其所見之異哉？左氏親見國史，古人之始末具存，故據事而言，即其識有不逮者，亦不至大有所出入。公羊、穀梁則前後經師，遞相附益，推尋於字句之間，故憑心而斷，各徇其意見之所偏也。然則徵實迹者其失小，騁虚論者其失大矣。後來諸家之是非，均持此斷之可也。至於左氏文章，號爲富豔，殘膏賸馥，沾溉無窮。章沖聯合其始終，徐晉卿排比其對偶。後人接踵，編纂日多，而概乎無預於經義，則又非所貴焉。

欽定四庫全書總目卷三十

經部三十

春秋類存目一

左傳節文十五卷 兵部侍郎紀昀家藏本

舊本題宋歐陽脩編，明萬曆中刊版也。取左傳之文略爲删削。每篇之首，分標敘事、議論、詞令諸目。又標神品、能品、真品、具品、妙品諸名及章法、句法、字法諸字。前有慶曆五年脩自序。序中稱胡安國春秋傳及真德秀文章正宗，是不足與辨矣。

春秋道統二卷 兩江總督採進本

是書僅分上、下二卷，而鈔本細字乃八巨册。不著撰人名氏，惟冠以乾道八年晉江傅伯成序，稱爲元祐間春秋博士劉絢質夫所作。考陳振孫書録解題載劉絢春秋傳，無「道統」二字之名。文獻通考作十二卷，玉海作五卷，與二卷之數亦不合。又振孫稱「所解明正簡切」，而此本竝無解經之語，止鈔撮左氏傳，間及公、穀、國語及略採諸家一二條。且不特傳文多所删節，即經文亦止摘録一二字，如明代坊本之標題，宋人經説亦無此例。序中以「何休學」連爲人名，其陋已極。又稱後之有功於春秋者有杜預、林堯叟。林堯叟乃在南宋中年，伯成此序作於南宋之初，何由得見？且杜林合注是明末坊間所刻，伯成又何由以杜、林竝稱乎？又伯成慶元初爲太府丞，寶慶初始加龍圖閣學士。

此序既曰「乾道八年壬辰」，是時伯成方舉進士，何得先以龍圖閣學士結銜？謬謬種種，不可殫述。僞書之拙，無過是矣。其卷首收藏諸印亦一手僞造，不足信也。

左氏君子例一卷詩如例一卷詩補遺一卷　内府藏本

宋李石撰。石有方舟易學，已著録。左氏春秋傳多有「君子曰」字，林栗指爲劉歆所加，其說無據。案：栗說見經義考所引。石則以爲左氏傳有所謂「君子曰」者，又有稱「仲尼孔子曰」者，皆示後學以褒貶大法，聖人作經之意義。因録爲例，凡「君子」七十三條，而以「聖語」三十二條附之，皆無所發明。又以左傳引詩不皆與今說詩者同，因取所載一篇一句，悉裒集而闡論之，以蘄合於斷章取義之旨。凡一百六十八條，名曰詩如例。復采左傳所載箴詞、歌謠三十八事，名曰詩補遺。於經義悉無大裨益。特當南、北宋間，正說春秋者掊擊三傳之時，而石獨篤志古學爲足尚耳。舊載方舟集中，石門人劉伯熊合爲一編，題曰左氏諸例，實非石之舊名，今仍各標本目。其文則與方舟易學仍歸諸方舟集中，不更録焉。

春秋通論二卷　兩江總督採進本

舊本題曰宋人撰，不著名氏。諸家書目亦不著録。其書統論周及列國大勢，推其興廢之由。周及魯、齊、晉、宋、衛、鄭、楚、秦各爲一篇，吳、越共爲一篇，皆捃拾舊文，爲事後成敗之論。每句隸事，而各引傳以爲之注。其言膚淺，無所發明。

春秋握奇圖一卷　永樂大典本

金利鑾孫撰。鑾孫字士貴，盱江人。前有自序，稱：「握奇圖者，春秋家之學也，二百四十二年而該之萬八千言。編年以爲經，而列五伯内外諸侯以緯之。縱取則年與事類，衡切則國之本末具在。乃各敘事略於其後，一覽而思過半矣。」云云。據其所言，則此書所重在於年表。今年表散佚，祇存其論，已非鑾孫著書之本旨，不足取矣。

春秋左傳句解三十五卷　兩淮馬裕家藏本

元朱申撰。申有周禮句解，已著録。是書惟解左傳，不參以經文，蓋猶用杜預以前之本。其一事而始末別見者，各附注本文之下，端委亦詳。惟傳文頗有删節，是其所短。如隱公之首删「惠公元妃孟子」一節，則隱、桓兄弟之故何自而明哉？

春秋經疑問對二卷　永樂大典本

元黄復祖撰。復祖字仲篪，廬陵人。元史：仁宗皇慶三年復科舉法，漢人、南人第一場明經、經疑二問，大學、論語、孟子、中庸内出題。經義一道，各治一經。元統以後，少變程式，易漢人、南人第一場四書爲本經。復祖序云「至正辛巳大科載復有經疑之條」，即元史志所謂變程式之時也。其書以經、傳之事同辭異者求其常變，察其詳略，以經覈傳，以傳考經，以待學子之問，蓋亦比事屬辭之遺意。其大旨則專爲場屋進取而作，故議論多，而義理則疎焉。

春秋合題著説三卷　永樂大典本

元楊維楨撰。維楨字廉夫，號鐵崖，山陰人。泰定四年進士。初署天台尹，改錢清場鹽司令。轉建德總管府推官，擢江西儒學提舉。未及上而兵亂，遂不復仕，放浪於詩酒歌舞之間。明初命修禮樂書，旋以老病辭歸。事蹟具明史文苑傳。案宋禮部貢舉條式、崇寧貢舉令，春秋義題聽於三傳解經處出。靖康元年，改止用正經出題。紹興五年禮部議，春秋正經詞語簡約，比之五經爲略。問目所在，易於周徧。往往州郡問目，重複甚多。每遇程文，鮮不相犯。請仍聽於三傳解經處相兼出題。元史選舉志所載延祐條例，不言春秋出題之法。以維楨是書考之，蓋亦以經文易複，改爲合題。明制春秋合題之法，蓋沿元舊也。維楨自序曰：「春秋正變無定例，故闕合無定題；筆削有微旨，故會通有微意。初學者不知通活法以求義，場屋中往往不得有司之意。今以當合題凡若干，各題著説，使推其正變無常，縱橫各出，以禦場屋之敵。」又曰：「學者因是而得其活法，則求經之微亦無出於此，不止決科之計。」然其書究爲科舉而作，非通經者所尚也。

春秋透天關四卷　永樂大典本

舊本題晏兼善撰，不著時代。據其兼及合題，是元人也。其書專爲場屋而作，義殊膚淺。如解「元年春王正月」，云：「若就『春』字正月上用工，則春者天之所爲，聖人紀人道之始，全以天道、王道立説亦可。」云云。則一書之大指可知矣。

春秋四傳三十八卷 内府藏本

不知何人所編。首載杜預、何休、范甯、胡安國四序，次春秋綱領，述各家議論。次春秋提要，如周十二王、魯十二公以及會盟戰伐之數，竝撮舉大凡。次春秋列國圖説，次春秋二十國年表，次春秋諸國興廢説。凡經文之下，皆分注左氏、公羊、穀梁三傳，而胡傳則别爲標出，間加音注，别無發明參考之處。考元俞臯春秋集傳釋義大成始於三傳之後附録胡傳。吴澄序稱其兼列胡氏，以從時尚，而「四傳」之稱亦即見於澄序中。知胡傳躐躋三傳之列，自元初已然。此本驗其版式，猶爲元槧，蓋當時鄉塾讀本也。

麟經指南一卷 永樂大典本

不著撰人名氏。前有自序，署曰「退修菴題」，亦不詳何人也。序稱幼習是經，以舉進士爲業。投老山林，兵火之餘，先世遺書無復存者。間因餘暇，條分大義，立題命意。凡可引用之語，各附於後，又間引先儒破題。蓋元末鄉塾之陋本也。

春秋圖説無卷數 浙江吴玉墀家藏本

不著撰人名氏。前列目百二十有二，始十二公年譜，終諸儒傳授。中間列國世次、輿地山川名號以及經傳所載名物典故，悉有圖有説。其年表皆鈔史記。其名號歸一圖即馮繼先所撰，而分爲十九圖。又列至歲星、八音、四凶、十六相諸圖，則又掇之五經圖中，春秋列國圖説，則摭自東坡指掌圖。又列鄭樵考定諸國地名及敘國邑地同異説、敘山水同異説。大抵雜駁不倫，未見精核。卷首題曰春秋筆削發微。考楊甲六經圖中有春秋筆削發微圖，以此本互勘，一一相合。蓋掇取甲書春秋一卷，而攙以雜説，僞立此名。卷首有「竹垞」二字朱文印，蓋朱彝尊所藏，而經義考不著此名。是必後覺其贋託，棄之不録，而所棄之本又爲吴氏所收耳。

春秋提要四卷 江西巡撫採進本

明饒秉鑑撰。秉鑑字憲章，號雯峰，廣昌人。正統甲子舉人，官至廉州府知府。朱彝尊經義考載秉鑑春秋會通十五卷，提要一卷。今按此書實四卷，與春秋會通另爲一書。彝尊蓋未見其本，故傳聞譌異。其書以春秋書時書月難於記誦，故錯綜而次序之。分十二公爲十二篇，先列經文於右，而總論其義於後，大旨以胡傳爲宗。

左觿一卷 通行本

明邵寶撰。寶字國賢，號二泉，無錫人。成化甲辰進士，官至南京禮部尚書。謚文莊。事蹟具明史儒林傳。是編乃其讀左傳所記，雜論書法及注解，然寥寥無多。蓋隨意標識於傳文之上，亦其簡端録之類也。其中精確者數條，顧炎武左傳補注已採之，所遺者其糟粕矣。

春秋經世一卷 安徽巡撫採進本

明魏校撰。校有周禮沿革傳，已著録。是編名春秋經世者，蓋取莊子「春秋經世，先王之志」語也。

所注惟隱公一卷，其注多從左氏。然如「公矢魚于棠」，全録臧僖伯諫詞，惟移傳末「非禮也，且言遠地也」二句於傳首，此亦何需校鈔録耶？間有自出新意者，如謂紀子伯、莒子盟于密，當作紀侯子帛，以子帛爲紀侯之名，又謂挾卒乃異姓之卿，則又皆杜撰之談矣。

春秋説志五卷 浙江吴玉墀家藏本

明呂柟撰。柟有周易説翼，已著録。柟所著他書率篤實近理，惟此書務爲新説苛論。凡所譏刺，皆假他事以發之，而所書之本事反置不論。如以「公及邾儀父盟于蔑」「祭伯來」「公及戎盟于唐」「鄭人伐衛」「衛人殺州吁」皆爲平王之罪。又如「叔孫豹卒」，謂經不書餓死，乃爲賢者諱；謂「郯子來朝」，以其知禮録之。大抵褒貶迂刻，不近情理。至謂書季孫意如之卒爲見天道之左，則聖人併怨天矣。其失不止於穿鑿也。

春秋集要十二卷 浙江巡撫採進本

明鍾芳撰。芳字仲實，瓊山人。正德戊辰進士，官至户部左侍郎。是書以「集要」爲名，故文殊簡略。中間如謂「春王正月」爲建子，謂桓公三年書「有年」非紀異，謂襄公二十八年書「衛侯衎」非倏其改過；謂昭公元年書「敗狄大鹵」非譏毁車崇卒，與胡傳異者不過數條。餘大抵依回其説。甚至如僖公十七年夏滅項，胡傳誤以爲季孫者，亦因仍不變，無所短長。又多採董仲舒、劉向、劉歆災異之説，穿鑿事應。至以宣公八年之大旱爲十五年税畝之由，事在七年之後，而應在七年之前，尤爲乖謬。其採用公、穀月日之例，既多附會，而採用左傳，尤無體例。其最甚者，莊公二十年「陳殺公子御寇」下，忽注「晉獻公患桓、莊之族偪，而士蔿譖去之」十五字；僖公二十二年「宋公伐鄭」下，忽附録「被髮而祭於野，夷俗皆然」十字；二十三年「楚人伐陳」下，忽附録「男女同姓，其生不蕃」八字，此類不可殫數。其採用左氏義者，襄公四年「叔孫豹如晉」下，惟辨古「自歌」「工歌」二義；僖公九年「會於葵丘」下，責宰孔不當阻晉侯；成公五年「梁山崩」下，責伯宗之攘善，亦皆與經義渺不相關。陳烈序乃稱其擴前人之所未發，過矣。

春秋私考三十六卷　浙江汪啓淑家藏本

明季本撰。本有易學四同，已著録。本不信三傳，故釋經處謬戾不可勝舉。如言惠公仲子非桓公之母，盜殺鄭三卿乃晉人使刺客殺之，晉文公歸國非秦伯所納。諸如此類，皆無稽之談。夫孫復諸人之棄傳，特不從其褒貶義例而已；程端學諸人之疑傳，不過以所記爲不實而已。未有於二千餘年之後，杜撰事蹟，以改易舊文者。蓋講學家之恣横，至明代而極矣。

春秋世學三十二卷　兩淮鹽政採進本

明豐坊撰。坊有古易世學，已著録。是書自稱即其先世宋御史中丞稷之案斷而爲之釋義，故曰「世學」。然案斷之名，宋人書目及宋史藝文志皆不著録，向來説春秋者亦所未聞。其僞蓋無足辨也。

左氏春秋鐫二卷 浙江巡撫採進本

明陸粲撰。粲有左傳附注，已著録。是編乃其由工科給事中坐劾張璁、桂萼謫都匀驛丞時途中所作。皆糾正左氏議論之失，亦柳宗元非國語之類。然於左氏釋經之謬，闢之可也。至記事記言，但各從其實。事乖言謬，咎在古人，與紀載者無與也。亦謂之「鐫左」，則非其罪矣。甚哉其固也。

春秋讀意一卷 浙江汪啓淑家藏本

明唐樞撰。樞有易修墨守，已著録。其論春秋，以爲不當以褒貶看聖人，祇備録是非，使人自見。蓋以救宋儒穿鑿之失。然謂春秋字字褒貶固爲偏論，謂春秋竟無褒貶，則數十特筆亦灼然不可誣也。讀者知其矯枉之意可矣。

春秋録疑十六卷 浙江范懋柱家天一閣藏本

明趙恒撰。恒字志貞，晉江人。嘉靖戊戌進士，官至姚安府知府。是書本胡氏傳而敷衍其意，專爲科舉而設。故經文可爲試題者，每條各於講義之末總括二語，如制藝之破題。其合題亦附於後，標所以互勘對舉之意。

春秋國華十七卷 兩淮馬裕家藏本

明嚴訥撰。訥字敏卿，常熟人。嘉靖辛丑進士，官至武英殿大學士，謚文靖。事蹟具明史本傳。是書以春秋所書周及列國之事分隸其國，而仍以魯十二公之年編之，雜採三傳附於經下，亦間及國語、史記諸書。其甥陳瓚序稱訥請沐三月而成是書，則潦草編排，取盈卷帙，宜但鈔録舊文，無所發明考證矣。

春秋四傳私考十三卷　兩淮鹽政採進本

明徐浦撰。浦字伯源，浦城人。官監察御史。是書舉左氏、公、穀、胡傳之異同，衷以己意。於胡傳之深刻者多所駁正，持論頗平允。然每就事論事，不相貫串。如「宋公和卒」，謂不書「薨」以示褒，不知外諸侯經皆書「卒」也。又凡浦無所論斷之條，皆不存經之原文，似乎删節聖經，亦非體制。

左傳注解辨誤二卷　江蘇巡撫採進本

明傅遜撰。遜有左傳屬事，已著録。是編皆駁正杜預之解，間有考證，而以意推求者多。視後來顧炎武、惠棟所訂，未堪方駕。前有古字奇字音釋一卷，乃左傳屬事之附録，裝緝者誤置此書中，頗淺陋無可取。後附古器圖一卷，則其孫熙之所彙編。亦剿襲楊甲六經圖，無所考訂也。

左氏討一卷左氏論一卷　江蘇巡撫採進本

明馮時可撰。時可有左氏釋，已著録。是書前有自序，稱先爲左氏討，繼爲左氏釋，後爲左氏論。其釋則訓詁爲多，討與論則皆評其事之是非。不知分爲二書，以何别其體例也。然所討論，皆以意爲之，往往失於迂曲。如謂陽虎之攻季氏爲必受命魯君，是真信其張公室也，豈春秋書「盜」爲曲筆乎？故今惟録左氏釋，而二書則附存其目焉。

春秋翼附二十卷 浙江汪啓淑家藏本

明黄正憲撰。正憲有易象管窺，已著録。是書大旨以胡安國傳未免過於刻覈，因博採舊聞，自唐孔穎達以下悉爲折衷。於明世諸家則多取山陰季本私考、金壇王樵輯傳二書。今觀其所論，如謂尹氏卒爲吉甫之後，非即詩家父所刺者；仲孫蔑會齊高固於無婁，地非牟婁，亦間有考證。然核其大體，則未能悉精確也。

春秋諸傳辨疑四卷 浙江范懋柱家天一閣藏本

明朱睦㮮撰。睦㮮有易學識遺，已著録。是編凡一百八十八條。明史藝文志著録卷數與此本相合。然與睦㮮所撰五經稽疑中説春秋者，文竝相同。據睦㮮五經稽疑自序，蓋此書先成，别本行世，後乃編入五經稽疑中。今五經稽疑已别著録，則此本無庸複載。故附存其原名，備考核焉。

春秋以俟録一卷 兩淮馬裕家藏本

明瞿九思撰。九思字睿夫，黄梅人。萬曆癸酉舉人。爲知縣張維翰所誣構，謫戍塞下。張居正援之，得釋。後薦授翰林待詔，不赴。詔有司歲廩給之，終其身。事蹟具明史文苑傳。是書多穿鑿附會之談。如十二公配十二月，二百四十年配二十四氣之類，皆迂謬不經，與洪化昭周易獨坐談皆明儒之行怪者也。

春秋疑問十二卷　浙江巡撫採進本

明姚舜牧撰。舜牧有易經疑問，已著録。是書不盡從胡傳，亦頗能掃諸家穿鑿之説，正歷來刻深嚴酷之論。視所注諸經，較多可取，而亦不免於以意推求，自生義例。如列國之事，承告則書，左氏實爲定説。舜牧於「宿男卒，不書名」既云「告不以名矣」，乃於「鄭伯克段」則曰：「此鄭事也，魯春秋何以書？見鄭莊處母子兄弟之間，忍心害理，凡友邦必不可輕與之。此一語專爲後日渝平、歸祊、助鄭伐宋起，非謂此事極大，漫書於魯之春秋也。」是不考策書之例，但牽引經文，横生枝節。至於解「紀季姜歸京師」，謂自季姜歸後，周聘不復加於魯，乃知以前三聘特在謀婚。此無論别無確據，即以年月計之，三聘之首，是爲凡伯，其事在隱公九年，距祭伯之逆十四年矣。有天子求婚，惟恐弗得，謀於十四年之前者乎？此併經文亦不能牽合矣。説經不應如是也。

春秋匡解六卷　浙江巡撫採進本

明鄒德溥撰。德溥有易會，已著録。是書專擬春秋合題，每題擬一破題，下引胡傳作注，又講究作文之法。蓋鄉塾揣摩科舉之本。德溥陋必不至是，疑或坊刻僞託耶？

春秋直解十五卷　浙江汪啓淑家藏本

明郝敬撰。敬有周易正解，已著録。是編前有讀春秋五十餘條。其言曰：「今讀春秋，勿主諸傳先入一字。但平心觀理，聖人之情恍然自見。」蓋即孫復等廢傳之學而又加甚焉。末二卷題曰非左，凡三百三十餘條，皆摘傳文之紕繆。其中如費伯城郎，駁左氏「非公命不書」之誤，其説甚辨；公爲天王請糴於四國，「不書者諱之也」，其説亦有理。凡此之類，不可謂非左氏諍臣。至於曲筆深文，務求瑕釁。如論「賓媚人稱五霸」一條，不信杜預豕韋、昆吾之説，必以宋襄、楚莊足其數，而謂五霸之名非其時所應有。如此之類，則不免好爲議論矣。

讀左漫筆一卷 編脩程晉芳家藏本

明陳懿典撰。懿典字孟常，秀水人。萬曆壬辰進士，官至中允，乞假歸。崇禎初，起爲少詹事，不赴。此書蓋其讀左傳時隨筆漫記，凡二十七條。嘉禾徵獻録載懿典有讀左史二卷，此即其讀左一卷也。大抵如時文評語。如開卷「石碏殺州吁」一條云：「石碏誘州吁離窟穴而執之，大是高識。」又如「孟僖子知孔子」一條云：「孟僖子能知夫子，且能稱其上世而知後有達者，可謂具隻眼人。」此類亦何須贅論也？

春秋闡義十二卷 浙江汪啓淑家藏本

明曹學佺撰。學佺有易經通論，已著録。是書朱彝尊經義考注曰「未見」，蓋不甚傳。大抵捃摭舊文，無所闡發。

麟經統一篇十二卷 浙江巡撫採進本

明張杞撰。杞字成夫，湖州人。萬曆丁酉舉人，官福清縣教諭。其書不載經文，惟以經文之可作試題者，截其中二三字爲目，各以一破題括其意，即注胡傳於下。後列合題數條，亦各擬一破題，并詮注作文之要。其體又在講章下矣。

春秋麟寶六十三卷 浙江汪啓淑家藏本

明余敷中撰。敷中不知何許人。是書成於萬曆乙卯。全録左、國、公、穀之文於經文之下。左、國則録其全，公、穀則除其複。國語事有在春秋前者，别爲首卷於前。無所訓釋，亦無所論斷。前有萬曆乙卯自序，言「夫子獲百二十國寶書作春秋，而絶筆於獲麟」，故曰麟寶。其命名取義，殆於「札闥鴻休」矣。

春秋續義發微十二卷 兩淮馬裕家藏本

明鄭良弼撰。良弼字子宗，號肖巖，淳安人。萬曆中舉人。此編取胡安國傳所未及者，拾遺補闕，續明其義。一步一趨，皆由安國之義而推之，故其得失亦與安國相等。朱彝尊經義考載良弼有春秋或問十四卷、存疑一卷，竝續義三卷，俱云「未見」。今此本分十二卷，與所記卷數不符，殆彝尊以傳聞誤載歟？

春秋心印十四卷 兩江總督採進本

明鄭銶撰。銶，上海人。萬曆中由貢生官青田縣訓導。是編取林堯叟春秋句解中所爲提要，而推廣其門目，依類摘取經傳，疏列其下，雜引諸儒之説，而附以己意。前列春秋總論十二篇，語多凡陋，率以私意窺測聖人。其體例尤爲複沓。如莊元年「王使榮叔來錫桓公命」，列於「錫命類」；定十四年「天王使石尚來歸脤」，列「周歸脤類」，而「五始類」中皆載之。桓十一年「柔會宋公、陳侯、蔡叔，盟于折」，既列「盟類」，又入「會類」；僖九年「九月戊辰，盟于葵丘」，亦列「盟類」，又入「殊盟類」。舛互殆不勝舉。其凡例末一條云：「書成之時，夢齊桓公、晉文公各持一單，單開七事，相揖贈予，若謝而辭之意。覺而思之，各開單七事者，二七十四也。卷完十四，其義已盡，以示不必再録。」又隆慶初輯通史聚精八十卷，亦夢文公朱先生慰余曰：『余綱目甚覺煩冗。子能爲我删葺，深愜我意，故兹致謝。』」語殊怪妄。是又吴與弼日録之故智矣。

春秋左翼四十三卷　浙江汪啓淑家藏本

明王震撰。震字子省，烏程人。其書繫傳於經文之下，凡先經起義，後經終事者，悉撮爲一。左傳中稱號不一者，皆改從經文稱名。有經無傳者，采他書補之。前後編次，亦間有改易。案朱彝尊經義考有王氏春秋左翼，不著撰人名氏，亦不載卷數。而所録焦竑之序，與此本卷首序合，當即此書也。

春秋衡庫三十卷　浙江吴玉墀家藏本

明馮夢龍撰。夢龍字猶龍，吴縣人。崇禎中由貢生官壽寧縣知縣。其書爲科舉而作，故惟以胡傳爲主，雜引諸説發明之。所列春秋前事、後事，欲於經所未書、傳所未盡者，原其始末，亦殊沓雜。

别本春秋大全三十卷 内府藏本

明馮夢龍撰。是書雖以春秋大全爲名，而非永樂中官修之原本。其體例惟胡安國傳全録，亦間附左傳事蹟，以備時文捃摭之用。諸家之説，則僅略存數條。其凡例有云：「大全中諸儒議論，儘有勝胡氏者。然業已宗胡，自難竝收，以亂耳目。」是不亦明知其謬而爲之歟？

春秋四傳通辭十二卷 浙江巡撫採進本

明陳士芳撰。士芳字清佩，海寧人。是書采輯左氏、公羊、穀梁、胡氏四傳，削其繁冗。其左氏傳之不附經文者，咸删汰無遺，亦間附己意於其下。因董仲舒有「春秋無通辭，隨變而移」之語，遂題曰「通辭」，以明義例之有定。然名曰「四傳」，實則依附胡氏，無所異同。名曰「考校經文」，去取三傳，實則合胡氏者留，不合胡氏者去，未嘗以經正傳也。

春秋左傳典略十二卷 江蘇巡撫採進本

明陳許廷撰。許廷字靈茂，海鹽人。萬曆中諸生，以薦授兵部司務。其書每一公爲一卷，皆摘取左氏中單文隻字之可資考核者，證以他書，繁稱博引，以詭麗爲宗，不專主於疏通經義。然就其所論，亦往往失之穿鑿。如衛懿公好鶴，則取浮丘公之言；秦人歸帑，則指爲漢興之讖。多未免於蕪雜也。

春秋揆一卷 浙江汪啓淑家藏本

明黄道周撰。道周有易象正，已著録。是書以天人之故，若表之於晷景，春秋以天治人，故以「揆」

名書，通爲一篇。其説謂：「揆者，晷也，表晷也。日南則其晷陰，日北則其晷陽。揆之則於其景也，宣公之三年景中也，僖公之十七年而景乃南，襄公之十年而景乃北。景南者極近，景北者極遠。」又謂：「春秋之紀二百四十有二，其三之八十有一，兩之一百二十。自文王受命之年以至仲尼之没，參之而得七，兩之而得五。文王以四千三百二十年爲春秋，仲尼以三千六百年爲春秋。五文王之春秋，有五文王者出；六仲尼之春秋，有六仲尼者出。十一大聖人者，以行其二統，而天地爲再開闢。」云云。蓋以皇極經世之學説春秋，自三傳以來，未之前聞，即邵子亦未發此義也。道周禮記諸傳，雖不必盡當於本旨，而借經抒論，於人事猶有所裨。此則真無用之數學，不能以道周之故，曲爲之説矣。

春秋實録十二卷 浙江吴玉墀家藏本

明鄧來鸞撰。來鸞字繡青，宜黄人。天啓壬戌進士，官至武昌府知府。是編專爲科舉而作，故其凡例曰：「春秋從胡，凡左與胡觭者必削，定是非也。」又曰：「春秋左傳惟有關經題者載之，從簡便也。」其書可不必問矣。

春秋纂無卷數 山西巡撫採進本

明朱之俊撰。之俊有周易纂，已著録。是書大抵隨文生義，罕所根據。如「成風請救須」句，乃婦人左袒母家之常態，遽以「繼絶」美之。如斯之類，所見頗淺。又如芮伯萬母事，引隋獨孤后以責其妬，與經義了不相關。至於災異，必推事應，尤多穿鑿。

麟旨定無卷數　浙江汪啓淑家藏本

明陳于鼎撰。于鼎字爾新，宜興人。是書成於崇禎庚午。以「麟」字代「春秋」字，命名已陋。又但標擬題，各以一破題爲式，而略爲詮釋於下。即在舉業之中，亦爲下乘矣。

春秋三書三十二卷　副都御史黄登賢家藏本

明張溥撰。溥有詩經注疏大全合纂，已著録。是書第一編曰列國論，凡二十四卷。第二編曰四傳斷，凡七卷。第三編曰書法解，凡一卷。同時徐汧、張采爲之序。采又有例言，稱列國論中尚闕雜國一題，四傳斷中僖公闕十餘年，文公全闕，襄公以下亦全闕。采間爲補之。書法解爲目多端，僅成一則。溥與采倡立復社，聲氣交通，蔓延天下，爲明季部黨之魁。其學問則多由涉獵，未足專門。其所撰述，惟漢魏六朝一百三家集蒐羅放佚，採摭繁富，頗於藝苑有功。然在當時，止與梅鼎祚文紀諸書齊驅竝駕。較之楊慎、朱謀㙔考證，已爲少遜矣。至於經學，原非所擅長。此書爲未成之本，亦別無奥義。采等以交游之故，爲掇拾補綴而刊之，實不足以爲溥重也。

春秋說三十卷附録三卷　山東巡撫採進本

明王寖大撰。寖大字幼章，合肥人。崇禎丁丑進士。是書雜採諸說，斷以己意，而本於卓爾康辨義者爲多。其首爲諸家考，敘古來春秋家及所著書。次爲經傳大旨，輯諸家議論之與己合者。次紀傳，輯周及列國事蹟，分析經文，各以類從，而附以時義地義論。次爲春秋總義。次比事四十二則，自跋附焉。總爲三卷弁於首。次乃詮釋經文，分十二公爲三十卷。朱彝尊經義考不載，蓋此本爲寖大孫雲龍所録，未及刊版故也。寖大以春秋本魯史原文，孔子修之。蓋筆削史文以見義，非變史文以起義。自説經者不舉大義而求之名字、爵號、日月及「會」之類以爲義例，蓋昉於公、穀，盛於胡氏，詮説愈繁而經學愈亂，故著是書以破諸家之言書法者。然春秋固本魯史，其間亦有聖人特筆。如「天王狩于河陽」，左傳具述改修之義。坊記所引魯春秋、公羊傳所引不修春秋及甯殖所稱載在「諸侯之策」者，揆之聖經，有同有異。欲駁「一字褒貶」之説，而謂聖經僅魯史之節文，未免矯枉而過直。其説經亦多臆斷。如解「尹氏卒」云：「公、穀謂譏世卿，鑿矣。欒、郤、韓、范世專晉，七穆世專鄭，曷爲不譏，而特譏王朝大夫乎？」夫外大夫卒，例不見經，春秋何由譏之耶？解「肆大眚」云：「文姜罪惡通天，歿後必有陰禍，莊公肆眚，爲之求福免罪耳。」不知春秋時浮屠之教未入中土，何得有罪福之説？解「鄭棄其師」云：「此高克怨辭。」夫克一逋臣，豈能以其事偏赴列國？杜預所謂「克狀其事以告魯」者，本無確證，何得遽斷爲據克之言？又比事中解「城築」一條云：「邑書『城』，臺、館、囿書『築』。城，土功也，故須築。南門、雉門書『作』，木功也，故須作。」夫南門、雉門豈竟不須土功？且兩觀何以亦書作也？凡此皆隨意生文，不爲典要。至其紀傳敘事，竝始於隱元年，訖於哀十四年。其中止云某事書於經，某事不書。又自齊、晉以下皆以魯公年數紀年，即周本紀亦然。是屈天王之正朔，就侯國之紀年，經解史裁蓋兩無所當矣。其諸家考中升胡傳於西漢諸儒之前，已爲無識。卷後又自識云：「呂大圭、灌甫、趙企明、姜廷善未詳。」案灌甫，明宗室朱睦㮮字，已見考中，而遽忘之；呂大圭字圭叔，南宋末人，所著有春秋或問及五論；企明，宋趙鵬飛字，所著有春秋經筌；廷善，明姜寶字，所著有春秋事義考，而寖大俱曰「未詳」。是即此數家，尚未窺全帙。甚至引杜預集解，亦稱之爲「杜疏」，尤爲無據。蓋所見未博，故議論多而考證少也。

春秋義三十卷　江蘇周厚堉家藏本

明顧懋樊撰。懋樊有桂林點易丹，已著録。是書朱彝尊經義考云「未見」。前有懋樊自序，稱以胡傳爲宗，參之左氏、公、穀三家，佐以諸儒之説。今觀其書，直敷衍胡傳爲舉業計耳。未嘗訂正以三傳，亦未訂正以諸儒之説也。

鍾評左傳三十卷　内府藏本

是編爲毛晉汲古閣所刻。惟録杜預左傳集解，較坊本兼刻林堯叟注者，特爲近古。然綴以鍾惺評點，改其名爲鍾評左傳，殊爲蛇足。惺撰詩歸，别開蹊徑，尚能成一家之言。至於詁經，則非其所長也。

春秋左傳評注測義七十卷　浙江吴玉墀家藏本

明凌稚隆撰。稚隆字以棟，烏程人。是書詮釋左傳，以杜預注爲宗，而博採諸説增益之。其於左氏之不合者，亦間有辨正。又取世次、姓氏、地名、謚號、封爵標於卷首，以便檢閲，然皆冗碎不足觀。朱彝尊經義考作七十卷，浙江通志作三十卷。此本與彝尊所記合，知通志爲傳寫誤矣。

麟傳統宗十三卷　浙江巡撫採進本

明夏元彬撰。元彬本名彪，字仲弢，德清人。其書餖飣成編，漫無體例。隱公之前，冠以國語十數條，以志周東遷始末。蓋仿馮夢龍春秋衡庫爲之，而疎略尤甚。經文之下，或録左氏，或取公、穀、國語隸之。或標傳名，或不標傳名。其附録者，或有「附」字，或無「附」字。端緒茫然，猝難究詰。又如「費伯」之注誤在「盟唐」之下。「楚殺公子側」傳上，忽注云：「出『宋楚平』傳。」「衛州吁弑君」下，祗載詩緑衣一章，竝無他注。「壬午大閲」，全録周官「中春教振旅」以下四則，亦不置一詞。如是者指不勝屈。文震孟序乃稱其得於經術者深，亦可異矣。

春秋因是三十卷　浙江巡撫採進本

明梅之熉撰。之熉字惠連，麻城人。是編專爲春秋制義比題、傳題而作，每題必載一破題，而詳列作文之法。蓋舊制以春秋一經可命題者不過七百餘條，慮其易於弋獲，因而棚爲合題。及合題之説紛紜淆亂，試官舉子均無定見，於是此類講章出焉。夫信傳不信經，先儒以爲詬厲，猶爲三傳言之也。至於棄置經文而惟於胡傳之中推求語氣以行文，經已荒矣；其弊也，又於胡傳之中摘其一字兩字，牽合搭配，以聯絡成篇，則併傳亦荒矣。此類講章，皆經學之蠹賊，本不足録，特一以見場屋舊制。所謂比題、傳題者，其陋如此，竝非别有精微，一以見明季時文之弊。名爲發揮經義，實則割裂傳文，於聖人筆削之旨南轅北轍，均可以爲炯鑑。故附存其目，爲學春秋者戒焉。

春秋三傳衷考十二卷　浙江巡撫採進本

明施天遇撰。天遇字昌辰，武康人。是編雖以三傳爲名，實以胡傳爲去取。凡胡傳所駁，槩從刊削，故所存僅三傳之事蹟。又雜引詩、書、禮記及國語之文以足之，特取備時文之捃摭而已。

春秋左傳地名録二卷　浙江巡撫採進本

明劉城撰。城字伯宗，貴池人。是編前列國名，後列地名，各以十二公時代爲序。地名之下各有注，少僅一二字，多亦不過六七字，蓋隨手集録，姑備記誦，無所考正。視後來高士奇、江永二家之書不及遠矣。

春秋五傳平文四十一卷　内府藏本

明張岐然編。岐然字秀初，錢塘人。其書採左傳、公羊傳、穀梁傳、胡安國傳而益以國語。國語亦稱春秋外傳，故謂之「五傳」。曰「平文」者，明五傳兼取，無所偏重之義也。其自序曰：「嘗與虞子仲皜泛覽春秋七十二家之旨，蓋鮮有不亂者。及觀近時經生家之説，殆不可復謂之春秋。究其弊率起於不平心以參諸家，而過尊胡氏。久之惟知有胡氏傳，更不知有他氏。又久之，惟從胡傳中牽合穿鑿，併不知有經。此所謂亂之極也。」云云。考胡安國當高宗之時，以春秋進講，皆準南渡時勢以立言。所謂「喪欲速貧，死欲速朽」，有爲言之者也。元、明兩代，時異勢殊，乃以其源出程子，遂用以取士，已非安國作傳之初意。元制兼用三傳，明制兼用張洽傳，蓋亦陰知胡安國之多僻，而補救其偏。永樂中修春秋大全，襲用汪克寬纂疏，乃專尊胡傳，又非延祐、洪武立法之初意。然胡廣等之大全，雖偏主一家，傷於固陋，猶依經立義也。其後剽竊相仍，棄經誦傳，僅摘經文二三字以標識某公某年。迨其末流，傳亦不誦，惟約略傳意，標一破題，轉相授受而已，蓋又併非修大全之初意矣。岐然指陳流弊，可謂深切著明，故其書皆參取四傳以救胡傳之失。雖去取未必盡當，要其鍼砭俗學，破除錮習，於春秋不爲無功。惟五傳皆具有成編，人所習誦，不待此刻而傳，故取其衛經之意，而不複録其書焉。

春秋年考一卷 浙江巡撫採進本

不著撰人名氏。後有自跋，稱初成於天啓甲子，重訂於崇禎辛未。自署曰「天畸人」。有三小印：一曰「三峩」，一曰「仲先」，一曰「且止菴居」，不知爲何許人也。其書仿史記十二諸侯年表之例，以年爲經，以國爲緯，各書大事於年下。然體例頗爲叢雜。如周爲第一格，平王四十九年稱「宰咺來賵仲子」。此內魯之詞，當繫之魯，不當繫之周也。至五十九年稱「武氏子來魯求賻」，則稱「來」似內魯，稱「魯」又似外魯，更無體例矣。又瓦屋之盟列之於晉，則排纂有譌；晉獲秦諜增「晉伐秦」字，則事實或誤，均不足以爲據。

欽定四庫全書總目卷三十一

經部三十一

春秋類存目二

春秋程傳補二十卷　浙江汪啓淑家藏本

國朝孫承澤撰。承澤有尚書集解，已著録。是編以程子春秋傳非完書，集諸儒之説以補之。其詞義高簡者重爲申明，闕略者詳爲補綴。書成於康熙九年。按伊川春秋傳，宋史藝文志作一卷。陳亮龍川集有跋云：「伊川先生之序此書也，蓋年七十有一矣，四年而先生歿。今其書之可見者纔二十年。」陳振孫書録解題云：「略舉大義，不盡爲説。襄、昭後尤略。」考程子春秋傳序作於崇寧二年，書未定而黨論興，至桓公九年止。門人間取經説續其後，此陳亮所謂「可見者二十年」也。是書桓公九年以前全載程傳，十年以後以經説補之，經説所無者採諸説補之，中取諸新安汪克寬纂疏者居多。纂疏即明代春秋大全所本。其書堅守胡安國傳，則仍胡氏之門户而已，未必盡當程子意也。又所補諸傳皆不出姓氏，於原文亦多所芟改，其桓公九年以前程子無傳者亦爲補之。則是自爲一書，特託名於程子耳。考陳亮跋有云：「先生於是二十年之間，其義甚精，其類例甚博。學者苟優柔饜飫，自得於意言之表，不必惜其闕也。」然則何藉承澤之補乎？

左傳統箋三十五卷

浙江汪啓淑家藏本

國朝姜希轍撰。希轍字二濱，餘姚人。明崇禎壬午舉人，國朝官至奉天府府丞。此書循文衍義，所據者特杜預、林堯叟、孔穎達三家，參以朱申句解。其所引證，又皆不標所出，猶沿明季著書之習。

春秋家說三卷

湖南巡撫採進本

國朝王夫之撰。夫之有周易稗疏，已著録。是書前有自序，稱大義受於其父，故以「家説」爲名。其攻駁胡傳之失，往往中理，而亦好爲高論，不顧其安，其弊乃與胡傳等。如文姜之與於弑，夫之謂：「不討則不免於忘父，討之則不免於殺母。爲莊公者惟有一死，而別立桓公之庶子，庶子可以申文姜之誅。」不知子固無殺母之理，即桓之庶子亦豈有殺嫡母之理？視生母爲母而視嫡母爲非母，此末俗至薄之見，可引以斷經義乎？閔公之弑，夫之謂：「當歸獄於慶父，不當歸獄於哀姜。哀姜以母戕子，與文姜不同，不得以人爵壓天倫。」此亦牽於俗情，以常人立論。不知作亂於國家，即爲得罪於宗廟。唐武后以母廢中宗，天下譁然而思討，君子不以爲非。彼獨非母子乎？首止之會定王世子，所以消亂端於未萌。世子非不當立，則不得謂之謀位。諸侯非奉所不當奉，則不得謂之要狹。夫之必責以伯夷、叔齊之事，則張良之羽翼惠帝，何以君子不罪之乎？如此之類，皆以私情害大義。其他亦多詞勝於意，全如論體，非説經之正軌。至於桓公元年，無端而論及人君改元宜建年號之類，連篇累牘，横生枝節，於春秋更無關矣。

春秋傳注三十六卷 浙江吴玉墀家藏本

國朝嚴啓隆撰。啓隆字爾泰，烏程人。前明諸生。其説謂孔子欲討陳恒而不得，故作春秋以戒三家。不始惠公而始隱公者，以隱有鍾巫之難，特託以發凡；不終於陳恒、簡公之事而終以獲麟者，欲以諱而不書，陰愧三家之心。又謂春秋治大夫，非治諸侯，以三十六君之事爲經，而其餘爲緯，以文公以前爲賓，而以後爲主。經之義當明，緯之義可以不問；主之義當明，賓之義可以不問。又謂春秋一字一句皆史舊文，聖人竝無筆削。其意蓋深厭説春秋者之穿鑿，欲一掃而空之。而不知矯枉過直，反自流於偏駁也。

春秋論二卷 江蘇巡撫採進本

國朝嚴穀撰。穀字佩之，無錫人。前明諸生。是書凡九十九篇。每篇略如袁樞紀事本末之例，標舉事目，類聚經文於前，而附論於下。其體在經義、史評之間。而持論嚴酷，又頗傷輕薄。其莊公忘父讎一篇云：「王姬之卒，文姜之幸也。不然，何以奪新婚之宴而復敘淫奔之好也。文姜數數與齊侯享會，是又莊公之幸也。不然，安得結懽於齊侯，而有狩獵之馳騁、衛俘之弋獲也？」是豈儒者説經之體耶？

春秋正業經傳删本十二卷 江蘇周厚堉家藏本

國朝金甌撰。甌字完城，一字寧武，秀水人。是書專爲舉業而設，以胡傳爲主。凡經文之不可命題者，皆删去之，極爲誕妄。又上格標單題、合題等目，每題綴一破題而詳論作文之法，與經義如風馬牛之不相及。其目本不足存。然自有制藝以來，坊本五經講章如此者不一而足。時文家利於剽竊，較先儒傳注轉易於風行。苟置之不論不議，勢且蔓延不止，貽患於學術者彌深。故存而闢之，俾知凡類於此者，皆在所當斥焉。

春秋傳議四卷　山東巡撫採進本

國朝張爾岐撰。爾岐有周易説略，已著録。是書意在折衷三傳，歸於至當。然發明胡傳之處居多，猶未敢破除門户。同時有樂安李焕章爲爾岐作傳云：「著春秋傳議，未輟而卒。」今此本闕略特甚，蓋未成之稾而好事者刻之也。

學春秋隨筆十卷　浙江巡撫採進本

國朝萬斯大撰。斯大有儀禮商，已著録。斯大曾編纂春秋爲二百四十二卷，燬於火。其後更自蒐輯，以成此書。其學根柢於三禮，故其釋春秋也，亦多以禮經爲根據，較宋、元以後諸家空談書法者有殊。然斯大之説經，以新見長，亦以鑿見短。如解閔二年「吉禘於莊公」，謂：「四時之祭，惟禘特大，故又曰大事。王制：『天子犆礿，祫禘、祫嘗、祫烝。』三祫中惟禘特大，故又曰大祫。先儒因僖八年、宣八年、定八年皆有禘，推合於三年一禘。惡知僖、宣、定八年之禘皆以有故而書，非謂惟八年乃禘，六年、七年與九年皆不禘也。」今考禮緯：「三年一祫，五年一禘。」公羊曰：

「五年而再殷祭。」是五年而一祫一禘也，公羊必非無據。斯大謂每年皆祫，即以時祭爲祫祭，蓋襲皇氏「虞夏每年皆祫」之説，而不知皇氏固未嘗以時祭爲祫祭。王制曰：「天子犆礿，祫禘，祫嘗，祫烝。諸侯礿犆，禘一犆一祫。嘗祫，烝祫。」注謂：「天子先祫而後時祭，諸侯先時祭而後祫。」如謂禘、烝、嘗即是祫，則與祫無分先後，何以經文於天子先言祫而後言禘、烝、嘗，於諸侯先言禘、烝、嘗而後言祫耶？又「禘一犆一祫」疏謂：「諸侯當夏禘時，不爲禘祭，惟一犆一祫而已。」皇氏謂諸侯夏時若祫則不禘，若禘則不祫。俱謂時禘不與祫竝行也。若時禘即是祫，則經文又何以云「禘一犆一祫」耶？至於謂四時之祭，夏禘爲人，故曰大事，又曰大祫，尤爲牽合穿鑿。周禮司勳曰：「凡有功者銘書于王之大常，享于大烝。」禮記祭統曰：「内祭則大嘗禘。」是嘗、烝亦得稱大矣。烏得執一「大」字，獨斷爲夏禘也？又「祔而作主，特祀于主，烝、嘗、禘于廟」，斯大謂祔于祖廟，主不復反于寢。引黄宗羲之説，謂祥、禫則于祖廟，特祭新死者，不及皇祖，故云祭于主。烝、嘗、禘則惟及皇祖，不及新死者，故云于廟。今考鄭玄士虞禮注：「凡祔已，主復于寢。」説最精確。大戴禮諸侯遷廟曰：「徙之日，君玄服，從者皆玄服，從至于廟。」盧辯注：「廟謂殯宮也。」其下又曰：「奉衣服者至碑，君從，有司皆以次從。出廟門，至于新廟。」據此，則遷廟以前，主在殯宮明矣。鄭注謂「練而遷廟」，杜注謂「三年遷廟」。若卒哭而祔之後，主常在廟，則于練及三年又何得更自殯宮遷主乎？又引王廷相之説，謂遷廟禮出廟門至于新廟，是自所祔之廟而至新廟。今考喪服小記：「無事不辟廟門。」注曰：「廟，殯宮。」雜記曰：「至于廟門，不毀牆，遂入，適所殯。」凡以殯宮爲廟，見於經傳者甚多。其以大戴禮「出廟門」之廟爲祔廟，由不知殯宮之亦名廟也。又考禮志云「更釁其廟」，則必先遷高祖于太廟，而後納祖考之主。又俟遷祖考于新廟，然後可以改釁故廟，而納新祔之主。是新主祔于祖廟即遷于祖廟甚明。謂自所祔之廟遷于新廟，則是祔者一廟，遷者又一廟矣，與禮志全悖。斯大乃襲其說，而反攻鄭玄及朱子，尤誤。又成元年「三月，作丘甲」，斯大謂：「車戰之法，甲士三人。一居左以主射，一居右以主擊刺，一居中以御車。間有四人共乘者，則謂之駟乘。魯畏齊强，車增一甲，皆爲駟乘。因使一丘出一甲。」今考春秋傳，叔孫得臣敗狄于鹹，富父終甥駟乘，在文十一年。則是成元年以前魯人已有駟乘矣。其不因此年三月令丘出一甲始爲駟乘可知。又考襄二十三年傳：「齊侯伐衛，燭庸之越駟乘。」然則駟乘者豈特魯乎？謂魯畏齊始爲駟乘，尤屬臆測。又成十年：「齊人來媵。」左氏曰：「同姓媵之，異姓則否。」故杜注謂「書以示譏」。斯大襲劉敞之說，謂諸侯得以異姓媵。今考公羊曰：「諸侯娶一國，則二國往媵之，以姪娣從之。」白虎通曰：「備姪娣從者，爲其必不相嫉也。不娶兩娣何，博異氣也，娶三國何，廣異類也。」又周語曰：「王御不參一族。」韋昭注：「參，三也。一族，一父子也。」故取姪娣以備三，不參一族之女。據此，則是同姓異族者得媵也。若異姓得媵，則周語當云「不參一姓」，不得云「不參一族」矣。至以仲子爲惠公嫡配，孟任爲莊公元妃，以叔姬歸于紀爲歸于紀季，則尤不根之論，全憑臆揣者矣。

春秋志十五卷 河南巡撫採進本

國朝湯秀琦撰。秀琦有讀易近解，已著録。是書爲表者八：曰春秋事蹟年表，曰春秋大綱年表，曰天王年表，曰十二伯主年表，曰魯十二公年表，曰列國年表，曰經傳小國年表，曰列國卿大夫世表。爲書法者四：曰書法精義，曰書法條例，曰書法比事，曰書法遺旨。表以考事，書法以考義也。考南史稱：「司馬遷作表，旁行斜上，體仿周譜。」蓋以端緒參差，恐其瞀亂，故或國經而年緯，或國緯而年經，使一縱一横，絲牽繩貫，雖篇章隔越，而脈絡可尋。秀琦所作八表，惟列國年表不失古法，其餘年表但以字之多少，每半頁分爲數格，横讀之成文，縱讀之即不相貫。半頁以外，則格數寬狹多寡互異，併横讀亦不可通。其經傳小國年表、列國卿大夫世表，或半頁之中、一行之内，參差界畫，各自爲文，更縱讀、横讀皆不相屬，烏在其爲年表也？書法精義皆依違胡安國之文，書法條例亦剽竊崔子方之式。惟書法比事謂有順文上下以爲比者，有分别事類以爲比者。如方有天王之事而遽會蟲牢，著其無王；楚滅江而晉伐秦，譏其不救；既伐郲而公如齊，則侵小附强可知；介再朝而後侵蕭，則求援舉兵可知。如斯之類，皆順文上下，以見褒貶，其説爲沈棐諸家所未及。又書法遺旨自抒己論，雖不免間有騎牆，而駁正處時有特見，其長亦不可没耳。蓋秀琦之説，本可分繫經文之下，共爲一書。而必欲變例見奇，多分門目，轉致重複糾結，治絲而棼，亦可謂不善用長矣。

春秋備要三十卷　江蘇周厚堉家藏本

國朝翁漢麐撰。漢麐字仔安，常熟人。其書以胡傳爲主，亦節録左氏以明事之本末。至於書之上闌標破題，下闌標合題，則全非詁經之體矣。

春秋類義折衷十六卷　浙江巡撫採進本

國朝王芝藻撰。芝藻有大易疏義，已著録。是書以左氏、公羊、穀梁、胡傳爲主，亦間採程子及臨川吳氏、廬陵李氏諸家以爲之注。其自出己見，則加「臆解」二字以别之。後附總論二十條。書成於康熙三十五年。自序稱公羊襲取穀梁之書而續爲之，其説不知所據。大旨謂左傳可信者十之四，不可信者十之六，公羊亦多繆戾，惟穀梁猶不失聖門之舊。前有自題口號云：「自讀春秋四十年，只如羣動對青天。邇來深考流傳義，始覺先儒多誤傳。」其命意所在，可槩見矣。

春秋疏略五十卷　河南巡撫採進本

國朝張沐撰。沐有周易疏略，已著録。是書以經文爲魯史，以左傳爲孔子所作。謂孔子取魯史尊之爲經，而以不可爲經者挨年順月附録經左，命之曰左傳。異哉斯言！自有經籍以來，未之聞也。

春秋類考十二卷春秋疑義一卷　兩淮鹽政採進本

國朝華學泉撰。學泉字天沐，無錫人。順治中布衣。其書取春秋大事分八十八門，以類排比。每事之下，附以諸家之注，間綴己説。大旨崇尚宋儒，尤多主胡傳。其疑義一卷，則專抒類考中未盡之藴。然有無庸疑而疑者。如謂司馬法一甸五百一十二家而出兵車一乘，甲士、步卒七十五人。若萬二千五百人爲軍，當八萬五千三百家而後足一軍之數。天子六鄉止七萬五千家，不能供一軍。不知一甸五百一十二家出七十五人，此采地出軍之法也；每一家即出一人者，鄉遂出軍之法也。天子六軍出自六鄉，不出自采地。六鄉以七萬五千家而出七萬五千人，何患不足六軍之數？學泉混二法而爲一，宜其疑也。如此之類，頗爲失考。近時顧棟高著春秋大事表，體例亦略仿此書，而大致皆不出宋程公說之春秋分紀。疑二人皆未見公說書也。

春秋輯傳辨疑無卷數 直隸總督採進本

國朝李集鳳撰。集鳳字翽升，山海衛人，今其地爲臨榆縣。集鳳嘗官洛陽縣丞。畿輔通志稱其「淹貫羣籍，尤善春秋。彙先儒注解，討辨詳核，歷三十年，凡四易槀，然後成書六十五卷，名曰春秋辨疑。」此本細字密行，凡五十二巨册，不分卷帙，蓋猶其未編之槀。以紙數計之，當得一百餘卷，通志所言似未確也。其書所載經文，皆從胡傳，而三傳之異同則附録之，未免信新本而輕古經。說經則事多主左，義多主胡，故竝尊之曰「左子」「胡子」，比擬亦爲不類。其諸家所解，則臚列而參考之。徵引浩博，辨論繁複，殆有堯典二字說十四萬言之勢焉。

春秋惜陰録八卷 兩江總督採進本

國朝徐世沐撰。世沐有周易惜陰録，已著録。是編於經義刻意推求，而往往失之迂曲。如「春王正月」，知斷斷不能稱夏正，而必回護其説，謂冠之以春正，見周正之不善，言外見行夏時之意。至經末「春，西狩獲麟」，亦謂春爲夏之冬，蓋終以夏時之意。經必一時無事，乃空書首月以備天道。其二月、三月有事，則正月可以不書，此通例也。而於定公元年「春王三月，晉人執宋仲幾于京師」，蓋因穀梁氏發傳於「春王」二字之下，故注疏家斷「春王」二字別爲一條，其文實與「三月」相貫。世沐見其別爲一條，遂謂無君不可書「正月」，故但書「春王」二字。聖人有是書法乎？「鄭伯克段」，則謂鄭莊謀逐其弟，魯當討之，聖人書此，與討陳恒同義。是爲臣討君，綱常倒置矣。「紀履緰來逆女」，則疑魯喪制未滿，不應嫁女，聖人用以示譏。考是時距隱公即位已二十二月，踰年改元之前，不知其已經幾月，安見惠公之卒不在前一年之春夏乎？其他節外生枝，率皆此類。又自襄公二十二年以後，每年必增書孔子事。夫左傳書孔子卒，二傳紀孔子生，先儒已以爲非禮。以先師家牒、年譜增入國史之中，殆於周有二王，魯有兩公。尊聖人者不宜尊以所不受也。

春秋蓄疑十一卷　陝西巡撫採進本

國朝劉蔭樞撰。蔭樞有大易蓄疑，已著録。是編以治春秋者信傳而不信經，故於經文各條下列三傳及胡氏傳爲案，而以己意斷其得失。於胡傳尤多駁正，頗能洗附會穿鑿之習。而或併左傳事實疑之，則師心太過矣。

春秋集解十二卷附校補春秋集解緒餘一卷春秋提要補遺一卷

浙江汪啓淑家藏本

國朝應撝謙撰。撝謙有周易集解，已著録。是書節録三傳及胡安國傳，參證諸家之説，而以己意折衷之。前有自序。末附校補春秋集解緒餘一卷，則其門人錢塘淩嘉邵所補輯也。凡撝謙之説，稱曰「應氏」，而嘉邵之説則退一格以别之，皆摘論經中疑義。又附春秋提要補遺一卷，如軍賦、祭祀等事，分門類紀，不書撝謙姓氏，當亦嘉邵所著歟？

春秋遵經集説二十六卷

兩淮鹽政採進本

國朝丘鍾仁撰。鍾仁字近夫，崑山人。康熙戊午應博學鴻詞，老不與試，特賜中書舍人。其凡例稱：「是編本述孟子、朱子説經之義，故冠二子之説於簡端。」其「集説」則兼取諸家。然其書瑕瑜互見。如「春王正月」之説，自張以寧以後辨析已無疑義，乃仍以夏時謬論反覆支離；又如「荆敗蔡師于莘」，以蔡侯獻舞歸」，乃以爲志楚之强，所以旌將來齊桓之功。凡此之類，多不足據。其他如「叔孫得臣卒」一條，以「不日」爲闕文，而以胡安國之從公羊爲非；「許世子止」一條，用歐陽脩之説，而證以蔡景公之書葬。凡此之類，亦間有可取。然統核全書，瑜究不掩其瑕也。

春秋條貫篇十一卷

浙江巡撫採進本

國朝毛奇齡撰。奇齡有仲氏易，已著録。初，康熙乙丑，奇齡充會試同考官，分閲春秋房。舊制，春秋一單題、二雙題、一脱經題。是時初罷脱經題，其雙題猶未罷。案：合題罷於乾隆初。奇齡與監試御史論雙題不合，因舉及「經之條貫，必出於傳」語。案：此杜預之説。奇齡以爲經文自有條貫，不待於傳，乃排比經文，標識端委，使自相聯絡，以成此書。大致用章沖類事本末之意。惟沖類傳，而奇齡則類經，沖於傳有去取，奇齡於經則十二公事仍其舊第，但以事之相因者移附首條之下。又每條各附論説，以闡發比事屬詞之義耳。其以隱公三年「四月，尹氏卒」、六年「春，鄭人來輸平」、十一年「冬十有一月壬辰，公薨」三條爲一貫，蓋據金履祥通鑑前編之説，以尹氏爲鄭尹氏。然尹氏非卿，其卒例不見經，與叔肸之以公弟書者不同。似巧合而實附會，是爲不當合而合。至於隱公元年「三月，公及邾儀父盟于蔑」，七年「秋，公伐邾」，桓公十有七年「二月丙午，公會邾儀父，盟于趡。秋八月，及宋人、衛人伐邾」，其間邦交離合，事亦相因，而歸單簡，是爲不當分而分。以其體例而論，既於經文之首各題與某事相因，則何不仍經文舊第而逐條標識其故？脈絡亦自可尋。又何必移後綴前，使相陵亂？奇齡説春秋諸書，頗有可觀。惟此一編，則欲理之而反棼之，殆無取焉。

春秋大義無卷數　湖北巡撫採進本

國朝張希良撰。希良字石虹，黄安人。康熙乙丑進士，官至翰林院侍讀學士。是編前有自序，謂：「善説經者莫若康侯。私心竊有所未滿者，聖心忠恕，刻則離；聖心簡直，曲則離；聖心明白而正大，纖則離。左氏即未親見聖人，亦必竊窺魯史。公、穀二氏得之傳聞，難以依據。康侯據二氏以駁左，亦未爲盡得。故一本左氏，錯綜當時之事勢。平心以想聖人之心，而名字、人爵、時日諸例概所不取。」其持論甚確。然如文公四年「甯俞來聘」，謂以納饘貨醫而書；昭公十七年「郯子來朝」，謂以仲尼學官而紀。豈成公三年之孫良夫、襄公元年之公孫剽、七年之孫林父盡屬衛之君子，而春秋書「來朝」者四十，皆因孔子之問乎？此又過執左氏，以經外附録之事橫生議論者也。至宣公八年之「公子遂卒」「夫人嬴氏薨」，謂：「八月之内同登鬼録，有陰奪其魄者。」春秋之法，論是非，不論禍福。以是立義，所見彌淺矣。

春秋參義十二卷　浙江巡撫採進本

國朝姜兆錫撰。兆錫有周易本義述藴，已著録。是書仍以胡安國傳爲宗。其所必不安者，亦間有附論一二，然必援朱子。蓋恐人議其異於胡氏，故稱朱子以正之。猶之書經參義恐人議其異於蔡氏，亦必稱朱子以正之也。故卷首有綱領三十三條，於孔、孟之説題曰「特標」，於諸儒題曰「彙輯」，惟於朱子語録六則題曰「遵録」。其宗旨可以概見云。

春秋事義慎考十四卷　江蘇巡撫採進本

國朝姜兆錫撰。其書凡上、中、下三考，共十二卷，而附以考前、考後各一卷。考上曰紀時，曰系名。考中曰正位，曰大婚，曰喪紀，曰祀典，曰賦税，曰工役，曰軍旅，曰蒐狩，曰刑法，曰朝聘之屬，曰會盟之屬，曰侵伐之屬，曰歸遺之屬，曰徵求之屬，曰告假之屬，曰取竊之屬，曰遊觀之屬，曰奔執之屬，曰歸入之屬，曰削亡之屬，曰弑殺之屬，曰災荒之屬，曰變異之屬。考下曰事詞通義，曰事同書異，曰書同文異，曰釋文明義，曰隱文存義，曰省文約義，曰互文推義，曰單文錯義，曰闕文，曰衍文，曰誤文。考前曰聖經本末，曰列傳本末，曰王侯邦國，曰王侯世系，曰庶邦雜服，曰伯功本末，曰聖治本末。考後曰傳有經無。每條皆分晰辨論，大旨主于羽翼胡傳。然春秋一書，古今聚訟，胡氏曲爲之解，已多牴牾。兆錫復從而割裂分配，彌繁瑣而失當也。

公穀彙義十二卷 浙江巡撫採進本

國朝姜兆錫撰，其書以公、穀二傳主於發義，與左傳主於紀事者不同。且左氏失誣，其事文與義不待言。至二傳中有混其文以害義者，有泥其文以害義者，竝有竄其文而事與義俱害者。惟「正終以正始，貴道不貴惠之屬，固卓乎道義之權衡，聖哲之軌範也，故擇之宜慎焉」。因彙編二傳異同之處，別白其是非，而左氏發例釋經之文亦附見焉。於三家褒貶之例，無所偏主，頗足以資參考，較兆錫所注諸經似爲可取。然春秋事蹟，二傳多據傳聞，左氏所述則皆據簡策。兆錫駁二傳之事蹟，往往併左氏而駁之，則終不出宋人臆斷之學也。

春秋義疏無卷數　檢討蕭芝家藏本

國朝蔣家駒撰。家駒有尚書義疏，已著録。是書以胡傳爲藍本，而稍以己意更正之，然終不出胡傳苛刻之習。或自出新意，又往往未安。如謂：「孝公、惠公賢未著，隱爲賢君，是以託始。」

且稱：「隱親親而尊王，睦鄰而守禮。」夫讓桓，可謂親親。若平王葬而不會，凡伯聘而不報，可謂尊王乎？無駭入極，翬伐鄭、伐郲、敗宋，可謂睦鄰乎？易祊於鄭，矢魚于棠，可謂知禮乎？後文每事示譏，而開卷極詞稱善，是自相矛盾也。「宰咺歸仲子之賵」，左氏但云「子氏未薨」耳。家駒謂：「以仲子爲夫人，惠公宜死，仲子亦宜死，故天王并賵以示意。」是以車馬之錫爲灰釘之賜，諷使仲子自裁也。有是情事耶？

春秋指掌三十卷前事一卷後事一卷 内府藏本

國朝儲欣、蔣景祁同撰。欣字同人，康熙庚午舉人，景祁字京少，皆宜興人。是書於三傳及胡氏傳外，多取馮夢龍春秋指月、春秋衡庫二書，蓋科舉之學也。末附春秋前事一卷，皆國語之文，後事一卷，備録左傳「小邾射來奔」以下諸事，亦用馮氏之例。

春秋詳説無卷數 河南巡撫採進本

國朝冉覲祖撰。覲祖有易經詳説，已著録。是書大旨，事蹟多取左傳，而論斷則多主胡傳。間有與胡傳異同者。如胡傳以惠公欲立桓爲邪心，隱公探其邪心而成之。覲祖則謂：「父之令可行於子，子之孝不當拒乎父，依泰伯、伯夷之事觀之，不可以爲逆探其邪心。使桓不弒而隱終讓，可不謂之賢君？」其論頗爲平允。又如於孔父之死，則駁杜、孔從君於非之説；於滕子來朝，則從杜、孔時王所黜之説，亦時時自出己意。然徵引諸家，頗傷蕪漫。又略於考證，而詳於議論。如夏正、周正，累牘連篇，卒不得一言之要領。而莊公元年「王使榮叔來錫桓公命」傳，則又謂聖人筆削，寧爲深求，不可泛視。存此意以説春秋，宜失之穿鑿者多矣。

宋元春秋解提要無卷數　左副都御史黄登賢家藏本

國朝黄叔琳編。叔琳有研北易鈔，已著録。是編雜採宋元諸家之説，而不加論斷。前有總論、凡例，亦皆採集舊文。卷首有自注脱落未寫者四十二條，書中亦多空白。蓋與其宋元易解提要均未竟之稾也。

或菴評春秋三傳無卷數　江西巡撫採進本

國朝王源撰。源字崑繩，號或菴，大興人。康熙癸酉舉人。是書本名文章練要，分六宗、百家。六宗以左傳爲首，百家以公羊傳、穀梁傳爲首。然六宗僅左傳有評本，百家亦惟評公羊、穀梁二傳而已。經義、文章雖非兩事，三傳要以經義傳，不僅以文章傳也。置經義而論文章，末矣。以文章之法點論而去取之，抑又末矣。真德秀文章正宗始録左傳，古無是例，源乃復沿其波乎？據其全書之例，當歸總集。以其僅成三傳，難以集名，姑仍附之春秋類焉。

春秋鈔十卷　江西巡撫採進本

國朝朱軾撰。軾有周易傳義合訂，已著録。是編不全載經文，但有所論説者，標經文爲題，而注某年於其下。其敘雖稱「惟恪守胡傳，間有詞旨未暢及意所未安者，始妄陳管窺之見」，然駁胡傳者不一而足。如「春王正月」，即駁夏時之説；「伯姬歸于紀」，即駁諸侯親迎之説；「州吁弑其君完」，即駁不稱公子爲責君之説；桓公、宣公書「有年」，即駁變異之説；「諸侯盟于幽」，即駁首叛盟之説；「楚宜申來獻捷」，即駁當力拒楚使上告天王之説；「齊人侵西鄙，公追齊師」，即駁書人見示弱、書師見伏衆之説；「陽處父救江」，即駁責晉不合諸侯之説；「齊人弑其君商人」，即駁歸罪國人之説；「楚子圍鄭」，即駁嘉楚討賊之説；「新宫災」，即駁神主未入哭爲非禮之説；「甯喜弑其君剽」，即駁廢立之説；「叔孫豹會號」，即駁尚信之説；「公如晉，至河乃復」，即駁從權適變之説；「暨齊平」，即駁暨爲不得已之説；「季孫意如會厥憖」，即駁力不能加之説；「盗殺衛侯之兄縶」，即駁歸獄宗魯之説；「從祀先公」，即駁出于陽虎之説。如斯之類，不可殫數。所謂恪守胡傳，蓋遜詞耳。至於攻擊左傳，則頗傷臆斷。如以鄭叔段「餬口四方」爲詭詞，謂段果出奔，鄭莊豈置之不問；以「戎伐凡伯于楚丘以歸」爲凡伯忍辱而自歸，非戎挾之以去；以「楚執蔡世子有用之」爲猶後世執蓋行酒之類，斷無殺而用祭之理；以哀公八年「宋執曹伯陽」爲未嘗滅曹。揆之古書，皆無佐證，核以事理，亦未盡安。他如「以成宋亂」之説，從劉敞而駁杜預。然聖經之意，正以始於義而終於利，兩節相形，其事婉而章耳。如直書先公之助亂，暴揚國惡，春秋無此法也。「許叔入許」，責其不告於王，不知乘隙復國，機在呼吸，往返告王，不衣冠而救焚溺乎？召陵之役，不聲楚僭王之罪，自以王樵之説爲定，而必謂苟以去王號責楚，迫於大義，當無不從，似非當日之事勢。至首止之會，責王世子不能爲伯夷、泰伯，抑又强天下以所難矣。其持論大旨，往往類此。雖駁胡傳，實仍在胡傳門徑之中，不及所作周易傳義合訂遠矣。

春秋比事目録四卷　江蘇巡撫採進本

國朝方苞撰。苞有周官集注，已著録。苞既作春秋通論，恐學者三傳未熟，不能驟尋其端緒。乃取其事同而書法互異者，分類彙録，凡八十有五類。然宋沈棐、元趙汸皆已先有此著。沈書僅有鈔本，趙書亦近日始刊行。苞在康熙中，二書未出，故不知而爲此屋下之屋。猶之顧棟高未見程公説書，乃作春秋大事表也。

春秋三傳纂凡表四卷　兩淮馬裕家藏本

國朝盧軒撰。軒字六以，海寧人。康熙己丑進士，官翰林院編修。其書以三傳所言書法之例，彙而爲表。經文直書爲經，傳文横書爲緯。凡分三格，以左氏居上格，公羊居中格，穀梁居下格。皆但列舊文，而於其同異是非不加考證。蓋軒欲作三傳擇善一書，故先纂此表，以便檢閲，尚未及訂正其得失也。

左傳拾遺二卷　直隸總督採進本

國朝朱元英撰。元英字師晦，上元人。康熙己丑進士。是書摘取左傳一百一十事，爲文一百一十有一，蓋仿東萊博議之體。惟博議多闡經義，此則頗訂傳文耳。然好出新意，亦往往失之過苛。如桓公十七年：「冬十月朔，日有食之。」傳曰：「不書日，官失之也。」元英則以不日爲特筆，譏左氏不知聖人之意。襄公二十九年吴季札請觀周樂，歌小雅，有「周德之衰」一語。元英以爲訓詁之失，而引九章算法，謂「差分」爲「衰分」。其説皆不能確也。

春秋説十二卷　山西巡撫採進本

國朝田嘉穀撰。嘉穀有易説，已著録。是書以胡傳爲主，三傳有爲胡傳所採者，亦附録之。胡傳所引事實，則依春秋大全小注録之。卷首兼論作文之法。蓋其書專爲舉業而設，至於遺調鍊詞皆入凡例，與説經之體遠矣。

春秋義十五卷　山西巡撫採進本

國朝孫嘉淦撰。嘉淦字錫公，興縣人。康熙癸巳進士，官至吏部尚書、協辦大學士，謚文定。嘉淦以春秋一書比事屬詞，經本甚明，無藉於傳。乃盡去各傳，反覆經文，就事之前後比而屬之，尋其起止，通其脈絡。其事俱存，義亦可見。至日月、名氏、爵謚之間，則不復爲之穿鑿。然大抵以公羊「常事不書」之説爲根本，於春秋本旨未能盡愜。後自覺其失，旋燬其版。此猶其初刊時所印行云。語詳楊方達春秋義補注條下。

春秋集傳十卷　湖南巡撫採進本

國朝李文炤撰。文炤有周易本義拾遺，已著録。是書大旨宗胡傳而稍採諸説，變其面貌，往往曼延於經義之外。如解「元年」而牽及改元，已爲旁文，又因改元而深譽前明十三帝之不改元，不更蛇足乎？衛桓書「葬」，是爲據事而筆諸册，乃牽及衛侯不當謚「桓」，謂以著衛人之私。然則凡葬必書謚，以何者别其非譏耶？許世子不嘗藥，引張氏之説，謂其必用砒霜鍛之不熟，已屬臆揣，又責以不能窮理居敬，去本事不太遠乎？是但知拾五子之緒言，而未嘗知三傳之古義者耳。

左傳杜注補義一卷　山西巡撫採進本

國朝蘇本潔撰。本潔字幼清，常熟人。康熙癸巳舉人，官興化府知府。是編因顧炎武左傳杜解補正有所未盡，乃作此以補之。多推求文句，體味語意，而罕所引據考證，故名曰補義。前有康熙庚子陶貞一序，稱本潔原本兼補林堯叟注義，貞一爲删之。知所據者坊刻杜林合注之本，非注疏本也。

左傳姓名考四卷　江蘇巡撫採進本

國朝高士奇撰。士奇有左傳地名考，已著録。是編蓋與地名考相輔而行，然體例龐雜，如出二手。如不論嫡妾皆謂之夫人，已於篇首發例，而於齊乃别出「悼公妾季姬」一條。有世系者從其世系不論歲月，亦於篇首發例，而晉丕鄭父丕豹、巫臣、邢伯皆不相隨，楚伯州犂、吴伯嚭仍系之晉、楚，管修仍系之齊，而巫臣之子乃不系之楚。魯婦人戴己、楚婦人鬭伯比妻、齊婦人棠姜、陳婦人夏姬、宋婦人蕩伯姬之類，各出一條，而他國皆不載。「僖負羈」下旁注一「妻」字，尤不畫一。魯君女紀伯姬、楚君女江芈之類，亦各出一條，而他國不載。秦女簡璧、衛孔伯姬併列之夫人條中，尤爲舛謬。周石速以膳夫列之大夫，晉優施、寺人披、豎頭須竝以賤役列之士。許叔名見於傳，削之不載。滕、薛、杞、莒皆自爲篇，而虢公、虞公、紀侯、隨侯皆儼然躬桓之班，乃與潞子嬰兒、介葛盧等併爲一篇。其他顛倒雜亂，自相矛盾者，幾於展卷皆然，不能備數。其委諸門客之手，士奇未一寓目乎？

春秋測微十三卷

浙江巡撫採進本

國朝朱奇齡撰。奇齡字與三，號拙齋，海寧人。康熙中貢生。是書前冠以王朝列國世次族系一卷，經文則一公爲一卷。其説多主胡傳，而稍糾其刻酷過當之論。然胡傳之所未及，而奇齡從而鍛鍊者亦復不少。大旨以意揣量，據理斷制，而不信左氏之事實，故往往不考典制，不近情理。如左氏稱聲子爲繼室，此娣姪之名。而奇齡見今人繼妻稱繼室，遂謂聲子爲嫡妻，而隱公爲嫡子，稱其當立。胡傳指滅項爲季氏，已爲不考，然尚無主名。奇齡遂歸獄於行父，以執政在文公之世者，移之僖公之世。如斯之類，皆失之不考。至於「葬衛桓公」一條，謂桓之爲謚，不宜加於衛完，閔其未有失德，不忍加以惡謚，故春秋因之。然則儻有失德，孔子當爲改惡謚乎？「戎伐凡伯」一條，本在衛地，乃責魯失於防送，以境外之事責之主人。然則凡有使臣，皆當大具甲卒，衛入本國而後返乎？以此説經，恐非筆削之旨也。其所自信，在於以經解經。然説「刺公子買」一條，言魯無殺大夫者，惟此一事，則未檢成公十六年又刺公子偃也。其説「刺公子偃」一條，謂刺者非明正其罪而隱殺之之謂。則又未檢「刺買」一條，經書「不卒戍，刺之」，傳亦稱「以不卒戍説於楚」，固明正其罪也。是亦難言以經説經矣。

春秋三傳同異考一卷　浙江巡撫採進本

國朝吴陳琰撰。琰字寶崖，錢塘人。其書取三傳人名、地名相異及事之不同者，各著於篇。又辨别三傳義例得失，而斷以己意。

春秋左傳事類年表一卷　浙江鮑士恭家藏本

國朝顧宗瑋撰。宗瑋字廷敬，吴江人。其書每一年爲半頁，横分十格：一曰周，二曰魯，三曰列國，四曰災異，五曰郊祀，六曰朝聘，七曰會盟，八曰征伐，九曰城築，十曰土田。各以經文散書其内，而傳文爲經所不載者亦附見焉。據其凡例，尚有三傳異同一卷，春秋通例一卷，春秋稽疑一卷，春秋參同一卷，春秋提要發明一卷，春秋圖譜一卷，春秋箋釋一卷，春秋餘論一卷。今皆未見，蓋非完書也。

左繡三十卷　通行本

國朝馮李驊、陸浩同編。李驊字天閑，錢塘人。浩字大瀛，定海人。是篇首載讀左卮言、十二公時事圖説、春秋三變説、列國盛衰説、周十四王説。書中分上、下二格，下格列杜預經傳集解及林堯叟左傳解。杜解悉依原文，林解則時多删節。又摘取孔氏正義及國朝顧炎武左傳補正二書與杜氏有異同者，附於其後，别無新義。上格皆載李驊與浩評語，則竟以時文之法商搉經傳矣。

春秋剩義二卷　江西巡撫採進本

國朝應麟撰。麟有易經粹言，已著録。是編亦摘經文標題而各爲之説。其論「春王正月」，以爲夫子行夏之時，改周正朔，大端已失。其他亦皆陳因之論。

春秋義存録十二卷　浙江巡撫採進本

國朝陸奎勳撰。奎勳有陸堂易學，已著録。是編力破春秋一字褒貶之説，頗能掃公、穀拘例之失與宋儒深刻嚴酷之論。而矯枉過直，謂孔子全因舊史之文，然則所謂「筆削」者安在？所謂「其義竊取」者又安在？況公羊著不修春秋之文，左氏記河陽書狩之語，去聖未遠，必有所受。舉一二節可例其餘。乃謂除此數條之外，悉因魯國之成書。然則必如倪思之班馬異同，字字著原本、改本；郭茂倩之樂府詩集，篇篇分本詞、入樂，而後信爲孔子有所修改耶？其疑胡傳而信左氏，亦足破以經解經之空談。而乃别出新奇，欲以孔子之言解春秋。凡一切子書、緯書所引，不問真僞，一概闌入，已爲蕪雜。至於其文與春秋無關，如莊公八年「齊無知」一條引坊記曰「子云：君不與同姓共車」一節，又引文言傳「積善之家」一節，注曰「案前條之義爲齊僖言也，後條之義爲齊襄言也」，似乎孔子一生無一語不因春秋而發者，有是理耶？至於僖公二十年「杞子卒」一條引論語「子曰：夏禮吾能言之」一節，以合於左傳夷禮之説。而又注：「案杞稱子，左傳以爲經夷之，不若穀注『時王所黜』之説爲善。」是併駁孔義矣。全書大抵類是。是皆務高求勝之過也。

春秋筆削微旨二十六卷　陝西巡撫採進本

國朝劉紹攽撰。紹攽有周易詳説，已著録。是編採公、穀二傳附會之説，與孫、胡諸家臆斷之論彙爲一書，而更以己意穿鑿之。大旨惟以名字、月日爲褒貶，而掊擊左氏尤力。其説謂左氏不過敘事，於經義毫無發明。不知有事迹而後有是非，有是非而後有褒貶。但據書字爲褒矣，其所以褒之故，紹攽能研求其字而知之乎？但據書人爲貶矣，其所以貶之故，紹攽能研求一人字而知之乎？如「宰咺賵惠公仲子」爲貶，設無左傳，何由知仲子爲妾而貶之？「齊高子來」爲褒，設無左傳，何由知爲高傒存魯而褒之？幸藉傳而知其事，又諱所自來，以傳爲不足據。是何異迷途之人藉人爲導，得途之後鞭其人而逐之乎？

春秋通論五卷　陝西巡撫採進本

國朝劉紹攽撰。是書與所著筆削微旨相爲經緯，而往往循文敷衍，罕所發明。如桓三年「日有食之既」一條云：「春秋日食三十六。隱之食者一，桓、文、成食者各二，僖、宣、定食者各三，莊之食者四，襄之食者九，昭之食者七。其中食既者三，此及宣八年七月、襄二十四年七月，皆變之甚者。」又莊十五年「鄭人侵宋」一條云：「外書『侵』五十有七，始於此，終哀十三晉魏曼多侵衛。書『伐』二百一十三，始隱二年鄭人伐衛，終哀十三公子申伐陳。天下之無道甚矣。」僖十九年「邾人執鄫子，用之」一條云：「用人者二。此年用鄫子，昭十一年：『楚執蔡世子有，用之。』其虐爲已甚矣。」夫日食之爲災，侵伐之爲無道，殺人以祭之爲虐，亦何待贅言乎？

空山堂春秋傳十二卷 通行本

國朝牛運震撰。運震有空山堂易傳，已著録。是編説經，不信三傳，動相駁難，蓋宋劉敞、孫復之流。由其記誦淹通，足以濟其博辨，故異論往往而生也。

春秋管見無卷數 奉天府尹採進本

國朝魏樞撰。樞有東易問，已著録。是書雜採春秋三傳及胡傳之文，亦以己意附注於後。然大抵用意苛深，不出胡氏之門徑。其自出新意者，尤往往乖舛。如春秋魯史，以魯紀年，故正月書「王」，以明有統。樞乃擅改經文，以周紀年，以魯附注。是但知竊襲通鑑綱目之例，而不知以周紀年則正月書「王」爲複。與僞本元經既書「某帝某年」，又書「帝正月」者同一失矣。哀公十四年「春，西狩獲麟」，自當以獲麟爲重。樞乃謂：「冬獵曰狩，經雖絶筆於十四年之春，而實則十有三年之冬。不没其春者，所以奉正朔而大一統之尊；必終於冬者，所以明天道而順四時之序。蓋隱寓行夏時之意。」是又節外生枝，屈孔子以就己説矣。如斯之類，比比而然，皆不足爲訓也。

春秋義補注十二卷 江蘇巡撫採進本

國朝楊方達撰。方達有易學圖説會通，已著録。初，孫嘉淦作春秋義，大旨祖胡安國之説。後漸悟其非，旋自燬版。案：嘉淦自燬其版，事見此書凡例第三條中。方達嘗受知於嘉淦，因爲删補其文，以成是編。大旨於三傳多取公、穀，經文如「裂繻」作「履緰」、「矢魚」作「觀魚」、「叔孫婼」作「叔孫舍」、「定姒」作「定弋」之類，亦多從公、穀。其左傳事迹，往往在所擯斥。如「天王狩于河陽」，傳有明文，乃云：「或魯史本書狩，或夫子書狩，皆不可知。」是併其可取之説亦不信也。於諸家多取宋以後，其唐以前之説僅採劉向災異一兩條。如「文公喪娶」一條，全用春秋繁露而不肯標董仲舒之名，蓋諱言宗漢儒也。其持論尤務爲深刻。二百四十二年之中，偶免譏彈者，惟「叔姬歸于紀」「紀季以酅入于齊」「紀叔姬歸于酅」「葬蔡桓侯」「齊師、宋師、曹師城邢」「齊侯伐楚，次陘，盟于召陵」「諸侯遂救許」「宋公御説卒」「狄救齊」「楚人救衛」「甯俞來聘」「叔肸卒」「伯姬歸于宋」「仲孫蔑卒」「宋伯姬卒」「劉子、單子以王猛入于王城」「叔孫舍卒」「宋公佐卒于曲棘」「劉卷卒」十八九條而已。而召陵之盟、甯俞之聘，嘉淦所許者，方達又推論其失，咎齊桓不聲楚僭王之罪，咎甯俞知聘魯而不知朝周。實則倖邀寬論者，僅十五六事也。其中自相矛盾者，如既謂隱公爲篡，又謂桓公爲弑，是以討篡爲弑也。既謂州吁弑桓公而王不問，衛人立晉而王不問，咎在天王，於王人子突救衛，又罪其知順逆而不知衆寡。是爲天王者進退無不干咎也。朱子稱孫復説春秋如商君之法，若是書者又豈止於商君乎？其最甚者，拘泥常事不書之説，於十二公之薨，即終於路寢合禮之正者，亦必求其所以貶。然則苟無所貶，則國君易代，史可不詳歟？至於「紀季姜歸于京師」，謂季姜非嫡長，不可以爲王后；「許叔入于許」，謂許君有子叔不奉之而自立，又不知其所據矣。

春秋原經二卷

副都御史黄登賢家藏本

國朝王心敬撰。心敬有豐川易説，已著録。是編不載經文，亦不及經中所書之事，惟泛論孔子之意。分爲四篇：一曰講讀八法，二曰通論，三曰原春秋之由作，四曰諸儒論春秋。其大旨本孟子之言，以尊王抑伯爲主，持論甚正。其謂孔子不以一字爲褒貶，亦足以破諸家紛紜轇轕之陋。而矯枉過直，加以懸揣臆斷，不顧事理之安。至謂左傳事迹皆聖人之所删，不當復存其説。考古者左史記言，右史記事。尚書者，左史類也。春秋者，右史類也。劉知幾作史通，敘述源流，至爲明析。心敬乃援尚書爲例，謂事迹之可存者聖人必存，如典、謨、訓、誥是也。事迹之不可存者，聖人必删，如左傳所載是也。因而盡廢諸傳，惟以經解經。不思經文簡質，非傳難明。即如「鄭伯克段于鄢」一條，設無傳文，則段于鄭爲何人，鄭伯克之爲何故，經文既未明言，但據此六字之文，抱遺經而究終始，雖聖人復生，沈思畢世，無由知其爲鄭伯之弟，以武姜内應作亂也。是開卷數行，已窒礙不行，無論其餘矣。況自有六經以後，歷漢至今，通儒輩出，其失經意者固多，得經意者亦不少。心敬乃一概排斥，謂孔子之後惟孟子能知，孟子之後直至心敬乃能知。甚至謂孔門諸子未見春秋，故論語無一字及之；子思亦未見春秋，故中庸亦無一字及之。至孟子搜索闕里，始見本經。揆以事理，豈其然乎？

春秋深十九卷　湖北巡撫採進本

國朝許伯政撰。伯政有易深，已著録。是書謂孔子既因魯史作春秋，其史中所載事實，即爲之傳。今左傳中敘而不斷，言約旨精者，即孔子所作。其有加注解，如「段不弟，故不言弟」之類；又加論贊，如「君子曰」「仲尼曰」之類，詞氣浮夸，多與經旨相悖，乃屬左氏增設。書内皆列之小注，使不與本傳相混。其有傳無經者，則全删不録。按近時河南張沐著春秋疏略，以「左」爲「列於經左」之義，不爲人姓，伯政蓋踵是説。然又覺傳中論贊或稱孔子、或稱仲尼，究不類孔子所自作，故變更其説，歸於左氏增加耳。至春秋之用周正，原無可疑。其兼用夏正，以便民事，則有周禮「正月」「正歲」之文顯然可據。伯政但摭經書中「夏正」之文以相詰難，蓋知其一不知其二。其左傳「王周正月」一語，尤爲確證。伯政并此二字詆爲不通，以爲後人所加。則凡古書之害於己説者，悉以後人竄入概之，天下無不可伸之論矣。惟其考定每年十二月朔日甲子及節氣時刻，俾二百四十年間置閏之得失、干支之次序一一可見，以伸其合於夏正之説，似乎可據。不知周正、夏正，在月不在日。其月雖相差六十日，而其日則六十甲子剛及一週。不論周正、夏正，其朔望原未嘗改，不足以爲建寅之據。亦不揣本而齊末也。

春秋集古傳注二十六卷或問六卷　兩江總督採進本

國朝郜坦撰。坦，淮安人。是書成於乾隆乙丑。首爲纂例十五篇，末爲或問六卷，言所以去取諸家之意。經文皆遵左氏，不遵左氏者，惟「紀子帛」改從「伯」、「君氏卒」改從「尹」、「鄭人來渝平」改從「輸」三條耳。其事蹟亦據左氏。其所集傳注，多用杜預、孔穎達、啖助、趙匡、陸淳、孫復、劉敞、孫覺、程子、許翰、胡安國、高閌、陳傅良、張洽、趙鵬飛、家鉉翁、吴澄十七家之説，而别採宋、元諸家以輔之。在説春秋家，亦非純尚空談者。然持論亦傷深刻，又時時好出新意，而不盡允協。如改「君氏」爲「尹氏」，仍以爲即公囚于鄭之「尹氏」，則沿襲金履祥之説，殊爲附會。又如「趙盾弑君，越境乃免」，趙匡、劉敞、孫覺、朱子、吕祖謙諸儒皆以爲必非孔子之言。而坦於或問中則云：「越境而不返乎？晉國董狐又何言以正其弑？」於集古傳注中則云：「去國不返，然後君臣之義絶。越境乃免之言，爲今無將之心者開一門路。」云云。夫春秋作而亂臣賊子懼，曾謂聖人而爲後世開一門路，使姦雄藉口乎？至於城楚丘之説，其傳注本主劉敞，而或問則以爲主孫復。二書之中，不免偶傷牴牾，猶其小節矣。

春秋義解十二卷　湖北巡撫採進本

國朝劉夢鵬撰。夢鵬字雲翼，蘄水人。乾隆辛未進士，官饒陽縣知縣。是書卷首列孟子、朱子之論春秋者爲述孟、述朱。次爲王朝世次考、列國世次考、魯世次考。以下十二公爲十二卷。大旨尊公、穀而斥左氏。其自序謂：「公、穀比事屬辭，義不詭於儒者，而斤斤於日月、名氏、爵號以求例，曾謂春秋之旨盡如是乎？若左氏紀事多而誤，説經疏而謬。如莒密州之事，經不云世子展輿也，而左以爲展輿；莒庶其之事，經不云世子僕也，而左以爲僕；蔡侯申之事，經賤者書盜也，而左以爲公孫翩；晉州蒲之事，經不云欒書、中行偃也，而左以爲欒書、中行偃；晉夷皋之事，經以爲趙盾也，而左以爲穿；鄭伯夷之事，經以爲歸生也，而左以爲宋；吳僚之事，經不云公子光也，而左以爲公子光；鄭髡頑，經以爲卒也，而左以爲公子騑之謀；楚子麇，經以爲卒也，而左以爲公子圍之逆；齊陽生，經以爲卒也，而左以爲陳乞以說於吳。其他大夫奔殿，經或止一、二人，而左增入數人；會盟、侵、伐，經各有其事，而左或牽移他事；滕、薛，杞、宋，蔡、郕，各二國，經載分明，而左誤合爲一；緣陵、城杞，實繫兩地，而左以爲俱繫淳于；入祊、假田，各有情事，而左以爲魯、鄭相易；「子帛」「君氏」，譌誤字也，而左以爲名稱；甲戌、己丑，兩存日也，而左以爲再赴；葬桓王，諱也，而左以爲改葬；子般，卒也，而左以爲殺；子牙，卒也，而左以爲酖。諸如世次增添，事迹舛誤，難以殫述。」其持論甚辨，幾於季本、郝敬、毛奇齡。然經垂書法，傳述事實，必以經所不書即爲增設，則河陽之狩，周天子真巡狩矣。其論似通而實謬。至於深文過當，憑臆率斷。如以隱爲竊國，欺桓幼而攘之，垂涎十有餘年；以子同生爲哀姜張本，自子生至婦入，見其過期不取，昏姻不時；以季友志在奉僖，援齊得復，故賊閔公者乃季友非慶父；以齊崔杼之事，亦因景公附杼，故杼爲立景而生逆謀；以昭公三十二年吳伐越乃南越芊姓，非於越之「越」，亦可謂果於自信者矣。

讀左補義五十卷 浙江巡撫採進本

國朝姜炳璋撰。炳璋有詩序補義，已著録。是書欲破説春秋者屈經從例之弊，謂春秋無例，左傳所言之例皆史氏之舊文。其凡有五：一曰西周舊典，二曰東遷後列國相沿之例，三曰魯史自相傳授之例，四曰霸國更定之例，五曰魯君臣私定之例。杜預所謂「凡例皆周公之禮經，變例皆聖人之新意」者，未爲定論。其援據頗典博，參考亦頗融貫。然謂史氏相沿有此五例，左氏遂據以推測聖經可也。謂春秋全因五例之舊文，則聖人直録魯史，不筆不削，何以云「其義竊取」？何以云「知我、罪我，其惟春秋乎」？觀襄公二十年傳甯殖曰：「名藏在諸侯之策，曰：『孫林父、甯殖出其君。』」而經書「襄公十四年夏四月己未，衛侯出奔齊」，是亦不盡用策書之明證矣。所注用杜解者十之六七，兼採他説并參以己意，亦頗簡潔。而傳後必附以説，簡端又冠以評，或論事，或論文，如坊選古文之例，殊非注經之體也。

春秋經傳類求十二卷 兩江總督採進本

國朝孫從添、過臨汾同編。從添號石芝，常熟人。臨汾，長洲人。是書始刻於乾隆己卯，取春秋三傳及胡安國傳，分爲一百二十門。每門前列書法，後載事類，事類之中又自分經、傳。其自述謂本於蘇軾「春秋當以類求」一語。雖亦欲發比事屬辭之旨，然割裂繁碎，彌難尋檢。卷首列春秋諸國圖説一篇，亦取之蘇軾指掌圖。不知指掌圖後人贋作，非軾書也。

春秋一得一卷　編修周永年家藏本

國朝閻循觀撰。循觀有尚書讀記，已著録。然尚書讀記多推求文句，未能闡帝王經世之大法，是編則於筆削大義多所發明。如曰：「胡氏夏時冠周月之説，理所必無。夫子作春秋以明文武之道、文武之制，而夫子更之，可乎？」曰：「武氏子來求賻，罪魯也。」曰：「州吁不稱公子，絶之於衛也。胡氏謂莊公不待以公子之道，以爲爲人君父之戒，何以懼亂臣乎？」曰：「諸侯不得專殺大夫。故凡大夫之殺，春秋皆稱國舉官，不論有罪、無罪及殺當其罪否也。此義先儒多誤會。」曰：「説者謂王不稱天爲春秋貶黜天子，不亦甚乎？春王正月不曰天王，則天王、王一也。」曰：「梁山崩，穀梁氏曰：『君親縞素帥羣臣而哭之，既而祠焉。斯崩山之壅河流者矣。』此術者之言也。左氏曰：『君爲不舉，降服乘縵，徹樂出次，祝幣史辭以禮焉。』此有司之存也。胡氏曰：『古之遭變異而外爲此文者，必有恐懼修省之心生於内，徒舉其文而無實以先之，何以弭災變乎？』此儒者之道也。」其言明白正大多類此。惜止八十八條，未能成書也。

左傳評三卷　山東巡撫採進本

國朝李文淵撰。文淵字靜叔，益都人。春秋左傳本以釋經，自真德秀選入文章正宗，亦遂相沿而論文。近時寧都魏禧、桐城方苞於文法推闡尤詳。文淵以二家所論尚有未盡，乃自以己意評點之。僅及僖公二十四年而文淵夭逝，書遂未畢。其兄文藻哀次遺稾，編爲三卷，刊版於潮陽。末有文藻跋，稱其「潛心易、禮兩經，取古人圖象、傳注羅而繹之者數年，以至於病且死。故所評閱，多未終卷」云。

春秋日食質疑一卷

編修程晉芳家藏本

國朝吴守一撰。守一字萬先，歙縣人。是書推考歲差加減，以證春秋所載日食之誤。春秋日月，以長曆考之，往往有譌，見於杜預釋例。此更詳其進退遲速，以求交限。末附詩書日食考二條，以互相參證。但其云隱公三年「春王二月己巳朔，日有食之」當是三月己巳朔，書「二月」者，晦朔之誤；桓公三年「秋七月壬辰朔，日有食之」當是五月癸丑朔，書「三月」者，或夏正之譌。近者陳厚耀作春秋長曆表，以爲隱公元年以前非失一閏，乃多一閏。退一月就之，隱公元年正月爲庚辰朔，較長曆實退兩月，推至僖公五年止，以閏月小建爲之遷就。則隱、桓三年日食更不必疑矣。僖公十五年「夏五月，日有食之」，守一以爲當是三月甲戌，而顧棟高春秋長曆拾遺表以爲當是四月癸丑朔。襄公二十四年七月、八月遞食，守一與棟高皆從大衍曆，以爲八月無食。其他守一、棟高説亦多同，而皆不及厚耀之密。生數千載之後，必欲求歲差於秒忽之間，亦未見其悉得。姑存其説焉可矣。

春秋不傳十二卷

江蘇巡撫採進本

國朝湯啓祚撰。啓祚字迪宗，寶應人。其書自稱「不傳」者，謂於四傳無所專從也。今觀所説，特不從左傳耳。於公羊、穀梁、胡氏皆掇其餘論，而日月之例信公、穀尤篤。蓋三家之傳皆以譏貶爲主，而亦各有所平反。啓祚乃專取三家嚴刻鍛鍊之説，合爲一書。如其所論，是聖人之立法，更酷於商鞅、韓非也。

春秋集解讀本十二卷 安徽巡撫採進本

國朝吴應申撰。應申字文在，歙縣人。以春秋經解卷帙浩繁，難於徧讀，因薈萃衆説，擇其合於經旨者詳注經文之下，以資記覽。自序謂：「詞可計日而誦，爲愚魯者計甚便。」蓋特課讀之本，非有意於闡發經義者也。

春秋三傳事實廣證無卷數 兩江總督採進本

不著撰人名氏。採諸書所載春秋時事迹列於三傳之下，意取互相參證。然左氏親見國史，公、穀兩家已不及其確實，乃兼採諸子雜説寓言。欲以考校其是非，亦徒成其龐雜而已矣。於經義無補也。

右春秋類。一百十八部，一千五百七十六卷。内十部無卷數。**皆附存目。**

案明科舉之例，諸經傳注皆因元制，用宋儒。然程子作春秋傳未成，朱子又未注春秋。以胡安國學出程子，張洽學出朱子，春秋遂定用二家。蓋重其所出之淵源，非真有見於二人之書果勝諸家也。後張傳以文繁漸廢，胡傳竟得孤行，則又考官、舉子共趨簡易之故，非律令所定矣。且他經雖限以一説立言，猶主經文。春秋一經，則惟主發揮傳義。其以經文命題，不過傳文之標識，知爲某公某年某事而已。觀張朝瑞貢舉考，備列明一代試題。他經皆具經文首尾，惟春秋僅列題中兩三字，如「盟密」「夾谷」之類，其視經文不爲輕重可知矣。是春秋雖列在學官，實以胡傳當一經，孔子特擁其虛名而已。經義之荒，又何足怪乎？欽定春秋傳說彙纂總括衆說，折衷聖言，凡安國迂謬之談，悉一一駁正。此足見是非之公，終有不能強掩者矣。今檢校遺書，於明代說春秋家多所刊削。庶不以科舉俗學，蝕聖經之本旨云爾。